파이썬 딥러닝 프로젝트

Python Deep Learning Projects

Matthew Lamons · Rahul Kumar · Abhishek Nagaraja 지음
강태원 옮김

역자소개

강태원

역자는 교육자, 과학자, 공학자다. 연세대학교에서 수학으로, 고려대학교에서 컴퓨터학으로 이학사를 취득하고, 고려대학교에서 이학 박사학위를 받았다. 서울사이버대학에서 문학사도 취득했다. 국립강릉원주대학교 컴퓨터공학과 교수로 재직 중이다.

저서와 번역서로는 컴퓨터 응용수학, 모두의 인공지능, 컴퓨터 장자의 꿈, R 딥러닝 프로젝트, TensorFlow를 사용한 모바일 딥러닝 프로젝트, 파이썬 기반의 Natural 컴퓨팅, 등이 있다.

파이썬 딥러닝 프로젝트

Python Deep Learning Projects

Matthew Lamons · Rahul Kumar · Abhishek Nagaraja 지음
강태원 옮김

신경망과 딥러닝을 파헤쳐 지능형시스템을 만드는 9가지 프로젝트

Packt
도서출판 홍릉

Python Deep Learning Projects

by Matthew Lamons, Rahul Kumar, Abhishek Nagaraja

파이썬 딥러닝 프로젝트

인 쇄 : 2022년 1월 3일 초판 1쇄
발 행 : 2022년 1월 7일 초판 1쇄

역 자 : 강태원
발행인 : 송 준
발행처 : 도서출판 홍릉
주 소 : 01093 서울시 강북구 인수봉로 50길 10
등 록 : 1976년 10월 21일 제5-66호

전 화 : 02-999-2274~5, 903-7037
팩 스 : 02-905-6729
e-mail : hongpub@hongpub.co.kr
http://www.hongpub.co.kr
ISBN : 979-11-5600-938-2(93000)

정 가 : 39,000원

낙장 및 파본은 구입처나 본사에서 교환하여 드립니다.

책을 만든 사람

실험 심리학, 딥러닝 전문가인 **매튜 라몬스**는 일정 관리 인공지능 플랫폼 Skejul을 개발한 CEO다. Skejul은 Gartner, Inc.가 "Cool Vendors in Unified Communication, 2017" 보고서에서 "Cool Vendor"로 지정했다. 응용 AI MasterMinds 그룹의 성공을 기반으로 기업 고객에게 AI 전략과 솔루션을 제공하고 AI 스타트업을 육성하기 위해 인텔리전트 팩터리를 설립했다. 85 K가 넘는 그의 글로벌 커뮤니티는 인공지능, 예측, 로봇 공학, 자율주행 차량, 마케팅 기술, 자연어처리, 컴퓨터 비전, 강화학습 및 딥러닝 분야의 리더 그룹이다.

라훌 쿠마르는 독자적으로 활동하는 AI 과학자이자 딥러닝 실무자다. 다국어 NLU 시스템 및 대규모 AI 인프라 구축에 대한 전문 지식을 지니고 있어, 코펜하겐 Jatana.ai의 최고 AI 과학자로서 대규모 AI 엔지니어 팀을 이끌고 있다. 인공지능 분야의 선구자로서 학술 모임 연사로 초대받아 인도, 유럽 및 미국을 자주 여행하며, 자연어처리 분야 전문가 자격으로 인텔리전트 팩터리와 협력하고 있다. 현재 양자 컴퓨팅, 초고속 컴퓨팅, 뇌와 컴퓨터 상호 작용에 관한 다양한 신기술 프로젝트에 참여하고 있다.

인도에서 태어나고 자란 **아비셰크 나가라자**는 미국 시카고 일리노이 대학교에서 메커트로닉스 및 데이터 과학을 공부했다. 케라스와 텐서플로로 딥러닝을 이용한 추천 시스템 커스텀 아키텍처를 구축하는 연구를 수행했으며, 챗봇을 구축하기 위한 계산언어학 및 자연어처리에서 컴퓨터 비전 및 강화학습까지 두루 관심을 가지고 연구하고 있다. Skejul Inc.에서 AI 기반 활동 예측 엔진을 개발했으며, 인텔리전스 팩터리에서 기업 고객 솔루션 구축을 위한 딥러닝 데이터 과학자로 일했다.

머리말

컴퓨터를 이용해서 뭔가 새로운 시도를 해본 적이 있는가? 우리는 이야기를 지어내거나 사진을 보고 그 안에 무엇이 있는지 말할 수 있다. 그렇다면 그런 일을 하는 컴퓨터 프로그램을 만드는 건 어떤가? 지난 30년 동안 우리가 컴퓨터를 그저 데이터 저장소나 데이터 전송 장치로만 사용해온 것과 다르게 말이다.

모든 걸 안다면 굳이 컴퓨터를 사용할 필요가 없겠지만, 세상에 대한 완벽한 지식과 충분한 시간이 있다면 컴퓨터 프로그램이 그 일을 하는 데 필요한 모든 규칙을 작성할 수 있다. 그렇다면 예측, 분류, 최적화 또는 콘텐츠 생성, 상호 작용 응답, 로봇 제어와 같이 매우 복잡해 보이고 경험적 지식 역시 부족한 경우라면 어떻게 해야 할까?

사람이 한평생 살아도 겪을 수 없을 많은 경험을 놀라울 정도로 빠르게 반복하여 학습하는 프로그램을 작성하여, 문제에 속한 데이터로부터 신호를 추출, 패턴을 발견, 규칙을 학습하는 알고리즘을 사용할 수 있다.

이러한 학습 알고리즘 구조를 층으로 쌓아 예를 들어, '개는 꼬리가 있고 자동차는 바퀴가 있다.' 같은 특징을 학습하는 딥러닝 모델을 만들 수 있다. 이러한 학습기능은 매우 강력하다. 이 책 Python Deep Learning Projects를 통해서 전에는 생각조차 할 수 없는 문제를 해결할 수 있다는 걸 알게 된다.

이 책의 독자

이 책은 적어도 하나의 머신러닝 과정을 이수했고 파이썬 코딩이 가능한 경우 가장 적합하다. 컴퓨터과학, 통계, 수학, 물리학, 생물학, 화학, 마케팅 및 비즈니스를 공부하는 학부생이라면 이 책을 잘 활용할 수 있다. 딥러닝 기술은 모든 직업 분야에 응용되고 있으며, 이 책은 자신의 분야에 이 기술을 적용하는 방법을 배우는 최고의 수단이다. 이 책이 다루는 프로젝트는 신생 기업부터 대기업의 해결 과제에 직접 적용할 수 있는 것들이므로 대학원생도 충분히 만족할 내용을 담고 있다.

이 책의 내용

1장, 딥러닝 개발환경; 우분투, 아나콘다, 파이썬, 텐서플로, 케라스, **구글 클라우드 플랫폼** 같은 핵심 기술을 사용하여 프로젝트를 수행하기 위한 공통 작업 환경 구축한다.

2장, 다층신경망에 의한 필기 숫자 인식; 음식점 등에서 고객 문자 알림 서비스를 위해 손으로 쓴 숫자를 인식하는 다층신경망을 다룬다. 신경망으로 문제를 해결하는 절차를 이해할 수 있고, 8장에서 중첩신경망을 다루면서 세밀하게 비교한다.

3장, word2vec를 사용한 단어 표현; word2vec를 사용해서 단어를 벡터로 변환한 후, 중첩신경망을 구축하여 고객의 감성을 분석하는 모델을 만든다.

4장, 챗봇을 위한 자연어처리 모듈 구축; 말뭉치 생성과 단어의 종속 관계 판단을 위한 자연어처리 모듈을 생성하고 간단한 질의응답 챗봇을 만들기 위해 TF-IDF를 사용해서 문서의 특징을 벡터화하는 방법을 다룬다. NER과 Rasa NLU를 구현하여 인명과 지명 같은 고유명사를 식별하고 문맥에 따라 정확하게 반응하는 챗봇을 만든다.

5장, seq2seq를 사용한 통 번역; 중첩신경망의 한계를 극복하기 위해 두 개의 LSTM을 구성된 순환신경망을 사용하여 문맥을 더 잘 파악하는 강한 챗봇을 만드는 방법을 다룬다.

6장, 콘텐츠 제작을 위한 작사, 작곡 모델; LSTM, 오토인코더 그리고 GAN을 이용해서 문장을 구성하는 생성모델을 만든다. 이 모델로 작사와 작곡을 하는 창의적인 콘텐츠 제작 시스템을 효과적으로 구축할 수 있다.

7장, DeepSpeech2를 사용한 대화 인식; 음성을 문자로 바꾼 후 문자 기반 챗봇의 입력으로 활용하여 자동 대화 인식 시스템을 구축한다. 고객의 전화 예약을 처리할 수 있는 비즈니스 모델로 이 책의 자연어처리 부분을 완성하는 종합 프로젝트에 해당한다.

8장, **중첩신경망에 의한 필기 숫자 인식**; 중첩 및 풀링 연산, 드롭아웃을 포함하는 중첩신경망의 원리를 자세하게 살펴본다. 2장에서 다룬 다층신경망에 비해 월등한 성능을 실감할 수 있다.

9장, **OpenCV와 텐서플로에 의한 객체 인식**; YOLOv2 패키지를 사용해서 이미지에서 물체를 인식하고 그것이 무엇인지 분류하는 방법을 다룬다. 이곳에서 앞선 프로젝트와 또 다른 중요하고도 가치 있는 기술을 경험하게 된다.

10장, **FaceNet을 사용한 얼굴 인식**; 사진에 포함된 얼굴 부위를 식별한 후 해당 부위를 추출하는 모델을 FaceNet을 이용해서 만든다. 이어서 추출한 이미지에서 얼굴의 특징을 파악하여 인물을 분류하는 작업을 수행한다. 소셜 미디어에서 안면 인식 보안 시스템에 이르는 응용과 관련한 흥미로운 프로젝트다.

11장, **자동 이미지 캡셔닝**; 이미지 내용을 문장으로 나타내는, 컴퓨터 비전과 자연어처리 기술이 융합된, 가장 최신 기술을 다룬다. 중첩신경망으로 이미지에 포함된 객체를 추출한 후 순환신경망으로 이미지를 묘사하는 문장을 생성한다.

12장, **중첩신경망에 의한 사람의 자세 추정**; 케라스 VGG16 모델을 사용해서 전이학습을 통해 사람의 자세를 골격형태로 추정한다. 영화의 특수효과를 지원하는 3차원 모델링을 위한 이미지를 생성하는 경험을 할 수 있다.

13장, **GAN을 사용한 이미지 복구**; 적대적 생성 신경망을 사용해서 손으로 쓴 숫자 이미지의 손상된 부분을 복원하는 모델을 다룬다. 복원 이미지를 이용해서 비즈니스 현장에서 고객이 태블릿에 쓴 손상된 연락처를 바르게 숫자로 전환할 수 있다.

14장, **강화학습에 의한 자율 에이전트**; *Q*-러닝과 Sarsa-러닝 강화학습 알고리즘을 이용해서 OpenAI Gym 환경의 CartPole 게임을 수행하는 시스템을 개발한다. 모델을 구성한 후, 초매개변수를 설정하고 학습 및 평가하는 과정을 살펴본다.

15장, **요약과 도약**; 수행한 프로젝트를 요약하고 딥러닝 개발자로서 다음 도전과제를 제시한다.

이 책의 활용

이 책은 모든 프로젝트를 매우 실무적인 관점으로 다룬다. 저자들이 알고 있는 것, 경험한 것, 획득한 전술과 전략을 공유하기 위해 독자를 인텔리전트 팩터리의 응용 AI Engineering 팀원이라 생각했다.

독자는 우리 팀원으로서 프로젝트에 참여한다!

파이썬과 머신러닝에 대한 최소한의 지식이 있다면 이 책을 최고로 잘 활용할 수 있겠다. 이 책은 기능적으로 잘 동작하는 모델을 개발하는 기술 안내서다. 기술의 기초에 대한 이론적 설명은 이 책의 범위가 아니다.

각 장은 인공지능 팀의 주간 업무에 참여하듯이 구성하였다. 팀원으로서 다음과 같은 일을 하게 된다:

- 숲을 본다.
  - 프로젝트 목적과 실세계 사례는?
  - 결과로 얻을 수 있는 건?
  - 목적 달성을 위한 전략은?
- 코드에 집중한다.
  - 목적 달성을 위해 특히 필요한 기술을 식별한다
  - 왜 이게 올바른 방법인가?
  - 작업의 반복
    - 입력
    - 코드 사례
    - 출력과 평가 기준
  - 심사숙고
    - 어떤 질문을 했는가?
    - 어떤 질문의 해야 하는가?
- 숲을 확장한다.
  - 목표에 도달했나?
  - 경험을 통해 어떤 직관을 얻었는가?
  - 성공의 경험을 어떻게 일반화할 수 있는가?

딥러닝을 말하기는 쉽지만, 딥러닝을 사용하기는 쉽지 않다. 이 책은 어떻게 딥러닝을 사용하는지를 다룬다. 약간의 수고를 통해 흥미로운 경험을 하게 될 것이다. 프로젝트 수행에 사용하는 최고 수준의 파이썬 라이브러리와 고급 기술을 경험함으로써 인공지능 개발

팀 구성원이 갖추어야 할 역량을 체득할 수 있겠다.

우리 팀에 합류한 걸 환영한다!

이제 많은 것을 배우고, 재미를 느낄 수 있는 멋진 작업을 시작하자!

예제 코드 내려받는 곳

이 책의 예제 코드 파일은 다음에서 모두 내려받을 수 있다. 수정 내용이 있다면 지속해서 업데이트한다.

https://github.com/PacktPublishing/Python-Deep-Learning-Projects.

컬러 이미지 내려받는 곳

이 책에 나오는 컬러 이미지 역시 다음에서 내려받을 수 있다.

http://www.packtpub.com/sites/default/files/downloads/9781788997096_ColorImages.pdf.

표기법

이 책에서 사용한 본문 표기 규칙은 다음과 같다.

본문에 있는 코드(CodeInText): 본문에 섞여 나오는 코드, 데이터베이스 테이블 이름, 폴더 이름, 파일 이름, 파일 확장자, 경로, 더미 URL, 사용자 입력, 트위터 핸들을 나타내는 서체다. 예를 들어 "도커를 설치했으면, 터미널에서 `docker` 명령을 실행할 수 있다."

코드 블록은 다음 서체를 사용한다:

```
import sys
import dlib from
skimage import io
```

주의할 필요가 있는 부분은 해당 항목이나 줄을 진하게 나타낸다:

```
# Create a HOG face detector using the built-in dlib class
face_detector = dlib.get_frontal_face_detector()
```

명령어 라인 입력이나 출력은 다음과 같이 나타낸다:

```
curl https://get.docker.com | sh
```

중요한 고려사항이나 경고를 따로 정리할 때 사용

팁이나 요령을 따로 정리할 때 사용

(!로 시작하는 부분은 번역자 주석이다. 예를 들어: (!요렇게 시작하는 부분이 바로 번역자 주석이다.)

피드백

독자의 피드백은 언제나 환영한다.

통상적인 피드백: 이 책의 제목과 함께 feedback@packpub.com으로 메일을 보내주시라. 기타 어떤 문의 사항이 있으면 questions@packpub.com으로 메일을 보내면 된다.

오류: 아무리 교정을 해도 오류가 있게 마련이다. 이 책 역시 예외는 아니니 독자가 오류를 발견하면 우리에게 알려주시기 부탁한다. www.packpub.com/summit-errata에 방문해서, 이 책을 선택하고, Errata Submission Form을 클릭한 후, 내용을 입력하고 제출하면 된다.

저작권: 인터넷상에서 이 책의 사본을 불법적으로 공유하는 사례를 발견하면 사이트 이름이나 주소를 우리에게 알려주시라. copyright.packpub.com을 방문하면 된다.

한국 독자라면 어떤 문제든 번역자(twkang@gwnu.ac.kr)에게 메일을 보내주시면 감사하겠다.

번역자 머리말

이 책의 특징은 다음과 같다.

- 첨부된 소스 코드가 잘 실행된다.
- 전체 프로젝트 내용이 자연스럽게 이어져 최고 수준의 인공지능에 도달한다.
- 독자가 팀 구성원으로서 프로젝트를 직접 수행하는 방식으로 구성되었다.

이 책은 크게 언어 처리와 영상 처리 두 영역의 프로젝트를 다룬다. 즉 사람의 시각과 언어 활동에 대한 딥러닝 기술을 다룬다는 의미다. 컴퓨터는 사람보다 계산을 잘하고 사람은 컴퓨터보다 시각과 언어 처리를 잘하는데, 이 책을 통해서 사람이 잘하던 일에 인공지능이 도전하는 과정을 독자가 직접 참여하여 생생하게 체득할 수 있다.

이 책은 다음과 같은 인공지능을 만드는 걸 포함한다.

```
>> predict('where do you live')
>> miami florida

>> print predict('how are you ?')
>> i am fine thank you
```

어떤가! 인상적이지 않은가?

모델이 질의를 이해한 후 답변을 생성한다.

이어서 작사 및 작곡 인공지능을 만든다.

이 책의 내용이 궁금한 잠재적 독자께서는 v쪽 “이 책의 내용”을 보면 어떤 프로젝트를 담고 있는지 대략을 알 수 있고 조금 시간을 내서 15장 “요약과 도약”을 보면 그 일을 어떻게 했으며 결과가 어땠는지 거의 완전하게 확인할 수 있다.

원서에 표시된 그림이나 표가 첨부된 소스의 실행 결과와 다른 부분이 드물게 있다. 이런 부분은 모두 실제 코드 수행 결과에 맞게 그림과 표를 바꾸고 내용을 서술하여 독자가 소스 코드 실행 결과를 보고 당황하지 않도록 번역서를 집필하였다.

독자가 이 책을 만지게 될 때, 거기에는 많은 사람의 수고가 묻어있다. 이 책의 번역자로서 그 과정의 모든 분께 감사한다!

독자께서도 이 책에 많은 수고를 묻혀 딥러닝 분야의 전문가로 거듭나시는 게 유일한 바람이다.

목차

CHAPTER 12 중첩신경망에 의한 사람의 자세 추정

CHAPTER

01

딥러닝 개발환경

우리 팀에 들어온 걸 환영한다. 첫 번째 임무는 딥러닝 개발환경을 구축하는 일이다! 이 책에 근사한 프로젝트를 모아 놓았다. 공통 개발환경을 갖추어놓아야 **컴퓨터 비전**이나 **자연어처리** 같은 강하고 멋진 **딥러닝**(DL) 기술을 익힐 수 있고, 앞으로 데이터 과학자로서 전문가의 경력을 쌓을 수 있다.

다음이 여기서 다룰 내용이다:

- 딥러닝 개발환경 공통 구성요소
- 로컬 환경 설정
- 클라우드 환경 설정
- 클라우드 환경에서 앱 개발
- 오류를 줄이고 빠르게 시작할 수 있는 설정 절차

딥러닝 개발환경 구축

정확하고 일관적인 결과를 얻을 수 있는 표준 도구 집합을 갖추는 게 이 장의 목적이다.

상업용으로 확장이 가능한 수준의 앱을 개발하려면, 로컬이든 클라우드든 상관없이, 모든 것이 완벽하게 작동하도록 환경을 설정해야 한다. 따라서 이 장에서는 모든 실험을 실행할 수 있고, 최종적으로 해당 모델을 상업용으로까지 변환할 수 있는 딥러닝 환경을 설정하는 방법을 다룬다.

> **TIP** 먼저, 딥러닝 모델을 코딩, 빌드 및 배포하는 데 필요한 주요 구성요소를 살펴보고 다음으로 그 일을 수행하는 다양한 방법을 논의한 다음 마지막으로 몇 가지 코드 조각을 사용해서 전체 과정을 이해해보자.

다음이 딥러닝 앱을 개발하는데 필요한 구성요소다:

- 우분투 16.04 이상
- 아나콘다 패키지
- 파이썬 2.x/3.x
- 텐서플로/케라스 패키지
- GPU를 위한 쿠다
- 배포를 위한 구니콘

코딩에 집중하기!

로컬 즉, 사용자 컴퓨터에 딥러닝 환경을 구축하는 것부터 시작한다. 대부분의 딥러닝 응용은 로컬 컴퓨터에서 충분히 만들 수 있다. 그러나 데이터 세트의 규모가 커지거나 모델의 구조가 아주 복잡한 경우, 엄청난 횟수의 반복 계산을 효율적으로 수행할 수 없어 처리 시간이 많이 늘어난다. 그래서 클라우드 환경이 필요하다.

약간의 스크립트를 이용해가면서 앞의 목록을 차례로 설치하면 어느 순간 환경 설정이 완료된다.

로컬 환경 설정

이 책의 프로젝트 수행을 위한 기본 운영체제는 우분투다. 리눅스는 사용자를 지원하는 거대한 커뮤니티가 형성되어있고 대부분의 딥러닝 앱을 Linux에 쉽게 설정할 수 있다. 우분투 설치 및 설정에 대한 자료는 `https://tutorials.ubuntu.com`에서 구할 수 있다. 코드 작성, 학습 및 평가는 파이썬 2.7 이상의 아나콘다 패키지를 사용한다. 아나콘다에는 모든 데이터 과학 프로젝트에서 흔히 사용하는 numpy, pandas, sklearn 등과 같은 파이썬 패키지가 모두 포함되어 있다.

왜 아나콘다인가? 바닐라 파이썬은 안 되나? 아나콘다는 iPython 노트북, 편집기 및 사전 설치된 많은 파이썬 라이브러리를 포함한 번들로, 환경을 구성하는 데 시간을 허비하지 않고 작업을 빠르게 시작할 수 있다. 물론 기본 파이썬을 사용할 수도 있으며 이는 전적으로 독자의 선택이다. 대신 스크립트를 사용하여 python env를 구성하는 방법을 마지막 절에서 다룬다.

아나콘다 설치

아나콘다는 파이썬으로 머신러닝 및 딥러닝 모델을 개발하고 배포 가능한 앱을 만드는 사람들에게 인기가 아주 많은 데이터 과학 플랫폼이다. 아나콘다 마케팅팀에서 만든 **아나콘다란?**이 https://www.anaconda.com/what-is-anaconda/에 있다. 아나콘다 설치 절차는 다음과 같다:

1. https://www.anaconda.com/download/#linux에 들어가,
2. 자신의 운영체제, 파이썬 버전을 선택한 후,
3. 설치 마법사 안내를 따라가면, 10~20분 후, 아나콘다 환경 설정 준비가 끝난다.

설치가 끝나면 터미널에서 다음을 실행하여 파이썬 버전을 확인한다:

```
python -V
```

다음처럼 출력되어야 한다:

```
Python 3.6 :: Anaconda,Inc.
```

그렇지 않다면 사용자 플랫폼에 맞는 문서를 확인하여 문제를 해결해야 한다.

딥러닝 라이브러리 설치

이제 딥러닝을 위한 파이썬 라이브러리 텐서플로와 케라스를 설치한다.

텐서플로? 텐서플로는 구글이 개발한 파이썬 라이브러리다. 텐서플로를 이용해서 강력한 머신러닝 및 딥러닝 모델과 응용을 구현할 수 있다. https://www.tensorflow.org/에서 더 많은 걸 알 수 있다.

다음을 실행해서 텐서플로를 설치한다:

```
conda install -c conda-forge tensorflow
```

다른 방법으로 다음처럼 pip를 이용해서 특정 버전을 지정하여 텐서플로를 설치할 수 있다:

```
pip install tensorflow==1.6
```

https://www.tensorflow.org/get_started/os_setup#anaconda_installation에 텐서플로 설치 안내가 있다.

이제 다음을 실행해서 keras를 설치한다:

```
pip install keras
```

다음 스크립트를 사용해서 설치한 패키지 버전을 확인한다:

```
# Import the tensorflow library
import tensorflow
# Import the keras library
import keras

print('tensorflow: %s' % tensorflow.__version__)
print('keras: %s' % keras.__version__)
```

이 스크립트를 dl_versions.py라 하자. 다음처럼 이 스크립트를 실행한다:

```
python dl_version.py
```

다음처럼 출력되어야 한다:

```
tensorflow: 1.6.0
Using TensorFlow backend.
keras: 2.1.5
```

어떤가! 이제 사용자 컴퓨터에서 멋진 딥러닝 앱을 만들 환경이 준비되었다.

클라우드 환경 설정

지금까지 수행한 과정은 클라우드에도 모두 그대로 적용되지만, 딥러닝 앱을 웹에 배포하고 확장할 수 있도록 클라우드 가상머신을 구성하기 위해서는 몇 가지 추가할 모듈이 있다. 우선 자신의 서버를 설정하기 전에 앞 절의 절차를 수행하자.

클라우드에 딥러닝 앱을 배포하려면 모델을 개발하고 동시에 서비스할 수 있는 충분한 성능의 서버가 필요하다. 딥러닝 분야가 약진하면서 프로젝트를 실행하고 결과를 배포하기 위한 클라우드 서버의 필요성이 급격히 증가했으며, 시장이 커져서 선택의 여지가 생겼다. 다음은 우리가 선택할 수 있는 최상의 클라우드 서비스 목록이다:

- Paperspace(`https://www.paperspace.com/`)
- FloydHub(`https://www.floydhub.com`)
- Amazon Web Services(`https://aws.amazon.com/`)
- Google Cloud Platform(`https://cloud.google.com/`)
- DigitalOcean(`https://cloud.digitalocean.com/`)

각 서비스는 나름의 고유한 장단점이 있으니 최종 선택은 전적으로 사용하려는 목적과 선호도에 따라 달라지므로 다른 서비스를 더 찾아볼 수 있다. (!대한민국에도 고려할만한 클라우드 서비스가 있다) 이 책은 주로 **구글 클라우드 플랫폼**(GCP)의 일부인 **구글 계산 엔진**(GCE)에서 모델을 구축하고 배포한다. 이 장에서 앞으로 설명하는 절차에 따라 가상머신 서버를 가동하는 것으로 시작하자.

구글은 모든 딥러닝 패키지 및 기타 파이썬 라이브러리를 설치한 노트북 플랫폼의 **구글 코랩**(`https://colab.research.google.com/`)을 배포했다. 즉, 코랩에서 모든 딥러닝/머신러닝 앱을 개발할 수 있으며, 무료로 GPU/TPU를 사용할 수 있다.

배포를 위한 클라우드 플랫폼

이 책의 목적은 딥러닝 응용을 개발하고 배포하는 방법을 익히는 거다. 이 절에서 사용자가 만든 앱을 많은 사람이 사용할 수 있게 하는 중요한 방법을 살펴본다.

사용자가 개발한 앱을 다른 사람들이 접근할 수 있게 하는 최상의 방법은 REST 또는 SOAP 인터페이스를 사용해서 웹 서비스로 노출하는 거다. 그러기 위해 `web.py`, Flask, Bottle 같은 많은 파이썬 웹 프레임워크를 사용할 수 있다. 이런 프레임워크를 사용해서 손쉽게 웹 서비스를 만들어서 배포할 수 있다.

구글 계정

구글 클라우드(`https://cloud.google.com/`) 계정이 있어야 한다. 구글은 현재 플랫폼 사용을 홍보하고 있어 신규 사용자에게 300달러 상당의 무료 크레딧을 제공한다.

GCP 설정

다음 절차에 따라 GCP를 설정한다:

1. **새 프로젝트 생성**: 아래 그림의 점 세 개를 클릭한 후 +를 클릭하여 새 프로젝트를 생성한다:

2. **가상머신 인스턴스 생성**: 왼쪽 위의 세 줄을 클릭하여 compute 옵션을 선택한 후, Compute Engine을 선택한다. 이제 Create new instance를 선택한다. 가상머신 인스턴스 이름을 지정한 후, 지역과 **머신 유형**을 선택한다.

부트 디스크를 **우분투** 16.04 LTS로 선택한다. 방화벽 옵션으로 http와 https 둘 다 선택한다(외부에서 접속할 수 있게 하는 게 중요하다). GPU 옵션을 선택하려면 customize 버튼을 클릭한 후 GPU 옵션을 찾아 엔비디아 GPU를 고를 수 있다. Allow HTTP traffic과 Allow HTTP traffic 둘 다 체크하자.

이제 Create를 클릭하자. 짠! 새로운 가상머신이 준비되었다.

3. **방화벽 설정 변경**: Networking 아래 Firewall **규칙**을 클릭한다. 사용자 인터페이스를 내보낼 프로토콜과 포트를 지정할 필요가 있다. `tcp:8080`으로 지정하자. 이제 **저장** 버튼을 클릭하면 외부에서 사용자 앱에 접근하는 규칙이 가상머신 방화벽에 할당된다.

4. **가상머신 부팅**: 이제 가상머신 인스턴스를 실행한다. 초록색 틱이 나타나면 SSH를 클릭한다. 그러면 명령어 창이 열리고, 사용자는 가상머신에 진입한 거다. 물론 `gcloud cli`를 사용해서 가상머신에 로그인할 수 있다.

5. 이제 로컬 환경 설정의 절차를 그대로 따르거나, 바로 이어서 소개할 자동 설치 스크립트를 사용해서 가상머신에 개발환경을 구축할 수 있다.

이제 웹 서비스 형태의 딥러닝 앱을 만들기 위한 웹 프레임워크가 필요하다. 마찬가지로 다양한 옵션이 있지만, 간단한 게 좋으니까, `web.py`와 구니콘을 조합해서 사용한다.

> **TIP** 메모리 사용, CPU 활용 등을 기준으로 웹 프레임워크를 선택하기 원하면 `http://klen.github.io/pyframeworks-bench`에서 완전한 벤치마킹 리스트를 찾아보자.

다음을 실행해서 프레임워크를 설치한다:

```
pip install web.py
pip install gunicorn
```

이제 딥러닝 솔루션을 웹 서비스로 배포하고 상업용으로 확장할 준비가 끝났다.

자동 설치

파이썬 패키지와 딥러닝 라이브러리를 설치하는 일은 많은 시간과 반복 작업이 필요한 지루한 작업이다. 그런 수고를 줄이려고 명령 하나로 모든 걸 설치하는 쉘 스크립트를 만들었다.

설치되는 구성요소는 다음과 같다:

- 자바 8
- 바젤
- 파인썬과 관련 종속성
- 텐서플로
- 케라스
- 깃
- 언집
- 위 모든 구성요소

다음처럼 스크립트를 내려받아 실행하면 그만이다:

1. 저장소에서 코드를 복제해 홈 디렉터리에 저장한다:

```
git clone
https://github.com/PacktPublishing/Python-Deep-Learning-Projects
```

2. 복제가 끝나면 setupDeepLearning.sh 스크립트가 들어있는 Chapter01 폴더로 이동 한 후, chmod 명령을 사용해서 실행 가능한 모드로 지정한다:

```
cd Python-Deep-Learning-Projects/Chapter01/
chmod +x setupDeepLearning.sh
```

3. 다음을 실행하면 설치가 시작된다:

```
./setupDeepLearning.sh
```

설치에 10~15분 정도 소요되는데, 중간에 메시지가 나오면 모두 yes로 답하자. 설치가 끝나면 다음과 같은 목록을 볼 수 있다:

```
Ready to run TensorFlow!
***Listing modules***
absl-py (0.1.13)
astor (0.6.2)
backports.weakref (1.0.post1)
bleach (1.5.0)
boto (2.38.0)
chardet (2.3.0)
crcmod (1.7)
enum34 (1.1.6)
funcsigs (1.0.2)
futures (3.2.0)
gast (0.2.0)
google-compute-engine (2.7.5)
grpcio (1.10.1)
gunicorn (19.7.1)
html5lib (0.9999999)
Markdown (2.6.11)
mock (2.0.0)
numpy (1.14.2)
pandas (0.22.0)
pbr (4.0.1)
Pillow (5.1.0)
pip (8.1.1)
protobuf (3.5.2.post1)
python-dateutil (2.7.2)
pytz (2018.4)
requests (2.9.1)
scikit-learn (0.19.1)
scipy (1.0.1)
setuptools (20.7.0)
six (1.10.0)
sklearn (0.0)
tensorboard (1.7.0)
tensorflow (1.7.0)
termcolor (1.1.0)
urllib3 (1.13.1)
web.py (0.39)
Werkzeug (0.14.1)
wheel (0.29.0)
```

설치 패키지 리스트

규모가 더 큰 상업용 앱 개발환경을 위해 Docker를 사용할 수 있다. Docker에 대한 자세한 내용은 `https://www.docker.com/what-docker`와 `https://github.com/floydhub/dldocker`를 참조하자.

요약

이 장에선 표준 도구 집합을 포함하는 공통 개발환경을 구축했다. 프로젝트는 구니콘과 CUDA 환경에서 배포할 것인데, 그 프로젝트는 파이썬 2.x/3.x에서 실행되는 텐서플로와 케라스 같은 최상의 효율과 수준의 라이브러리를 사용한다. 모든 코드는 아나콘다 패키지 리소스를 사용해서 작성하고 모두 우분투 16.04 이상에서 실행할 것이다.

이제 실험을 수행하고 딥러닝 모델을 배포할 준비를 모두 마쳤다.

CHAPTER

02

다층신경망

첫 프로젝트에 참여하신 걸 환영한다! 오늘 우리는 이미지 데이터 세트를 학습해서 손으로 쓴 숫자를 식별하는 분류기를 만들어야 한다. 레스토랑 가맹점에서 손으로 쓴 숫자를 정확하게 분류하여 해당 숫자를 출력하는 시스템을 만들어달라는 의뢰를 받았다. 레스토랑을 방문한 고객이 아이패드 앱에 자신의 전화번호를 남기면, 빈자리가 생겼을 때 손님에게 문자 메시지를 전송하기 위해서다. 따라서 손으로 쓴 숫자를 정확하게 구분해서 전화번호를 식별한 후, 배고픈 고객에게 즐거운 소식을 실수 없이 전달해야 한다!

TIP

성공의 기준: 프로젝트를 시작할 때 성공의 기준을 정의하는 게 실무적으로 중요하다. 이 프로젝트는 어떤 기준을 사용해야 할까? 이 프로젝트는 시스템의 성능을 측정하는 수단으로 퍼센트 단위의 정확도를 사용하는 게 좋겠다.

데이터 사이언스 분야에서 이런 분류 문제를 해결하는 수단은 상당히 많다. 실제로 우리 책에선 뒤에서 중첩신경망을 이용해 분류기의 정확도를 어떻게 높일 수 있는지 다룬다.

TIP

전이학습: (아주 유사하지만 다른) 데이터 세트를 사용해서 딥러닝 모델을 사전에 학습한 후 (보통 규모가 더 작은) 다른 데이터 세트에 대한 학습 속도와 정확도를 높이는 것을 말한다. 이 프로젝트 사례에서 MNIST 데이터 세트를 사용해서 **다층신경망**을 사전 학습함으로써, 레스토랑을 기웃거리며 손으로 쓴 자료를 수집하는 불필요한 시간 낭비 없이 손 글씨 분류기를 배포할 수 있다. 딥러닝 프로젝트가 이렇게 멋진 거다!

딥러닝의 기초가 되는 다층신경망 구조로부터 시작해보자. 감각과 기술을 익혀 기초를 확고히 다지고, 앞으로 이 책의 프로젝트를 진행하면서 다룰 다양한 문제를 해결하기 위한 더 복잡한 아키텍처를 배울 준비를 하기 위해서다.

다음이 여기서 다룰 내용이다:

- 다층신경망?
- 손으로 쓴 숫자 데이터, MNIST
- 직관에 의한 모델 설계
- 모델 코딩과 초 매개변수 설정
- 반복 학습
- 모델 평가

다층신경망을 사용한 예측 모델 설계

머신러닝 분야에서 실무적으로 가장 흔한 게 비선형 데이터 세트를 학습해서 무언가를 예측하는 회귀 모델을 만드는 일이다. 실세계 혹은 다루는 데이터에 내재한 복잡성 때문에 단순 선형 회귀 모델을 사용해서는 원하는 예측 능력을 얻을 수 없다. 이 장에서는 다층신경망(Multiple Layer Perceptron)을 사용하여 월드 클래스 예측 모델을 구축하는 방법을 다룬다. `http://www.deeplearningbook.org/contents/mlp.html`에서 다층신경망에 대한 자세한 정보를 찾을 수 있다. 다음은 중간층이 2개인 다층신경망 구조다:

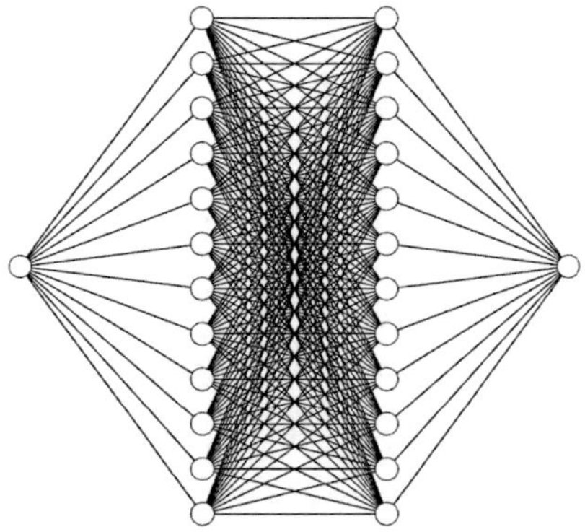

중간층이 2개인 다층신경망

텐서플로를 사용해서 중간층이 2개인 간단한 구조의 다층신경망을 구현한다. 이 신경망은 MNIST 데이터 세트(http://yann.lecun.com/exdb/mnist/)를 학습하여 이미지를 식별하는 분류기다. MNIST는 손으로 쓴 숫자 이미지를 모아놓은 것이다. 다층신경망 학습의 핵심인 역전파에 대해서는 알고 있는 것으로 가정한다. 그렇지 않다면 닐슨의 글(http://neuralnetworksanddeeplearning.com/chap2.html)을 읽어보기 바란다. 텐서플로에 대해서도 시시콜콜 다루지 않는다. 필요하면 공식 자습서를 참고할 수 있다(https://www.tensorflow.org/versions/r0.10/get_started/basic_ usage.html).

MNIST 데이터 세트

신경망 구축으로 들어가기 전에 MNIST 데이터를 들여다보자!

TIP

지혜의 샘: 모델의 동작 방식을 알려면 먼저 데이터가 어떻게 생겨 먹었는지 그리고 그 데이터가 어떻게 전처리 되었는지 알아야 한다. 이 절에서는 다층신경망을 쉽게 구현하기 위해 데이터가 사전에 어떻게 처리되었는지에 대해 알아본다. 데이터 사이언스는 데이터에서 출발한다는 사실을 항상 기억하라!

다음을 실행해서 먼저 데이터를 내려받자:

```
from tensorflow.examples.tutorials.mnist import input_data
mnist = input_data.read_data_sets("/tmp/data/", one_hot=True)
```

변수 mnist의 내부 구조를 들여다보면 크게 **학습**, **평가**, **검증** 데이터로 구분됨을 알 수 있다. 각 폴더에는 손 글씨 이미지와 레이블이 포함되어 있다. 또한, 이미지가 1차원 벡터로 저장되어 있다는 것도 알 수 있다.

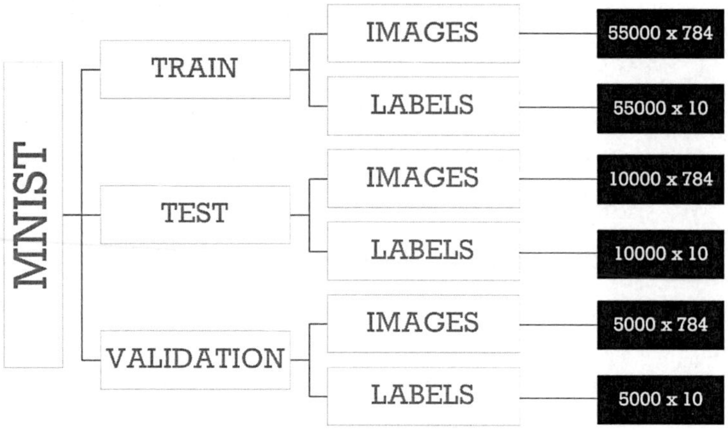

MNIST 데이터 세트 구조

정말 그런지 하나 뽑아서 그려보자. 하나의 이미지가 저장된 행렬의 모양이 [1, 784]이므로, 2차원 이미지로 그려내려면 모양을 [28, 28]로 변환해야 한다:

```
sample_image = mnist.train.images[0].reshape([28,28])
```

변환한 행렬을 얻었으면 다음처럼 matplotlib를 사용해서 그려볼 수 있다:

```
import matplotlib.pyplot as plt
plt.gray()
plt.imshow(sample_image)
```

결과는 다음과 같다:

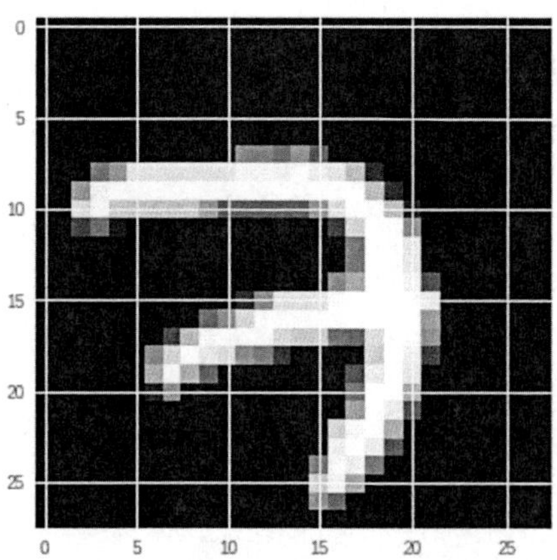

샘플 데이터

이 이미지와 같이 0-9 범위의 손으로 쓴 숫자 이미지 55,000개가 학습 데이터 폴더에 들어있다. 물론 레이블 폴더에는 해당 이미지의 실제 숫자 값이 들어있다. 따라서 우리의 목표는 MNIST 데이터 세트에 포함된 모든 이미지의 레이블을 예측할 수 있도록 이 이미지와 레이블 세트로 모델을 학습하는 거다.

TIP

딥러닝 탐험가가 되자: 데이터 세트를 가지고 더 놀고 싶다면 코랩 노트북(`https://drive.google.com/file/d/1-GVlob72EyiJyQpk8EL2fg2mvzaEayJ_/view?usp=sharing`)을 사용해 보라.

직관에 의한 모델 설계

이 프로젝트에 대해 큰 그림을 그려보자. 우리가 할 일은 입력 이미지에 대해 그 이미지가 속한 클래스 레이블을 정확하게 분류하는 딥러닝 기술을 구축하는 것이다. 이를 위해 다층신경망이란 걸 사용하려고 한다. 이 기술은 회귀와 관련된다. 미적분을 이용한 증명은 집어치우고 이해를 위해 필요한 것만 다루자. 그리고 전체적인 해결 과정을 쉽게 이해할 수 있도록 프로젝트 구조를 간략하게 설명한다.

예측을 위한 회귀식 정의

첫 번째 작업은 MNIST 데이터 세트를 학습해서 예측을 수행할 모델을 정의하는 일이다. 우리는 중간층이 2개인 완전 연결 신경망을 사용하려고 한다. 이런 구조의 신경망을 다층신경망이라고 한다.

이 모델은 데이터에 잘 들어맞는 다음 방정식의 계수를 찾는다. 즉, 학습을 통해서 주어진 학습 데이터를 잘 분류하는 계수 W와 b를 찾는다. 여기서 y는 레이블 x는 이미지이다. W를 모델이 학습할 가중치, b를 바이어스라고 부른다. 우리 모델에 대응하는 회귀 방정식은 다음과 같다:

$$y = nonlinearity(xW + b)$$

> **지도학습**: 학습 데이터가 입력-레이블 쌍으로 구성된 경우 즉, 답을 알고 있는 딥러닝 학습방식을 지도학습이라고 한다. 모델의 학습은 데이터의 특징을 학습해서 적합한 레이블에 대응시키는 수학적 과정이다. 학습이 끝나고 새 데이터 즉 테스트 데이터를 주면 모델은 높이 신뢰할만한 클래스 레이블을 생성한다.

학습은 반복적으로 이루어지는데, 매번 가중치와 바이어스를 일반화하고 동시에 오류를 줄이려 시도한다. 또한, 모델이 과적합 하지 않도록 주의해야 한다. 모델이 데이터를 과적합 하면 새 데이터에 대해 예측을 잘하지 못한다.

이제 이러한 구상을 코딩하는 방법과 모델의 성능을 시각적으로 나타내는 방법을 알아보자. 눈으로 보면 이해가 쉽다.

프로젝트 구조의 정의

프로젝트 구조는 다음과 같다:

- `hy_param.py`: 초 매개변수와 다른 설정 정의
- `model.py`: 모델의 구조 정의
- `train.py`: 모델 학습 코드
- `inference.py`: 학습 모델을 사용한 예측
- `/runs`: 학습 과정 저장 폴더

이곳(`https://github.com/PacktPublishing/Python-Deep-Learning-Projects/tree/master/Chapter02`)에 전체 코드가 있다.

코드 작성

초 매개변수를 정의한 다음 모델을 정의하고, 이어 학습 루프를 작성한 후 마지막으로 학습을 수행한다. 모델이 과적합 되지 않았는지 확인하고, 최신 체크포인트를 적재해 추론 코드를 작성한 다음, 학습이 끝난 모델을 사용해서 예측을 수행한다.

초 매개변수 정의

모든 매개변수를 hy_param.py 파일에 정의한 다음 다른 코드에서 모듈로 가져다 사용한다. 이렇게 코드를 모듈로 구성해야 배포가 쉽다. 다음은 hy_param.py 파일 내용이다:

```
#!/usr/bin/env python2

# 초 매개변수와 기타 매개변수

# 초 매개변수
learning_rate = 0.01
num_steps = 100
batch_size = 128
display_step = 1

# 신경망 매개변수
n_hidden_1 = 300 # 1st layer number of neurons
n_hidden_2 = 300 # 2nd layer number of neurons
num_input = 784 # MNIST data input (img shape: 28*28)
num_classes = 10 # MNIST total classes (0-9 digits)

#학습 매개변수
checkpoint_every = 100
checkpoint_dir = './runs/'
```

이 설정을 사용할 텐데, 원한다면 얼마든지 바꿔도 좋다.

TIP 팀원이여, 학습 계수나 중간층의 개수 등을 다르게 정의해서 더 나은 모델을 만들어 보시라!

입력 이미지 벡터 크기가 [1×786]이므로 이 경우 num_input = 784이고 또한, 클래스 역시 0에서 9를 나타내는 10개이므로 num_classes = 10로 정해진다.

모델 정의

먼저 모듈을 임포트 한다; 텐서플로와 앞에서 정의한 초 매개변수 스크립트다:

```
import tensorflow as tf
import hy_param
```

다음으로 모델에 입력을 전달하기 위한 플레이스홀더 `tf.placeholder`를 정의한다. 텐서플로에서는 계산 그래프, 즉 프로그램에 입력을 먹일 때 `tf.placeholder`로 정의된 일종의 변수를 사용한다. 플레이스홀더를 정의할 때 데이터의 형태(shape)를 지정하는데, 보통 첫 번째 차원은 None으로 정하면 배치 시점에 자동으로 확정된다.

달인의 길: 배치 크기가 종종 딥러닝 모델의 성능에 큰 영향을 미칠 수 있다. 프로젝트를 진행하는 동안 다양한 배치 크기를 사용해 보라. 성능에 어떤 변화가 있는가? 어떤 영감이 떠오르는가? 배치 크기는 데이터 과학의 또 다른 도구다!

다음으로 추론 코드에서 모델에 데이터를 전송할 때 사용할 플레이스홀더를 정의한다:

```
X = tf.placeholder("float", [None, hy_param.num_input], name="input_x")
Y = tf.placeholder("float", [None, hy_param.num_classes], name="input_y")
```

이제 가중치와 바이어스를 위한 변수를 정의한다. `tf.Variable`을 사용해서 텐서를 저장하고 내용을 수정할 수도 있다. `tf.random_normal()`을 사용해서 정규분포를 따르는 임의의 값으로 변수를 초기화한다(https://www.tensorflow.org/api_docs/python/tf/random_normal). 여기서는 신경망 각층 뉴런의 개수를 바르게 지정하는 게 가장 중요하다.

```
weights = {
    'h1': tf.Variable(tf.random_normal([hy_param.num_input,
                      hy_param.n_hidden_1])),
    'h2': tf.Variable(tf.random_normal([hy_param.n_hidden_1,
                      hy_param.n_hidden_2])),
    'out': tf.Variable(tf.random_normal([hy_param.n_hidden_2,
                       hy_param.num_classes]))
```

```
}
biases = {
    'b1': tf.Variable(tf.random_normal([hy_param.n_hidden_1])),
    'b2': tf.Variable(tf.random_normal([hy_param.n_hidden_2])),
    'out': tf.Variable(tf.random_normal([hy_param.num_classes]))
}
```

이제 앞에서 정의한 회귀 방정식을 계산할 차례다. 다음처럼 마지막 출력층에서 로지스틱 회귀 연산을 수행한다:

```
layer_1 = tf.add(tf.matmul(X, weights['h1']), biases['b1'])
layer_2 = tf.add(tf.matmul(layer_1, weights['h2']), biases['b2'])
logits = tf.matmul(layer_2, weights['out']) + biases['out']
```

로지스틱 출력은 분류를 위해 tf.nn.softmax()를 사용하여 확률로 변환한다. 소프트맥스 활성함수는 출력층 뉴런의 출력을 0과 1 사이의 값으로 찌그러뜨린다.

```
prediction = tf.nn.softmax (logits, name = 'prediction')
```

다음으로 비용함수로 tf.nn.softmax_cross_entropy_with_logits를 지정한다. 최적화기는 Adam Optimizer를 사용한다. 마지막으로 minimize() 함수를 사용하여 **확률적 경사 하강** 알고리즘이 비용을 최소화하도록 지정한다.

```
loss_op = tf.reduce_mean (tf.nn.softmax_cross_entropy_with_logits
          (logits = logits, label = Y))
optimizer = tf.train.AdamOptimizer (learning_rate = hy_param.learning_
            rate)
train_op = optimizer.minimize (loss_op)
```

가장 큰 값을 출력하는 뉴런을 찾아 예측 레이블을 식별한 후, 정확도를 계산한다.

```
correct_pred = tf.equal(tf.argmax(prediction, 1), tf.argmax(Y, 1))
accuracy = tf.reduce_mean(tf.cast(correct_pred, tf.float32) ,
           name='accuracy')
```

전체 코드는 다음과 같다.

```
#!/usr/bin/env python2
# -*- coding: utf-8 -*-

import tensorflow as tf
import hy_param

## Defining Placeholders which will be used as inputs for the model
X = tf.placeholder("float", [None, hy_param.num_input],name="input_x")
Y = tf.placeholder("float", [None, hy_param.num_classes],name="input_y")

# Defining variables for weights & bias
weights = {
    'h1': tf.Variable(tf.random_normal([hy_param.num_input,
          hy_param.n_hidden_1])),
    'h2': tf.Variable(tf.random_normal([hy_param.n_hidden_1,
          hy_param.n_hidden_2])),
    'out': tf.Variable(tf.random_normal([hy_param.n_hidden_2,
           hy_param.num_classes]))
}
biases = {
    'b1': tf.Variable(tf.random_normal([hy_param.n_hidden_1])),
    'b2': tf.Variable(tf.random_normal([hy_param.n_hidden_2])),
    'out': tf.Variable(tf.random_normal([hy_param.num_classes]))
}

# Hidden fully connected layer 1 with 300 neurons
layer_1 = tf.add(tf.matmul(X, weights['h1']), biases['b1'])
# Hidden fully connected layer 2 with 300 neurons
layer_2 = tf.add(tf.matmul(layer_1, weights['h2']), biases['b2'])
# Output fully connected layer with a neuron for each class
logits = tf.matmul(layer_2, weights['out']) + biases['out']

# Performing softmax operation
prediction = tf.nn.softmax(logits, name='prediction')

# Define loss and optimizer
loss_op = tf.reduce_mean(tf.nn.softmax_cross_entropy_with_logits(
```

```
    logits=logits, labels=Y))
optimizer = tf.train.AdamOptimizer(learning_rate=hy_param.learning_rate)
train_op = optimizer.minimize(loss_op)

# Evaluate model
correct_pred = tf.equal(tf.argmax(prediction, 1), tf.argmax(Y, 1))
accuracy = tf.reduce_mean(tf.cast(correct_pred, tf.float32) ,
            name='accuracy')
```

야호! 가장 중요한 코드를 완성했다. `model.py` 파일에 이 코드를 저장한다. 지금까지 각각 뉴런이 300개인 중간층 2개로 구성된 신경망 모델을 설계했다. 이 신경망은 Adam Optimizer를 사용하여 최적의 가중치를 학습하며, 특정 입력이 10개의 클래스에 속할 확률을 예측한다. 이 신경망 모델의 구조를 그림으로 나타내면 다음과 같다.

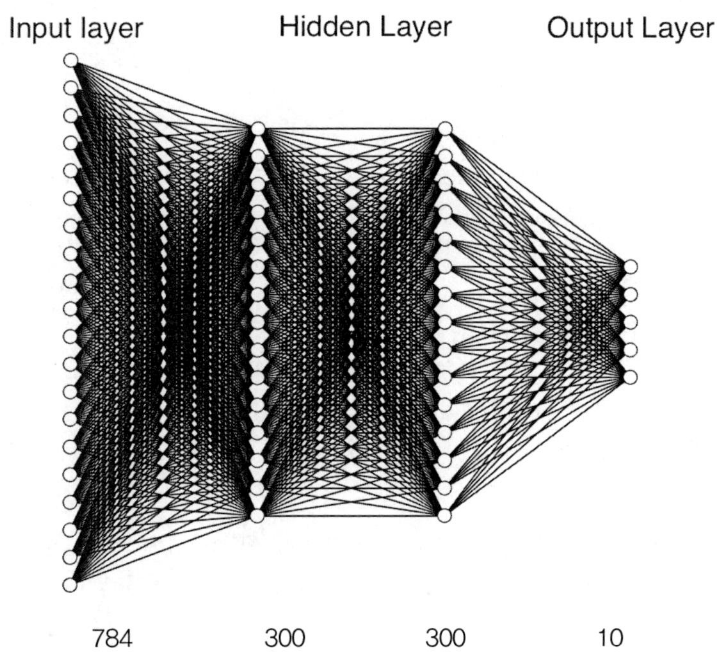

반복 학습

다음 단계는 모델을 학습하고 결과를 기록하는 것으로 `train.py`에 구현한다.

먼저 관련된 모듈을 임포트한다:

```
import tensorflow as tf
import hy_param

# 다층 신경망 모델
import model
```

신경망에 먹일 변수를 정의한다:

```
# 입력 이미지
X = model.X
# 레이블
Y = model.Y
```

체크포인트를 저장할 폴더를 생성한다. 체크포인트는 학습하는 동안 매개변수 W와 b를 캡처하는 중간 단계다. tf.train.Saver() 함수를 사용하여 checkpoints를 저장하고 다시 가져올 수 있다:

```
checkpoint_dir = os.path.abspath(os.path.join(hy_param.checkpoint_dir,
                 "checkpoints"))
checkpoint_prefix = os.path.join(checkpoint_dir, "model")
if not os.path.exists(checkpoint_dir):
    os.makedirs(checkpoint_dir)

# We only keep the last 2 checkpoints to manage storage
saver = tf.train.Saver(tf.global_variables(), max_to_keep=2)
```

학습을 시작하려면 먼저 텐서플로 세션을 생성해야 한다. 그리고 이 세션에서 그래프 변수를 초기화하고 모델에게 데이터를 먹여 연산한다:

```
# Initialize the variables
init = tf.global_variables_initializer()

# Start training
with tf.Session() as sess:
```

```
    # Run the initializer
    sess.run(init)

    for step in range(1, hy_param.num_steps+1):
        # Extracting
        batch_x, batch_y = mnist.train.next_batch(hy_param.batch_size)
        # Run optimization op (backprop)
        sess.run(model.train_op, feed_dict={X: batch_x, Y: batch_y})
        if step % hy_param.display_step == 0 or step == 1:
            # Calculate batch loss and accuracy
            loss, acc, summary = sess.run([model.loss_op, model.accuracy,
                             write_op], feed_dict={X:batch_x, Y: batch_y})
            print("Step " + str(step) + ", Minibatch Loss= " + \
                   "{:.4f}".format(loss) + ", Training Accuracy= " + \
                   "{:.3f}".format(acc))
        if step % hy_param.checkpoint_every == 0:
            path = saver.save(sess, checkpoint_prefix, global_step=step)
            print("Saved model checkpoint to {}\n".format(path))

    print("Optimization Finished!")
```

배치 크기가 128이므로 MINST 이미지 128개 단위로 모델에 전송한다. 모든 데이터를 전송하면 학습의 한 에포크가 완료된다. 이때 saver 연산으로 체크포인트를 저장한다:

```
#!/usr/bin/env python2
# -*- coding: utf-8 -*-

from __future__ import print_function

# Import MNIST data
import os
from tensorflow.examples.tutorials.mnist import input_data
mnist = input_data.read_data_sets("/tmp/data/", one_hot=True)

import tensorflow as tf
import model
import hy_param
```

```
## tf Graph input
X = model.X
Y = model.Y

checkpoint_dir = os.path.abspath(os.path.join(hy_param.checkpoint_dir,
                 "checkpoints"))
checkpoint_prefix = os.path.join(checkpoint_dir, "model")
if not os.path.exists(checkpoint_dir):
    os.makedirs(checkpoint_dir)
saver = tf.train.Saver(tf.global_variables(), max_to_keep=2)
#loss = tf.Variable(0.0)
# Initialize the variables
init = tf.global_variables_initializer()
all_loss = []
# Start training
with tf.Session() as sess:
    writer_1 = tf.summary.FileWriter("./runs/summary/",sess.graph)
    sum_var = tf.summary.scalar("loss", model.accuracy)
    write_op = tf.summary.merge_all()

    # Run the initializer
    sess.run(init)

    for step in range(1, hy_param.num_steps+1):
        # Extracting
        batch_x, batch_y = mnist.train.next_batch(hy_param.batch_size)
        # Run optimization op (backprop)
        sess.run(model.train_op, feed_dict={X: batch_x, Y: batch_y})
        if step % hy_param.display_step == 0 or step == 1:
            # Calculate batch loss and accuracy
            loss, acc, summary = sess.run([model.loss_op, model.accuracy,
                                write_op], feed_dict={X: batch_x, Y: batch_y})
            all_loss.append(loss)
            writer_1.add_summary(summary, step)
            print("Step " + str(step) + ", Minibatch Loss= " + \
                  "{:.4f}".format(loss) + ", Training Accuracy= " + \
                  "{:.3f}".format(acc))
        if step % hy_param.checkpoint_every == 0:
            path = saver.save(
```

```
                  sess, checkpoint_prefix, global_step=step)
# print("Saved model checkpoint to {}\n".format(path))

    print("Optimization Finished!")

    # Calculate accuracy for MNIST test images
    print("Testing Accuracy:", \
        sess.run(model.accuracy, feed_dict={X: mnist.test.images,
                                   Y: mnist.test.labels}))
```

train.py를 실행하면 다음처럼 학습 진행과정을 볼 수 있다. 학습 단계마다 손실함수 즉 비용함수 값이 줄고 정확도가 증가하는 걸 알 수 있다:

```
Step 68, Minibatch Loss= 306.3990, Training Accuracy= 0.852
Step 69, Minibatch Loss= 300.6138, Training Accuracy= 0.844
Step 70, Minibatch Loss= 179.9460, Training Accuracy= 0.867
Step 71, Minibatch Loss= 228.6768, Training Accuracy= 0.844
Step 72, Minibatch Loss= 138.8158, Training Accuracy= 0.938
Step 73, Minibatch Loss= 175.2319, Training Accuracy= 0.906
Step 74, Minibatch Loss= 231.0065, Training Accuracy= 0.867
Step 75, Minibatch Loss= 229.3589, Training Accuracy= 0.883
Step 76, Minibatch Loss= 273.3831, Training Accuracy= 0.891
Step 77, Minibatch Loss= 205.3752, Training Accuracy= 0.891
Step 78, Minibatch Loss= 203.4548, Training Accuracy= 0.844
Step 79, Minibatch Loss= 195.2928, Training Accuracy= 0.883
Step 80, Minibatch Loss= 213.9747, Training Accuracy= 0.859
Step 81, Minibatch Loss= 284.2013, Training Accuracy= 0.836
Step 82, Minibatch Loss= 205.6791, Training Accuracy= 0.859
Step 83, Minibatch Loss= 221.5348, Training Accuracy= 0.875
Step 84, Minibatch Loss= 106.9436, Training Accuracy= 0.875
Step 85, Minibatch Loss= 209.3381, Training Accuracy= 0.867
Step 86, Minibatch Loss= 243.1940, Training Accuracy= 0.867
Step 87, Minibatch Loss= 161.6641, Training Accuracy= 0.859
Step 88, Minibatch Loss= 224.7084, Training Accuracy= 0.844
Step 89, Minibatch Loss= 211.0281, Training Accuracy= 0.875
Step 90, Minibatch Loss= 146.3944, Training Accuracy= 0.883
Step 91, Minibatch Loss= 94.1382, Training Accuracy= 0.898
Step 92, Minibatch Loss= 134.1990, Training Accuracy= 0.938
Step 93, Minibatch Loss= 232.2369, Training Accuracy= 0.867
Step 94, Minibatch Loss= 253.5543, Training Accuracy= 0.898
Step 95, Minibatch Loss= 260.2030, Training Accuracy= 0.859
Step 96, Minibatch Loss= 155.0190, Training Accuracy= 0.914
Step 97, Minibatch Loss= 239.0048, Training Accuracy= 0.828
Step 98, Minibatch Loss= 322.0966, Training Accuracy= 0.836
Step 99, Minibatch Loss= 167.7812, Training Accuracy= 0.883
Step 100, Minibatch Loss= 80.1014, Training Accuracy= 0.914
Optimization Finished!
Testing Accuracy: 0.8742
```

또한, 손실함수 값을 다음처럼 그림으로 나타내서 학습이 진행되면서 최솟값으로 수렴하는 걸 시각적으로 확인할 수 있다:

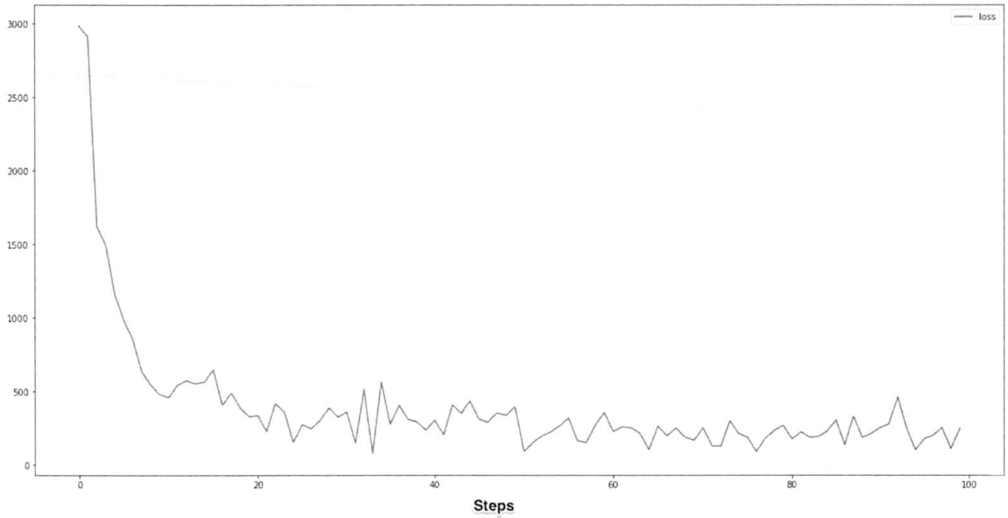

손실 함숫값

모델의 성능을 시각화하여 분석함으로써 과소적합 또는 과적합을 방지하는 일이 매우 중요하다. 과적합은 중간층이 많은 깊은 모델을 다룰 때 흔히 일어나는 현상이다. 시간을 들여 그 현상을 자세히 이해하고 해소하기 위한 몇 가지 트릭을 배워보자.

과적합과 과소적합

큰 권력에 큰 책임이 따르듯 모델이 더 커지면 더 큰 문제가 발생한다. 딥러닝을 응용할 때 일반화와 최적화의 적절한 균형을 맞추는 일이 큰 문제다. 딥러닝 학습은 초 매개변수를 조정해 가면서 모델이 데이터에 가장 적합하도록 만드는 과정이다. 즉 학습은 결국 **최적화** 작업이다. 이때 가장 핵심이 되는 사항은 모델이 데이터를 얼마나 잘 일반화하는가이다. 일반화란 학습 데이터와 다른 입력에 대해 얼마나 잘 예측할 수 있는가를 의미한다.

딥러닝 전문가의 미션은 실세계를 잘 일반화한 모델을 만드는 일이다. 그런데 일반화는 모델의 구조나 학습 데이터 세트의 영향을 크게 받는다. 따라서 학습에 사용된 데이터에 포함된 잡음을 학습할 가능성을 최대한 줄여야 한다. 그렇게 하지 않으면 일반화에 영향을 줄 수 있다. 가능한 해결 방법은 더 많은 학습 데이터를 확보하여 모델링 하려는 대상에 대해 더 나은 즉, 더 완전한 정보를 제공하는 것입니다. 모델의 구조를 최적화하는 것

도 시도해 볼 방법이다. 다음은 과적합을 방지하는데 사용하는 일반적인 방법이다:

- 학습 데이터 추가
- 중간층이나 뉴런의 개수 축소
- L2(또는 L1) 규제 사용
- 드롭아웃 층이나 폴링층 추가

TIP 모델의 가중치의 절댓값을 비용함수에 더하는 것을 L1 규제 또는 L1 크기(norm), 가중치 제곱의 제곱근을 비용함수에 더하는 것을 L2 규제 또는 L2 크기 또는 가중치 감소라 부른다.

모델의 학습이 완료되면, 다음처럼 체크포인트 바이너리 덤프가 /runs 폴더에 출력된다:

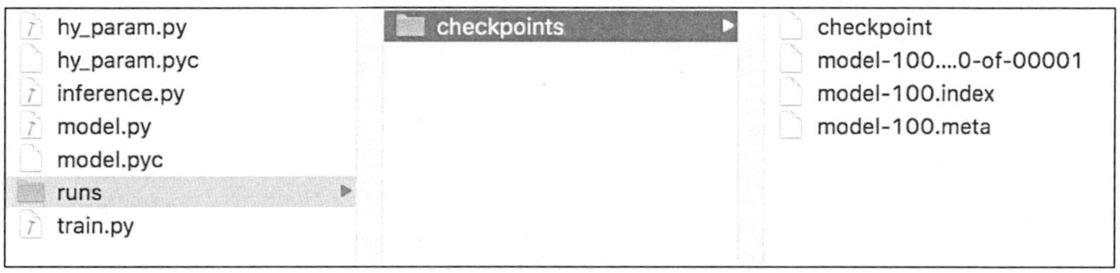

체크포인트 폴더의 내용

예측

이제 체크포인트를 로드해서 학습된 매개변수 즉 모델의 가중치를 기반으로 예측을 수행하는 추론코드를 만들 차례다. 이를 위해 마지막으로 저장된 체크포인트를 선택하고 메타데이터를 로드하는 saver 함수를 생성한다. 메타데이터에는 텐서플로 그래프에서 생성한 변수와 노드에 대한 정보가 들어있다.

```
# Pointing the model checkpoint
checkpoint_file = tf.train.latest_checkpoint(os.path.join
                  (hy_param.checkpoint_dir, 'checkpoints'))
saver = tf.train.import_meta_graph("{}.meta".format(checkpoint_file))
```

체크포인트에서 유사한 변수와 연산을 필요에 따라 수시로 로드할 필요가 있을 수 있으니. tf.get_default_graph().get_operation_by_name()에 모델에서 정의한 매개변수에 변수 또는 연산 이름을 전달하여 메모리로 로드한다.

```
# Loading input variable from the model
input_x = tf.get_default_graph().get_operation_by_name("input_x").
          outputs[0]

# Loading Prediction operation
prediction = tf.get_default_graph().get_operation_by_name
             ("prediction").outputs[0]
```

이제 다음처럼 세션을 초기화하고 테스트 이미지를 입력으로 먹여 예측해보자:

```
# Loading test data
test_data = np.array([mnist.test.images[6]])

with tf.Session() as sess:
    # Restoring the model from the checkpoint
    saver.restore(sess, checkpoint_file)
    # Executing the model to make predictions
    data = sess.run(prediction, feed_dict={input_x: test_data })
    print("Predicted digit: ", data.argmax() )
```

다음은 전체 코드이다:

```
#!/usr/bin/env python2
# -*- coding: utf-8 -*-

from __future__ import print_function

import os
import numpy as np
import tensorflow as tf
import matplotlib.pyplot as plt

import hy_param
```

```
from tensorflow.examples.tutorials.mnist import input_data
mnist = input_data.read_data_sets("/tmp/data/", one_hot=True)

# 체크포인트
checkpoint_file = tf.train.latest_checkpoint(os.path.join
                  (hy_param.checkpoint_dir, 'checkpoints'))
saver = tf.train.import_meta_graph("{}.meta".format(checkpoint_file))

# 테스트 데이터 로드
test_data = np.array([mnist.test.images[6]])

# 입력 데이터 로드
input_x = tf.get_default_graph().get_operation_by_name("input_x").
          outputs[0]

# 예측 연산
prediction = tf.get_default_graph().get_operation_by_name
             ("prediction").outputs[0]

with tf.Session() as sess:
    # Restoring the model from the checkpoint
    saver.restore(sess, checkpoint_file)
    # Executing the model to make predictions
    data = sess.run(prediction, feed_dict={input_x: test_data })
    print("Predicted digit: ", data.argmax() )

# 입력 이미지 표시
print ("Input image:")
plt.gray()
plt.imshow(test_data.reshape([28,28]))
```

손으로 쓴 숫자 이미지에서 숫자를 예측하는 첫 번째 프로젝트를 완성했다! 다음은 MNIST 데이터 세트의 테스트 이미지와 모델의 예측 결과를 나타낸다.

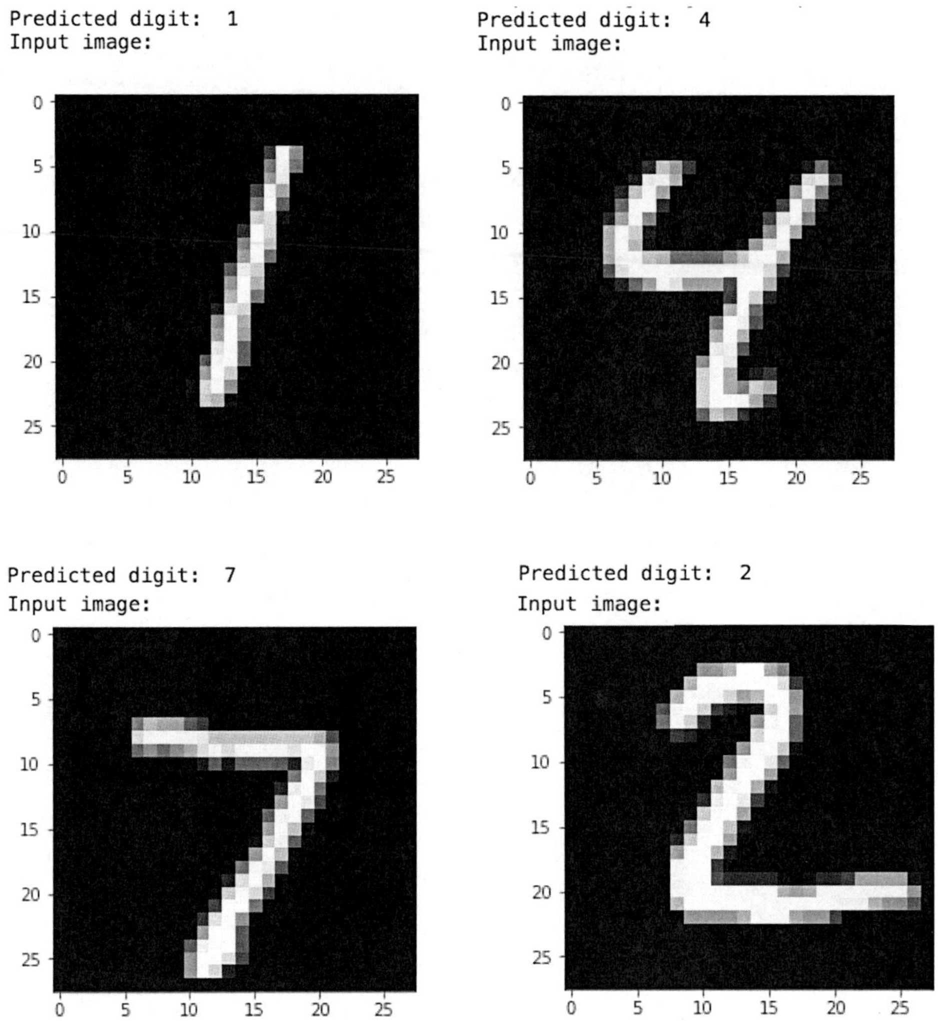

모델의 예측 결과

프로젝트 마무리

팀원으로 참여한 첫날의 프로젝트로 이미지 데이터 세트를 학습해서 손으로 슨 숫자를 식별하는 분류기를 만들었다. 가상적으로 레스토랑 지점에서 고객이 태블릿 앱에 자신의 연락처를 남기면, 자리를 안내하는 문자를 전송하기 위해서다. 패턴을 인식하는 지능을 구현했다.

평가 기준 재검토: 무엇을 어떻게 했나? 그래서 성공했나? 성공했다면 무엇을 얻었는가? 딥러닝 데이터 과학자는 프로젝트 시작 단계에서 평가 기준을 정의한 것처럼 프로젝트를 마무리할 때 프로젝트의 평가 기준과 결과물의 영향을 재검토해야 한다.

여러분이 구현한 다층신경망 모델의 정확도는 87.42%다. 중간층이 2개인 즉, 모델의 깊이가 얕은 점을 생각하면 나쁘지 않다. 테스트 데이터에 대한 정확도를 높이기 위해 모델을 조정할 수 있는지 확인해보자.

구체적으로 이 정확성은 현실 세계에서 어떤 의미가 있을까? 고객이 자신의 테이블이 준비되었다는 안내를 받지 못한 채 너무 오래 기다린 나머지 화를 내는 일이 발생할 확률을 계산해보면 된다.

전화번호는 10자리인 경우로 가정하자. 가상의 레스토랑에는 평균 30개의 테이블이 있고, 가장 붐비는 밤에 두 번 회전한다. 레스토랑 체인점은 모두 35개라고 가정한다. 그러면 매일 생성되는 손 숫자는 약 21,000개다(테이블 30개×2턴×35개 체인점×10자리 전화번호).

자신의 테이블을 기다리는 고객에게 문자가 제대로 전달되려면 모든 숫자가 바르게 분류되어야 한다. 따라서 한 자리 숫자라도 잘못 분류되면 오류가 발생한다. 모델 정확도가 87.42%인 경우 하루에 2,642자리를 틀리게 분류한다. 우리의 가상 시나리오에서 최악의 경우는 각 전화번호에 틀리게 분류된 숫자가 하나만 발생한 경우이다. 고객이 2,100명이므로 이 경우 단 한 명도 제대로 문자 안내를 받지 못한다. 100% 실패한다는 뜻이다. 가장 좋은 경우는 각 전화번호 10자리 숫자가 모두 잘못 분류되어 2,100명 중 263명이 문자를 못 받는 경우다. 실패율이 12.5%라는 건데 이 정도더라도 그 레스토랑 프랜차이즈는 문을 닫아야 할 것이다.

(!뜻밖에도 모델은 비교적 정확하지만 특정한 응용에는 사용하기가 어려울 수도 있다는 걸 의미한다.)

지혜의 샘: 모델의 성능이 시스템 또는 앱 성능과 같은 게 아니라는 걸 명심해야 한다. 실세계에서는 많은 알 수 없는 요인에 의해 시스템이 강해지기도 하고 약해질 수도 있다. 결국, 모델 성능이 핵심 요소이지만 시스템 내부 결함 포용성 역시 무시할 수 없다. 큰 프로젝트에서는 딥러닝 모델이 통합되는 과정에 전체 시스템에 어떻게 영향을 주는지 주의해야 한다!

요약

첫 프로젝트로 손으로 쓴 숫자를 기반으로 예측을 수행하는 다층신경망 분류기를 성공적으로 구축할 수 있었다. 이 과정을 통해서 MNIST 데이터 세트와 다층신경망 모델의 구조에 대한 경험을 얻었으며, 몇 가지 주요한 초 매개변수 설정에 대해서도 알 수 있었다. 마지막으로 모델의 성능을 계산해보고, 가상의 상황을 설정해서 목표를 달성할 수 있는지도 확인해보았다.

CHAPTER

03

word2vec를 사용한 단어 표현

우리 프로젝트팀이 일을 잘했으니 이번에는 더 큰 일을 해보자! 지난 프로젝트에서는 손으로 쓴 숫자를 정확하게 분류하여 전화번호를 추출해서 레스토랑 체인점의 대기 고객에게 빈자리를 안내하는 문자를 보내는 서비스를 개발했다. 자! 상황을 더 확장해서 고객이 답장을 보내오는 경우를 가정해보자. 문자로 된 답장을 받는다는 뜻이다.

고객에게 보내는 메시지는 다음과 같다: **오늘 우리와 함께하게 되어 기쁩니다. 드디어 기다리시던 자리가 마련되었다는 소식을 전하게 되었습니다. 안내원에게 가시면 됩니다.**

고객의 응답 메시지는 일반적으로 짧고 내용도 천차만별이지만, 레스토랑 경영자는 이 간단한 응답 문자를 통해서 고객으로부터 피드백을 얻을 수 있다는 생각을 할 수 있다. 이 피드백은 음식의 맛은 물론이고 서비스 제공 방법 및 전반적인 고객 만족도에 대한 유용한 비즈니스 정보가 될 수 있다.

TIP

성공의 기준: 두 번째 프로젝트의 목표는 word2vec를 사용하여 고객의 응답 메시지에서 유의미한 감성을 분류하는 계산 언어 모델을 구축하는 것이다.

이 장에서는 계산언어학을 위한 **딥러닝** 기초 기술을 살펴본다.

다양한 계산 언어 작업에서 단어에 대한 조밀한 벡터 표현의 역할과 레이블이 없는 단일 언어 말뭉치로부터 조밀한 벡터 표현을 어떻게 생성하는지 살펴본다.

그런 다음 텍스트 분류와 같은 다양한 계산 언어 작업에서 언어 모델의 역할과 **중첩신경망**(Convolutional Neural Network)을 응용하여 레이블이 지정되지 않은 단일 언어 말뭉치를 학습하여 언어 모델을 구성하는 방법을 설명한다.

TIP

머신러닝과 딥러닝 작업에 있어서 데이터의 구조는 매우 중요하다. 안타깝게도 일반적인 원시 데이터는 특히 **자연어처리** 분야에서는 매우 부정확하고 비구조적인 데이터다. 텍스트 형태의 데이터를 다루는 대부분의 딥러닝 알고리즘에서 문자열을 그대로 입력으로 사용할 수 없다; 다행스럽게 **워드 임베딩**(word embedding) 방법이 이 문제를 해결해 준다. 워드 임베딩은 텍스트 형태의 데이터를 조밀한 벡터 또는 텐서 형식으로 변환하는 것으로, 학습 알고리즘에 이 벡터를 입력으로 먹일 수 있다.

워드 임베딩을 수행할 수 있는 몇 가지 방법으로 원-핫 인코딩, GloVe, word2vec 등이 있으며 각각 고유한 장단점을 가지고 있다. 그중에서 현재 가장 많이 사용하는 방법이 word2vec이다. 가장 효율적으로 높은 수준의 특징을 학습할 수 있는 것으로 입증되었다.

텍스트 처리를 해보면, 우리가 사용하는 자연어의 불규칙한 성질 때문에, 학습이 매우 어려운 일이란 걸 알 수 있다. 자연어는 많은 모호성을 내포하고 있으며, 모델은 문법의 계층적 특성과 희소성을 학습해야 한다. 워드 임베딩에 의해 단어를 벡터로 표현해서 이러한 모호성을 극복할 수 있다.

이 장에서는 word2vec 모델을 구축하는 방법과 제공된 말뭉치에서 특징을 추출하는 방법을 배운다. 또한, 워드 벡터를 학습한 중첩신경망을 이용해서 언어 모델을 만드는 방법을 자세하게 다룬다.

단어 벡터 정복

다음 단계에 따라 기능적으로 완전한 워드 임베딩 모델을 구현할 수 있다:

1. 작업용 도구를 로드한다.

2. 말뭉치를 준비한다.
3. 모델을 정의한다.
4. 모델을 학습한다.
5. 모델을 분석한다.
6. t **분포 이웃 임베딩**(t-SNE) 알고리즘을 사용해서 워드 클러스터를 그린다.
7. 텐서보드로 모델을 그린다.

이제부터 세계 클라쓰의 워드 임베딩 모델을 만들어 보자!

> 이 절의 코드는 여기 있다: `https://github.com/PacktPublishing/Python-Deep-Learning-Projects/blob/master/Chapter03/create_word2vec.ipynb`.

작업용 도구 가져오기

이 장에서는 gensim 모듈을 사용하여 word2vec 모델을 학습한다(https://github.com/RaRe-Technologies/gensim). Gensim은 잠재 디리클레 할당 LDA, 계층 디리클레 할당 HDP 및 word2vec를 포함한 많은 알고리즘에 대해 대규모 멀티 코어 처리를 지원한다. 다른 방법으로는 텐서플로를 사용하여 직접 계산 그래프를 정의하고 모델을 구축할 수도 있다(https://github.com/tensorflow/models/blob/master/tutorials/embedding/word2vec_optimized.py). 이 방법은 뒤에서 살펴보겠다.

작업용 도구에 대한 더 많은 정보를 다음에서 얻을 수 있다:
https://packaging.python.org/tutorials/managingdependencies/

> 이 자습서에는 pipenv를 사용하여 작업용 애플리케이션의 모듈을 관리하는 방법을 소개한다. 필요한 도구를 설치하는 방법, 사용하는 방법은 물론이고 모범 사례에 대한 권장 사항을 제시해준다. 파이썬은 매우 다양한 목적으로 사용되므로 자신의 소프트웨어를 배포할 방법에 따라 종속성을 정확하게 관리하는 방법 역시 달라질 수 있다. 제시된 지침은 웹 응용을 포함한 네트워크 서비스의 개발 및 배포에 가장 적합한 것이나, 동시에 다른 모든 종류의 프로젝트 개발 및 테스트 환경을 관리하는 데도 적합하다.

우리 팀은 단어 클러스터를 그리는데 seaborn 패키지를, t-SNE 알고리즘을 구현하는데 sklearn을 사용하고 텐서플로로 텐서보드 플롯을 만든다:

```
import multiprocessing
import os , json , requests
import re
import nltk
import gensim.models.word2vec as w2v
import sklearn.manifold
import pandas as pd
import seaborn as sns
import tensorflow as tf
from tensorflow.contrib.tensorboard.plugins import projector
```

텍스트 뭉치 준비

사전에 학습된 **자연어처리 툴킷** NLTK의 토큰생성기(http://www.nltk.org/index.html)와 영어용 불용어를 사용하여 말뭉치를 정리한 후, 말뭉치에서 필요한 고유 단어를 추출한다. 작은 모듈 sentence_to_wordlist()를 만들어 문장을 정리하고 단어 목록을 출력한다.

```
"""**Download NLTK tokenizer models (only the first time)**"""

nltk.download("punkt")
nltk.download("stopwords")

def sentence_to_wordlist(raw):
    clean = re.sub("[^a-zA-Z]"," ", raw)
    words = clean.split()
    return map(lambda x:x.lower(),words)
```

우리 프로젝트의 비즈니스 사례 즉, 고객의 감성 분석을 위한 데이터를 준비해야 한다. 우선 웹에서 쓸만한 데이터를 구할 수 있겠다. 이렇게 수집한 데이터 세트를 사용할 수도 있지만 word2vec 모델이 충분하게 일반화를 하려면 사례가 매우 많이 필요하다. 따라서 구텐베르크 프로젝트 사이트에서 데이터를 가져다 사용한다.

데이터를 수집하면 다음 그림처럼 날 데이터 즉, 원시 말뭉치를 word2vec 모델에 입력할

고유하고 깨끗한 단어 목록으로 토큰화한다:

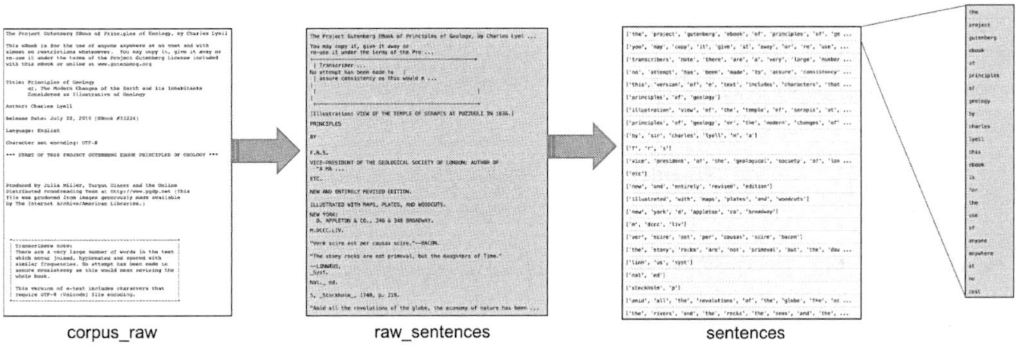

데이터 변환 과정(원시 말뭉치 → 단어 리스트)

다음은 구텐베르크 사이트에서 텍스트 데이터를 내려받아 앞의 그림처럼 처리하는 코드다:

```
# Article 0 on earth from Gutenberg website
filepath = 'http://www.gutenberg.org/files/33224/33224-0.txt'

corpus_raw = requests.get(filepath).text

tokenizer = nltk.data.load('tokenizers/punkt/english.pickle')

raw_sentences = tokenizer.tokenize(corpus_raw)

#sentence where each word is tokenized
sentences = []
for raw_sentence in raw_sentences:
    if len(raw_sentence) > 0:
        sentences.append(sentence_to_wordlist(raw_sentence))
```

word2vec 모델 정의

이제 gensim을 사용해서 word2vec 모델을 정의하자. 먼저 학습하려는 하위수준 특징의 수를 의미하는 차원과 같은, 초 매개변수를 정의한다. 각 차원은 성별, 대상, 나이 등의 고유한 개념에 해당한다.

계산언어학 모델링 팁 #1 : 차원 수를 늘리면 일반화는 좋아지지만, 계산이 더 복잡하다. 적당한 크기를 정하는 게 딥러닝 엔지니어의 능력이다.

계산언어학 모델링 팁 #2 : `context_size`에 주의하자. 이 값은 문장 내에서 현재 단어와 목표 단어 예측 사이의 거리에 대한 상한에 해당하기 때문에 중요하다. 이것은 모델이 단어와 그 단어와 인접한 다른 단어 사이의 깊은 관계를 학습하는 데 큰 역할을 한다.

gensim 인스턴스를 사용하여 모델을 다음처럼 정의한다:

```
num_features = 300

# Minimum word count threshold.
min_word_count = 3

# Number of threads to run in parallel.

#more workers, faster we train
num_workers = multiprocessing.cpu_count()

# Context window length.
context_size = 7

# Downsample setting for frequent words. 0 - 1e-5 is good for this
downsampling = 1e-3

seed = 1

model2vec = w2v.Word2Vec(
            sg=1,
            seed=seed,
            workers=num_workers,
            size=num_features,
            min_count=min_word_count,
            window=context_size,
            sample=downsampling
        )
model2vec.build_vocab(sentences)
```

모델 학습

gensim word2vec 객체를 구성했으니 모델을 학습해야 한다. 데이터의 양과 시스템 성능에 따라 상당한 시간이 걸릴 수 있다. 학습횟수 즉, 에포크는 학습 데이터의 양에 따라 크게 달라진다. 이 값을 가지고 놀면서 word2vec 모델의 성능을 평가하는 게 좋겠다.

다음에 언어 모델을 빌드할 때 가져다 사용할 수 있게 학습된 모델을 저장한다.

```
"""**Start training, this might take a minute or two...**"""

model2vec.train(sentences ,total_examples=client2vec.corpus_count,
epochs=10)

"""**Save to file, can be useful later**"""

if not os.path.exists(os.path.join("trained",'sample')):
    os.makedirs(os.path.join("trained",'sample'))

model2vec.save(os.path.join("trained",'sample', ".w2v"))
```

학습이 끝나면 바이너리는 /trained/sample.w2v에 저장된다. sample.w2v 파일을 다른 사람과 공유할 수 있으며 다른 자연어처리에도 사용할 수 있다.

모델 분석

이제 word2vec 모델을 학습했으므로 이 모델이 무엇을 배웠는지 살펴보자. most_similar()를 사용하여 다양한 단어 사이의 관계를 알아볼 수 있다. 다음 예에서 모델이 지구라는 영어단어가 지각, 지구본 등의 단어와 관련되어 있음을 학습할 수 있다는 걸 알 수 있다. 우리가 원시 데이터만 제공했는데 모델이 이러한 모든 관계와 개념을 자동으로 학습할 수 있다는 사실은 무척 흥미롭다:

```
model2vec.most_similar("earth")

[(u'crust', 0.6946468353271484),
 (u'globe', 0.6748907566070557),
 (u'inequalities', 0.6181437969207764),
 (u'planet', 0.6092090606689453),
```

```
 (u'orbit', 0.6079996824264526),
 (u'laboring', 0.6058655977249146),
 (u'sun', 0.5901342630386353),
 (u'reduce', 0.5893668532371521),
 (u'moon', 0.5724939107894897),
 (u'eccentricity', 0.5709577798843384)]
```

human과 관련된 단어를 출력해서 모델이 배운 내용을 확인해보자:

```
model2vec.most_similar("human")

[(u'art', 0.6744576692581177),
 (u'race', 0.6348963975906372),
 (u'industry', 0.6203593611717224),
 (u'man', 0.6148483753204346),
 (u'population', 0.6090731620788574),
 (u'mummies', 0.5895125865936279),
 (u'gods', 0.5859177112579346),
 (u'domesticated', 0.5857442021369934),
 (u'lives', 0.5848811864852905),
 (u'figures', 0.5809590816497803)]
```

TIP

비판적 사고 팁: 예술, 인종 및 산업이 인간과 가장 유사한 단어라는 건 아주 흥미롭다. 이러한 결과는 우리가 학습에 사용한 텍스트에 근거한 거라는 걸 명심해야 한다. 즉, 학습 데이터라는 맥락에서 받아들여야 한다. 부적절한 텍스트를 학습한 모델은 사회적 규범을 벗어난 결과를 보일 수 있으며 적절한 텍스트를 사용했더라도 다른 언어 데이터에 응용하는 경우 편향이 나타날 수 있음을 기억해야 한다.

지구와 달을 긍정 단어, 궤도를 부정 단어로 지정한 때도 우리의 모델은 태양을 관련 단어로 유추한다. 이는 지구 주위를 도는 달과 태양 주위를 도는 지구 사이에 의미론적 관계가 있으므로 정당한 추론이다:

```
model2vec.most_similar_cosmul(positive=['earth','moon'],
negative=['orbit'])

(u'sun', 0.8161555624008179)
```

이처럼 word2vec 모델을 사용하여 원시 텍스트 데이터에서 귀중한 정보를 추출할 수 있다는 것을 알았다. 우리가 사용하는 언어의 문법과 단어 사이의 의미적 상관관계를 학습할 수 있다는 뜻이다.

뒤에서 이 word2vec가 추출한 특징을 분류 모델의 입력으로 사용하여 모델의 정확성과 성능을 개선하는 방법을 다룬다.

플롯팅 워드 클러스터

분석해보니 word2vec 모델이 텍스트 뭉치에서 유의미하게 개념을 학습할 수 있다는 걸 알았다. 그렇다면 학습 결과를 시각화할 수 있을까? 특징 공간이 300차원이므로 시각화는 사실상 불가능하다. 그렇지만 가능한 한 가지 방법이 있다. 다차원 공간을 인간이 이해할 수 있는 2차원 또는 3차원 공간으로 줄이는 차원 축소 알고리즘을 사용하면 된다.

> "*t*-분포 이웃 임베딩(https://lvdmaaten.github.io/tsne/)은 다차원 데이터의 시각화에 특히 적합한 차원 축소 기술이다. 이 기술은 Barnes-Hut 근사를 통해 구현할 수 있고 규모가 큰 실제 데이터에 적용할 수 있는 것으로, 우리는 데이터 세트의 크기가 3천만개인 경우까지 적용해 보았다."
>
> – 로렌스 판 데르 마턴

sklearn 패키지를 사용해서 구현하는데, n_components = 2로 지정하여 평면 즉, 2차원 공간에 나타내기로 한다. 다음처럼 단어 벡터를 t-SNE 객체에 먹이면 변환이 이루어진다.

다음으로 각 단어에 대한 x 및 y 좌표를 지정하여 2차원 평면에 위치를 나타낸다. 다음 그림처럼 모든 단어와 해당 x 및 y 좌표를 저장할 DataFrame을 준비한다. 이를 이용해서 산점도를 그린다.

```
tsne = sklearn.manifold.TSNE(n_components=2, random_state=0)

all_word_vectors_matrix = model2vec.wv.vectors

all_word_vectors_matrix_2d = tsne.fit_transform(all_word_vectors_matrix)
```

```
points = pd.DataFrame(
    [
        (word, coords[0], coords[1])
        for word, coords in [
            (word, all_word_vectors_matrix_2d[client2vec.wv.vocab[word].index])
            for word in client2vec.wv.vocab
        ]
    ],
    columns=["word", "x", "y"]
)

sns.set_context("poster")
ax = points.plot.scatter("x", "y", s=10, figsize=(20, 12))
fig = ax.get_figure()
```

다음은 모든 단어와 그 단어가 위치할 좌표를 포함하는 DataFrame이다.

	word	x	y
0	writings	-7.430655	-2.197504
1	grossier	-6.101781	6.286809
2	yellow	0.267137	9.981658
3	four	9.251252	1.031454
4	woods	1.035477	13.307897
5	preface	-9.289152	0.782565
6	woody	-0.714374	-6.950973
7	increase	4.004862	0.776931
8	granting	1.398124	5.031035
9	electricity	8.233945	-7.784630

다음은 2차원 평면에 단어 425,633개를 시각적으로 나타낸 것이다. 즉 점은 단어를 나타내고 인접한 단어일수록 연관 관계가 높은 것인데, 이러한 연관 관계는 학습된 것이다.

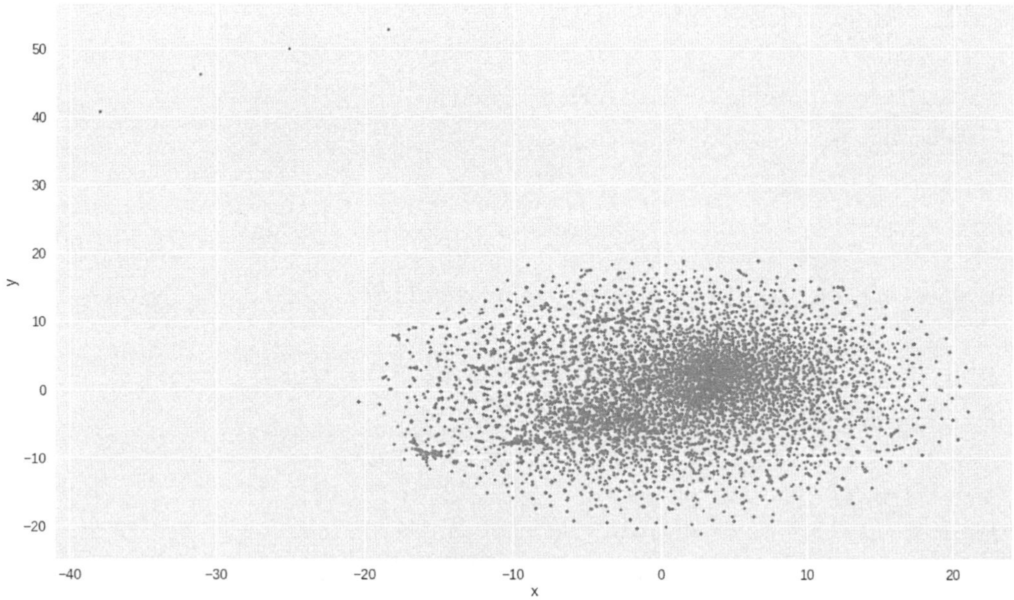

단어들의 관계를 나타내는 산점도

텐서보드를 사용한 임베딩 공간 시각화

모델이 무엇을 어떻게 학습했는지 이해하는데 활용할 수 없다면 시각화는 별 쓸모가 없다. 텐서보드를 이용해서 모델이 배운 내용을 더 자세하게 살펴보자.

텐서보드는 신경망 학습 과정은 물론이고 머신러닝 모델의 구조 및 워드 임베딩 구축과정을 모니터링하기 위한 다양한 시각화를 할 수 있는 강력한 도구다. 텐서보드 임베딩 프로젝션을 구축하고 이를 활용해서 다양한 종류의 분석을 수행해 보자.

텐서보드에서 임베딩 플롯은 다음 단계에 따라 작성한다:

1. 앞에서 학습한 단어와 각각에 대응하는 텐서 즉, 300차원 벡터를 준비한다.
2. 그래프에 텐서를 저장할 변수를 만든다.
3. 프로젝터를 초기화한다.
4. 적당한 이름을 붙여 임베딩 층을 구성한다.
5. 모든 단어를 `.tsv` 형식의 메타 데이터 파일에 저장한다.
6. `.tsv` 메타 데이터 파일을 프로젝터 개체와 연결한다.
7. 모든 요약 체크포인트를 저장할 함수를 정의한다.

다음은 이상의 7단계를 수행하는 코드다.

```
vocab_list = points.word.values.tolist()
embeddings = all_word_vectors_matrix

embedding_var = tf.Variable(all_word_vectors_matrix, dtype='float32',
                name='embedding')
projector_config = projector.ProjectorConfig()

embedding = projector_config.embeddings.add()
embedding.tensor_name = embedding_var.name

LOG_DIR='./'
metadata_file = os.path.join("sample.tsv")

with open(os.path.join(LOG_DIR, metadata_file), 'wt') as metadata:
    metadata.writelines("%s\n" % w.encode('utf-8') for w in vocab_list)

embedding.metadata_path =  os.path.join(os.getcwd(), metadata_file)

# Use the same LOG_DIR where you stored your checkpoint.
summary_writer = tf.summary.FileWriter(LOG_DIR)

# The next line writes a projector_config.pbtxt in the LOG_DIR.
TensorBoard will
# read this file during startup.
projector.visualize_embeddings(summary_writer, projector_config)

saver = tf.train.Saver([embedding_var])

with tf.Session() as sess:
    # Initialize the model
    sess.run(tf.global_variables_initializer())

    saver.save(sess, os.path.join(LOG_DIR, metadata_file+'.ckpt'))
```

텐서보드 준비 모듈이 실행되면 다음처럼 바이너리, 메타 데이터 및 체크포인트가 디스크에 저장된다:

```
checkpoint  projector_config.pbtxt                   sample.tsv.ckpt.index  url.txt
datalab     sample.tsv                               sample.tsv.ckpt.meta
nltk_data   sample.tsv.ckpt.data-00000-of-00001      trained
```

텐서보드 출력

터미널에서 다음 명령을 실행해서 텐서보드를 시각화한다:

```
tensorboard --logdir=/path/of/the/checkpoint/
```

이제 브라우저에서 `http://localhost:6006/#projector`를 열면 모든 데이터가 3차원 공간에 투영된 텐서보드가 표시된다. 확대, 축소, 특정 단어 찾기는 물론이고, t-SNE를 사용해서 모델을 재학습할 수 있고, 데이터 집합에 내포된 클러스터를 시각화할 수 있다:

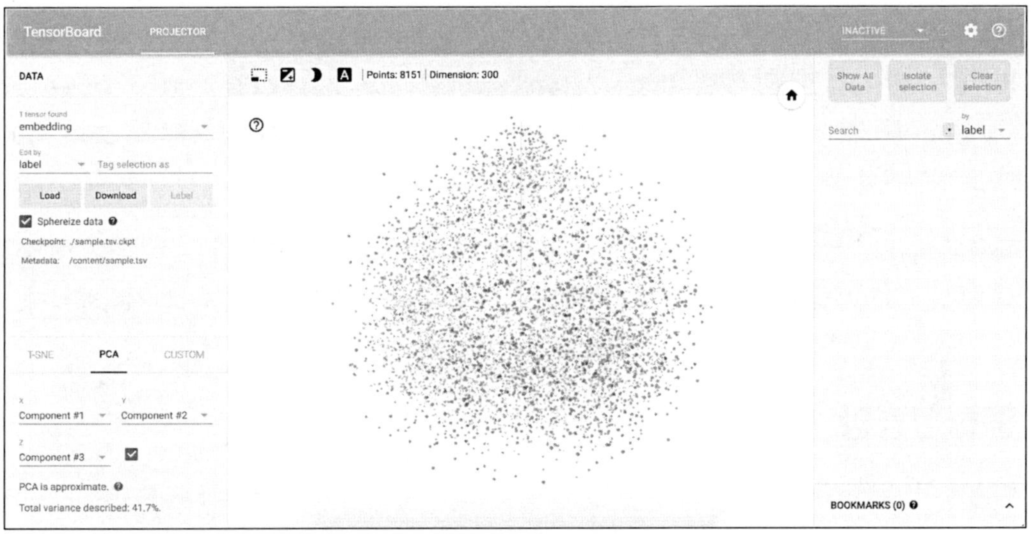

텐서보드 임베딩 프로젝션

> **TIP** 데이터 시각화는 이야기를 전달하는 데 도움이 된다! 그러므로 텐서보드는 아주 멋진 도구다! 당신에 돈을 내는 비즈니스 파트너는 인상적인 동적 데이터 시각화를 선호한다. 모델에 대한 밑그림을 그리고 새로운 가설을 세우고 즉시 테스트하는 데도 도움이 된다.

중첩신경망과 word2vec를 사용한 언어 모델

이제 우리는 계산언어학의 핵심 개념과 텍스트 데이터 세트에서 단어 사이의 관계를 학습한 모델을 만들었으니 이것을 응용해서 원하는 작업을 수행할 수 있는 언어 모델을 구현할 수 있게 되었다.

이 절에서는 텍스트 데이터를 대상으로 감성 분석을 수행하는 텍스트 분류 모델을 구현한다. 이 분류 모델은 앞에서 만든 word2vec 모델과 중첩신경망을 조합해서 만든다.

이 프로젝트는 고객으로부터 텍스트 응답을 받아 레스토랑에 대한 고객의 감성을 분류하는 가상 비즈니스 시뮬레이션이다.

프로젝트를 설계하는 데는 데니 브리츠(https://twitter.com/dennybritz)의 **"텍스트 분류를 위한 중첩신경망 구현"**(http://www.wildml.com/2015/12/implementation-a-cnn-for-text-classification-in-tensorflow/)을 참고했다. 그의 블로그를 방문하여 더 많은 정보를 얻기 바란다.

개요로서, 이 아키텍처는 입력 임베딩 단계에서 시작하여 다중 필터가 있는 최대 풀링을 활용하는 2D 컨볼루션 및 출력을 생성하는 소프트 맥스 활성화 레이어로 시작합니다.

중첩신경망 모델

이미지 처리에 주로 사용하는 중첩신경망을 텍스트 분류하는데 어떻게 사용한다는 건지 궁금할 것이다.

아래 링크한 문헌에 중첩신경망이 위치 불변이고 구성 기능을 가진 일반적인 특징 추출기라는 것을 입증하는 많은 논의가 포함되어 있다. **위치 불변 속성**은 모델이 말뭉치에 단어의 위치에 무관하게 맥락을 파악할 수 있다는 의미고, 구성 기능은 낮은 수준의 특징으로부터 높은 수준의 표현을 도출할 수 있다는 뜻이다:

- 문장 분류를 위한 중첩신경망(https://arxiv.org/abs/1408.5882)
- 중첩신경망과 합성 데이터 엔진에 의한 이미지 중국어 텍스트 인식 알고리즘(https://arxiv.org/abs/1604.01891)

- 이미지 텍스트 추출을 위한 텍스트-집중 중첩신경망
(https://arxiv.org/pdf/1510.03283.pdf)

중첩신경망을 언어 모델에 응용할 때, 이미지 대신 원-핫 인코딩된 단어 벡터 또는 단어 또는 (문자 기반 모델의 경우) 문자를 나타내는 word2vec 행렬을 입력으로 사용한다. 데니 브리츠와 마찬가지로 크기 2, 3, 4인 세 영역에 필터 2개로 중첩 연산을 수행하여 문장 행렬에서 특징 지도를 생성한다. 다운 샘플링은 최대 풀링을 사용하며, 마지막으로 소프트맥스 함수를 사용하여 분류를 수행한다.

감성 분석의 결과는 긍정, 혹은 부정이므로 소프트맥스 함수는 다음과 같이 두 클래스에 대한 확률을 출력한다.

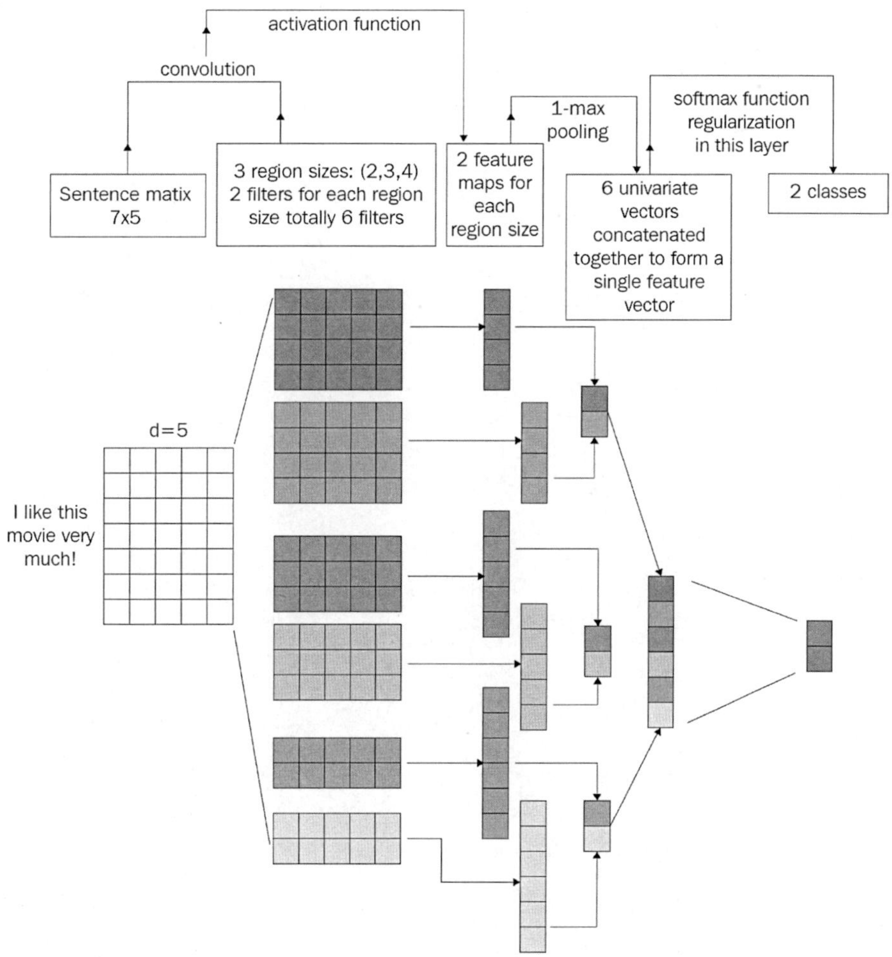

중첩신경망 언어 모델, 데니 브리츠 블로그

모델을 구현해보자. 여기서는 이전에 학습한 word2vec 모델을 입력으로 추가할 수 있도록 데니 브리츠의 구현을 수정하였다.

> 이 코드는 https://github.com/PacktPublishing/Python-Deep-Learning-Projects/tree/master/Chapter03/sentiment_analysis에 있다.

모델은 text_cnn.py에 구현한다. 초 매개변수는 TextCNN 클래스에 정의하는데, 목록은 다음과 같다:

- sequence_length: 문장 길이
- num_classes: 출력 클래스 개수(긍정 및 부정)
- vocab_size: 임베딩에 포함된 고유한 단어 개수
- embedding_size: 임베딩 차원
- filter_sizes: 중첩에 사용할 필터 크기
- num_filters: 필터의 개수
- pre_trained: word2vec

다음은 모든 초 매개변수를 초기화하는 TextCNN() 클래스의 init() 함수를 나타낸다:

```
import tensorflow as tf
import numpy as np

class TextCNN(object):
    """
    텍스트 분류를 위한 CNN.
    임베딩 층-중첩 층-풀링 층-소프트맥스 층
    """

    def __init__(self,
                 sequence_length,
                 num_classes,
                 vocab_size,
                 embedding_size,
                 filter_sizes,
                 num_filters,
```

```
              l2_reg_lambda=0.0,
              pre_trained=False):
```

코드는 6개의 부분으로 나눌 수 있다:

1. **입력을 위한 플레이스홀더**: 모델에 먹일 모든 입력을 위한 플레이스홀더를 정의한다. 이 경우 입력은 문장 벡터와 (긍정 혹은 부정의) 레이블이다. input_x는 문장, input_y는 레이블, dropout_keep_prob은 드롭아웃 확률을 위한 것으로 코드는 아래와 같다:

```
# 입력, 출력, 드롭아웃을 위한 플레이스홀더
self.input_x = tf.placeholder(
    tf.int32, [
        None,
        sequence_length,
    ], name="input_x")
self.input_y = tf.placeholder(
    tf.float32, [None, num_classes], name="input_y")
self.dropout_keep_prob = tf.placeholder(
    tf.float32, name="dropout_keep_prob")
# Keeping track of l2 regularization loss (optional)
l2_loss = tf.constant(0.0)
```

2. **임베딩**: 첫 번째 계층은 word2vec 모델 학습 과정에 사용한 단어가 입력되는 임베딩 계층이다. 즉, 임베딩을 다시 학습하는 대신 앞에서 만든 학습한 임베딩 모델을 사용하도록 데니의 코드를 수정한다. 이렇게 하면 모델 정확도가 향상된다. 또한, 위키 백과 또는 소셜미디어 코퍼스를 학습한 보다 일반적인 지식을 사용하는 일종의 **전이학습**이다. 다음과 같이 word2vec 모델로 초기화된 임베딩 행렬의 이름은 W이다.

```
# 임베딩 층
with tf.device('/cpu:0'), tf.name_scope("embedding"):
    if pre_trained:
        W_ = tf.Variable(
            tf.constant(0.0, shape=[vocab_size, embedding_size]),
            trainable=False,
            name='W')
```

```
        self.embedding_placeholder = tf.placeholder(
            tf.float32, [vocab_size, embedding_size],
            name='pre_trained')
        W = tf.assign(W_, self.embedding_placeholder)
    else:
        W = tf.Variable(
            tf.random_uniform([vocab_size, embedding_size], -1.0,
            1.0), name="W")

    self.embedded_chars = tf.nn.embedding_lookup(W, self.input_x)
    self.embedded_chars_expanded = tf.expand_dims(
        self.embedded_chars, -1)
```

3. 중첩과 최대 풀링: 중첩층은 tf.nn.conv2d()으로 정의한다. 입력은 임베딩 층 가중치(W-필터 행렬)이고 출력은 비선형 ReLU 활성화 함수를 사용한다. 중첩이 끝나면 tf.nn.max_pool()을 사용하여 최대 폴링을 수행한다. 결과는 단일 벡터로 나타내어 완전 연결 층의 입력으로 전달한다:

```
# 중첩과 풀링
pooled_outputs = []
for i, filter_size in enumerate(filter_sizes):
    with tf.name_scope("conv-maxpool-%s" % filter_size):
        # 중첩 층
        filter_shape = [filter_size, embedding_size, 1, num_filters]
        W = tf.Variable(
            tf.truncated_normal(filter_shape, stddev=0.1), name="W")
        b = tf.Variable(
            tf.constant(0.1, shape=[num_filters]), name="b")
        conv = tf.nn.conv2d(
            self.embedded_chars_expanded,
            W,
            strides=[1, 1, 1, 1],
            padding="VALID",
            name="conv")
        # 비선형 연산
        h = tf.nn.relu(tf.nn.bias_add(conv, b), name="relu")
        # 최대 풀링
        pooled = tf.nn.max_pool(
```

```
            h,
            ksize=[1, sequence_length - filter_size + 1, 1, 1],
            strides=[1, 1, 1, 1],
            padding='VALID',
            name="pool")
        pooled_outputs.append(pooled)

# 단일벡터로 변환
num_filters_total = num_filters * len(filter_sizes)
self.h_pool = tf.concat(pooled_outputs, 3)
self.h_pool_flat = tf.reshape(self.h_pool, [-1,
num_filters_total])
```

4. **드롭아웃 층**: 모델이 과적합하지 않도록 중첩신경망을 규제하기 위해 뉴런의 일부를 없는 것으로 간주하는 드롭아웃을 수행한다. 이렇게 하면 모델이 고유하거나 개별적인 특징을 더 잘 학습한다:

```
# 드롭아웃 추가
with tf.name_scope("dropout"):
    self.h_drop = tf.nn.dropout(self.h_pool_flat,
                                self.dropout_keep_prob)
```

5. **예측**: 텐서플로는 $W*x+b$ 를 계산한다. 여기서 x는 이전 계층의 출력이다. 이 값으로 출력을 계산하고, `tf.argmax()`를 사용해서 예측을 생성한다:

```
# 최종 출력과 예측
with tf.name_scope("output"):
    W = tf.get_variable(
        "W",
        shape=[num_filters_total, num_classes],
        initializer=tf.contrib.layers.xavier_initializer())
    b = tf.Variable(tf.constant(0.1, shape=[num_classes]),
        name="b")
    l2_loss += tf.nn.l2_loss(W)
    l2_loss += tf.nn.l2_loss(b)
    self.scores = tf.nn.xw_plus_b(self.h_drop, W, b, name="scores")
    self.predictions = tf.argmax(self.scores, 1, name="predictions")
```

6. **정확성**: 산출한 점수를 손실 함수로 사용한다. 신경망이 산출한 값과 목푯값의 차이를 **손실**이라고 한다. 딥러닝 엔지니어의 일은 손실이 최소인 모델을 만드는 거다. 분류 문제의 경우 교차 엔트로피 함수를 표준 손실함수로 사용한다 (`http://cs231n.github.io/linear-classify/#softmax`).

```
# 평균 교차 엔트로피 손실 계산
with tf.name_scope("loss"):
    losses = tf.nn.softmax_cross_entropy_with_logits(
        labels=self.input_y, logits=self.scores)
    self.loss = tf.reduce_mean(losses) + l2_reg_lambda * l2_loss

# 정확도 측정
with tf.name_scope("accuracy"):
    correct_predictions = tf.equal(self.predictions,
                                    tf.argmax(self.input_y, 1))
    self.accuracy = tf.reduce_mean(
        tf.cast(correct_predictions, "float"), name="accuracy")
```

이렇게 모델 구현이 끝났다. 다음은 텐서보드로 우리의 모델을 시각화한 결과를 나타낸다:

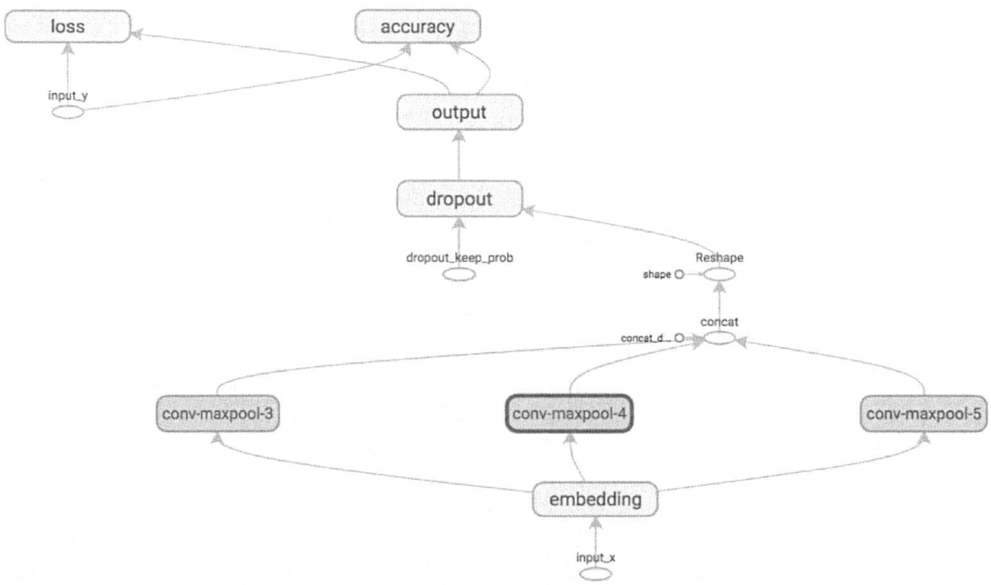

중첩신경망 언어 모델

학습 데이터 이해

이 프로젝트에서는 흥미로운 데이터 세트인 로튼 토마토의 영화 후기 데이터(http://www.cs.cornell.edu/people/pabo/movie-review-data/)를 사용했다. 이 데이터 세트는 리뷰의 절반은 긍정 후기이고 나머지 절반은 부정 후기이며, 총 10,000개의 문장에 약 20,000개의 단어를 포함한다.

데이터 폴더에는 파일이 2개 들어있다. 하나는 `rt-polarity.neg`로 모든 부정 후기 문장이 들어있고, 다른 하나는 `rt-polarity.pos`로 긍정 후기 문장이 들어있다. 분류를 위해서는 각 문장에 레이블을 대응시켜야 한다. 다음처럼 긍정 문장은 원-핫 인코딩 레이블 `[0, 1]`로 부정 문장은 `[1, 0]`로 나타내기로 한다:

학습 데이터	학습 레이블
the rock is destined to be the 21st century's new " conan " and that h ...	[0, 1]
the gorgeously elaborate continuation of " the lord of the rings " tri ...	[0, 1]
effective but too-tepid biopic	[0, 1]
if you sometimes like to go to the movies to have fun , wasabi is a go ...	[0, 1]
emerges as something rare , an issue movie that's so honest and keenly ...	[0, 1]
the film provides some great insight into the neurotic mindset of all ...	[0, 1]
offers that rare combination of entertainment and education .	[0, 1]
perhaps no picture ever made has more literally showed that the road t ...	[0, 1]
steers turns in a snappy screenplay that curls at the edges ; it's so ...	[0, 1]
take care of my cat offers a refreshingly different slice of asian cin ...	[0, 1]
this is a film well worth seeing , talking and singing heads and all	[0, 1]
what really surprises about wisegirls is its low-key quality and genui ...	[0, 1]
(wendigo is) why we go to the cinema : to be fed through the eye , ...	[0, 1]
one of the greatest family-oriented , fantasy-adventure movies ever	[0, 1]
ultimately , it ponders the reasons we need stories so much .	[0, 1]
an utterly compelling 'who wrote it' in which the reputation of the mo ...	[0, 1]

긍정 문장과 대응되는 레이블

텍스트 데이터 전처리는 다음 네 단계로 수행한다:

1. 로딩: 긍정 및 부정 문장을 모두 로드

2. 정리: 정규식을 사용하여 구두점 및 기타 특수 문자를 제거
3. 패딩: <PAD> 토큰을 추가하여 각 문장을 동일한 크기로 통일
4. 인덱싱: 단어에 정수 인덱스를 할당하여 문장을 정수 벡터로 표현

이제 데이터를 벡터로 변환하였으므로 모델에게 데이터를 먹일 수 있다.

word2vec와 중첩신경망 통합

word2vec 모델을 만들 때 마지막 단계에 모델을 바이너리 파일로 덤프했었다. 이제 이 모델을 중첩신경망 언어 모델의 일부로 사용할 때다. 임베딩의 W 가중치를 이 값으로 초기화한다.

이전의 word2vec 모델은 매우 작은 말뭉치를 학습했으므로 거대한 말뭉치를 사전 학습한 word2vec 모델을 가져다 쓰는데 더 좋겠다. 여기서는 fastText 임베딩을 사용한다(https://github.com/facebookresearch/fastText/blob/master/pretrained-vectors.md). 절차는 아래와 같다:

1. 영어 임베딩 fastText 데이터 세트(https://s3-uswest-1.amazonaws.com/fasttext-vectors/wiki.en.zip)를 내려 받아
2. 어휘를 추출하고 임베딩 벡터를 별도의 파일에 저장한 후
3. train.py 파일에 로드

이 단계를 끝으로 이제 사전 훈련한 word2vec 모델을 먹여 임베딩 층을 완성했다.

모델 실행

이제 준비한 데이터 세트와 미리 학습한 임베딩 모델을 사용하여 우리의 프로젝트 모델을 학습할 차례다. 더 좋은 결과를 얻으려면 일부 초 매개변수를 미세하게 조정해야 한다. 그러나 train.py 파일에 정의된 값들은 꽤나 합리적인 것으로 이 값들로도 긍정문과 부정문을 잘 구별할 수 있다는 걸 알 수 있다.

다음 그래프를 보면 정확도는 1로, 손실 값은 0으로 수렴한다:

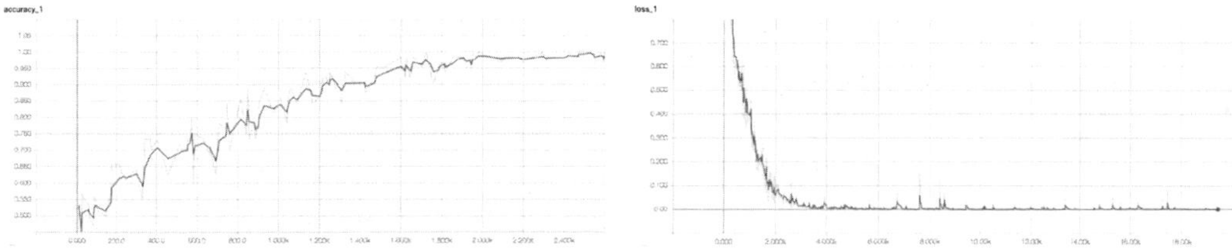

정확도와 손실 평가

와우! 미리 학습한 임베딩 모델을 사용해서 평균 손실이 6.9이고 정확도가 72.6%인 중첩 신경망 텍스트 분류기를 만들었다.

학습이 성공적으로 종료되는 경우 모델의 출력 사항은 다음과 같다:

- 체크포인트는 /runs/folder에 저장되며, 이 체크포인트를 예측에 사용한다.
- 학습 과정에 대한 손실, 정확도, 히스토그램 및 가중치 수정량 분포가 요약에 저장되며 이 값들은 텐서보드로 시각화할 수 있다.

모델 배포

모델 바이너리는 /runs/ 폴더에 저장되어 있으니, 원하면 Flask를 사용해서, API를 작성한 다음 model_inference.py에 정의된 sentiment_engine()을 호출하면 된다.

다음과 같이 정의된 체크포인트와 임베딩 파일을 사용하는지 항상 확인할 필요가 있다:

```
checkpoint_dir = "./runs/1508847544/"
embedding = np.load ('fasttext_embedding.npy')
```

요약

두 번째 프로젝트에서는 word2vec을 사용하여 딥러닝 계산 언어처리 모델을 구축하여 감성을 분석하는 텍스트 분류기를 만들었다. 예를 들어 식당 체인점 경영자가 고객이 식사 후 남긴 후기를 분석하기 원하는 경우를 가정할 수 있다. 우리 팀은 이러한 상황을 가정하고 비즈니스 현장에서 사용할 수 있는 자연어처리 모델을 구축했다.

평가 기준 재검토: 무엇을 어떻게 했나? 그래서 성공했나? 성공했다면 무엇을 얻었는가? 딥러닝 데이터 과학자는 프로젝트 시작 단계에서 평가 기준을 정의한 것처럼 프로젝트를 마무리할 때 프로젝트의 평가 기준과 결과물의 영향을 재검토해야 한다.

미리 학습한 word2vec 모델을 기반으로 구현한 중첩신경망 언어처리 모델의 정확도는 약 72.6%이다! 이는 구조화되지 않은 텍스트 내용이 긍정인지 부정인지를 상당히 정확하게 분류할 수 있음을 의미한다.

그렇다면 이 정확성에 내포된 의미는 무엇인가? 우리가 가정한 비즈니스 상황에서, 딥러닝 자연어처리 기술이 아니라면 달성하기 어려운 일을 해낸 게 분명하다. 비구조적인 텍스트 데이터에서 감성을 분석하는 전통적인 방법은 이런 정확도를 이루지 못한다. 따라서 이 모델을 이용해서 직원의 서비스 정도를 측정해서 보상하는 일이 가능하겠다.

다음 장에선 더 강력한 계산 언어처리 기술을 사용해서 오픈 도메인 질의응답이 가능한 챗봇 개발에 사용할 자연어처리 모델에 대해 배운다. 이 흥미진진한 일을 어떻게 하는지 살펴보자!

CHAPTER

04

챗봇을 위한 자연어처리 모듈 구축

우리 팀이 한 일을 정리해보자. 레스토랑 체인점에서 고객에게 테이블이 준비되었다고 알리는 문자 알림 시스템을 개발하기 위해 손으로 쓴 숫자를 식별하는 분류기를 만들었고, 그것을 바탕으로 고객이 작성한 응답 메시지에서 고객의 만족도에 대한 감성을 분석하기 위한 **자연어처리** 모델을 성공적으로 만들어냈다.

TIP

일 잘하는 딥러닝 엔지니어에게 무슨 일이 일어나는지 아는가? 더 많은 일이 그들을 기다린다!

매우 멋진 프로젝트가 우리 팀을 기다리고 있다. 이번 작업은 분야가 정해지지 않은 오픈 도메인 질의응답이 가능한 챗봇을 위한 자연어처리 모듈 개발이다. 우리의 가상 레스토랑 체인점은 메뉴, 연혁, 위치, 시간 및 기타 정보가 포함된 웹사이트를 운영하고 있는데, 사이트 방문자가 대화창에 질의를 남기면 답변을 하는 딥러닝 자연어처리 챗봇을 만드는 게 목표다. 우리의 챗봇은 웹사이트 방문자에게 올바른 정보를 신속하게 제공하여 매장 방문을 유도하는 등 고객 경험을 개선하는 데 큰 역할을 하게 될 것이다.

우리가 사용할 기술은 **개체명 인식**(Named Entity Recognition)이다. 이 기술을 사용해서 입력 텍스트를 신속하게 분류하고 응답을 위한 콘텐츠를 생성할 수 있다. 전통적인 방법처럼 하드 코딩된 휴리스틱을 사용하지 않고 수시로 변경되는 대규모 비정형 문자 데이터를 활용할 수 있는 가장 좋은 방법이다.

이 장에서는 전처리, 토큰 생성 및 품사 태그 지정을 포함한 자연어처리 모델의 기본 모듈에 대해 알아본다. 이러한 모듈을 이용해서 구조화되지 않은 텍스트를 읽어 특정 질문에 대한 답을 생성하는 시스템을 구축한다. 또한, 구조적인 지식에 기반을 둔 전통적인 자연어처리 방식에 딥러닝 기술을 적용해서 특정 도메인에 종속되지 않는 질의응답 시스템을 구축하는 방법을 살펴본다.

다음이 여기서 다룰 내용이다:

- 통계에 기초한 프레임워크를 사용해서 문맥을 파악하여 질의에 답할 수 있는 FAQ 기반 챗봇 구현
- 문장의 조밀한 표현 생성
- 비구조적 텍스트에서 답변을 추출하기 위한 문서 판독기 구현
- 전통적인 자연어처리 모듈과 딥러닝 모델을 통합하는 방법

TIP

목표 정의: 문맥을 파악하고 객체를 추출할 수 있는 챗봇을 구축한다. 이 작업을 위해서는 의도를 분류하고 객체명을 추출하는 자연어처리 모듈이 필요하다.
배울 기술: 딥러닝 기술을 사용하여 문장 표현을 생성하는 문서 판독기 구성 요소와 전통적인 자연어처리 모듈을 사용하여 개방형 도메인 질의응답 시스템을 구현하는 방법을 배운다.

이제 시작해보자!

자연어처리 기초

용량이 큰 정보 소스인 텍스트 데이터를 올바르게 처리하는 것이 성공의 열쇠다. 텍스트 데이터를 처리하려면 몇 가지 기본적인 텍스트 처리 과정을 거쳐야 한다.

TIP

우리가 다루는 처리 과정은 대부분 자연어처리에서 일반적으로 사용되는 것으로 각 단계의 실행 모듈은 차례로 결합하여 하나의 실행 흐름이 된다. 따라서 자연어처리 과정을 자연어처리 파이프라인이라 부르기도 한다. 이 흐름에는 토큰 생성, 형태소 분석, 단어 빈도 분석, 품사 태그 지정 등의 많은 요소가 포함된다.

일련의 자연어처리 흐름을 구현하는 방법을 각 과정에서 어떤 일을 하는지를 포함해서 자세하게 살펴보자. 구현에는 파이썬으로 작성된 자연어처리 도구인 **NLTK** 패키지를 사용할 텐데, 다음처럼 설치할 수 있다:

```
import nltk
nltk.download('punkt')
nltk.download('averaged_perceptron_tagger')
```

이 프로젝트의 코드는 여기 있다: https://github.com/PacktPublishing/Python-Deep-Learning-Projects/blob/master/Chapter04/Basic%20NLP%20Pipeline.ipynb

토큰 생성

텍스트에서 문장, 단어 또는 토큰을 분리하는 과정을 토큰 생성이라 한다. 모든 텍스트 처리의 첫 번째 단계다. 토큰이 문장이냐 단어냐 혹은 더 작은 단위냐는 우리가 어떤 일을 하느냐에 따라 달라질 수 있다. 따라서 토큰이라는 단위에 대해서 모든 가능성을 열어두는 열린 마음 자세가 필요하다!

코드 해설: NLTK는 강력해서 하드 코딩 작업의 대부분이 이미 라이브러리에 들어있다. NLTK 토큰 생성에 대한 자세한 내용은 다음 사이트에서 확인할 수 있다. http://www.nltk.org/api/nltk.tokenize.html#nltk.tokenize.api.TokenizerI.tokenize_sents.

말뭉치 즉, 텍스트를 로드한 후 NLTK 토큰생성기를 사용하여 먼저 원시 말뭉치를 문장 단위로 분리한 다음, 각 문장을 더 작은 단어 단위로 더 분리한다:

```
text = u"""
Dealing with textual data is very crucial so to handle these text data we
need some basic text processing steps. Most of the processing steps
covered in this section are commonly used in NLP and involve the combina-
tion of several steps into a single executable flow. This is usually
referred to as the NLP pipeline. These flow can be a combination of
tokenization, stemming, word frequency, parts of speech tagging, etc. """
```

```
# 문장 단위 토큰 생성
sentenses = nltk.sent_tokenize(text)

# 단어 단위 토큰 생성
words = [nltk.word_tokenize(s) for s in sentenses]
```

```
OUTPUT:
SENTENCES:
[u'\nDealing with textual data is very crucial so to handle these text
data we need some \nbasic text processing steps.', u'Most of the
processing steps covered in this section are \ncommonly used in NLP and
involve the combination of several steps into a single \nexecutable
flow.', u'This is usually referred to as the NLP pipeline.', u'These flow
\ncan be a combination of tokenization, stemming, word frequency, parts
of \nspeech tagging, etc.']

WORDS:
[[u'Dealing', u'with', u'textual', u'data', u'is', u'very', u'crucial',
u'so', u'to', u'handle', u'these', u'text', u'data', u'we', u'need',
u'some', u'basic', u'text', u'processing', u'steps', u'.'], [u'Most',
u'of', u'the', u'processing', u'steps', u'covered', u'in', u'this',
u'section', u'are', u'commonly', u'used', u'in', u'NLP', u'and',
u'involve', u'the', u'combination', u'of', u'several', u'steps',
u'into', u'a', u'single', u'executable', u'flow', u'.'], [u'This', u'is',
u'usually', u'referred', u'to', u'as', u'the', u'NLP', u'pipeline',
u'.'], [u'These', u'flow', u'can', u'be', u'a', u'combination', u'of',
u'tokenization', u',', u'stemming', u',', u'word', u'frequency', u',',
u'parts', u'of', u'speech', u'tagging', u',', u'etc', u'.']]
```

품사 태깅

보통 한 단어는 품사에 따라 다른 역할을 하거나 다른 의미가 있다. 예를 들어 charge는 명사로 쓰일 때와 동사로 쓰일 때 의미가 다르다. 따라서 단어의 품사를 아는 것은 의미를 명확하게 하는 데 꼭 필요하다. 문장의 각 토큰은 몇 가지 속성을 가지고 있는데 품사가 그중 하나다. 명사는 사람, 장소 또는 사물을 나타내고, 동사는 행동을 나타내며, 형용사는 명사를 설명하는 단어로 사용된다. 이러한 속성을 사용하기 위해, 명사, 동사 및 형용

사를 구분한 텍스트 요약을 간단하게 만들 수 있다.

```
tagged_wt = [nltk.pos_tag(w)for w in words]

[[('One', 'CD'), ('way', 'NN'), ('to', 'TO'), ('extract', 'VB'),
('meaning', 'VBG'), ('from', 'IN'), ('text', 'NN'), ('is', 'VBZ'), ('to',
'TO'), ('analyze', 'VB'), ('individual', 'JJ'), ('words', 'NNS'), ('.',
'.')], [('The', 'DT'), ('processes', 'NNS'), ('of', 'IN'), ('breaking',
'VBG'), ('up', 'RP'), ('a', 'DT'), ('text', 'NN'), ('into', 'IN'),
('words', 'NNS'), ('is', 'VBZ'), ('called', 'VBN'), ('tokenization',
'NN'), ('--', ':'), ('the', 'DT'), ('resulting', 'JJ'), ('words', 'NNS'),
('are', 'VBP'), ('referred', 'VBN'), ('to', 'TO'), ('as', 'IN'),
('tokens', 'NNS'), ('.', '.')], [('Punctuation', 'NN'), ('marks', 'NNS'),
('are', 'VBP'), ('also', 'RB'), ('tokens', 'NNS'), ('.', '.')], [('Each',
'DT'), ('token', 'NN'), ('in', 'IN'), ('a', 'DT'), ('sentence', 'NN'),
('has', 'VBZ'), ('several', 'JJ'), ('attributes', 'IN'), ('we', 'PRP'),
('can', 'MD'), ('use', 'VB'), ('for', 'IN'), ('analysis', 'NN'), ('.',
'.')]]

patternPOS= []
for tag in tagged_wt:
    patternPOS.append([v for k,v in tag])

[['CD', 'NN', 'TO', 'VB', 'VBG', 'IN', 'NN', 'VBZ', 'TO', 'VB', 'JJ',
'NNS', '.'], ['DT', 'NNS', 'IN', 'VBG', 'RP', 'DT', 'NN', 'IN', 'NNS',
'VBZ', 'VBN', 'NN', ':', 'DT', 'JJ', 'NNS', 'VBP', 'VBN', 'TO', 'IN',
'NNS', '.'], ['NN', 'NNS', 'VBP', 'RB', 'NNS', '.'], ['DT', 'NN', 'IN',
'DT', 'NN', 'VBZ', 'JJ', 'IN', 'PRP', 'MD', 'VB', 'IN', 'NN', '.'], ['DT',
'NN', 'IN', 'NN', 'IN', 'DT', 'NN', 'VBZ', 'CD', 'NN', ':', 'NNS', 'VBP',
'DT', 'NN', ',', 'NN', ',', 'CC', 'NN', ':', 'NNS', 'VBP', 'NNS', 'CC',
'NNS', ':', 'NNS', 'VBP', 'NNS', 'IN', 'NN', 'NNS', '.'], ['VBG', 'DT',
'NNS', ',', 'PRP', 'VBZ', 'JJ', 'TO', 'VB', 'DT', 'NN', 'IN', 'DT', 'NN',
'IN', 'NN', 'IN', 'VBG', 'DT', 'RBS', 'JJ', 'NNS', ',', 'NNS', ',', 'CC',
'NNS', '.']]
```

명사 추출

이제 텍스트에 포함된 모든 명사를 추출해보자. 이것은 특정한 항목을 추출해야할 때 아주 유용하게 사용할 수 있다. NN, NNS, NNP 및 NNPS 태그를 사용하여 명사를 추출한다.

```
nouns = []
for tag in tagged_wt:
  nouns.append([k for k,v in tag if v in ['NN','NNS','NNP','NNPS']])

[['way', 'text', 'words'], ['processes', 'text', 'words',
'tokenization','words', 'tokens'], ['Punctuation', 'marks', 'tokens'],
['token','sentence', 'analysis'], ['part', 'speech', 'word', 'example',
'nouns','person', 'place', 'thing', 'verbs', 'actions', 'occurences',
'adjectives', 'words', 'describe', 'nouns'], ['attributes', 'summary',
'piece', 'text','nouns', 'verbs', 'adjectives']]
```

동사 추출

다음으로 텍스트에 있는 모든 동사를 추출한다. 이 경우 VB, VBD, VBG, VBN, VBP 및 VBZ를 동사 태그로 사용한다.

```
verbs = []
for tag in tagged_wt:
  verbs.append([k for k,v in tag if v in ['VB','VBD','VBG','VBN','VBP','VBZ']])

[['extract', 'meaning', 'is', 'analyze'], ['breaking', 'is', 'called',
'are', 'referred'], ['are'], ['has', 'use'], ['is', 'are', 'are',
'are'], ['Using', "'s", 'create', 'counting']]
```

이제 spacy를 사용하여 텍스트로부터 토큰을 생성한 후 각 토큰의 품사 속성에 접근해 보자. 다음은 텍스트를 토큰화한 후 보통명사의 개수를 세는 코드다:

```
! pip install -q spacy
! pip install -q tabulate
! python -m spacy download en_core_web_lg

from collections import Counter
import spacy
from tabulate import tabulate
nlp = spacy.load('en_core_web_lg')

doc = nlp(text)
```

```
noun_counter = Counter(token.lemma_ for token in doc if token.pos_ ==
'NOUN')

print(tabulate(noun_counter.most_common(5), headers=['Noun', 'Count']))
```

출력은 다음과 같다:

```
Noun         Count
-----------  -------
step         3
combination  2
text         2
processing   2
datum        2
```

구문 분석

구문 분석은 문장에서 단어 사이의 관계를 파악하는 것이다. 문장에 포함된 단어들의 상호 종속 관계를 파악해야 문장의 의미를 세밀하게 파악할 수 있다:

```
doc = nlp(sentenses[2])
spacy.displacy.render(doc,style='dep', options={'distance' : 140},
jupyter=True)
```

단어들의 관계는 문장의 구조에 따라 복잡해질 수 있다. 보통 구문 분석의 결과는 다음처럼 동사가 루트인 트리 구조로 나타낸다:

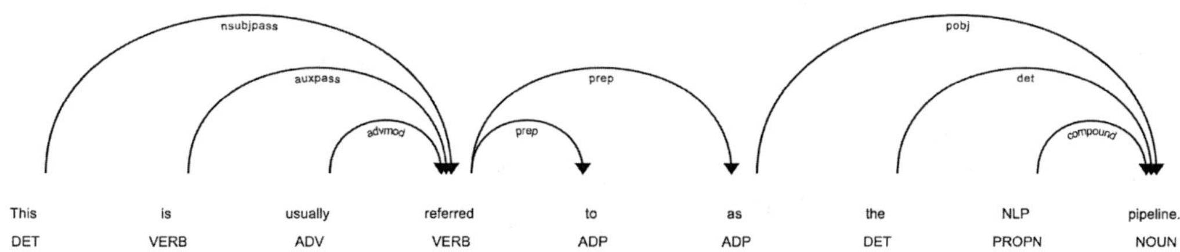

동사를 루트로 한 문장의 구문 트리

고유명사 인식

마지막은 객체명 인식 단계다. 이름이 있는 객체란 문장에 포함된 고유명사를 의미한다. 문장에 포함된 고유명사를 파악하고 어떤 유형의 개체인지 분류하는 일은 컴퓨터로 손쉽게 할 수 있는 작업이다. 객체 이름은 여러 토큰으로 구성되는 경우가 흔하므로 spacy를 이용해서 문서 수준에서 처리한다.

```
doc = nlp(u"My name is Jack and I live in India.")
entity_types = ((ent.text, ent.label_) for ent in doc.ents)
print(tabulate(entity_types, headers=['Entity', 'Entity Type']))

Output :
Entity         Entity Type
--------       -------------
Jack           PERSON
India          GPE
```

이제 우리는 자연어처리 파이프라인 즉 일련의 처리 흐름의 기본 구성요소 일부를 살펴보았다. 이러한 파이프라인은 머신러닝이나 딥러닝을 사용한 다양한 자연어처리 프로젝트에서 일관성 있게 사용된다.

TIP

뭔가 익숙한 게 보이나? 3장 word2vec를 사용한 단어 표현에서 이러한 자연어처리 파이프라인 빌딩 블록 중 몇 가지를 사용하여 word2vec 모델을 구축했다. 앞으로 점점 더 복잡한 모델을 만들면서 앞에서 배운 내용을 더 깊이 살펴볼 것이다!

이 책의 모든 내용을 데이터 과학자로서 자신이 수행하는 프로젝트나 업무에 스스로 적용해 보기를 적극적으로 권장한다. 이제 파이프라인에 속한 모듈을 사용하여 챗봇을 구현해 보자!

대화형 챗봇 구현

이 절에서는 **단어 빈도-역 문서 빈도(TF-IDF)**를 사용하여 정보 검색 시스템을 구축하기 위한 기본적인 통계적 모델링 방법을 다룬다. 우리는 이 방법과 자연어처리 파이프라인을 사용해서 완전한 기능을 갖춘 챗봇을 구축할 것이다. 그러고 나서 객체명 인식을 사용해서 위치, 시간 등과 같은 특별한 정보를 추출할 수 있는 훨씬 고급스러운 대화형 챗봇을 구축하는 방법을 살펴보겠다.

TF-IDF

정보를 검색하려면 문서의 특징을 정량적으로 나타낼 수 있어야 한다. TF-IDF는 정보 검색을 위해 문서를 특징 벡터로 나타내는 가장 흔하게 사용하는 개념이다. TF-IDF는 용어의 **빈도**(term frequency)와 **역 문서 빈도**(inverse document frequency)를 결합한 것이다. TF는 주어진 문서에 특정 단어가 얼마나 자주 발생하는지를 나타내는 척도다. 반면에 IDF는 특정 단어를 포함하는 문서의 빈도를 나타낸다. TF-IDF의 기본 개념은 특정 단어가 문서에서 차지하는 역할을 단어의 빈도와 그 단어를 포함하는 문서의 수를 모두 고려하여 측정한다는 것이다. 자주 나타나지만 무의미한 경우나 반대로 드물게 나타나지만 중요한 단어를 식별하는 데 유용하다.

데이터 세트 준비

TF-IDF를 사용해서 챗봇을 구축하려면 먼저 레이블이 있는 학습 데이터를 확보해야 한다. 즉, 정답이 있는 데이터가 필요하다는 의미다. 먼저 질의응답 챗봇을 위한 데이터 사례를 살펴보자.

다음 표와 같이 데이터 세트는 질문과 답변의 쌍이다:

질문	답변
언제 문을 열어요?	평일 9:00 A.M–9:00 P.M, 주말 11:00 A.M–12:00입니다.
오늘의 스페셜은 무엇인가요?	오늘, 특제 소스와 다양한 빵을 선택할 수 있는 이탈리아 파스타입니다.
아메리카노 주세요?	싱글 샷은 $1.4, 더블 샷은 $2.3입니다.
아이스크림 주세요?	아이스크림, 브라우니, 페이스트리와 같은 디저트가 있습니다.

몇 개 안 되는 매우 작은 사례이며 우리 프로젝트를 위한 가상 시나리오에서는 훨씬 더 큰 데이터 세트를 사용한다. 일반적인 처리 과정은 이렇다: 사용자는 챗봇과 상호 작용하기 위해 임의의 질문을 던진다. 챗봇은 적절한 인터페이스를 사용해서 해당 질문을 자연

어처리 엔진에 전송한 후 기다린다. 질의에 대해 어떤 답변을 할지는 순전히 자연어처리 모델이 결정한다. 데이터 세트에서 답변이 곧 레이블이라는 걸 쉽게 알 수 있다. 사용자가 던진 새로운 질문에 대해 TF-IDF 알고리즘은 가장 가깝다고 판단하는 질문을 찾는다. 챗봇은 그 질문에 해당하는 레이블 즉 답변을 반환한다.

앞의 사례를 가지고 예를 들어보자. 사용자가 "아메리카노 한 잔 주세요. 얼마예요?"라고 하면, '주세요' 같은 단어는 다른 질문에서도 발생 빈도가 높은 단어임을 알 수 있다.

반면에 '아메리카노' 같은 단어는 특정 질문에만 등장한다는 걸 알 수 있다. 따라서 챗봇은 이러한 유형의 질문에 대해 "싱글 샷은 $1.4, 더블 샷은 $2.3입니다."

이렇게 어떤 단어가 단순히 자주 나오느냐 아니냐 뿐 아니라 중요한 단어냐를 판단하는데 TF-IDF 알고리즘이 결정적인 역할을 한다는 게 핵심이다.

구현

구현은 단순하다. 먼저 데이터를 테이블 구조로 저장한 후, 사용자가 질의를 던지면 문의에 대한 예상 답변을 산출한다. 가장 먼저 데이터 세트에서 모든 질문-답변 쌍을 적재한다.

pandas를 사용하여 CSV 파일을 로드한 후 데이터 세트에 대해 몇 가지 사전 처리를 수행한다:

```
import pandas as pd

filepath = 'sample_data.csv'
csv_reader=pd.read_csv(filepath)

question_list = csv_reader[csv_reader.columns[0]].values.tolist()
answers_list = csv_reader[csv_reader.columns[1]].values.tolist()

query= 'Can I get an Americano, btw how much it will cost ?'
```

이 프로젝트의 코드는 여기 있다: https://github.com/PacktPublishing/Python-Deep-Learning-Projects/tree/master/Chapter04/tfidf_version.

벡터 생성기 만들기

이제 TF-IDF 벡터 생성기를 초기화하고 몇 가지 매개 변수를 정의한다:

- min_df: 어휘에서 제외할 임계 빈도값
- ngram_range: 벡터의 차원
- norm: L1 또는 L2 놈을 사용하여 단어 벡터를 정규화
- encoding: 유니코드 문자

다음 매개 변수를 설정한다:

```
from sklearn.feature_extraction.text import TfidfVectorizer

vectorizer = TfidfVectorizer(min_df=0, ngram_range=(2, 4),
strip_accents='unicode',norm='l2' , encoding='ISO-8859-1')
```

이제 우리는 준비된 질문에 대해 모델을 학습한다:

```
# 학습 데이터를 위한 배열 (questions)
X_train = vectorizer.fit_transform(np.array([''.join(que) for que in
question_list]))

# 사용자 쿼리를 챗봇에 전송 (test data)
X_query=vectorizer.transform(query)
```

쿼리 처리

쿼리를 처리하기 위해 다른 질문과의 유사도를 측정한다. 유사도는 쿼리 데이터를 전치한 후 학습 데이터 행렬과 내적을 취하여 계산한다:

```
XX_similarity=np.dot(X_train.todense(), X_query.transpose().todense())
```

이제 계산한 결과 즉, 사용자 질의와 학습 데이터 사이의 유사도 목록을 얻는다:

```
XX_sim_scores= np.array(XX_similarity).flatten().tolist()
```

순위 결과

유사도를 기준으로 정렬하여 순위 사전을 만든다:

```
dict_sim= dict(enumerate(XX_sim_scores))

sorted_dict_sim = sorted(dict_sim.items(), key=operator.itemgetter(1),
reverse =True)
```

마지막으로 정렬된 사전에서 가장 유사한 질문의 인덱스 찾아 해당 열의 내용을 답변으로 제시한다. 일치하는 응답이 없는 경우 다시 문의해 달라는 기본 답변을 출력한다.

```
if sorted_dict_sim[0][1]==0:
    print("Sorry I have no answer, please try asking again in a nicer way :)")
elif sorted_dic_sim[0][1]>0:
    print answer_list [sorted_dic_sim[0][0]]
```

고유 명사를 인식하는 고급 챗봇

우리는 고객의 질의에 응답할 수 있는 매우 기본적인 챗봇을 만들었다. 그러나 음식의 이름, 식당의 위치 같은 고유한 객체 즉 고유명사를 추출할 수 없다면 질문의 내용을 정확하게 파악하기 어렵다.

이름이 있는 객체를 추출해서 질문자의 의도를 더 정확하게 이해할 수 있는 챗봇을 구축하려면 객체와 객체의 유형을 추출해서 의도를 분류하여 정확한 응답을 제공할 수 있는 자연어처리 모듈이 필요하다.

TIP

목표를 다시 상기하자! 우리는 오픈 도메인 질의응답 챗봇을 만들고자 한다.

이 일은 Rasa NLU라는 오픈 소스 프로젝트를 활용해서 수행한다(`https://github.com/RasaHQ/rasa_nlu`).

Rasa NLU는, 특히 짧은, 텍스트를 이해하기 위한 **자연어 이해 도구**이다. 예를 들어 다음과 같은 짧은 메시지가 주어지면:

```
"마을 중심에 있는 이탈리안 레스토랑을 찾고 있어요!"
```

다음을 반환한다:

```
의도: search_restaurant
엔티티:
        - 요리: 이탈리안
        - 위치: 시내 중심
```

따라서 Rasa를 활용해서 의도를 분류하고 고유명사를 추출하는 기능을 가진 챗봇을 구축할 수 있다.

좋다, 해보자!

> 이 프로젝트의 코드는 여기 있다: https://github.com/PacktPublishing/Python -Deep-Learning-Projects/tree/master/Chapter04/rasa_version

Rasa 설치

다음 명령을 실행해서 로컬 환경 또는 서버에 Rasa를 설치하자:

```
pip install rasa_nlu
pip install coloredlogs sklearn_crfsuite spacy
python -m spacy download en
```

설치 도중에 문제가 발생하면 https://nlu.rasa.com/installation.html에서 해결 방법을 찾을 수 있다.

Rasa는 spaCy, sklearn 또는 MITIE와 같은 다양한 자연어처리 패키지를 사용한다. 그 중 하나를 사용하거나 앞에서 만든 word2vec를 사용하는 중첩신경망 같은 심층 신경망 모델을 사용해서 자신만의 모듈을 만들어 사용할 수 있다. 여기서는 sklearn과 spacy를 사용할 것이다.

데이터 세트 준비

이전 프로젝트에서는 CSV 파일에 저장된 질문-답변 쌍을 데이터 세트로 사용했다. 이번에는 약간 다른 형식을 사용한다. 이번에는 다음 그림처럼 질문에 대한 의도 정보를 포함한다. 예를 들어 **hello** 질의에 대해 의도 **greet**가 같이 표시된다. 마찬가지로 모든 질문에 의도를 레이블로 지정한다.

모든 형태의 질문과 의도가 마련되면 질의에 포함된 고유명사에 레이블을 지정해야 한다. 예를 들어 다음처럼 **위치**라는 객체의 레이블은 **중심**, **요리**라는 객체의 레이블은 **멕시코**로 설정할 수 있다:

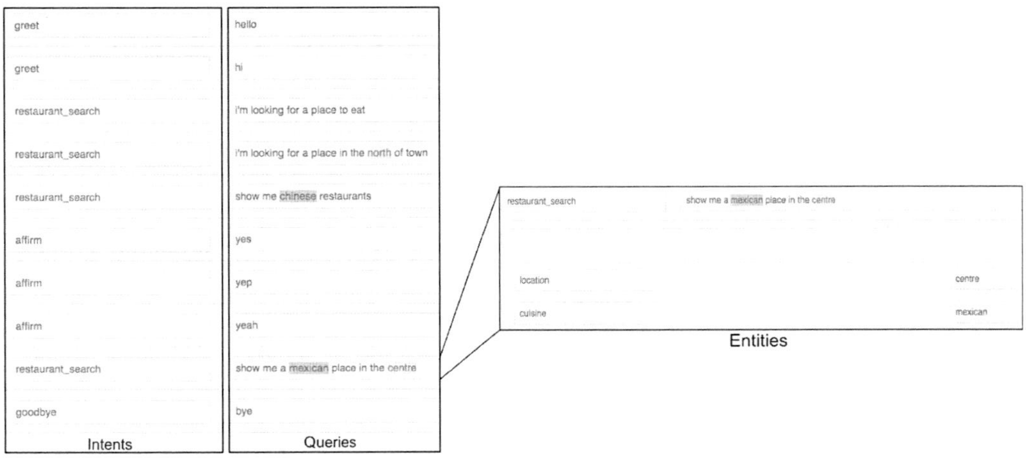

챗봇을 위한 데이터 구조, 오른쪽에 필드에 '위치'와 '요리'라는 객체에 레이블이 할당되어 있음에 주목

Rasa를 위한 데이터는 다음처럼 JSON 형식으로 저장해서 사용한다:

```
# intent_list : 의도
[
   {
     "text": "hey",
     "intent": "greet",
  },
  {
    "text": "hello",
    "intent": "greet",
  }
]
```

```
# entity_list : 객체와 의도
[
  {
    "text": "show me chinese restaurants",
    "intent": "restaurant_search",
    "entities": [
      {
        "start": 8,
        "end": 15,
        "value": "indian",
        "entity": "cuisine"
      }
    ]
  },
]
```

JSON의 최종 버전의 형식은 다음과 같다:

```
{
  "rasa_nlu_data": {
    "entity_examples": [entity_list],
    "intent_examples": [intent_list]
  }
}
```

TIP

모든 데이터 주석을 입력하여 JSON 버전을 내려받을 수 있는 편리한 온라인 도구가 있다. https://github.com/RasaHQ/rasa-nlu-trainer의 안내에 따라 로컬에서 편집기를 실행하거나 https://rasahq.github.io/rasa-nlu-trainer에서 온라인 버전을 사용할 수 있다.

이렇게 생성한 JSON 파일 restaurant.json을 현재 작업 디렉터리에 저장한다.

모델 훈련

먼저 모델을 학습하고 구축하는데 사용할 구성 파일을 만든다.

작업 디렉터리에 파일 config_spacy.yml을 만든 후, 다음 코드를 입력한다.

```
language: "en"
pipeline: "spacy_sklearn"
fine_tune_spacy_ner: true
```

코드 해설: spaCy 구성을 사용자가 지정하는 데는 이유가 있다. 어떤 데이터 과학자들은 직접 값을 지정하는 걸 선호하니 스스로 값을 지정해보는 게 자기 발전에 좋다. `https://nlu.rasa.com/config.html`에 많은 구성 사례가 있다.

앞의 구성은 언어는 영어, 백엔드에서 실행될 모듈은 scikit-learn로 설정한 경우다. 이제 다음 명령을 실행하면 학습을 시작할 수 있다:

```
python -m rasa_nlu.train \
    --config config_spacy.yml \
    --data restaurant.json \
    --path projects
```

입력은 구성 파일과 학습 데이터 파일이고, 학습이 끝난 모델을 저장할 위치는 `--path`로 지정한 projects이다.

학습이 완료되면 `projects/default/model_YYYYMMDD-HHMMSS` 형식의 타임스탬프가 찍힌 새 폴더가 생긴다. 전체 프로젝트 구조는 다음과 같다.

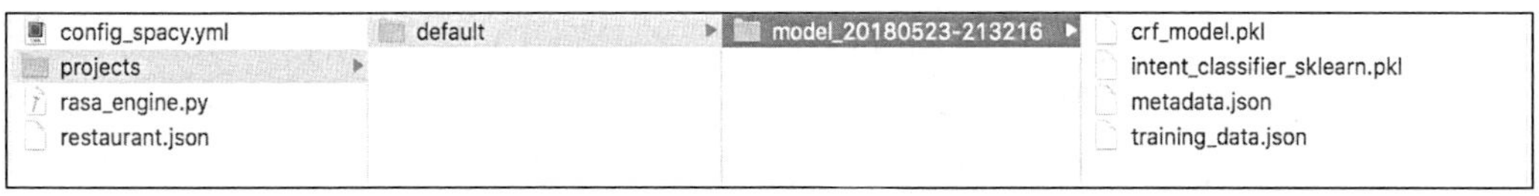

학습 완료 후 폴더 구조, 모든 바이너리 파일과 메타 데이터가 포함된다.

모델 배포

이제 챗봇에 생명을 부여할 순간이다! Rasa를 사용하면 별도의 API를 작성할 필요가 없다. 모든 것이 패키지에 포함되어 있다. 따라서 학습된 모델을 서비스하려면 학습 된 모델의 경로를 지정하는 다음 명령을 실행하면 그만이다.

```
python -m rasa_nlu.server —path projects
```

만사가 잘되면 RESTful API가 포트 5000에 노출되고 사용자 콘솔에 다음 로그가 표시된다:

```
2018-05-23 21:34:23+0530 [-] Log opened.
2018-05-23 21:34:23+0530 [-] Site starting on 5000
2018-05-23 21:34:23+0530 [-] Starting factory <twisted.web.server.Site
instance at 0x1062207e8>
```

다음 명령을 실행해서 API에 액세스할 수 있다. 모델에 "I am looking for Mexican food"라는 질의를 입력한다:

```
curl -X POST localhost:5000/parse -d '{"q":"I am looking for Mexican
food"}' | python -m json.tool

Output:
{
    "entities": [
      {
        "confidence": 0.5348393725109971,
        "end": 24,
        "entity": "cuisine",
        "extractor": "ner_crf",
        "start": 17,
        "value": "mexican"
      }
    ],
    "intent": {
      "confidence": 0.7584285478135262,
      "name": "restaurant_search"
    },
    "intent_ranking": [
      {
        "confidence": 0.7584285478135262,
        "name": "restaurant_search"
      },
      {
        "confidence": 0.11009204166074991,
        "name": "goodbye"
```

```
        },
        {
          "confidence": 0.08219245368495268,
          "name": "affirm"
        },
        {
          "confidence": 0.049286956840770876,
          "name": "greet"
        }
      ],
      "model": "model_20180523-213216",
      "project": "default",
      "text": "I am looking for Mexican food"
}
```

모델이 의도를 분류하고 고유 명사를 매우 정확하게 추출했음을 알 수 있다. 모델은 restaurant_search 의도를 75.8%의 정확도로 분류할 수 있으며, cuisine 객체에 mexican이라는 레이블을 붙인 걸 알 수 있다.

챗봇 서비스

지금까지 TF-IDF와 Rasa NLU을 사용해서 의도를 파악하는 챗봇을 구축했다. 이 챗봇을 사용할 수 있게 API를 작성해보자. 이 간단한 챗봇 프레임워크의 구조는 다음과 같다.

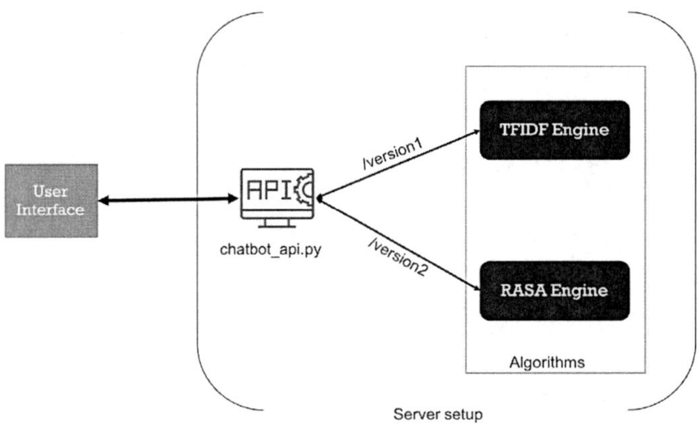

어떤 사용자 인터페이스(Slack, Skype 등)든 chatbot_api를 사용할 수 있다.

API에 대한 더 자세한 내용은 chatbot_api.py(https://github.com/PacktPublishing/Python-Deep-Learning-Projects/tree/master/Chapter04)를 참조하면 된다. 두 버전의 챗봇을 모두 로드 할 수 있는 공통 API를 구현했으며 이 위에 전체 프레임워크를 구축할 수 있다.

다음 절차에 따라 API를 실행할 수 있다:

1. 다음 명령으로 스크립트가 저장된 폴더로 이동한다:

```
cd Chapter04/
```

2. localhost:5000에 Rasa 모듈이 표시된다. 아직 Rasa 엔진을 학습하지 않은 경우 다음 명령을 실행한다:

```
python -m rasa_nlu.server --path ./rasa_version/projects
```

3. 새 콘솔에서 다음 명령을 실행하면 localhost:8080에 API가 표시된다:

```
python chatbot_api.py
```

4. 이제 API를 통해 챗봇에 액세스할 수 있다:
   - 다음 API를 호출하여 TFIDF 버전을 실행한다.

   ```
   curl http://localhost:8080/version1?query=Can I get an
   Americano
   ```

   - 다음 API를 호출하여 Rasa 버전을 실행한다.

   ```
   http://localhost:8080/version2?query=where is Indian cafe
   ```

요약

이 프로젝트에서 우리 팀은 오픈 도메인 질의응답이 가능한 챗봇을 위한 자연어처리 파이프라인을 개발했다. 가상 레스토랑 체인점은 메뉴, 연혁, 위치, 영업시간 및 기타 많은 텍스트 기반 데이터를 가지고 있으며, 웹사이트 방문자가 대화상자에 문의할 수 있는 기능을 추가하려고 한다. 그러면 우리의 딥러닝 자연어처리 챗봇이 관련 정보를 찾아 방문자에게 응답한다.

먼저 임의의 쿼리를 입력받아 미리 정의된 질문과 일치 여부를 확인한 후 입력된 질문과 데이터베이스의 질문 사이의 유사성을 나타내는 신뢰도를 바탕으로 응답하는 간단한 질의 응답 챗봇을 구축하는 방법을 살펴보았다. 이것은 질문의 의도까지 포착하여 적절하게 응답하는 챗봇을 만드는 작업의 디딤돌이다.

맥락을 파악하기 위해 입력 텍스트를 신속하게 분류하는 기능은 NER을 사용했다. 입력 텍스트의 고유명사를 인식함으로써 응답을 위한 관련 콘텐츠와 일치시킬 수 있다. 이 방법으로 전통적인 방법처럼 하드 코딩된 휴리스틱을 사용하지 않고, 가상의 레스토랑 사례 같은, 대규모 비정형 데이터를 대상으로 오픈 도메인 질문응답 시스템을 실현할 수 있다.

더불어 전처리, 토큰 생성, 품사 태깅을 포함한 자연어처리 모델의 빌딩 블록을 사용하는 방법을 배웠다. 이 기술을 사용하여 구조화되지 않은 텍스트를 대상으로 특정 질문에 대한 답을 생성하는 시스템을 구축했다.

이 프로젝트에서 체득한 기술은 다음과 같다:

- 빈도 통계 모델링을 기초로 의도와 고유명사를 식별할 수 있는 프레임워크를 사용한 기본적인 오픈 도메인 질의응답 챗봇 구축
- 워드 임베딩
- 비구조적 텍스트에서 응답을 추출하기 위한 문서 판독기 구축
- 전통적인 자연어처리 파이프라인과 딥러닝 모델 통합 방법

이러한 기술은 유사한 비즈니스 사용 사례가 많고 대화형 사용자 인터페이스가 계속해서 인기를 얻고 있으므로 우리 팀원의 경력을 쌓는 데 매우 유용하게 활용될 것이다. 잘 했고, 어떤 딥러닝 프로젝트가 기다리고 있는지 들여다보자!

CHAPTER

05

seq2seq를 사용한 통 번역

우리 팀은 많은 것을 배우고 중요한 작업을 수행하고 있다! 가상 비즈니스 응용 사례의 진화 과정에서 이 장은 자연어처리 파이프라인을 생성한 4장, 챗봇을 위한 자연어처리 모듈 개발 작업과 직접 연계된다. 지금까지 다룬 계산언어학 관련 기술은 지금까지 연습해온 수준을 확장해서 우리가 더 고급스러운 프로젝트를 수행할 수 있는 든든한 기반이다. 이번에는 전화 주문 접수 서비스를 자동화하는 가상의 레스토랑 프랜차이즈를 위한 더 진보된 챗봇을 구축해 보자.

이런 수준의 시스템을 개발하려면 지금까지 다룬 많은 기술을 통합해야 할 필요가 있다. 이 프로젝트에서는 상황을 더 잘 인식할 수 있는 강력한 챗봇을 만들기 위해 이 기술을 통합해서 실제 세계에서 사용할 수 있는 신뢰도가 높은 하나의 거대한 시스템으로 구축할 것이다.

앞에서 word2vec와 중첩신경망 같은 딥러닝 기술을 함께 사용하는 방법들을 다루었다. 그러나 **중첩신경망**을 사용해서 언어 모델을 구축하는 데는 다음과 같은 몇 가지 제약이 있다:

- 모델이 상태 정보를 저장할 수 없다.
- 문장의 길이가 고정된다.
- 순차적으로 일어난 상황을 다룰 수 없다.
- 순차 데이터 처리는 순환신경망이 더 좋다.

따라서 이러한 문제를 극복하기 위해 시퀀스 형태로 발생하는 입력을 처리할 필요가 있는데, 순환신경망이 가장 적절한 대안이다.

다음이 여기서 다룰 내용이다:

- 순환신경망과 다양한 유형
- 순환신경망을 이용한 언어 모델 구현
- **장단기 기억(LSTM)** 모델
- LSTM 언어 모델 구축 및 순환신경망 모델과 비교
- LSTM 기반 인코더-디코더 순환신경망

TIP

목표 정의: 기억으로 질문에 대해 상황에 적합하게 응답하는 더 강력한 챗봇을 구축한다.

이제 시작하자!

순환신경망 개요

순환신경망(Recurrent Neural Networks: RNN)은 순차 데이터를 다루기 적합한 딥러닝 모델이다. 텍스트를 스캔하는 작은 윈도우를 사용해서 텍스트의 단어 및 문자의 연관 관계를 추출할 텐데 순환신경망 모델이 그 일을 할 수 있다.

순환신경망은 입력 시퀀스의 각 항목에 비선형 함수를 적용하는데, 이를 순환신경망 셀 또는 스텝이라 하며, 항목은 입력 시퀀스 즉 텍스트의 단어 또는 문자이다. 순환신경망 각 층의 출력은, 자신의 출력을 되먹여서 산출된다. 즉, 다층신경망처럼 한 층의 출력이 다음 층으로 전달함과 동시에 자신에게도 되먹임 됨으로써 순차적인 입력의 관계를 학습할 수 있다. 따라서 연속한 텍스트를 입력해서 일련의 단어 열 즉 문장을 출력할 수 있다.

TIP

순환신경망 각 셀에는 지금까지 입력된 시퀀스의 과거를 요약한 내부 메모리가 있다.

순환신경망 모델 구조를 시각적으로 다음처럼 나타낼 수 있다:

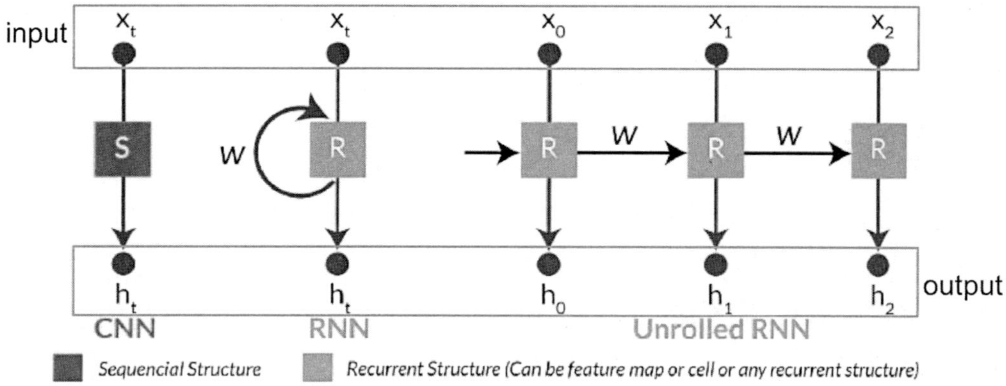

순환신경망 모델 구조

순환신경망의 기본 아이디어는 되먹임이다. 텍스트는 일련의 단어가 차례로 나열된 것이며 나열된 순서가 의미가 있다. 순환신경망은 출력을 되먹임함으로써 시퀀스 데이터의 연관 관계를 파악할 수 있다.

영리한 생각이지만 어려움도 따른다. 복잡한 시계열 데이터를 다루는 경우 기울기 홍수 혹은 소실 문제가 수반된다.

기울기 홍수 및 소실 문제와 가능한 해결에 대해서는 1998년 Sepp의 작업을 참고하자(`https://dl.acm.org/citation.cfm?id=355233`).

알려진 두 번째 문제는 순환신경망이 단기 또는 장기 구조의 두 가지 시간 구조 중 하나만 학습한다는 것이다. 그러나 모델이 최상의 성능을 보이려면 두 가지를 동시에 학습할 수 있어야 한다. 그 모델이 **GRU(Gated Recurrent Unite)** 또는 장단기 기억(LSTM) 셀로 구성된 순환신경망이다.

GRU에 대한 추가 정보는 `http://www.wildml.com/2015/10/recurrent-neural-network-tutorial-part-4-implementing-grulstm-rnn-with-python-and-theano/`에 LSTM에 대한 추가 정보는 `http://colah.github.io/posts/2015-08- Understanding-LSTMs/`에 있다.

이 장의 뒷부분에서 LSTM 아키텍처를 자세히 살펴보겠다. 먼저 우리의 목표를 달성하는

데 어떻게 도움이 될지 정도로만 LSTM에 대해 알아보자.

순환신경망 구조

대부분의 자연어처리 작업에서, 순환신경망의 노드로 LSTM 셀이 더 나은 것으로 입증되었다. LSTM 셀을 사용하는 경우 기억을 유지하면서 긴 입력 시퀀스에 대한 학습이 가능하기 때문이다. 또한, 셀 상태에 대한 액세스를 효과적으로 제어하는 더 많은 게이트가 포함되어 있어 기울기 소실이나 홍수 문제에 더 강하다.

LSTM의 작동 원리는 Colah의 블로그 게시물(http://colah.github.io/posts/ 2015-08-Understanding-LSTMs/)에 잘 설명되어 있다.

다양한 응용 사례에 따라 여러 형태로 LSTM 셀을 결합하여 순환신경망을 구성할 수 있다. 순환신경망은 다음과 같이 다양한 입력 및 출력 패턴을 결합할 수 있는 매우 유연한 구조다:

- **다대일**: 전체 시퀀스를 입력하여 하나의 결과를 출력한다. 감성 분석이 한 가지 사례다. 전체 문장을 입력받아 긍정인지 부정인지 판단한다.
- **일대다**: 숫자 또는 날짜 같은 단일 입력을 변환하여 "일", "월" 또는 "연도" 같은 문자열을 생성한다.
- **다대다**: 질의응답 시스템처럼 전체 시퀀스를 다른 시퀀스로 변환하는 seq2seq 모델이다. 영어 문장을 한국어 문장으로 통 번역하는 것이 한 가지 사례다.

다음 그림을 보면 위 관계를 잘 이해할 수 있다:

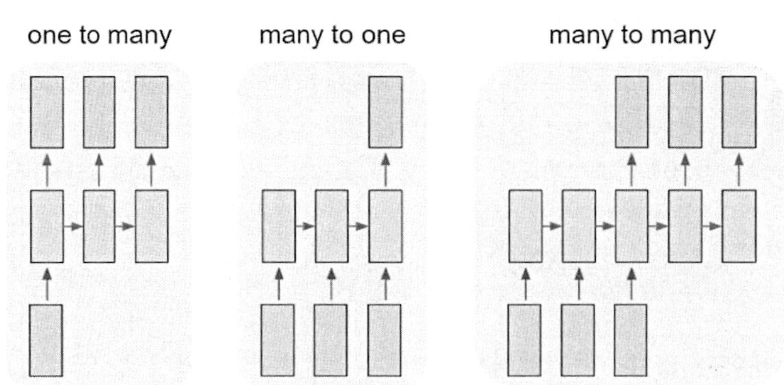

이 장에서는 seq2seq 아키텍처라고 하는 **다대다** 관계를 따르는 질의응답 챗봇을 구축합니다. seq2seq 작업을 해결하기 위한 표준 순환신경망은 다음 3가지 기본 요소로 구성합니다:

- **인코더**: 입력 문장을 추상적인 표현으로 인코딩
- **중간층**: 인코딩된 문장 조작
- **디코더**: 디코딩된 목표 시퀀스 출력

다음 그림을 보면 잘 알 수 있다:

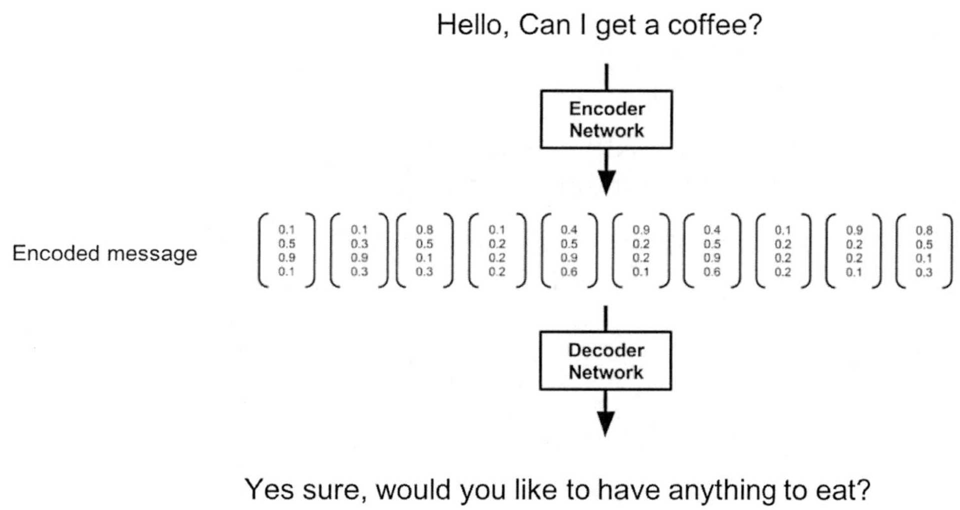

인코더가 질문을 인코딩한 후 중간 처리를 거쳐 디코더가 답변을 생성

먼저 직관적으로 기본 순환신경망 모델을 구현해보자.

기본 순환신경망 구현

먼저 기본 순환신경망을 사용해서 감성 분석 언어 모델을 만들어 보자. 코드 파일은 `https://github.com/PacktPublishing/Python-Deep-Learning-Projects/blob/master/Chapter05/1.%20rnn.py`이다.

패키지 가져오기

다음 코드를 실행해서 텐서플로와 순환신경망 패키지를 가져온다:

```
from utils import *
import tensorflow as tf
from sklearn.cross_validation import train_test_split
import time
```

데이터 세트 준비

이 프로젝트에서 사용할 데이터 세트는 로튼 토마토 영화 리뷰 데이터(http://www.cs.cornell.edu/people/pabo/movie-review-data/)다. 이 데이터 세트에는 샘플 리뷰 10,662개가 포함되어 있으며 약 절반은 긍정이고 절반은 부정이다. 리뷰에 사용된 전체 단어의 개수는 약 20,000개다. sklearn 래퍼를 사용해서 원시 파일에서 데이터 세트를 가져온 다음, separate_dataset() 헬퍼 함수를 사용해서 데이터 세트를 정리한 다음 분리된 리스트 구조로 변환한다:

```
#Helper function
def separate_dataset(trainset,ratio=0.5):
    datastring = []
    datatarget = []
    for i in range(int(len(trainset.data)*ratio)):
        data_ = trainset.data[i].split('\n')
        data_ = list(filter(None, data_))
        for n in range(len(data_)):
            data_[n] = clearstring(data_[n])
        datastring += data_
        for n in range(len(data_)):
            datatarget.append(trainset.target[i])
    return datastring, datatarget
```

여기서 trainset은 모든 텍스트 데이터와 레이블을 저장하는 객체다:

```
trainset = sklearn.datasets.load_files(container_path = './sentiment_
data', encoding = 'UTF-8')
```

```
trainset.data, trainset.target = separate_dataset(trainset,1.0)
print (trainset.target_names)
print (len(trainset.data))
print (len(trainset.target))

# Output:
['negative', 'positive']
No of training data 10662
No of test data 10662
```

먼저 레이블을 원-핫 인코딩으로 변환한다.

> **TIP** 원-핫 인코딩 벡터의 차원을 이해하는 것이 중요하다. 리뷰가 10,662개이고 각각의 레이블이 2가지 감정(부정 및 긍정)이므로 원-핫 벡터 크기는 [10662, 2]이다.

사이킷런 래퍼 train_test_split()을 사용해서 데이터를 무작위로 섞은 후 훈련 세트와 테스트 세트 2부분으로 나눈다. 그리고 build_dataset() 헬퍼 함수를 사용해서 단어 집합 즉, 어휘를 생성한다.

```
ONEHOT = np.zeros((len(trainset.data),len(trainset.target_names)))
ONEHOT[np.arange(len(trainset.data)),trainset.target] = 1.0
train_X, test_X, train_Y, test_Y, train_onehot, test_onehot =
train_test_split(trainset.data, trainset.target, ONEHOT, test_size = 0.2)

concat = ' '.join(trainset.data).split()
vocabulary_size = len(list(set(concat)))
data, count, dictionary, rev_dictionary = build_dataset(concat,
                                                   vocabulary_size)
print('vocab from size: %d'%(vocabulary_size))
print('Most common words', count[4:10])
print('Sample data', data[:10], [rev_dictionary[i] for i in data[:10]])

# OUTPUT:
vocab from size: 20465
'Most common words', [(u'the', 10129), (u'a', 7312), (u'and', 6199),
(u'of', 6063), (u'to', 4233), (u'is', 3378)]
```

```
'Sample data':
[4, 662, 9, 2543, 8, 22, 4, 3558, 18064, 98] -->
[u'the', u'rock', u'is', u'destined', u'to', u'be', u'the', u'21st',
u'centurys', u'new']
```

TIP 모델을 더 정확하게 만들기 위해 여기에 임베딩 모델을 추가로 사용할 수 있다.

순환신경망 모델을 학습하기 위한 데이터를 준비할 때 기억해야 할 중요한 사항이 있다. 문장 시작, 패딩, 문장 끝 및 알 수 없는 단어를 표시하기 위해 어휘에 특수 태그를 추가해야 한다. 따라서 어휘 사전에 특수 태그와 위치를 다음처럼 추가한다:

```
# Tag to mark the beginning of the sentence
'GO' = 0th position
# Tag to add extra padding in the sentence
'PAD'= 1st position
# Tag to mark the end of the sentence
'EOS'= 2nd position
# Tag to mark the unknown word
'UNK'= 3rd position
```

초 매개변수

다음은 모델의 초 매개변수다:

```
size_layer = 128
num_layers = 2
embedded_size = 128
dimension_output = len(trainset.target_names) learning_rate = 1e-3
maxlen = 50
batch_size = 128
```

기본 순환신경망 정의

이제 다음을 포함한 몇 가지 입력 매개변수를 사용해서 기본 순환신경망 모델을 생성한다:

- size_layer: 순환신경망 유닛 수
- num_layers: 중간층 수
- embedded_size: 임베딩 크기
- dict_size: 어휘 크기
- dimension_output: 분류 클래스 수
- learning_rate: 최적화 알고리즘의 학습계수

다음은 순환신경망 모델의 수행 절차다:

1. 문장 입력과 출력을 위한 플레이스홀더 지정
2. 사전에서 찾은 임베딩을 저장할 변수 지정
3. 순환신경망 층 추가
4. 가중치 및 바이어스를 위한 변수 생성
5. 로짓 계산
6. 손실 계산
7. 아담 최적화기 추가
8. 예측 수행 및 정확도 계산

순환신경망 층을 제외하면 4장에서 구현한 챗봇을 위한 중첩신경망 모델과 일치함을 알 수 있다:

```
class Model:
    def __init__(self, size_layer, num_layers, embedded_size,
                 dict_size, dimension_output, learning_rate):

        def cells(reuse=False):
            return tf.nn.rnn_cell.BasicRNNCell(size_layer,reuse=reuse)
        self.X = tf.placeholder(tf.int32, [None, None])
```

```
        self.Y = tf.placeholder(tf.float32, [None, dimension_output])

        encoder_embeddings = tf.Variable(tf.random_uniform([dict_size,
                             embedded_size], -1, 1))
        encoder_embedded = tf.nn.embedding_lookup(encoder_embeddings,
                           self.X)

        rnn_cells = tf.nn.rnn_cell.MultiRNNCell([cells() for _ in
                    range(num_layers)])
        outputs, _ = tf.nn.dynamic_rnn(rnn_cells, encoder_embedded,
                     dtype = tf.float32)

        W = tf.get_variable('w',shape=(size_layer, dimension_output),
                           initializer=tf.orthogonal_initializer())
        b = tf.get_variable('b',shape=(dimension_output),
                            initializer=tf.zeros_initializer())

        self.logits = tf.matmul(outputs[:, -1], W) + b
        self.cost = tf.reduce_mean(tf.nn.softmax_cross_entropy_
                    with_logits(logits = self.logits, labels = self.Y))
        self.optimizer = tf.train.AdamOptimizer(learning_rate =
                         learning_rate).minimize(self.cost)

        correct_pred = tf.equal(tf.argmax(self.logits, 1), tf.argmax
                       (self.Y, 1))
        self.accuracy = tf.reduce_mean(tf.cast(correct_pred, tf.float32))
```

먼저 데이터가 앞의 절차1에서 생성한 변수로 전달된다. 그런 다음 절차2에서 정의한 임베딩 계층으로 전파하고, 다음으로 순환신경망의 중간층 2개를 지나며 계산된다. 그 후 완전 연결 층 출력계산 즉, 바이어스를 포함한 가중치의 행렬 곱셈을 수행하여 출력을 산출한다. 마지막으로 비용을 계산해야 하는데 비용 함수로는 softmax_cross_entropy 함수를 사용한다.

다음은 전체 모델의 흐름을 나타낸다:

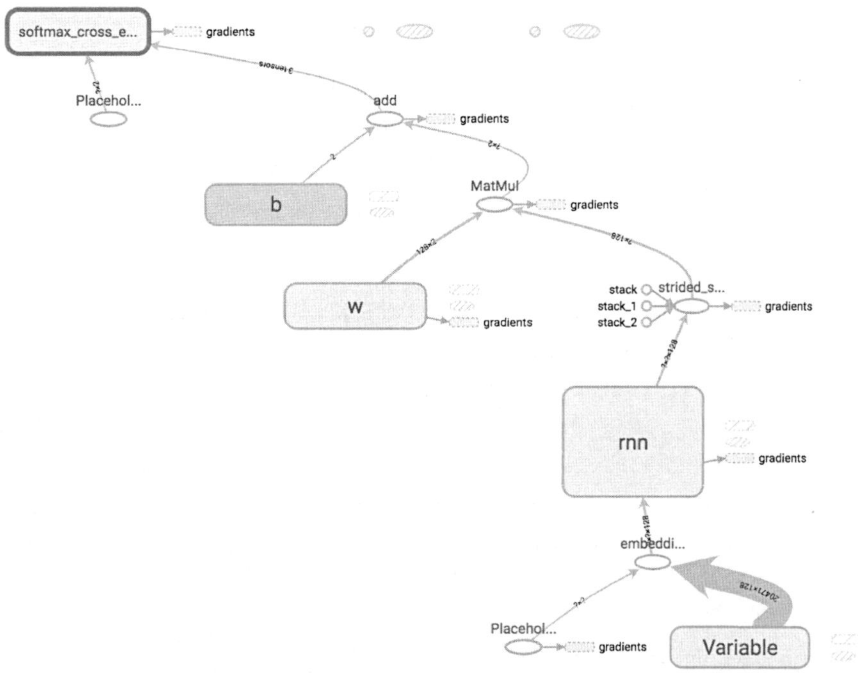

텐서보드로 시각화한 순환신경망 구조

다음은 위 그림에서 순환신경망 부분의 구조를 나타낸다.

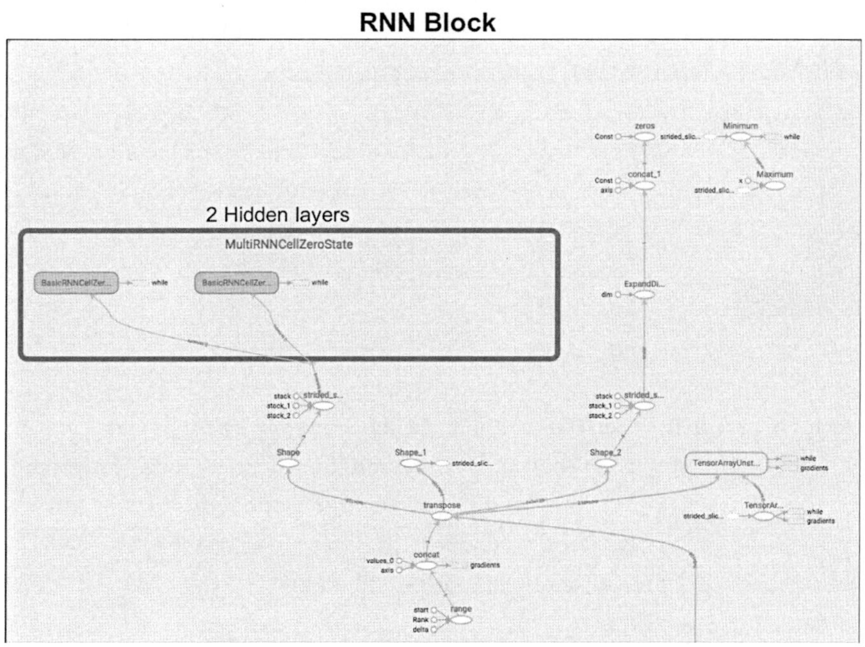

2개의 중간층을 포함하는 순환신경망 블록

순환신경망 모델 학습

이제 모델 설계가 완료되었으니 학습할 차례다. 학습은 다음처럼 그래프 초기화부터 시작한다:

```
tf.reset_default_graph()
sess = tf.InteractiveSession()
model = Model(size_layer,num_layers,embedded_size,vocabulary_size+4,
        dimension_output,learning_rate)
sess.run(tf.global_variables_initializer())

saver = tf.train.Saver(tf.global_variables(), max_to_keep=2)
checkpoint_dir = os.path.abspath(os.path.join('./', "checkpoints_
                 basic_rnn"))
checkpoint_prefix = os.path.join(checkpoint_dir, "model")

EARLY_STOPPING, CURRENT_CHECKPOINT, CURRENT_ACC, EPOCH = 5, 0, 0, 0
while True:
    lasttime = time.time()
    if CURRENT_CHECKPOINT == EARLY_STOPPING:
        print('break epoch:%d\n'%(EPOCH))
        break

    train_acc, train_loss, test_acc, test_loss = 0, 0, 0, 0
    for i in range(0, (len(train_X) // batch_size) * batch_size, batch_size):
        batch_x = str_idx(train_X[i:i+batch_size],dictionary,maxlen)
        acc, loss, _ = sess.run([model.accuracy, model.cost,
                      model.optimizer], feed_dict = {model.X : batch_x,
                      model.Y : train_onehot[i:i+batch_size]})
        train_loss += loss
        train_acc += acc

    for i in range(0, (len(test_X) // batch_size) * batch_size, batch_size):
        batch_x = str_idx(test_X[i:i+batch_size],dictionary,maxlen)
        acc, loss = sess.run([model.accuracy, model.cost],
                    feed_dict = {model.X : batch_x, model.Y :
                    train_onehot[i:i+batch_size]})
        test_loss += loss
        test_acc += acc
```

```
    train_loss /= (len(train_X) // batch_size)
    train_acc /= (len(train_X) // batch_size)
    test_loss /= (len(test_X) // batch_size)
    test_acc /= (len(test_X) // batch_size)

    if test_acc > CURRENT_ACC:
        print('epoch: %d, pass acc: %f, current acc: %f'%(EPOCH,
                CURRENT_ACC, test_acc))
        CURRENT_ACC = test_acc
        CURRENT_CHECKPOINT = 0
    else:
        CURRENT_CHECKPOINT += 1

    print('time taken:', time.time()-lasttime)
    print('epoch: %d, training loss: %f, training acc: %f, valid loss: %f,
            valid acc: %f\n'%(EPOCH,train_loss, train_acc,test_loss, test_acc))
    path = saver.save(sess, checkpoint_prefix, global_step=EPOCH)
    EPOCH += 1
```

학습 과정이 다음처럼 에포크 단위로 출력되는 걸 볼 수 있다:

```
Future major versions of TensorFlow will allow gradients to flow
into the labels input on backprop by default.

See @{tf.nn.softmax_cross_entropy_with_logits_v2}.

epoch: 0, pass acc: 0.000000, current acc: 0.502441
time taken: 11.038581609725952
epoch: 0, training loss: 0.702008, training acc: 0.542614, valid loss: 0.723523, valid acc: 0.502441

time taken: 11.019535303115845
epoch: 1, training loss: 0.623813, training acc: 0.653883, valid loss: 0.795169, valid acc: 0.487305

epoch: 2, pass acc: 0.502441, current acc: 0.506836
time taken: 10.916295766830444
epoch: 2, training loss: 0.515812, training acc: 0.746449, valid loss: 0.937421, valid acc: 0.506836

time taken: 10.991063356399536
epoch: 3, training loss: 0.379528, training acc: 0.833333, valid loss: 1.163410, valid acc: 0.501953

time taken: 10.905569076538086
epoch: 4, training loss: 0.270475, training acc: 0.891927, valid loss: 1.482876, valid acc: 0.499512

time taken: 10.94543194770813
epoch: 5, training loss: 0.169099, training acc: 0.939512, valid loss: 1.838352, valid acc: 0.495605

epoch: 6, pass acc: 0.506836, current acc: 0.508789
time taken: 10.955822944641113
epoch: 6, training loss: 0.112769, training acc: 0.960346, valid loss: 2.379099, valid acc: 0.508789

time taken: 10.9817533493042
epoch: 7, training loss: 0.063998, training acc: 0.975379, valid loss: 2.511583, valid acc: 0.498047

time taken: 10.956014394760132
epoch: 8, training loss: 0.037480, training acc: 0.987098, valid loss: 2.797244, valid acc: 0.494629

time taken: 10.966387510299683
epoch: 9, training loss: 0.022739, training acc: 0.994081, valid loss: 3.233259, valid acc: 0.499023

time taken: 10.951802968978882
epoch: 10, training loss: 0.015956, training acc: 0.995028, valid loss: 3.160137, valid acc: 0.482422

time taken: 10.971746683120728
epoch: 11, training loss: 0.008966, training acc: 0.997751, valid loss: 3.295206, valid acc: 0.486816

break epoch:12
```

순환신경망 모델 평가

모델의 성능을 평가해보자. 학습이 끝나면 준비해 놓은 테스트 데이터를 입력해서 모델이 예측한 레이블과 실제 레이블을 비교해서 성능을 평가할 수 있다. 보통 모델을 평가하는 데는 정확도 외에 정밀도, 재현율 및 F1-점수와 같은 몇 가지 다른 척도를 사용할 수 있다.

모델을 평가하려면 올바른 척도를 선택하는 것이 중요하다. F1-점수가 정확도보다 더 실용적인 것으로 인정된다.

각 척도의 특징은 다음과 같다:

- **정확도**: 정확하게 예측한 수를 전체 예측 수로 나눈 값
- **정밀도**: 특정 클래스에 속한다고 예측한 데이터 중, 실제로 해당 클래스에 속한 데이터 수의 비율
- **재현율**: 특정 클래스에 속한 데이터 중, 특정 클래스에 속한다고 예측한 데이터 수의 비율
- **F1–점수**: 재현율과 정밀도의 조화 평균

이제 테스트 데이터를 입력으로 하여 모델을 실행한다. 그러면 평가 척도에 따른 값이 생성된다:

```
logits = sess.run(model.logits,
feed_dict={model.X:str_idx(test_X,dictionary,maxlen)})
print(metrics.classification_report(test_Y, np.argmax(logits,1),
target_names = trainset.target_names))
```

출력은 다음과 같다:

```
             precision    recall  f1-score   support

   negative       0.65      0.73      0.69      1079
   positive       0.68      0.59      0.64      1054

avg / total       0.67      0.66      0.66      2133
```

기본 순환신경망을 사용하는 경우 F1-점수가 66%임을 알 수 있다. 순환신경망 셀, 즉 노드를 다른 것으로 대체해서 모델을 개선해 보자.

LSTM 순환신경망

LSTM은 기울기 소실 문제를 해소해서 순차 데이터를 보다 효과적으로 모델링하려고 만든 순환신경망 유닛이다. LSTM은 유닛의 기억 절차를 제어하는 게이트를 사용함으로써 기본 순환신경망보다 더 나은 성능을 갖는다. 다음 그림은 LSTM 유닛(혹은 셀)이다.

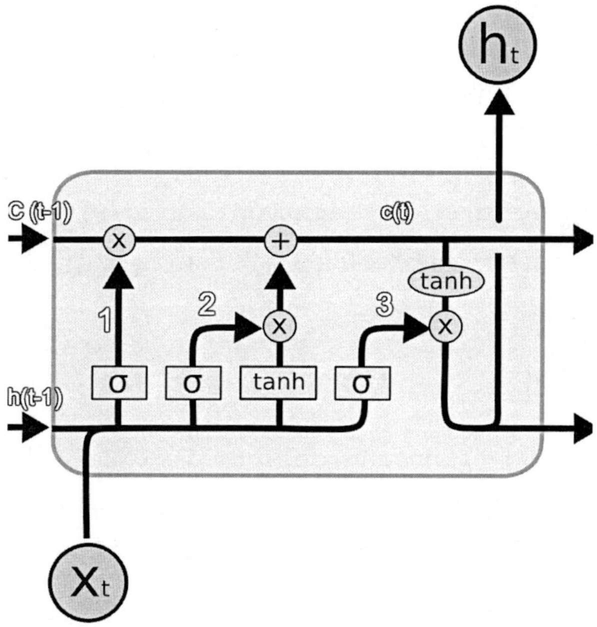

LSTM 유닛(출처: http://colah.github.io/posts/2015-08-Understanding-LSTMs)

앞 그림에서 1, 2, 3으로 표시한 게 LSTM의 3가지 기본 요소다:

1. 망각 게이트 f(t): 이 게이트는 불필요한 정보를 잊어버리는 기능을 제공한다. 시그모이드 함수는 입력 $X(t)$ 및 피드백 $\boldsymbol{h(t-1)}$을 받아들이지만, 망각 게이트가 0을 출력하는 방법으로 오래된 출력 정보를 효과적으로 망각시킬 수 있다. 망각 게이트의 출력 $f(t)$는 이전 기억 $c(t-1)$와 곱해진다.

2. 유지하기로 결정된 새로운 입력 $X(t)$는 유닛의 다음 상태로 저장해야 한다. 새로운 입력에 대해 출력은 **tanh** 함수에 의해 생성된다. 이 두 값의 곱이 유닛의 다음 상태이다. 그리고 이 값을 이전 기억 $(c(t-1)$에 더한 게 새 기억 $c(t)$다.
3. 시그모이드 층에서 출력할 유닛의 상태를 정한 후 **tanh** 함수를 거쳐 가능한 값을 생성한다. 이 값을 **tanh** 함수의 출력과 곱하여 최종 출력을 산출한다.

LSTM 유닛의 이상의 과정으로 모델이 어떤 정보를 장기적으로 유지하고 어떤 정보를 잊어야 하는지 학습할 수 있다. 천재적이지 않은가!

LSTM 모델 구현

모델 정의 부분을 제외하고 기본 순환신경망 모델 구축과정과 동일하다. 이제 새 모델을 구현하고 성능을 확인해 보자.

코드 파일은 `https://github.com/PacktPublishing/Python-Deep-Learning-Projects/blob/master/Chapter05/2.%20rnn_lstm.py`이다.

LSTM 모델 정의

대부분의 코드는 동일하나 `tf.nn.rnn_cell.BasicRNNCell()` 대신 `tf.nn.rnn_cell.LSTMCell()`을 사용하는 게 다르다. 그리고 LSTM 유닛을 초기화하는 동안 임의의 직교 행렬을 생성하는 직교화를 통해서 기울기 홍수와 소실을 방지한다는 점도 확인하자.

```
class Model:
    def __init__(self, size_layer, num_layers, embedded_size,
                 dict_size, dimension_output, learning_rate):
        def cells(reuse=False):
            return
tf.nn.rnn_cell.LSTMCell(size_layer,initializer=tf.orthogonal_initiali
zer(),reuse=reuse)
        self.X = tf.placeholder(tf.int32, [None, None])
        self.Y = tf.placeholder(tf.float32, [None, dimension_output])
```

```
encoder_embeddings = tf.Variable(tf.random_uniform([dict_size,
                     embedded_size], -1, 1))
encoder_embedded = tf.nn.embedding_lookup(encoder_embeddings,
                   self.X)

rnn_cells = tf.nn.rnn_cell.MultiRNNCell([cells() for _ in
            range(num_layers)])
outputs, _ = tf.nn.dynamic_rnn(rnn_cells, encoder_embedded,
             dtype = tf.float32)

W = tf.get_variable('w',shape=(size_layer, dimension_output),
                    initializer=tf.orthogonal_initializer())
b = tf.get_variable('b',shape=(dimension_output), initializer=
                    tf.zeros_initializer())

self.logits = tf.matmul(outputs[:, -1], W) + b
self.cost = tf.reduce_mean(tf.nn.softmax_cross_entropy_
            with_logits(logits = self.logits, labels = self.Y))
self.optimizer = tf.train.AdamOptimizer(learning_rate =
                 learning_rate).minimize(self.cost)

correct_pred = tf.equal(tf.argmax(self.logits, 1),
               tf.argmax(self.Y, 1))
self.accuracy = tf.reduce_mean(tf.cast(correct_pred, tf.float32))
```

LSTM 모델은 순환신경망 블록에 LSTM 유닛을 추가한 것 외에 이전 기본 모델과 동일하다:

RNN Block

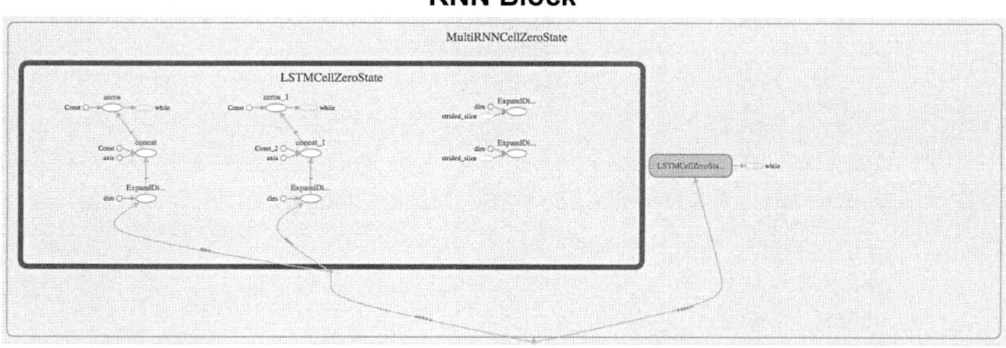

LSTM 모델 훈련

이제 구축한 LSTM 모델을 학습해보자:

```
EARLY_STOPPING, CURRENT_CHECKPOINT, CURRENT_ACC, EPOCH = 5, 0, 0, 0
while True:
    lasttime = time.time()
    if CURRENT_CHECKPOINT == EARLY_STOPPING:
        print('break epoch:%d\n'%(EPOCH))
        break
    train_acc, train_loss, test_acc, test_loss = 0, 0, 0, 0
    for i in range(0, (len(train_X) // batch_size) * batch_size,
                   batch_size):
        batch_x = str_idx(train_X[i:i+batch_size],dictionary,maxlen)
        acc, loss, _ = sess.run([model.accuracy, model.cost,
                        model.optimizer], feed_dict = {model.X : batch_x,
                        model.Y : train_onehot[i:i+batch_size]})
        train_loss += loss
        train_acc += acc

    for i in range(0, (len(test_X) // batch_size) * batch_size,
                   batch_size):
        batch_x = str_idx(test_X[i:i+batch_size],dictionary,maxlen)
        acc, loss = sess.run([model.accuracy, model.cost],
                    feed_dict = {model.X : batch_x, model.Y :
                    train_onehot[i:i+batch_size]})
        test_loss += loss
        test_acc += acc

    train_loss /= (len(train_X) // batch_size)
    train_acc /= (len(train_X) // batch_size)
    test_loss /= (len(test_X) // batch_size)
    test_acc /= (len(test_X) // batch_size)

    if test_acc > CURRENT_ACC:
        print('epoch: %d, pass acc: %f, current acc:
%f'%(EPOCH,CURRENT_ACC, test_acc))
        CURRENT_ACC = test_acc
        CURRENT_CHECKPOINT = 0
```

```
    else:
        CURRENT_CHECKPOINT += 1
    print('time taken:', time.time()-lasttime)
    print('epoch: %d, training loss: %f, training acc: %f, valid loss:
          %f, valid acc: %f\n'%(EPOCH,train_loss, train_acc,test_loss,
          test_acc))
    path = saver.save(sess, checkpoint_prefix, global_step=EPOCH)

    EPOCH += 1
```

```
epoch: 0, pass acc: 0.000000, current acc: 0.503418
time taken: 24.84701442718506
epoch: 0, training loss: 0.678766, training acc: 0.566998, valid loss: 0.731442, valid acc: 0.503418

epoch: 1, pass acc: 0.503418, current acc: 0.507324
time taken: 25.422342777252197
epoch: 1, training loss: 0.583385, training acc: 0.689749, valid loss: 0.985936, valid acc: 0.507324

time taken: 25.386239051818848
epoch: 2, training loss: 0.434628, training acc: 0.801136, valid loss: 1.419970, valid acc: 0.502441

time taken: 25.27470636367798
epoch: 3, training loss: 0.299446, training acc: 0.878433, valid loss: 1.933248, valid acc: 0.501953

time taken: 25.538538455963135
epoch: 4, training loss: 0.199658, training acc: 0.923651, valid loss: 2.140550, valid acc: 0.496582

time taken: 25.40754723548889
epoch: 5, training loss: 0.122418, training acc: 0.954545, valid loss: 2.092578, valid acc: 0.495605

time taken: 25.391931295394897
epoch: 6, training loss: 0.086722, training acc: 0.968395, valid loss: 2.719897, valid acc: 0.506348

break epoch:7
```

학습 과정이 다음처럼 에포크 단위로 출력되는 걸 볼 수 있다:

```
('time taken:', 18.061596155166626)
epoch: 10, training loss: 0.015714, training acc: 0.994910, valid loss:
4.252270, valid acc: 0.500000

('time taken:', 17.786305904388428)
epoch: 11, training loss: 0.011198, training acc: 0.995975, valid loss:
4.644272, valid acc: 0.502441

('time taken:', 19.031064987182617)
```

```
epoch: 12, training loss: 0.009245, training acc: 0.996686, valid loss:
4.575824, valid acc: 0.499512

('time taken:', 16.996762990951538)
epoch: 13, training loss: 0.006528, training acc: 0.997751, valid loss:
4.449901, valid acc: 0.501953

('time taken:', 17.008245944976807)
epoch: 14, training loss: 0.011770, training acc: 0.995739, valid loss:
4.282045, valid acc: 0.499023

break epoch:15
```

모델의 구성이 동일하지만 LSTM 기반 모델의 학습 시간이 기번 모델보다 길가는 걸 알 수 있다.

LSTM 모델 평가

이제 평가척도를 계산하고 성능을 비교해보자:

```
logits = sess.run(model.logits,
feed_dict={model.X:str_idx(test_X,dictionary,maxlen)})
print(metrics.classification_report(test_Y, np.argmax(logits,1),
target_names = trainset.target_names))
```

출력은 다음과 같다.

```
             precision    recall  f1-score   support

   negative       0.76      0.62      0.69      1034
   positive       0.70      0.82      0.75      1099

avg / total       0.73      0.72      0.72      2133
```

모델의 성능이 향상되었음을 분명히 확인할 수 있다! LSTM 모델의 F1-점수가 72%로 기본 모델의 66%에 비해 7%가 개선되었다.

seq2seq 모델

이제는 LSTM 유닛을 기반으로 하는 seq2seq 모델(인코더-디코더 RNN)을 이용해서 간단한 통 번역 질의응답 시스템을 구현한다. 즉, 이 모델은 질문과 답변을 직접 매핑하도록 학습하는데 물론 질문과 답변의 길이가 같을 필요는 없다.

이러한 형태의 seq2seq 모델은 음성 인식, 기계 번역, 질의응답, **신경 기계 번역**(NMT) 및 이미지 캡션 생성과 같은 다양한 응용 분야에서 인상적인 성능을 보여주었다.

다음은 seq2seq 모델을 나타낸다:

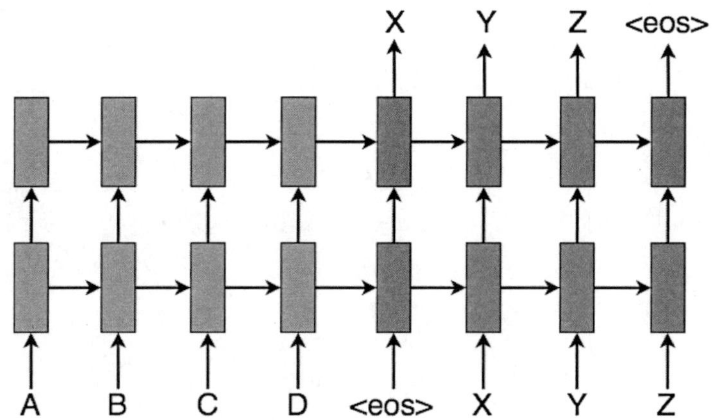

seq2seq 모델; 파란색은 인코더, 빨간색은 디코더

인코더-디코더 구조에서 파란색 블록은 입력 시퀀스를 **인코딩**한다. 인코더는 일반적으로 최종 은닉 상태의 함수 형태로 컨텍스트를 출력한다. 빨간색 블록은 **디코더**로 목푯값을 계산하고 출력 시퀀스를 생성한다. 꼭 필요한 단계는 인코더와 디코더의 데이터 통신이다. 가장 간단한 방식은 인코더의 마지막 은닉 상태를 사용해서 디코더를 초기화하는 거다. 다른 방식으로 디코더가 디코딩 프로세스 단계에서 다른 타임스텝에 인코딩된 입력의 다른 부분을 처리하도록 할 수 있다.

이제 데이터 준비, 모델 구축, 학습, 조정 및 seq2seq 모델 평가 과정을 차례로 실행해 보자.

모델 파일은 `https://github.com/PacktPublishing/Python-Deep-Learning-Projects/blob/master/Chapter05/3.%20rnn_lstm_seq2seq.py`에 있다.

데이터 준비

우리는 질의응답 시스템을 만들고 있다. 따라서 다음처럼 질문-답변 쌍이 필요하다. 이 데이터 세트의 2열이 seq2seq 모델에 들어가는 단어들의 시퀀스 즉 문장이다. 역시 문장의 길이는 가변적으로 동적으로 정해진다:

Question	Answer
hi	hi there
good morning	good morning
good afternoon	good afternoon
good evening	good evening
good night	good night have a nice dream
how are you	i am fine thank you
how are you doing	doing good thank you
what is your name	my name is papaya and what do you want me to call you dear sir or mada ...
whats your name	my name is papaya may i also have your name please
may i have your name	sure my name is papaya may i also have your name please
are you a boy or a girl	i am a boy
are you a man or a woman	i am still a boy
are you a woman or a man	i am a boy
where do you live	miami florida
in which city do you live	i live in miami florida
in which country do you live	i live in the united states
where are you	currently i am in miami florida
where are you now	i am in miami florida
why are we here	we are here to communicate with each other
whats up	not much
what a nice day it is	yes it is
another	why are ets eyes so big he saw the phone bill for phoning home no free ...
thats really a funny joke	i think youre making that joke

질의-응답 데이터 세트

`build_dataset()`을 사용해서 데이터를 가져와 같은 데이터 처리를 수행하자. 키가 단어인 딕셔너리가 생성되는데, 키에 대응하는 값은 각 문장에 포함된 단어의 개수이다. 물론 앞에서 언급한 4가지 특수 단어도 포함한다:

```
import numpy as np
import tensorflow as tf
import collections
from utils import *

file_path = './conversation_data/'

with open(file_path+'from.txt', 'r') as fopen:
    text_from = fopen.read().lower().split('\n')
with open(file_path+'to.txt', 'r') as fopen:
    text_to = fopen.read().lower().split('\n')
print('len from: %d, len to: %d'%(len(text_from), len(text_to)))

concat_from = ' '.join(text_from).split()
vocabulary_size_from = len(list(set(concat_from)))
data_from, count_from, dictionary_from, rev_dictionary_from =
build_dataset(concat_from, vocabulary_size_from)

concat_to = ' '.join(text_to).split()
vocabulary_size_to = len(list(set(concat_to)))
data_to, count_to, dictionary_to, rev_dictionary_to =
build_dataset(concat_to, vocabulary_size_to)

GO = dictionary_from['GO']
PAD = dictionary_from['PAD']
EOS = dictionary_from['EOS']
UNK = dictionary_from['UNK']
```

seq2seq 모델 정의

seq2seq 모델을 정의하는 것에 대해 간략하게 알아보자. 임베딩 층에서 정수로 표현된 입력을 벡터 표현으로 변환한다. seq2seq 모델에는 이러한 임베딩 층을 포함해서 인코더, 디코더 및 손실함수/최적화기 4가지 주요 요소로 구성된다:

다음은 텐서보드로 모델을 시각화한 그림이다:

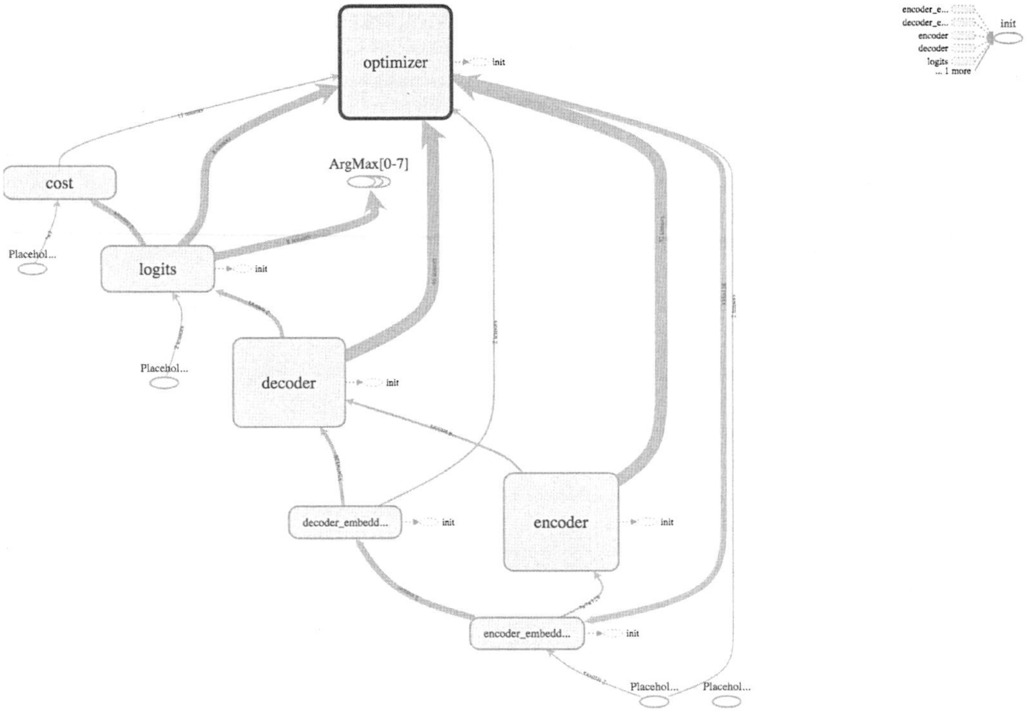

seq2seq 모델, 옵티마이저를 매개로 인코더와 디코더 사이의 관계를 알 수 있다.

다음은 텐서플로 seq2seq 모델의 전형적인 정의이다:

```
class Chatbot:
    def __init__(self, size_layer, num_layers, embedded_size,
        from_dict_size, to_dict_size, learning_rate, batch_size):

        def cells(reuse=False):
        return tf.nn.rnn_cell.LSTMCell(size_layer,initializer=
                                tf.orthogonal_initializer(),reuse=reuse)

        self.X = tf.placeholder(tf.int32, [None, None])
        self.Y = tf.placeholder(tf.int32, [None, None])
        self.X_seq_len = tf.placeholder(tf.int32, [None])
        self.Y_seq_len = tf.placeholder(tf.int32, [None])

        with tf.variable_scope("encoder_embeddings"):
        encoder_embeddings = tf.Variable(tf.random_uniform ([from_
                                dict_size, embedded_size], -1, 1))
```

```
encoder_embedded = tf.nn.embedding_lookup(encoder_ embeddings,
                    self.X)
main = tf.strided_slice(self.X, [0, 0], [batch_size, -1], [1, 1])

with tf.variable_scope("decoder_embeddings"):
decoder_input = tf.concat([tf.fill([batch_size, 1], GO), main], 1)
decoder_embeddings = tf.Variable(tf.random_uniform
                      ([to_dict_size, embedded_size], -1, 1))
decoder_embedded = tf.nn.embedding_lookup(encoder_ embeddings,
                    decoder_input)

with tf.variable_scope("encoder"):
rnn_cells = tf.nn.rnn_cell.MultiRNNCell([cells() for _ in
                                          range(num_layers)])
_, last_state = tf.nn.dynamic_rnn(rnn_cells, encoder_embedded,
                 dtype = tf.float32)
with tf.variable_scope("decoder"):
rnn_cells_dec = tf.nn.rnn_cell.MultiRNNCell([cells() for _ in
                 range(num_layers)])
outputs, _ = tf.nn.dynamic_rnn(rnn_cells_dec, decoder_embedded,
             initial_state = last_state, dtype = tf.float32)
with tf.variable_scope("logits"):
self.logits = tf.layers.dense(outputs,to_dict_size)
print(self.logits)
masks = tf.sequence_mask(self.Y_seq_len,
        tf.reduce_max(self.Y_seq_len), dtype=tf.float32)
with tf.variable_scope("cost"):
self.cost = tf.contrib.seq2seq.sequence_loss(logits =
            self.logits, targets = self.Y, weights = masks)
with tf.variable_scope("optimizer"):
self.optimizer = tf.train.AdamOptimizer(learning_rate =
                 learning_rate).minimize(self.cost)
```

초 매개변수

이제 모델을 정의했으니 다음으로 초 매개변수를 정의하자. 대부분의 구성을 이전 구성과 같게 유지한다:

```
size_layer = 128
num_layers = 2
embedded_size = 128
learning_rate = 0.001
batch_size = 32
epoch = 50
```

seq2seq 모델 학습

이제 모델을 학습하자. 패딩 작업과 모델의 정확도를 계산하기 위한 몇 가지 헬퍼 함수를 사용한다:

```
def pad_sentence_batch(sentence_batch, pad_int):
    padded_seqs = []
    seq_lens = []
    max_sentence_len = 50
    for sentence in sentence_batch:
        padded_seqs.append(sentence + [pad_int] * (max_sentence_len -
                           len(sentence)))
        seq_lens.append(50)
    return padded_seqs, seq_lens

def check_accuracy(logits, Y):
    acc = 0
    for i in range(logits.shape[0]):
        internal_acc = 0
        for k in range(len(Y[i])):
            if Y[i][k] == logits[i][k]:
                internal_acc += 1
        acc += (internal_acc / len(Y[i]))
    return acc / logits.shape[0]
```

모델을 초기화하고 정의한 에포크 수만큼 세션을 반복한다:

```
tf.reset_default_graph()
sess = tf.InteractiveSession()
```

```
model = Chatbot(size_layer, num_layers, embedded_size, vocabulary_
        size_from + 4,  vocabulary_size_to + 4, learning_rate,
        batch_size)
sess.run(tf.global_variables_initializer())

for i in range(epoch):
    total_loss, total_accuracy = 0, 0
    for k in range(0, (len(text_from) // batch_size) * batch_size,
                                                        batch_size):
        batch_x, seq_x = pad_sentence_batch(X[k: k+batch_size], PAD)
        batch_y, seq_y = pad_sentence_batch(Y[k: k+batch_size], PAD)
        predicted, loss, _ = sess.run([tf.argmax(model.logits,2),
                                model.cost, model.optimizer],
                                feed_dict={model.X:batch_x,
                                model.Y:batch_y, model.X_seq_len:seq_x,
                                model.Y_seq_len:seq_y})

        total_loss += loss
        total_accuracy += check_accuracy(predicted,batch_y)

OUTPUT:
epoch: 47, avg loss: 0.682934, avg accuracy: 0.000000
epoch: 48, avg loss: 0.680367, avg accuracy: 0.000000
epoch: 49, avg loss: 0.677882, avg accuracy: 0.000000
epoch: 50, avg loss: 0.678484, avg accuracy: 0.000000
.
.
.
epoch: 1133, avg loss: 0.000464, avg accuracy: 1.000000
epoch: 1134, avg loss: 0.000462, avg accuracy: 1.000000
epoch: 1135, avg loss: 0.000460, avg accuracy: 1.000000
epoch: 1136, avg loss: 0.000457, avg accuracy: 1.000000
```

seq2seq 모델 평가

GPU에서 몇 시간 동안 학습한 후 정확도가 1.0에 도달하고 손실이 0.00045로 크게 감소한 것을 알 수 있다. 이제 모델에 질의를 입력으로 먹이고 응답을 출력해보자.

예측을 위해 임의 크기의 원시 텍스트를 질의로 입력하면 응답을 반환하는 predict() 함수를 만들었다. 이때, 어휘에 포함되지 않는 단어는 PAD로 대체한다.

```
def predict(sentence):
    X_in = []
    for word in sentence.split():
        try:
            X_in.append(dictionary_from[word])
        except:
            X_in.append(PAD)
            pass
    test, seq_x = pad_sentence_batch([X_in], PAD)
    input_batch = np.zeros([batch_size,seq_x[0]])
    input_batch[0] =test[0]
    log = sess.run(tf.argmax(model.logits,2),
                                    feed_dict={
                                            model.X:input_batch,
                                            model.X_seq_len:seq_x,
                                            model.Y_seq_len:seq_x
                                            }
                                    )
    result=' '.join(rev_dictionary_to[i] for i in log[0])
    return result
```

50회 학습한 모델의 응답은 다음과 같다:

```
>> predict('where do you live')
>> i PAD PAD PAD PAD PAD PAD PAD PAD PAD PAD PAD PAD PAD PAD PAD PAD PAD
PAD PAD PAD PAD PAD PAD PAD PAD PAD PAD PAD PAD PAD PAD PAD PAD PAD PAD PAD
PAD PAD PAD PAD PAD PAD PAD PAD PAD PAD PAD PAD PAD

>> print predict('how are you ?')
>> i am PAD PAD PAD PAD PAD PAD PAD PAD PAD PAD PAD PAD PAD PAD PAD PAD PAD
PAD PAD PAD PAD PAD PAD PAD PAD PAD PAD PAD PAD PAD PAD PAD PAD PAD PAD PAD
PAD PAD PAD PAD PAD PAD PAD PAD PAD PAD PAD PAD
```

1,136회 학습한 모델의 응답은 다음과 같다:

```
>> predict('where do you live')
>> miami florida PAD PAD PAD PAD PAD PAD PAD PAD PAD PAD PAD PAD PAD PAD
PAD PAD PAD PAD PAD PAD PAD PAD PAD PAD PAD PAD PAD PAD PAD PAD PAD PAD PAD
PAD PAD PAD PAD PAD PAD PAD PAD PAD PAD PAD PAD PAD PAD PAD

>> print predict('how are you ?')
>> i am fine thank you PAD PAD PAD PAD PAD PAD PAD PAD PAD PAD PAD PAD PAD
PAD PAD PAD PAD PAD PAD PAD PAD PAD PAD PAD PAD PAD PAD PAD PAD PAD PAD PAD
PAD PAD PAD PAD PAD PAD PAD PAD PAD PAD PAD PAD PAD
```

어떤가! 인상적이지 않은가? 모델이 질의를 이해할 수 있을 뿐만 아니라 답변을 생성 할 수도 있다.

요약

이 장에서는 다양한 자연어처리 작업에 응용할 수 있는 기본 순환신경망, LSTM 및 seq2seq 모델을 다루었다. 그리고 그 기술로 질의에 응답하는 챗봇을 구현했다.

이 프로젝트를 통해 LSTM의 기반 순환신경망의 가치를 확인할 수 있었다. LSTM은 중첩 신경망과 다음과 같은 점이 다르다:

- 상태 정보를 저장함
- 입력과 출력 (문장의) 길이가 가변적임
- 문맥을 처리할 수 있음

특히 이 장에서는 다음을 수행했다:

- 기본 순환신경망 개요
- 순환신경망을 이용한 언어 모델 구현
- LSTM 모델 개요
- LSTM 언어 모델 구현 및 기본 순환신경망과 비교
- LSTM 기반 순환신경망 모델에 의한 질의응답 시스템 구현

적당한 학습 데이터만 있다면 이 모델을 사용하여 가상 레스토랑 프랜차이즈의 목표 즉, 전화로 음식을 주문하는 시스템을 구축할 수 있겠다.

CHAPTER

06

콘텐츠 제작을 위한 작사·작곡 모델

우리 팀이 하는 일이 확실히 점점 흥미진진해지고 있다. 우리는 비즈니스 세계 이곳저곳에서 사용할 솔루션을 개발함으로써 전문적인 딥러닝 역량을 발휘하고 있다! 데이터 과학자로서 우리는 우리 기술이 어떻게 활용될지 알고 있다. 언뜻 보기에는 다르지만 구조가 같은 문제를 해결할 때 우리의 핵심 기술을 응용할 수 있다는 것을 알고 있다. 우리가 새로이 시작하려는 프로젝트가 바로 그런 경우다. 다음 프로젝트는 영화 대본, 노래 가사, 심지어 음악 같은 창의적인 콘텐츠를 제작하는 일이다. 이 프로젝트는 잘 나가는 창작 그룹에서 요청한 일이다!

레스토랑 프랜차이즈의 솔루션을 다른 산업에 적용하는데 우리의 경험을 어떻게 활용할 수 있을까? 그동안 우리가 해온 일을 되돌아보자. 2장에서 입력 이미지를 분류했고, 3장에서 텍스트 후기를 입력받아 긍정인지 부정인지 분류하는 감성 분석을 다루었으며, 4장에서 오픈 도메인 질의응답 챗봇을 위한 자연어처리 파이프라인을 구축했다. 5장에서는 자동 주문 서비스를 제공할 수 있도록 챗봇의 기능을 확장하기 위해 문장을 입력받아 문장을 생성하는 모델을 구축했다.

TIP

목표 설정: 다음 프로젝트는 계산언어학 여정의 다음 단계로 고객을 위해 근사한 콘텐츠를 생성하는 작업이다. 즉, 시나리오, 작사, 작곡 같은 창의적인 콘텐츠를 생성하는 딥러닝 솔루션을 개발한다.

이 장에서 **LSTM**, 가변 오토인코더 및 **생성신경망**(Generative Adversarial Networks: GAN)을 사용하여 콘텐츠를 생성할 수 있는 생성모델을 구현한다. 우리는 텍스트와 이미지 모두에 대한 모델을 구현하여 아티스트와 다양한 비즈니스에 활용할 수 있게 한다:

다음이 여기서 다룰 내용이다:

- LSTM을 사용한 텍스트 생성
- 텍스트 생성을 위한 개선된 양방향 LSTM
- 작사하는 딥 LSTM
- 작곡하는 딥 LSTM

텍스트 생성을 위한 LSTM

이 절에서 먼저 순환신경망 모델과 시퀀스 데이터 생성에 이 모델을 사용하는 방법을 살펴본다. 딥러닝 분야에서는 일반적으로 일련의 토큰을 입력해서 일련의 토큰을 예측하도록 (일반적으로 순환신경망 또는 중첩신경망) 모델을 학습하여 시퀀스 데이터를 생성한다. 예를 들어, 입력으로 문장 `'I love to work in deep'`이 주어지면 다음 단어 'learning'을 예측하도록 모델을 학습한다.

텍스트 데이터에서 토큰은 일반적으로 단어 또는 문자인데, 토큰을 주면 다음에 나타날 토큰의 확률을 생성할 수 있는 모델을 언어 공간의 빈자리를 메우는 언어 모델이라고 한다.

언어 모델을 할 때, 초기 텍스트를 입력하여 다음 토큰을 생성한 후 그 토큰을 언어 모델에 다시 입력하는 과정을 반복해서 더 긴 토큰을 생성할 수 있다. 우리가 만드는 창작 인공지능은 이 모델을 사용해서 새롭고 창의적인 콘텐츠를 생성한다.

어떤 모델을 구축하는 첫 번째 단계는 늘 그렇듯 필요한 모든 모듈을 가져오는 일이다. 이 프로젝트에서는 케라스 API를 사용하여 모델을 생성하는데, 데이터 역시 케라스 유틸리티를 사용해서 내려받는다. 텍스트 생성 모듈을 만들려면 상당한 양의 텍스트 데이터가 필요하다.

코드 파일은 https://github.com/PacktPublishing/Python-Deep-Learning-Projects/blob/master/Chapter06/Basics/generative_ text.py에 있다.

```
import keras
import numpy as np
from keras import layers

# 데이터 가져오기
path = keras.utils.get_file(
    'sample.txt',
    origin='https://s3.amazonaws.com/text-datasets/nietzsche.txt')
text = open(path).read().lower()

print('Number of words in corpus:', len(text))
```

데이터 전처리

데이터 전처리를 수행해서 원시 데이터를 인코딩된 형식으로 변환하자. 코드 다음에 나오는 그림처럼 길이가 고정된 문장을 추출하고 원 핫 인코딩 형태로 인코딩한 후, 마지막으로 (sequence, maxlen, unique_characters) 모양의 벡터 즉, 텐서로 만든다. 이때 각 시퀀스 다음에 올 예측한 문자를 저장할 벡터 y를 추가한다. (! 텐서플로에서는 벡터를 텐서라 부른다.)

다음은 데이터 전처리를 수행하는 코드다:

```
# 생성하려는 문자의 길이
maxlen = 100

# 단어 구성단위 즉, ngram 크기
step = 5

# 문장을 저장할 빈 리스트
sentences = []

# 출력 문장을 저장할 빈 리스트
next_chars = []
```

```
# 문장과 다음 글자 추출
for i in range(0, len(text) - maxlen, step):
    sentences.append(text[i: i + maxlen])
    next_chars.append(text[i + maxlen])
print('Number of sequences:', len(sentences))

# 텍스트에 포함된 유일한 글자
chars = sorted(list(set(text)))

# 글자를 인덱스로 매핑
char_indices = dict((char, chars.index(char)) for char in chars)

# 원 핫 인코딩으로 변환
x = np.zeros((len(sentences), maxlen, len(chars)), dtype=np.bool)
y = np.zeros((len(sentences), len(chars)), dtype=np.bool)
for i, sentence in enumerate(sentences):
    for t, char in enumerate(sentence):
        x[i, t, char_indices[char]] = 1
    y[i, char_indices[next_chars[i]]] = 1
```

다음은 데이터 전처리 과정을 나타낸다. 학습에 사용할 원시 데이터를 텐서로 변환했다:

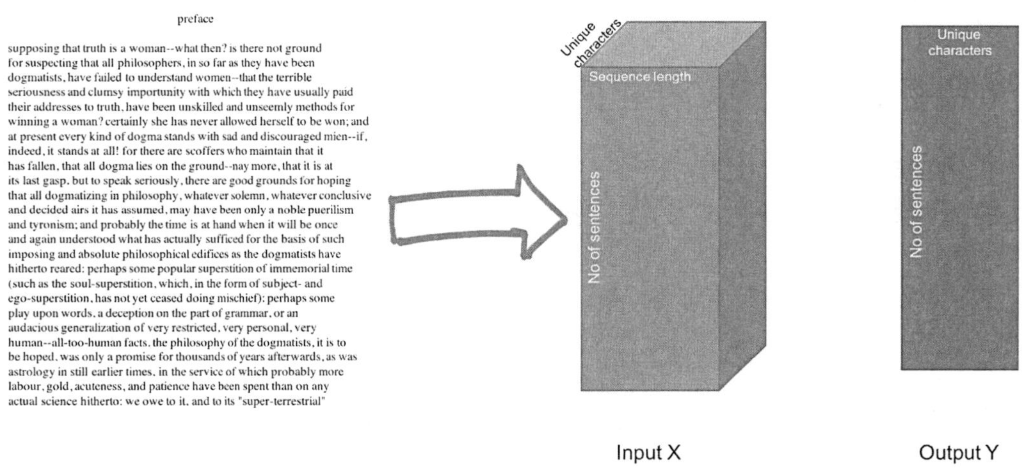

텍스트 생성을 위한 LSTM 모델 정의

이 모델은 128개의 메모리 유닛이 있는 하나의 LSTM 중간층에 이어 가능한 모든 문자를 출력하는 소프트맥스 활성 함수를 사용하는 Dense 분류기 층으로 구성된다. 분류 문제이므로 출력은 원-핫 인코딩 형태이고 손실함수는 categorical_crossentropy(0를 사용한다.

다음은 모델의 구조를 정의하는 코드 블록이다:

```
model = keras.models.Sequential()
model.add(layers.LSTM(128, input_shape=(maxlen, len(chars))))
model.add(layers.Dense(len(chars), activation='softmax'))

optimizer = keras.optimizers.RMSprop(lr=0.01)
model.compile(loss='categorical_crossentropy', optimizer=optimizer)
```

모델의 구조를 시각화하면 다음과 같다:

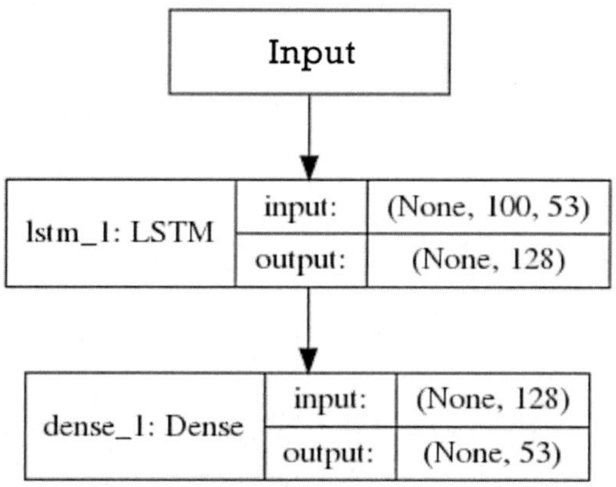

모델 학습

텍스트 생성에서는 다음에 나올 문자를 어떻게 선택하느냐가 가장 중요하다. 가장 일반적으로 사용하는 방법은 욕심쟁이 샘플링이라는 것으로 자주 반복되는 단어를 선택하는 건데 성능이 좋지 않다. 그래서 우리는 확률적 샘플링이라는 방식을 사용한다. 이 방법은 다음 단어 예측에 임의성을 추가하는 개념이다.

다음 코드를 사용하여 예측 확률 분포의 가중치를 다시 설정한다. 출력은 예상되는 문자의 인덱스다.

```
def sample(preds, temperature=1.0):
    preds = np.asarray(preds).astype('float64')
    preds = np.log(preds) / temperature
    exp_preds = np.exp(preds)
    preds = exp_preds / np.sum(exp_preds)
    probas = np.random.multinomial(1, preds, 1)
    return np.argmax(probas)
```

매 학습 단계에 시드 문장을 입력해서 100개의 문자를 차례로 생성하게 한 후 생성한 문자를 시드 문장 뒤에 차례로 붙여서 의미가 통하는지 살펴보자.

문자를 생성할 때 온도를 다르게 해서 온도가 성능에 어떻게 영향을 주는지 분석해보겠다.

> **온도**는 LSTM 순환신경망 초 매개변수 중 하나로 소프트맥스 활성 함수를 거치기 전에 예측에 임의성을 부여하는 정도를 나타내는 계수다.

다음 코드를 실행해서 모델을 학습한다:

```
for epoch in range(1, 60):
    print('epoch', epoch)
    # Fit the model for 1 epoch
    model.fit(x, y, batch_size=128, epochs=1, callbacks=callbacks_list)

    # Select a text seed randomly
    start_index = random.randint(0, len(text) - maxlen - 1)
    generated_text = text[start_index: start_index + maxlen]
    print('--- Seeded text: "' + generated_text + '"')

    for temperature in [0.2, 0.5, 1.0, 1.2]:
        print('------Selected temperature:', temperature)
        sys.stdout.write(generated_text)
```

```
# We generate 100 characters
for i in range(100):
    sampled = np.zeros((1, maxlen, len(chars)))
    for t, char in enumerate(generated_text):
        sampled[0, t, char_indices[char]] = 1.

    preds = model.predict(sampled, verbose=0)[0]
    next_index = sample(preds, temperature)
    next_char = chars[next_index]

    generated_text += next_char
    generated_text = generated_text[1:]

    sys.stdout.write(next_char)
    sys.stdout.flush()
print()
```

추론 및 결과

이제 이 생성 언어 모델을 이용해서 사용자 맞춤 콘텐츠를 만들 수 있는지 알아보자. 딥러닝의 추론 단계는 학습한 모델에 데이터를 입력해서 예측이나 분류하는 것을 말한다. 이 프로젝트에서 우리가 원하는 출력은 새로운 문장이다. 이제 우리가 만든 게 무엇을 할 수 있는지 확인해보자! 이번에는 40글자만 만든다.

우선 다음 코드를 사용해서 모든 가중치가 저장된 이진 파일을 가져온다:

```
from keras.callbacks import ModelCheckpoint

filepath="weights-{epoch:02d}-{loss:.4f}.hdf5"
checkpoint = ModelCheckpoint(filepath, monitor='loss', verbose=1,
save_best_only=True, mode='min')
callbacks_list = [checkpoint]
```

이제 학습한 모델을 사용해서 새 텍스트를 생성하자:

```
seed_text = 'i want to generate new text after this '
print (seed_text)

# load the network weights
filename = "weights-30-1.545.hdf5"
model.load_weights(filename)
model.compile(loss='categorical_crossentropy', optimizer='adam')

for temperature in [0.5]:
        print('------ temperature:', temperature)
        sys.stdout.write(seed_text)

        # We generate 40 characters
        for i in range(40):
            sampled = np.zeros((1, maxlen, len(chars)))
            for t, char in enumerate(generated_text):
                sampled[0, t, char_indices[char]] = 1.

            preds = model.predict(sampled, verbose=0)[0]
            next_index = sample(preds, temperature)
            next_char = chars[next_index]

            generated_text += next_char
            generated_text = generated_text[1:]

            sys.stdout.write(next_char)
            sys.stdout.flush()
        print()
```

다음과 같은 결과를 볼 수 있다:

```
--- Generating with seed:
the "good old time" to which it belongs, and as an expressio"
------ temperature: 0.2
the "good old time" to which it belongs, and as an expression of the sense
of the stronger and subli
------ temperature: 0.5
```

```
and as an expression of the sense of the stronger and sublication of
possess and more spirit and in
------ temperature: 1.0
e stronger and sublication of possess and more spirit and instinge, and
it: he ventlumentles, no dif
------ temperature: 1.2
d more spirit and instinge, and it: he ventlumentles, no differific and
does amongly domen—whete ac
```

이 사례의 경우 온도가 낮을 때 모델이 생성한 문장은 실제적이고 평범하지만, 온도가 높은 온도 경우는 생성된 문장이 더 독특하고 흥미로우며 일부는 매우 창의적이라는 걸 알 수 있다. 높은 온도에서 모델은 모호하지만 그럴듯하게 발음되는 새로운 단어들을 생성해 낸다. 따라서 실용적인 비즈니스 응용에서는 낮은 온도를, 창의적이고 예술적인 응용 분야에서는 높은 온도를 설정하는 게 좋다는 직관을 얻을 수 있다.

TIP

딥러닝 및 생성 언어 모델 세계는 학습된 구조와 무작위성 사이의 균형을 어떻게 맞추느냐에 따라 놀랍도록 흥이로운 결과를 산출할 수 있다. (!그 자체가 기술이자 예술이다.)

딥 LSTM을 사용한 작사

텍스트 생성을 위한 기본적인 LSTM 모델을 구축하고 그 가치를 확인했으니 이제 한 단계 더 나아가 작사 즉, 음악 가사를 생성할 수 있는 딥 LSTM 모델을 만들어 보겠다. 이제 우리 팀은 새로운 목표를 갖게 되었다. 수많은 아티스트 스타일이 녹아든 완전히 새롭고 독창적인 가사를 생성하는 모델을 구축하는 게 목표다.

이제 시작하자! 코드는 여기 있다: https://github.com/PacktPublishing/Python-Deep-Learning-Projects/tree/master/Chapter06/Lyrics-ai

데이터 전처리

가사를 생성할 수 있는 모델을 구축하려면 엄청난 양의 가사 데이터가 필요한데, 다행스럽게 다양한 출처에서 쉽게 구할 수 있다. 우리는 약 10,000곡의 가사를 수집하여 텍스트 파일 lyrics_data.txt에 저장했다(https://github.com/PacktPublishing/Python-Deep-Learning-Projects/blob/master/Chapter06/Lyrics-ai/lyrics_data.txt).

이제 데이터가 있으므로 이 원시 텍스트를 원-핫 인코딩 형태로 변환한다:

```
import numpy as np
import codecs

# Class to perform all preprocessing operations
class Preprocessing:
    vocabulary = {}
    binary_vocabulary = {}
    char_lookup = {}
    size = 0
    separator = '->'

# This will take the data file and convert data into one hot encoding and
dump the vocab into the file.
    def generate(self, input_file_path):
        input_file = codecs.open(input_file_path, 'r', 'utf_8')
        index = 0
        for line in input_file:
            for char in line:
                if char not in self.vocabulary:
                    self.vocabulary[char] = index
                    self.char_lookup[index] = char
                    index += 1
        input_file.close()
        self.set_vocabulary_size()
        self.create_binary_representation()

# This method is to load the vocab into the memory
    def retrieve(self, input_file_path):
        input_file = codecs.open(input_file_path, 'r', 'utf_8')
        buffer = ""
        for line in input_file:
```

```
            try:
                separator_position = len(buffer) + line.index(self.separator)
                buffer += line
                key = buffer[:separator_position]
                value = buffer[separator_position + len(self.separator):]
                value = np.fromstring(value, sep=',')

                self.binary_vocabulary[key] = value
                self.vocabulary[key] = np.where(value == 1)[0][0]
                self.char_lookup[np.where(value == 1)[0][0]] = key

                buffer = ""
            except ValueError:
                buffer += line
        input_file.close()
        self.set_vocabulary_size()

# Below are some helper functions to perform pre-processing.
    def create_binary_representation(self):
        for key, value in self.vocabulary.iteritems():
            binary = np.zeros(self.size)
            binary[value] = 1
            self.binary_vocabulary[key] = binary
    def set_vocabulary_size(self):
        self.size = len(self.vocabulary)
        print "Vocabulary size: {}".format(self.size)
    def get_serialized_binary_representation(self):
        string = ""
        np.set_printoptions(threshold='nan')
        for key, value in self.binary_vocabulary.iteritems():
            array_as_string = np.array2string(value, separator=',',
                                max_line_width=self.size * self.size)
            string += "{}{}{}\n".format(key.encode('utf-8'), self.
                separator, array_as_string[1:len(array_as_string) - 1])
        return string
```

전처리 모듈을 사용해서 다음 그림처럼 원시 텍스트 데이터를 원-핫 인코딩으로 변환한다:

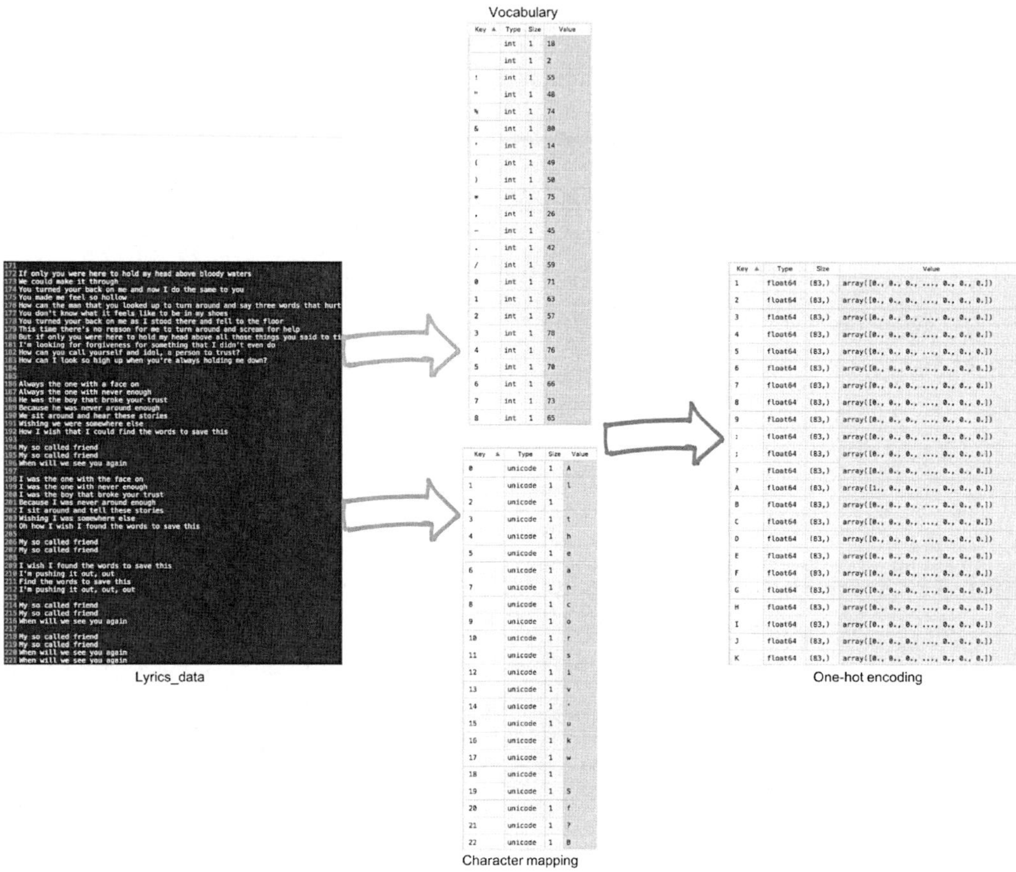

전처리 모듈; 가사 데이터에서 어휘를 추출하고 원–핫 인코딩으로 변환한다.

전처리 과정이 성공적으로 완료되면 바이너리 파일이 `{dataset_filename}.vocab` 라는 이름으로 덤프 된다. 이 어휘 파일은 데이터 세트와 함께 학습 과정에서 모델에 입력되어야 할 필수 파일이다.

모델 정의

앞에서는 케라스를 사용했는데. 더 복잡한 이 모델을 구축할 때는 텐서플로를 사용하여 차례로 층을 직접 만든다. 텐서플로를 사용하면 모델의 구조를 더 세밀하게 제어할 수 있다.

먼저 코드를 사용해서 입력 및 출력을 위한 플레이스홀더를 지정한다:

```
import tensorflow as tf
import pickle
from tensorflow.contrib import rnn

    def build(self, input_number, sequence_length, layers_number,
            units_number, output_number):
        self.x = tf.placeholder("float", [None, sequence_length,
                input_number])
        self.y = tf.placeholder("float", [None, output_number])
        self.sequence_length = sequence_length
```

다음으로 변수에 가중치와 바이어스를 저장한다:

```
        self.weights = {
            'out': tf.Variable(tf.random_normal([units_number,
            output_number]))
        }
        self.biases = {
            'out': tf.Variable(tf.random_normal([output_number]))
        }

        x = tf.transpose(self.x, [1, 0, 2])
        x = tf.reshape(x, [-1, input_number])
        x = tf.split(x, sequence_length, 0)
```

다음 그림처럼 기본 LSTM 셀을 각 층에 지정된 개 수만큼 할당하여 딥 LSTM 모델을 구축할 수 있다.

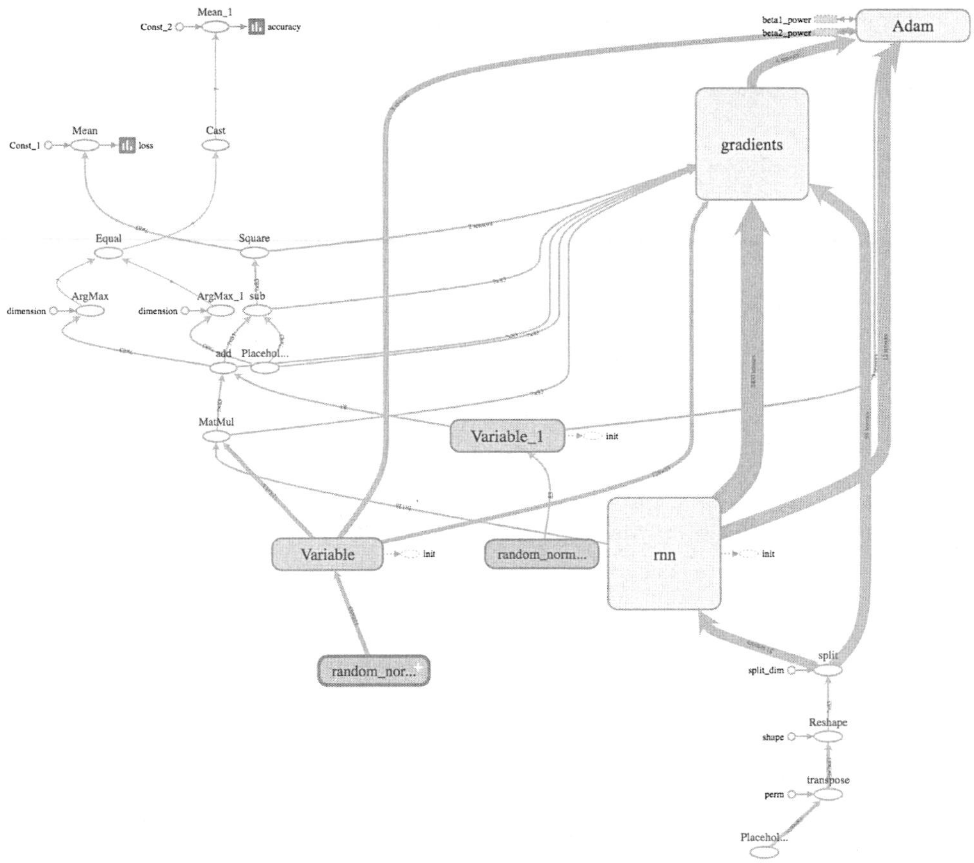

LSTM 구조

코드는 다음과 같다:

```
    lstm_layers = []
    for i in range(0, layers_number):
        lstm_layer = rnn.BasicLSTMCell(units_number)
        lstm_layers.append(lstm_layer)

    deep_lstm = rnn.MultiRNNCell(lstm_layers)

    self.outputs, states = rnn.static_rnn(deep_lstm, x, dtype=tf.float32)
    print "Build model with input_number: {}, sequence_length: {}, 
layers_number: {}, " \
        "units_number: {}, output_number: {}".format(input_number,
            sequence_length, layers_number, units_number, output_number)
# This method is using to dump the model configurations
```

```
    self.save(input_number, sequence_length, layers_number,
              units_number, output_number)
```

딥 LSTM 모델 학습

이제 필수 입력요소인 데이터 세트 파일과 어휘 파일 그리고 모델이 있으니 학습을 해보자. 먼저 모델의 모든 초 매개변수를 정의한다:

```
import os
import argparse
from modules.Model import *
from modules.Batch import *

def main():
    parser = argparse.ArgumentParser()
    parser.add_argument('--training_file', type=str, required=True)
    parser.add_argument('--vocabulary_file', type=str, required=True)
    parser.add_argument('--model_name', type=str, required=True)
    parser.add_argument('--epoch', type=int, default=200)
    parser.add_argument('--batch_size', type=int, default=50)
    parser.add_argument('--sequence_length', type=int, default=50)
    parser.add_argument('--log_frequency', type=int, default=100)
    parser.add_argument('--learning_rate', type=int, default=0.002)
    parser.add_argument('--units_number', type=int, default=128)
    parser.add_argument('--layers_number', type=int, default=2)
    args = parser.parse_args()
```

학습 단위가 배치이므로 Batch 모듈을 사용해서 데이터 세트를 지정된 batch_size 크기로 나눈다:

```
batch = Batch(training_file, vocabulary_file, batch_size, sequence_ length)
```

배치 모듈은 두 개의 배열을 반환하는데, 하나는 [batch_size, sequence_length, vocab_size]로 입력 시퀀스의 입력 벡터이고, 다른 하나는 [batch_size, vocab_size] 형태의 레이블 벡터이다.

이제 모델을 초기화하고 사용할 최적화기를 지정한다. 이 모델에서는 가장 보편적으로 사용하는 아담 최적화기를 사용한다.

강력한 기능의 아담 최적화기에 대한 자세한 내용은 텐서플로 공식 문서에 있다: https://www.tensorflow.org/api_docs/python/tf/train/AdamOptimizer

이제 최적화를 수행해서 모델을 학습하자:

```
# Building model instance and classifier
    model = Model(model_name)
    model.build(input_number, sequence_length, layers_number,
                units_number, classes_number)
    classifier = model.get_classifier()

# Building cost functions
    cost = tf.reduce_mean(tf.square(classifier - model.y))
    optimizer = tf.train.AdamOptimizer(learning_rate=learning_rate).
               minimize(cost)

# Computing the accuracy metrics
    expected_prediction = tf.equal(tf.argmax(classifier, 1),
                          tf.argmax(model.y, 1))
    accuracy = tf.reduce_mean(tf.cast(expected_prediction, tf.float32))

# Preparing logs for Tensorboard
    loss_summary = tf.summary.scalar("loss", cost)
    acc_summary = tf.summary.scalar("accuracy", accuracy)
    train_summary_op = tf.summary.merge_all()
    out_dir = "{}/{}".format(model_name, model_name)
    train_summary_dir = os.path.join(out_dir, "summaries")

##
# Initializing the session and executing the training

    init = tf.global_variables_initializer()
    with tf.Session() as sess:
        sess.run(init)
        iteration = 0
        train_summary_writer = tf.summary.FileWriter(train_summary_dir,
                               sess.graph)
```

```
while batch.dataset_full_passes < epoch:
    iteration += 1
    batch_x, batch_y = batch.get_next_batch()
    batch_x = batch_x.reshape((batch_size, sequence_length,
            input_number))
    sess.run(optimizer, feed_dict={model.x: batch_x, model.y:
           batch_y})
    if iteration % log_frequency == 0:
        acc,summaries = sess.run([accuracy,train_summary_op],
                feed_dict={model.x: batch_x, model.y: batch_y})
        loss = sess.run(cost, feed_dict={model.x: batch_x,
             model.y: batch_y})
        print("Iteration {}, batch loss: {:.6f}, training accuracy:
            {:.5f}".format(iteration * batch_size, loss, acc))
        train_summary_writer.add_summary(summaries, iteration *
             batch_size)
batch.clean()
```

학습이 끝나면 체크포인트가 저장되는데 다음에 이걸로 추론 즉, 가사를 생성한다. 다음은 학습 과정의 정확도와 손실을 그래프로 나타낸다:

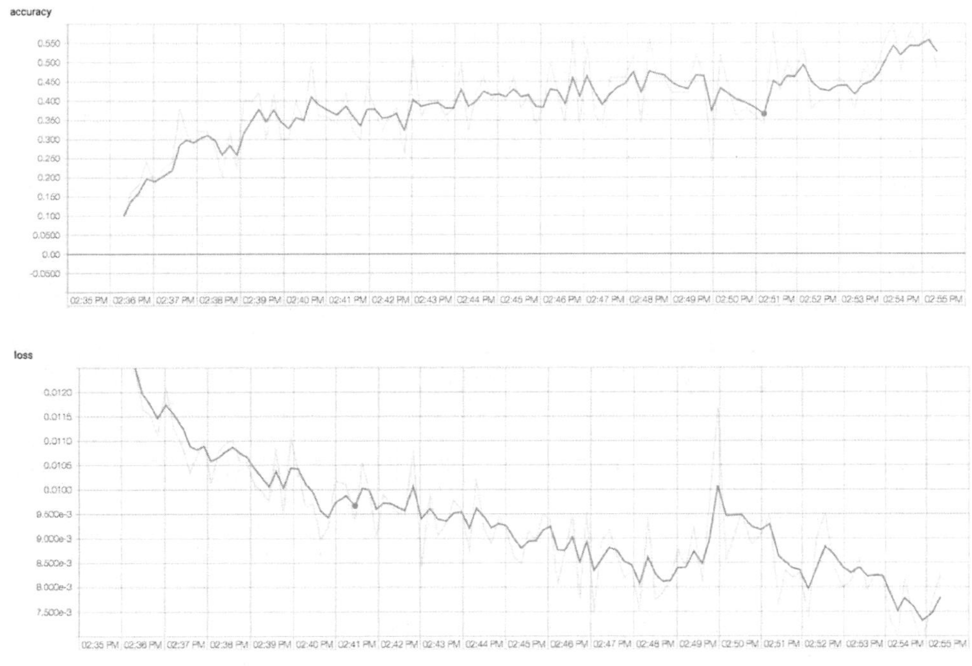

정확도(상단) 및 손실(하단); 학습이 진행됨에 따라 정확도는 증가, 손실은 감소

추론

이제 모델이 완성되었으니 작사를 해보자. 먼저 매개변수를 정의하고 추론 즉 작사를 위해서는 앞에서처럼 시드 텍스트를 입력한다. 이때 어휘가 저장된 vocab 파일과 생성된 가사를 저장할 출력 파일 위치를 지정한다. 마찬가지로 생성해야 하는 텍스트의 길이도 함께 설정한다:

```
import argparse
import codecs
from modules.Model import *
from modules.Preprocessing import *
from collections import deque

def main():
    parser = argparse.ArgumentParser()
    parser.add_argument('--model_name', type=str, required=True)
    parser.add_argument('--vocabulary_file', type=str, required=True)
    parser.add_argument('--output_file', type=str, required=True)

    parser.add_argument('--seed', type=str, default="Yeah, oho ")
    parser.add_argument('--sample_length', type=int, default=1500)
    parser.add_argument('--log_frequency', type=int, default=100)
```

다음으로 학습한 모델과 어휘를 가져온다:

```
    model = Model(model_name)
    model.restore()
    classifier = model.get_classifier()

    vocabulary = Preprocessing()
    vocabulary.retrieve(vocabulary_file)
```

스택에 생성된 문자를 추가한 다음 같은 스택을 사용하여 대화형 방식으로 모델에 먹인다:

```
# Preparing the raw input data
    for char in seed:
        if char not in vocabulary.vocabulary:
            print char,"is not in vocabulary file"
            char = u' '
        stack.append(char)
        sample_file.write(char)

# Restoring the models and making inferences
    with tf.Session() as sess:
        tf.global_variables_initializer().run()

        saver = tf.train.Saver(tf.global_variables())
        ckpt = tf.train.get_checkpoint_state(model_name)

        if ckpt and ckpt.model_checkpoint_path:
            saver.restore(sess, ckpt.model_checkpoint_path)

            for i in range(0, sample_length):
                vector = []
                for char in stack:
                    vector.append(vocabulary.binary_vocabulary[char])
                vector = np.array([vector])
                prediction = sess.run(classifier, feed_dict={model.x:
                               vector})
                predicted_char = vocabulary.char_lookup[np.argmax
                                    (prediction)]

                stack.popleft()
                stack.append(predicted_char)
                sample_file.write(predicted_char)

                if i % log_frequency == 0:
                    print "Progress: {}%".format((i * 100) / sample_length)

            sample_file.close()
            print "Lyrics saved in {}".format(output_file)
```

노래 가사 출력

성공적으로 실행을 마치면 AI가 생성한 가사를 검토해보자. 다음은 모델이 생성한 가사의 한 사례다:

```
Yeah, oho once upon a time, on ir intasd
그래, 오호 옛날 옛적에, ir intasd에서


I got monk that wear your good
나는 당신의 좋은 옷을 입은 수도사를 만났어요

So heard me down in my clipp
그래서 내 클립에서 내 목소리를 들었어


Cure me out brick
날 치료해죠 브릭

Coway got baby, I wanna sheart in faic
Coway는 베이비를 가졌어, 난 하트인 페익을 원해

I could sink awlrook and heart your all feeling in the firing of to the
still hild, gavelly mind, have before you, their lead
나는 송곳을 가라앉히고 당신의 모든 감정을 고요하고, 허약한 마음으로, 당신 앞에서 그들의
리드를 가질 수 있어

Oh, oh shor,s sheld be you und make
오, 오 쇼르 당신이 되어야만 하고

Oh, fseh where sufl gone for the runtome Weaaabe the ligavus I feed
themust of hear
오, sufl이 런토메 Weaaabe ligavus를 위해 갔던 그곳
```

의미도 없고 많이 부족하지만, 모델이 일정한 간격으로 단락과 문장을 생성할 수 있다는 걸 확인할 수 있다.

성공의 징후: 우선 문장을 생성하는 방법을 학습할 수 있는 모델을 만드는 게 첫 번째 작업이었다면, 두 번째 작업은 이 모델을 개선하는 일이다. 모델 개선은 그저 더 많은 학습 데이터를 가지고 더 오래 학습하는 단순한 일이다.

다층 LSTM을 사용한 가사 작성

이제 본격적으로 그럴듯한 노래 가사를 작성해보자. 이번에는 다음 그림처럼 LSTM 층을 여러 개 사용할 것이다:

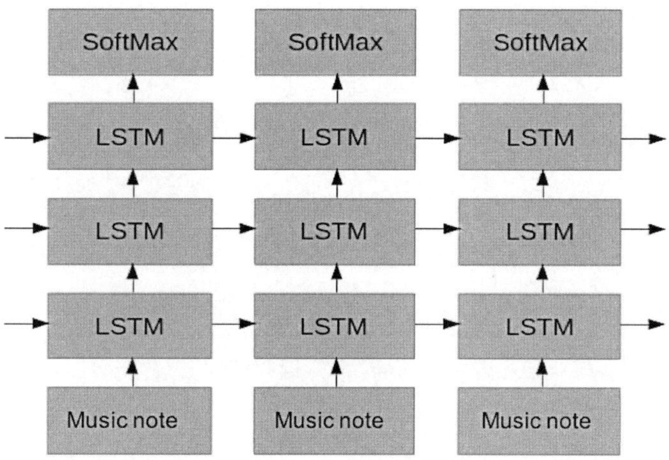

순환신경망은 시퀀스 데이터를 다루는 데 적합하고, 음악은 음표 및 코드의 시퀀스이다. 음표는 옥타브, 오프셋 및 피치 정보를 포함하는 개체들의 데이터이고, 코드는 한 번에 연주되는 음의 조합에 대한 정보를 담고 있는 데이터이다.

피치는 음의 주파수를 나타낸다. 음은 문자 [A, B, C, D, E, F, G]로 나타내는 데 G가 가장 낮고 A가 가장 높은 음이다.

옥타브는 주파수가 두 배 차이가 나는 두 음 사이의 음정이다. 인간의 귀는 옥타브 차이가 나는 두 음을 서로 '같은 음'으로 인식한다.

오프셋은 음악에서 음표의 위치를 나타낸다.

직관적으로 먼저 사운드 파일을 전처리하고, 시퀀스 데이터로 변환한 다음, 순환신경망을 사용해서 모델을 학습한 후, 그 모델을 이용해서 음악을 만든다.

이제 시작하자. 코드는 다음에 있다: https://github.com/PacktPublishing/Python-Deep-Learning-Projects/tree/master/Chapter06/Music-ai.

데이터 전처리

음악을 만들려면 학습에 사용할 충분한 양의 음악 파일이 필요하다. 여기에서 학습에 사용할 시퀀스를 추출한다. 문제를 단순화하고 과정에 집중하기 위해 우리는 단일 악기 사운드트랙을 사용한다. 멜로디를 수집하여 MIDI 파일에 저장하는데, 다음은 샘플 MIDI 파일을 나타낸다:

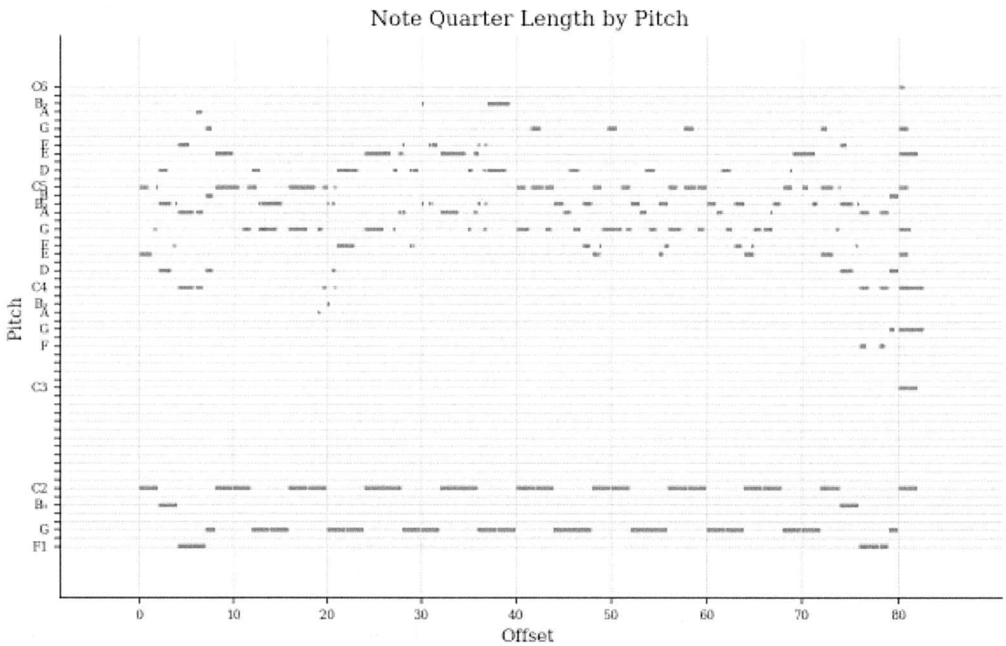

샘플 MIDI 파일의 피치 및 음 분포를 나타낸다.

음 사이의 간격, 각 음의 오프셋 및 피치를 알 수 있다.

데이터 세트의 내용을 추출하고 모델의 출력을 음악 표기법으로 변환하는 데 music21을 사용한다. Music21(http://web.mit.edu/music21/)은 컴퓨터 음악 분야의 매우 유용한 파이썬 툴킷이다.

필요한 음악 파일을 불러와서 converter.parse(file) 함수를 사용하여 music21 스트림 객체를 생성한다. 이 스트림 객체를 사용해서 음악 파일에 포함된 모든 음표와 코드 목록을 만든다. 음이 갖는 피치 특징은 스트링 형태로 나타낼 수 있으므로, 모든 음표의 피치를 추가한다. 코드를 처리하기 위해 코드에 있는 모든 음표의 ID를 단일 문자열로 인코딩하고 각 음표는 점으로 구분하고 이를 코드에 추가한다. 이러한 인코딩 방법으로 모델이 생성한 출력을 올바른 음표와 코드로 쉽게 디코딩할 수 있다.

다음 코드처럼 MIDI 파일에 저장된 음악을 배열에 저장한다:

```
from music21 import converter, instrument, note, chord
import glob

notes = []

for file in glob.glob("input_music/*.mid"):
    midi = converter.parse(file)
    notes_to_parse = None
    try: # file has instrument parts
        s2 = instrument.partitionByInstrument(midi)
        notes_to_parse = s2.parts[0].recurse()
    except: # file has notes in a flat structure
        notes_to_parse = midi.flat.notes
    for element in notes_to_parse:
        if isinstance(element, note.Note):
            notes.append(str(element.pitch))
        elif isinstance(element, chord.Chord):
            notes.append('.'.join(str(n) for n in element.normalOrder))
```

다음 단계는 다음 그림처럼 모델을 위한 입력 시퀀스를 생성하는 일이다:

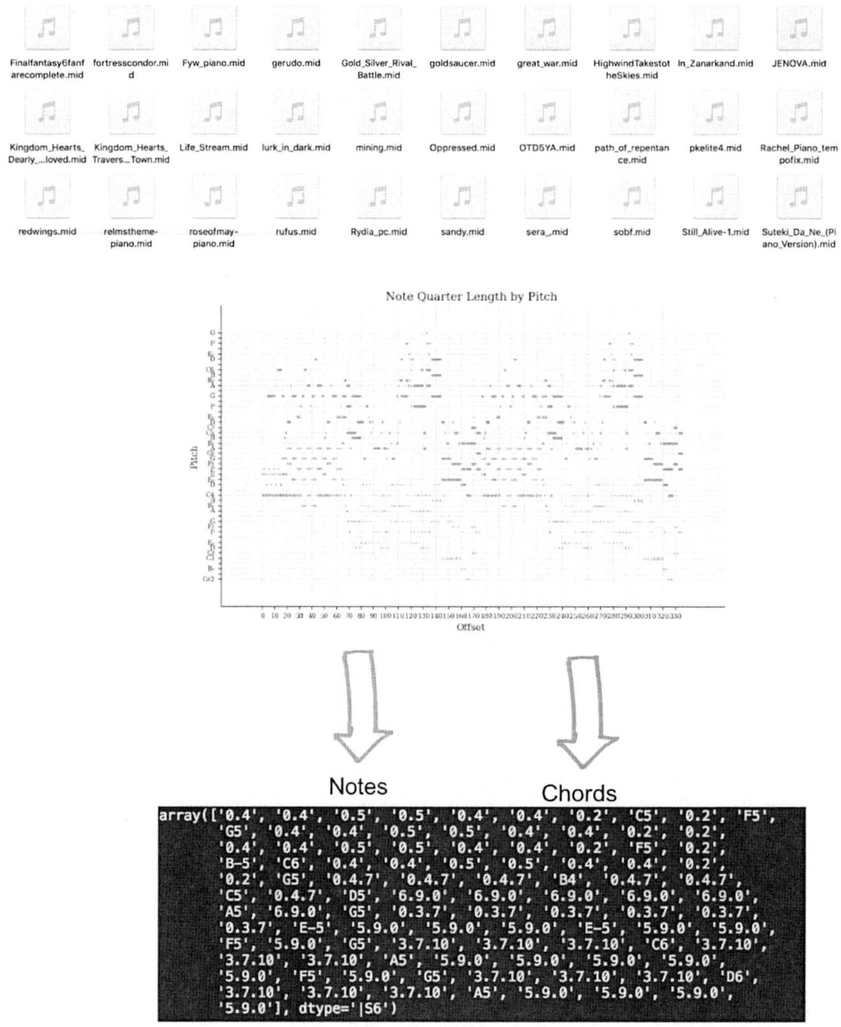

MIDI 파일을 가져와 음표와 코드를 추출하여 배열로 저장

모델은 각 입력 시퀀스에 대해 음표 또는 코드를 출력한다. 음표 목록의 입력 순서에 따라 첫 번째 음표 또는 코드를 사용한다. 마지막으로 앞에서처럼 원-핫 인코딩으로 변환한다. 이렇게 해서 다음 반복을 위해 입력을 정규화한다.

이 작업을 위한 코드는 다음과 같다:

```
sequence_length = 100

# get all pitch names
pitchnames = sorted(set(item for item in notes))
```

```
# create a dictionary to map pitches to integers
note_to_int = dict((note, number) for number, note in
enumerate(pitchnames))
network_input = []
network_output = []

# create input sequences and the corresponding outputs
for i in range(0, len(notes) - sequence_length, 1):
    sequence_in = notes[i:i + sequence_length]
    sequence_out = notes[i + sequence_length]
    network_input.append([note_to_int[char] for char in sequence_in])
    network_output.append(note_to_int[sequence_out])
n_patterns = len(network_input)

# reshape the input into a format compatible with LSTM layers
network_input = numpy.reshape(network_input, (n_patterns,
sequence_length, 1))

# normalize input
network_input = network_input / float(n_vocab)
network_output = np_utils.to_categorical(network_output)
```

모든 음표와 코드가 추출되면 다음 그림처럼 학습 데이터 X와 Y를 생성한다:

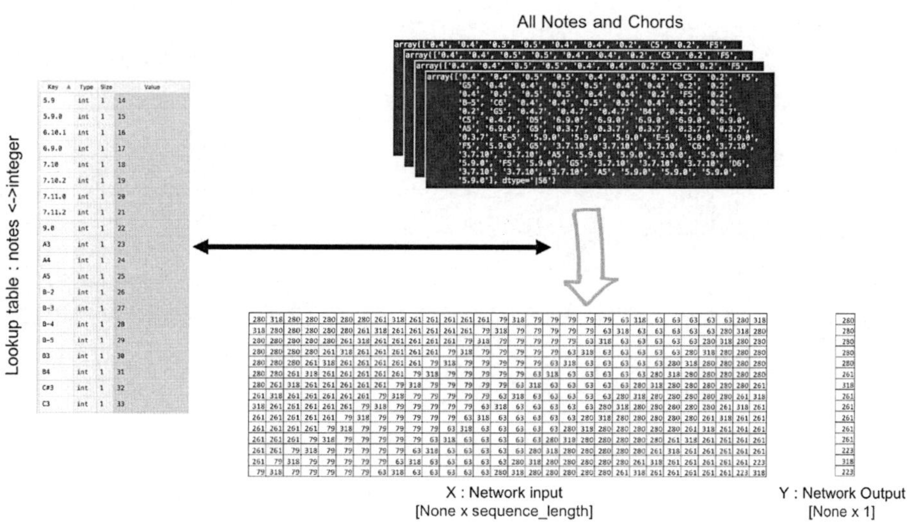

모든 음표와 코드는 어휘 값에 대응해서 원-핫 인코딩 벡터로 변환한다. 그리고 행렬 X를 입력해서 시퀀스 Y를 얻는다.

모델 정의 및 학습

이제 우리는 모든 딥러닝 엔지니어가 좋아하는 순간인 모델의 구조를 설계하는 단계에 도달했다! 이 모델은 4가지 유형의 층으로 구성한다:

- LSTM: 이미 익숙한 순환신경망 층
- Dropout: 드롭아웃은 이 층에 있는 노드를 무작위로 일부 삭제하여 모델의 과적합을 방지
- Dense: 완전 연결 층
- 활성화: 노드의 출력을 생성하는 층

빠르게 구현하기 위해 다시 케라스 API를 사용하자:

```
model = Sequential()
model.add(LSTM(
    256,
    input_shape=(network_input.shape[1], network_input.shape[2]),
    return_sequences=True
))
model.add(Dropout(0.3))
model.add(LSTM(512, return_sequences=True))
model.add(Dropout(0.3))
model.add(LSTM(256))
model.add(Dense(256))
model.add(Dropout(0.3))
model.add(Dense(n_vocab))
model.add(Activation('softmax'))
model.compile(loss='categorical_crossentropy', optimizer='rmsprop',
              metrics=['accuracy'])
```

즉, 다음 그림처럼 3개의 LSTM 층, 3개의 드롭아웃 층, 2개의 Dense 층 그리고 마지막으로 1개의 활성층으로 구성한다:

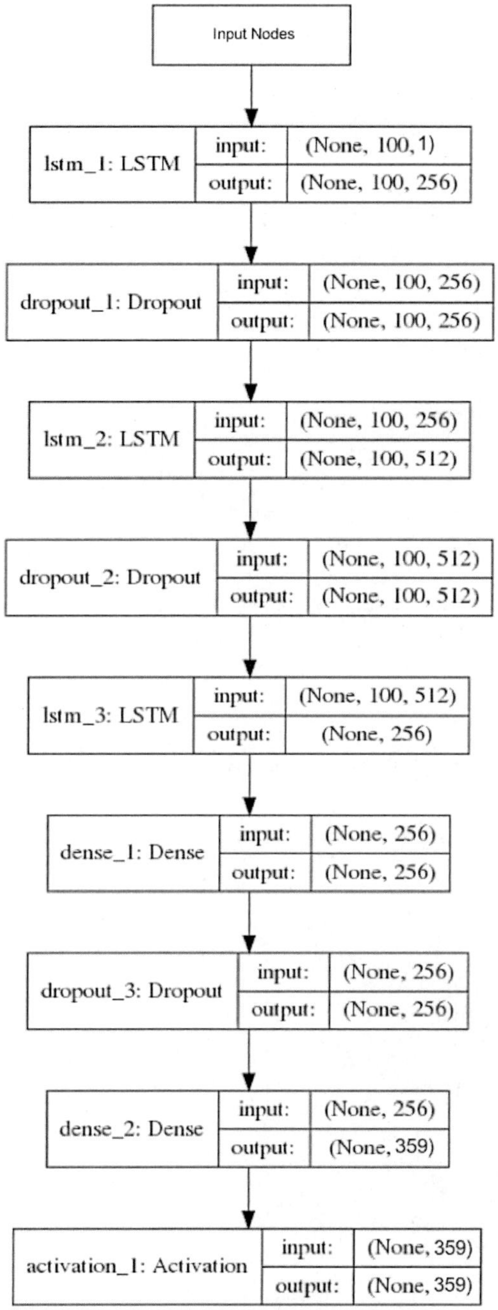

음악 생성을 위한 모델 구조

이번에도 손실함수는 범주형 교차 엔트로피 함수를 사용한다. 최적화기 역시 아담 최적화기를 사용한다. 이제 딥러닝 모델을 구축했으니 모델을 학습할 차례다. `model.fit()`을 사용해서 200번 학습하는데 배치 크기는 25다. 각 에포크에 대한 손실의 감소를 추적하기 위해 체크포인트를 사용한다.

이제 학습을 수행하고 다음 코드에 지정된 위치에 학습한 모델을 저장한다:

```
filepath = "trained_models/weights-{epoch:02d}-{loss:.4f}.hdf5"
checkpoint = ModelCheckpoint(
    filepath,
    monitor='loss',
    verbose=0,
    save_best_only=True,
    mode='min'
)
callbacks_list = [checkpoint]

history = model.fit(network_input, network_output, epochs=200,
batch_size=64, callbacks=callbacks_list)
return history
```

모델의 성능을 그림으로 나타내면 다음과 같다:

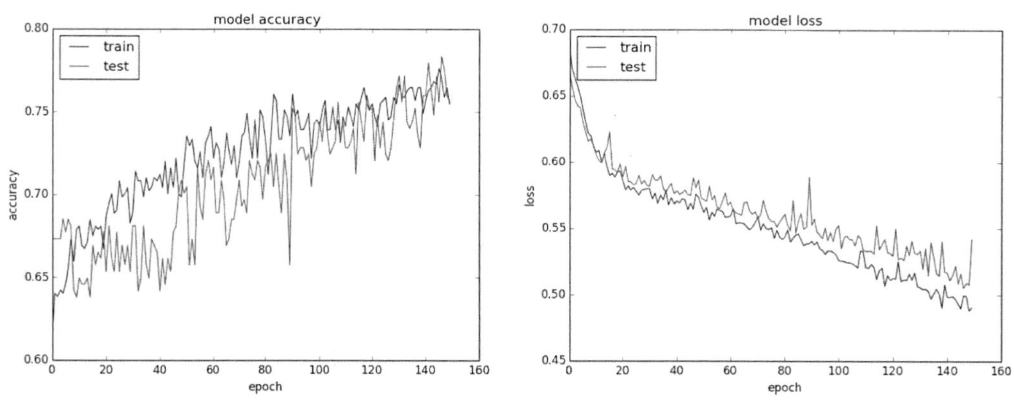

정확도 및 손실 값

이제 학습이 완료되었으므로 학습을 완료한 모델을 불러와서 음악을 만들어 보자:

음악 생성

즐겨볼 시간이다! 작곡 즉, 음악을 만들어 보자. 이번에는 모델을 설정한 후 학습된 가중치만 가져오면 된다.

코드는 다음과 같다:

```
model = Sequential()
model.add(LSTM(
    256,
    input_shape=(network_input.shape[1], network_input.shape[2]),
    return_sequences=True
))
model.add(Dropout(0.3))
model.add(LSTM(512, return_sequences=True))
model.add(Dropout(0.3))
model.add(LSTM(256))
model.add(Dense(256))
model.add(Dropout(0.3))
model.add(Dense(n_vocab))
model.add(Activation('softmax'))
model.compile(loss='categorical_crossentropy', optimizer='rmsprop',
              metrics=['accuracy'])

# Load the weights to each node
model.load_weights('weights.hdf5')
```

즉, 모델을 생성한 후 예측을 위해 메모리에 가중치를 저장하는 코드 한 줄을 추가했다.

모델이 음악을 만들 수 있도록 시드 음악을 입력해야 한다. 여기서는 앞에서 생성한 음악 파일에서 무작위로 음표 시퀀스를 추출해서 사용한다. 시퀀스 길이가 100이면 어떤 시드를 사용해도 무관하다:

```
# Randomly selected a note from our processed data
start = numpy.random.randint(0, len(network_input)-1)
pattern = network_input[start]

int_to_note = dict((number, note) for number, note in enumerate(pitchnames))
```

```
prediction_output = []

# generate 1000 notes of music
for note_index in range(1000):
    prediction_input = numpy.reshape(pattern, (1, len(pattern), 1))
    prediction_input = prediction_input / float(n_vocab)
    prediction = model.predict(prediction_input, verbose=0)

    index = numpy.argmax(prediction)
    result = int_to_note[index]
    prediction_output.append(result)

    pattern.append(index)
    pattern = pattern[1:len(pattern)]
```

모델을 1,000번 반복하여 1,000개의 음표로 구성된 약 5분 분량의 음악을 생성했다. 각 반복에 대해 다음 입력 시퀀스는 이전 입력 시퀀스의 첫 음이나 코드를 제거하고 대신 출력 음이나 코드를 마지막에 추가하는 방법을 사용하였다. 슬라이딩 윈도우로 알려진 이러한 단순한 전략 대신 약간의 임의성을 추가한다면 더욱 창의적인 음악을 생성할 수 있겠다.

모델의 출력은 음표와 코드의 인코딩된 배열이므로 이 배열을 다시 음표와 코드로 디코딩해야 한다.

출력이 코드 개체면 그것을 음표들의 배열로 분리한 다음 반복하여 각 음표의 문자열 표현을 추가해서 코드 개체를 생성한다. 출력이 음표 개체면 음높이에 대한 문자열 표현을 사용하여 음표 개체를 만든다. 이때 반복이 끝날 때 오프셋을 0.5로 늘려 임의성을 가지도록 한다.

마지막으로 music21을 이용해서 출력 스트림 개체를 MIDI 파일로 만든다. 이렇게 만든 음악 샘플이 다음에 있다: `https://github.com/PacktPublishing/Python-Deep-Learning-Projects/tree/master/Chapter06/Music-ai/generated_music`.

코드는 다음과 같다:

```
def create_midi(prediction_output):
    """ convert the output from the prediction to notes and create a midi
        file from the notes """
    offset = 0
    output_notes = []

    # create note and chord objects based on the values generated by the
    model

    for pattern in prediction_output:

        # pattern is a chord
        if ('.' in pattern) or pattern.isdigit():
            notes_in_chord = pattern.split('.')
            notes = []
            for current_note in notes_in_chord:
                new_note = note.Note(int(current_note))
                new_note.storedInstrument = instrument.Piano()
                notes.append(new_note)
            new_chord = chord.Chord(notes)
            new_chord.offset = offset
            output_notes.append(new_chord)

        # pattern is a note
        else:
            new_note = note.Note(pattern)
            new_note.offset = offset
            new_note.storedInstrument = instrument.Piano()
            output_notes.append(new_note)

        # increase offset each iteration so that notes do not stack
        offset += 0.5

    midi_stream = stream.Stream(output_notes)

    midi_stream.write('midi', fp='generated_music/test_output.mid')
```

요약

멋지다! 작사 작곡 같은 창의적인 분야에 딥러닝 프로젝트를 응용했다. 시작할 때 설정한 목표를 다시 들여다보자.

TIP

목표 정의: 이번 프로젝트는 계산언어학 여정의 다음 단계로 고객을 위해 근사한 콘텐츠를 생성하는 작업이다. 즉, 시나리오, 작사, 작곡 같은 창의적인 콘텐츠를 생성하는 딥러닝 솔루션을 개발한다.

창의적인 목적으로 생성한 딥러닝 콘텐츠를 평가하는 문제는 분명히 매우 까다로운 문제다. 그러나 여기에서 우리의 현실적인 목표는 이러한 유형의 프로젝트를 수행하는데 필요한 기술과 신경망의 구조를 이해하는 거다. 인정받을 만한 콘텐츠를 생성하려면 데이터, 모델 및 결과물을 대중에게 평가받아야 한다. 모델의 출력이 개인을 만족하게 하고 비즈니스 영역에서 수월하게 사용할 수 있어야 한다는 점을 명심해야 한다.

이 장에서는 LSTM을 사용하여 콘텐츠를 만드는 생성 모델을 구현했다. 우리는 음악 및 영화 산업과 같은 창작 세계에서 예술가와 다양한 비즈니스를 위한 콘텐츠를 생성하는 작사 및 작곡 모델을 구현했다.

이 장에서 배운 내용은 다음과 같다:

- LSTM을 사용한 텍스트 생성
- 텍스트 생성을 위한 양방향 LSTM
- 노래 가사를 만드는 딥 LSTM
- 노래를 만드는 딥 LSTM

이것은 딥러닝으로 할 수 있는 흥미로운 작업이며 다음 장에서도 같은 일을 계속한다. 어떤 일이 일어날지 들여다보자!

CHAPTER

07

DeepSpeech2를 사용한 대화 인식

지금까지 영상, 문자 및 소리 데이터를 사용해서 멋진 딥러닝 프로젝트를 구축하는 여정을 함께 하고 있다.

이전 장에선 챗봇을 구축하면서 언어 모델에 대해 상당히 많은 걸 배웠다. 챗봇은 고객 서비스에서 영업에 이르는 광범위한 비즈니스 프로세스의 자동화와 고객 참여를 위한 강력한 수단이다. 챗봇을 사용하면 자주 하는 질문이나 제품 주문 처리 같은 반복적이고 중복되는 상호작용을 자동화할 수 있다. 이러한 자동화는 기업의 시간과 비용을 절약합니다. 우리가 딥러닝 엔지니어로서 우리의 일을 잘한다면 결국 소비자가 훨씬 향상된 **사용자 경험**을 하게 될 것이다.

챗봇을 통한 새로운 상호작용으로 기업과 고객은 효과적으로 가치를 창출할 수 있다. 고객과 기업의 상호작용 시나리오를 살펴보고 제약조건을 파악해서 우리가 다음에 수행해야 할 프로젝트가 무엇일지 파악해보자. 지금까지 채팅을 통한 상호작용은 문자로 이루어졌다. 이것이 소비자에게 무엇을 의미하는지 생각해 보자. 소비자는 보통 모바일 장치를 통해 상호작용한다. 또한, 챗봇은 대화형 사용자 인터페이스의 새로운 장을 열었다. 그렇다면 키보드라는 물리적 제약을 제거하면 한 단계 더 높은 상호작용의 세계를 열 수 있다.

TIP

대화형 사용자 인터페이스는 애플의 시리, 아마존의 에코, 구글의 홈처럼 음성 인식 시스템을 통해 실현할 수 있다. 이것은 매우 멋진 기술로 소비자들은 이러한 상호작용을 원하고 결과적으로 이 기술을 채택하지 못하는 기업은 결국 뒤처지게 될 것이다.

이 장에서는 DeepSpeech2(DS2) 모델을 사용하여 영어 음성을 인식하는 시스템을 구축한다.

여기서 배우는 기술은 다음과 같다:

- 음성 및 스펙트로그램 처리
- 종단간 음성 인식 시스템
- CTC 손실 함수
- **순환신경망**을 위한 배치정규화 및 SortaGrad

음성 데이터에 대해 자세히 살펴본 후 음성 데이터에서 특징을 추출하는 방법을 배워 다양한 종류의 특징을 추출한 다음 자신 또는 등록된 사용자의 음성을 식별할 수 있는 음성 인식 시스템을 구축해 보겠다.

목표 정의: 이 프로젝트의 목표는 음성 질의를 텍스트로 변환하여, 앞에서 구현한 텍스트를 이해하고 응답할 수 있는 텍스트 기반 챗봇의 입력으로 사용하는 방식의 **자동 음성 인식**(ASR) 시스템을 구축하는 것이다.

데이터 전처리

이 프로젝트에서는 **LibriSpeech ASR**(`http://www.openslr.org/12/`)을 사용할 텐데 이 데이터는 1,000시간 분량의 16 kHz 영어 음성 데이터다.

다음 명령으로 내려받아 LibriSpeech 압축을 푼다:

```
mkdir -p data/librispeech
cd data/librispeech
wget http://www.openslr.org/resources/12/train-clean-100.tar.gz
wget http://www.openslr.org/resources/12/dev-clean.tar.gz
```

```
wget http://www.openslr.org/resources/12/test-clean.tar.gz
mkdir audio
cd audio
tar xvzf ../train-clean-100.tar.gz LibriSpeech/train-clean-100
--strip-components=1
tar xvzf ../dev-clean.tar.gz LibriSpeech/dev-clean --strip-components=1
tar xvzf ../test-clean.tar.gz LibriSpeech/test-clean
--strip-components=1
```

다소 시간이 걸리는데 압축이 다 풀리면 폴더 구조는 다음과 같다:

```
.
|-- audio
|   |-- train-clean-100
|   |   |-- 12722
|   |   |   |-- 1281042
|   |   |   |   |-- 12722-1281042-0000.flac
|   |   |   |   |-- 12722-1281042-0001.flac
|   |   |   |   |-- 12722-1281042-00030.flac
|   |   |   |   |-- 12722-1281042-trans.txt
|   |-- dev-clean
|   |   |-- 1272
|   |   |   |-- 128104
|   |   |   |   |-- 1272-128104-0000.flac
|   |   |   |   |-- 1272-128104-0001.flac
|   |   |   |   |-- 1272-128104-0002.flac
|   |   |   |   |-- 1272-128104-0013.flac
|   |   |   |   |-- 1272-128104-trans.txt
|   |-- test-clean
|   |   |-- 12722
|   |   |   |-- 1281042
|   |   |   |   |-- 12722-1281042-0000.flac
|   |   |   |   |-- 12722-1281042-0001.flac
|   |   |   |   |-- 12722-1281042-trans.txt
|-- dev-clean.tar.gz
|-- train-clean-100.tar.gz
`-- test-clean.tar.gz
```

train-clean-100, dev-clean 및 test-clean이라는 폴더가 생성된다. 각 폴더에는 음성과 스크립트를 대응시키는 ID를 이름으로 하는 하위 폴더가 있다. 음성 파일의 확장자는 .flac이고 모든 폴더에는 음성 파일의 대본인 .txt 스크립트 파일이 포함된다.

데이터 살펴보기

데이터 세트를 자세히 살펴보자. 먼저 음성 파일을 읽어 그림으로 나타내본다. 오디오 파일을 읽기 위해 먼저 다음 명령으로 pysoundfile 패키지를 설치한다:

```
pip install pysoundfile
```

다음으로 필요한 모듈을 가져오고 음성 파일을 읽어와 그림으로 출력한다:

```
import soundfile as sf
import matplotlib.pyplot as plt

def plot_audio(audio):
    fig, axs = plt.subplots(4, 1, figsize=(20, 7))
    axs[0].plot(audio[0]);
    axs[0].set_title('Raw Audio Signals')
    axs[1].plot(audio[1]);
    axs[2].plot(audio[2]);
    axs[3].plot(audio[3]);

audio_list =[]
for i in xrange(4):
    file_path = 'data/128684/911-128684-000{}.flac'.format(i+1)
    a, sample_rate = sf.read(file_path)
    audio_list.append(a)
plot_audio(audio_list)
```

다음처럼 음성을 주파수로 나타낸 그림을 볼 수 있다:

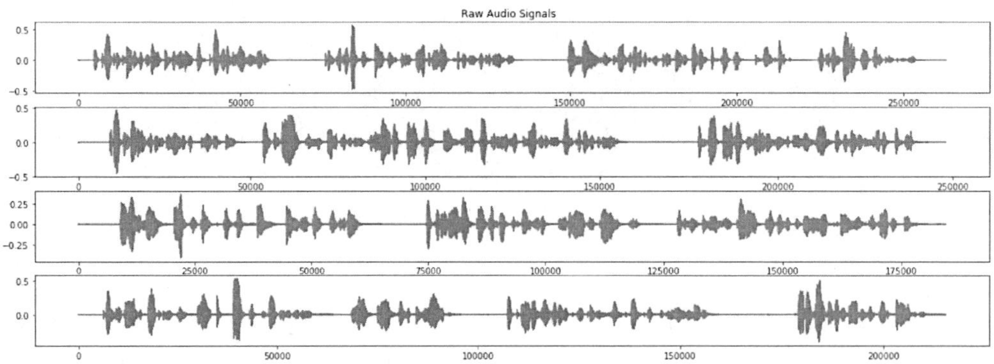

오디오 MIDI 파일의 음성 신호

이번에는 스크립트 파일의 내용을 살펴보자. 앞부분에 오디오 파일 ID가 있고 이어서 텍스트가 들어있다:

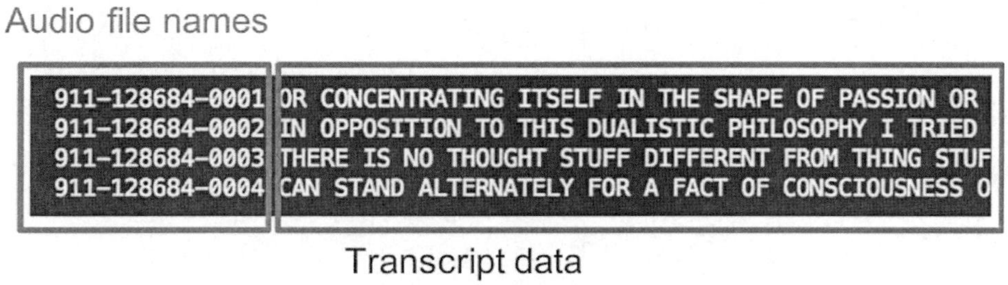

음성 파일 식별 코드와 대본으로 구성

결국, 오디오 파일은 스크립트에 대응하는 일련의 음성을 저장한 파일이다. 우리가 만드는 모델은 이러한 음성 시퀀스 패턴을 학습한다. 먼저 오디오 파일에서 특징을 추출하고 텍스트를 원-핫 인코딩 형식으로 변환해야 한다.

특징 추출

모델을 학습하기 위해서는 먼저 원시 음성 데이터에서 숫자 벡터 형태의 특징을 추출해야 한다. 모델의 학습에 사용할 수 있게 음성 데이터에서 특징을 추출하는 다양한 기술을 알아보자. 모델의 정확도와 성능은 어떤 특징을 사용하느냐에 크게 영향을 받는다. 경쟁력 있는 딥러닝 엔지니어가 되려면 이러한 기술을 다양한 방식으로 적용해서 어떤 특징이 어떤 문제에 적합한지 알 필요가 있다.

다음은 여러 가지 특징 추출기술을 표로 정리한 것이다:

기술	특징
주성분 분석(PCA)	• 고유 벡터 기반 • 비선형 특징 추출 • 선형 맵 지원 • 다른 기술보다 빠름 • 가우스 분포 데이터에 적합

기술	특징
선형 판별 분석(LDA)	• 선형 특징 추출 • 지도 선형 맵 지원 • 다른 기술보다 빠름 • 분류에 있어 PCA보다 우수
독립 성분 분석(ICA)	• 블라인드 코스 분리 방식 • 선형 맵 지원 • 반복법 • 가우스 분포가 데이터에 적합
스펙트럼 분석	• 정적 특징 추출 • 파워 스펙트럼 방식 • 스펙트럼 포락선을 나타내는 데 사용
Mel-주파수 축척 분석	• 정적 특징 추출 • 스펙트럼 분석 • 멜 축척 계산
멜 주파수 스펙트럼 계수(MFFC)	• 푸리에 분석으로 파워 스펙트럼 계산 • 음성 특징 추출을 위한 강력하고 동적인 방법
웨이블릿	• 푸리에 변환보다 더 나은 시간 분해능 • 최소 시간 분해능

음성 특징 추출에 가장 자주 사용하는 효율적인 기술이 MFCC다. MFCC는 낮은 주파수 대역을 선형으로 배치한 필터를 사용해서 인간 귀의 임계 대역폭 주파수의 알려진 변형을 기반으로 특징을 추출한다. MFCC의 수행과정은 다음 그림과 같다:

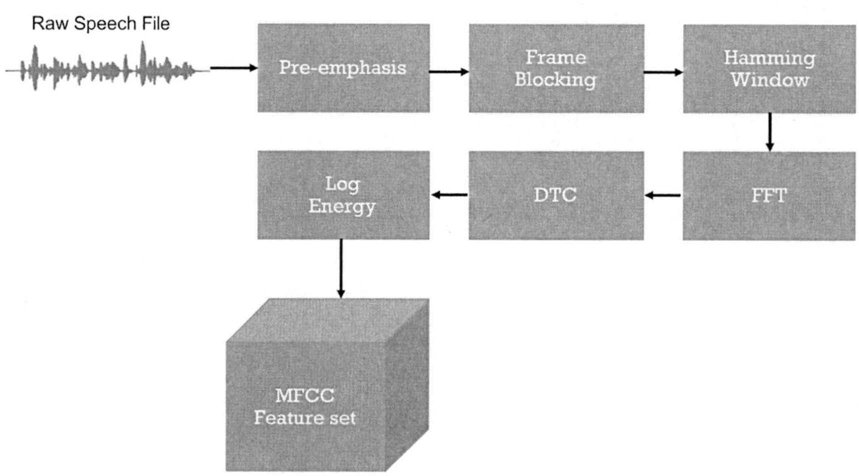

MFCC 수행절차

우리는 이러한 과정을 거치지 않는다. 대신 구현 목적을 위해 각 단계를 수행하지는 않는다. 대신 python_speech_features라는 파이썬 패키지와 MFCC를 사용해서 ASR에 대한 일반적인 음성 특징을 추출한다.

다음 pip install 명령을 실행해서 패키지를 설치한다:

```
pip install python_speech_features
```

다음으로 오디오 시퀀스 데이터를 정규화하고 MFCC 특징을 추출하는 함수를 정의한다:

```
from python_speech_features import mfcc

def compute_mfcc(audio_data, sample_rate):
    ''' Computes the mel-frequency cepstral coefficients.
    The audio time series is normalised and its mfcc features are computed.
    Args:
        audio_data: time series of the speech utterance.
        sample_rate: sampling rate.
    Returns:
        mfcc_feat:[num_frames x F] matrix representing the mfcc.
    '''

    audio_data = audio_data - np.mean(audio_data)
    audio_data = audio_data / np.max(audio_data)
    mfcc_feat = mfcc(audio_data, sample_rate, winlen=0.025,
                     winstep=0.01, numcep=13, nfilt=26, nfft=512,
                     lowfreq=0, highfreq=None, preemph=0.97,
                     ceplifter=22, appendEnergy=True)
    return mfcc_feat
```

원시 오디오와 추출한 MFCC 특징을 그림으로 그려보자:

```
audio, sample_rate = sf.read(file_path)
feats[audio_file] = compute_mfcc(audio, sample_rate)
plot_audio(audio,feats[audio_file])
```

다음과 같은 스펙트로그램이 출력된다:

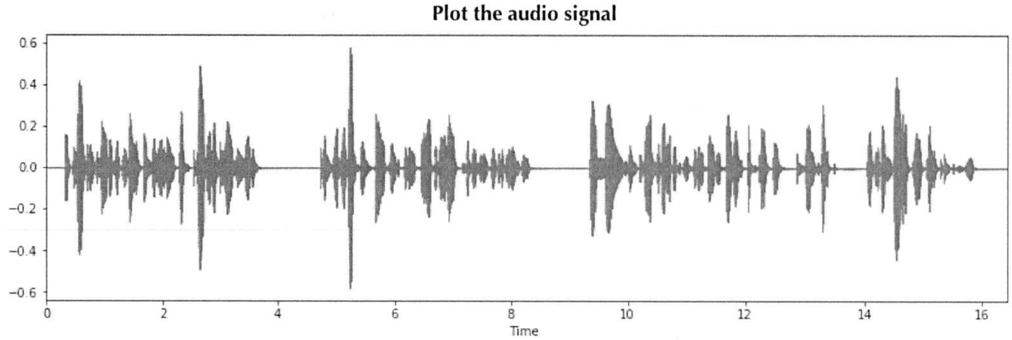

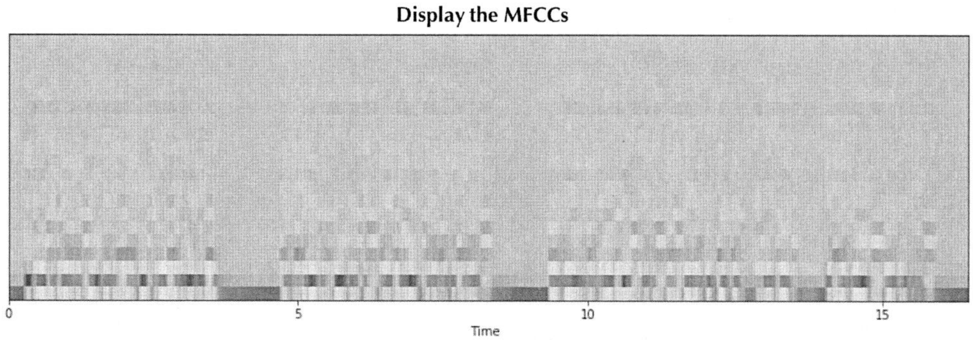

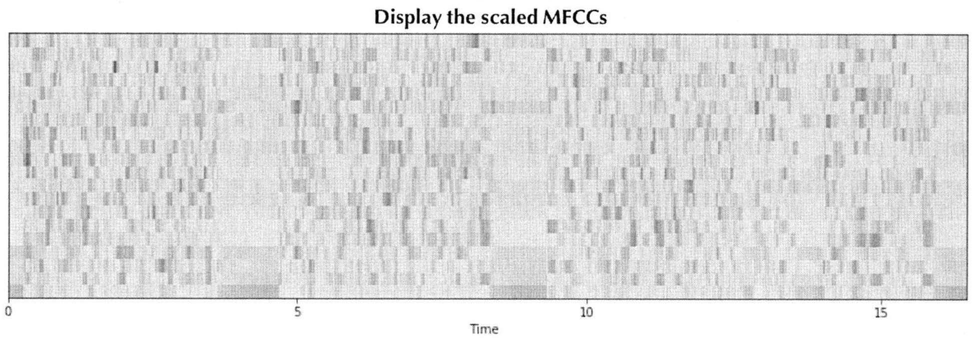

데이터 변환

추출된 특징은 NumPy 행렬 형태인데 모델을 학습하려면 먼저 `TFRecords`라는 텐서플로 형식으로 변환해야 한다.

먼저 모든 레코드를 저장할 폴더를 생성한다. `make_example()` 함수를 사용해서 주어진 시퀀스 길이 만큼, 추출한 MFCC 특징 및 해당 스크립트로 구성된 하나의 샘플을 생성한 다음 `tf.python_io.TFRecordWriter()` 함수를 사용해서 TFRecord 파일에 기록한다:

```
if os.path.basename(partition) == 'train-clean-100':
    # Create multiple TFRecords based on utterance length for training
    writer = {}
    count = {}
    print('Processing training files...')
    for i in range(min_t, max_t+1):
        filename = os.path.join(write_dir, 'train' + '_' + str(i) +
                    '.tfrecords')
        writer[i] = tf.python_io.TFRecordWriter(filename)
        count[i] = 0

    for utt in tqdm(sorted_utts):
        example = make_example(utt_len[utt], feats[utt].tolist(),
                               transcripts[utt])
        index = int(utt_len[utt]/100)
        writer[index].write(example)
        count[index] += 1

    for i in range(min_t, max_t+1):
        writer[i].close()
    print(count)

    # Remove bins which have fewer than 20 utterances
    for i in range(min_t, max_t+1):
        if count[i] < 20:
            os.remove(os.path.join(write_dir, 'train' +
                                   '_' + str(i) + '.tfrecords'))
else:
    # Create single TFRecord for dev and test partition
    filename = os.path.join(write_dir, os.path.basename(write_dir) +
                            '.tfrecords')
        print('Creating', filename)
        record_writer = tf.python_io.TFRecordWriter(filename)
        for utt in sorted_utts:
            example = make_example(utt_len[utt], feats[utt].tolist(),
                                   transcripts[utt])
            record_writer.write(example)
        record_writer.close()
        print('Processed '+str(len(sorted_utts))+' audio files')
```

데이터 처리 코드 전체는 preprocess_LibriSpeech.py 파일에 있다. 처리가 끝나면 결과는 지정된 위치 data/librispeech/processed/에 저장된다. 다음 명령을 실행하면 그 일이 일어난다:.

```
python preprocess_LibriSpeech.py
```

DS2 모델의 직관적 이해

DS2는 다음처럼 중첩층, 순환 층 및 완전 연결 층으로 구성된다:

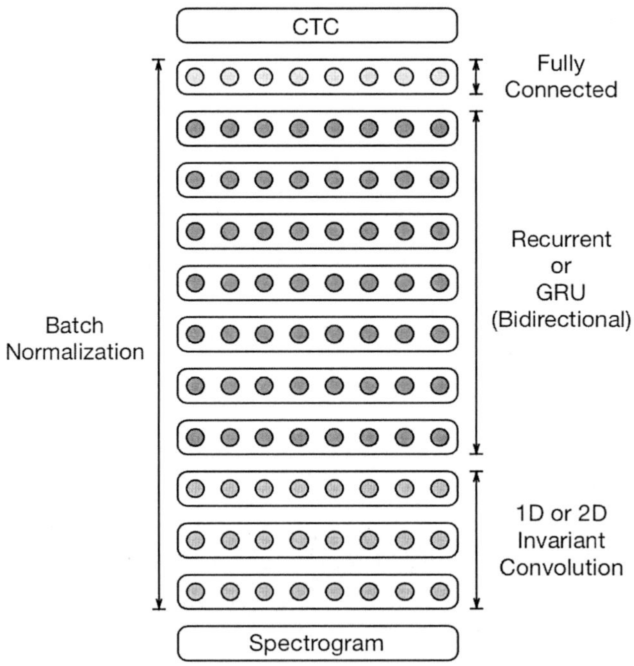

대용량 데이터를 학습해야 하므로 DS2 모델의 깊이가 깊다. 모두 11개 층으로 구성되어 있는데, 이러한 깊은 모델을 성공적으로 최적화하기 위해 배치 정규화를 하고, SortaGrad를 사용한다.

학습 데이터는 음성 시퀀스 x(i)와 스크립트 y(i)이고, 모델은 x(i)와 y(i) 사이의 특징을 학습해야 한다:

```
training set X =  {(x(1), y(1)), (x(2), y(2)), . . .}
utterance =  x(i)
label = y(i)
```

출력을 정규화한 오디오 클립의 스펙트로그램을 특징으로 사용하며, 모델의 출력은 자소(!의미를 나타내는 최소 문자, 음소와 대비)다. 비선형성을 위해 자른 **정류 선형 유닛 (c-ReLU)** 함수 $\sigma(x) = min\{max\{x,0\}, 20\}$을 사용한다. 양방향 순환 층에 이어 하나 이상의 완전연결 층이 배치되고 출력을 위한 층은 소프트맥스 활성 함수 층으로 문자에 대한 확률 분포를 계산하여 출력한다.

개략적인 설명이 끝났으니 이제 DS2를 구현하자. 전체 코드는 여기 있다:
https://github.com/PacktPublishing/Python-Deep-Learning-Projects/tree/master/Chapter07.

다음은 텐서보드로 시각화한 모델의 모습이다:

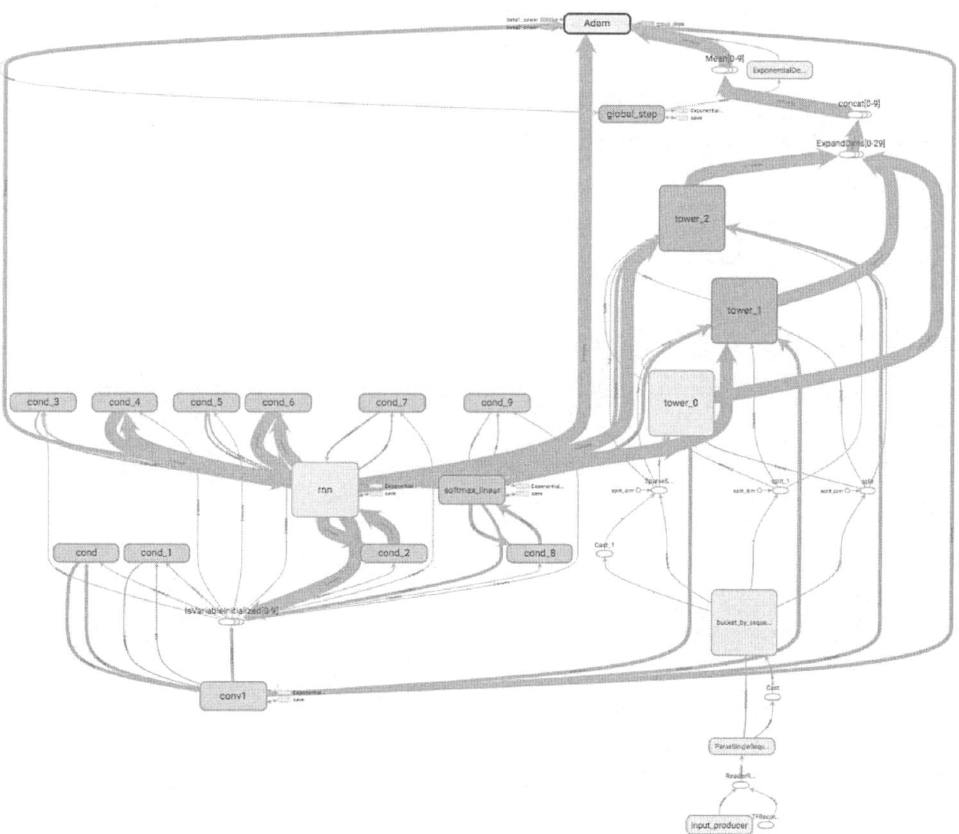

중첩을 위한 커널의 크기는 [11, input_seq_length, number_of_filter]이고 과적합을 방지하기 위한 드롭아웃 층이 이어진다.

다음은 이 과정을 수행하는 코드다:

```
# convolutional layers
with tf.variable_scope('conv1') as scope:
    kernel = _variable_with_weight_decay(
        'weights',
        shape=[11, feat_len, 1, params.num_filters],
        wd_value=None, use_fp16=params.use_fp16)
    feats = tf.expand_dims(feats, dim=-1)
    conv = tf.nn.conv2d(feats, kernel,
                        [1, params.temporal_stride, 1, 1],
                        padding='SAME')
    # conv = tf.nn.atrous_conv2d(feats, kernel, rate=2, padding='SAME')
    biases = _variable_on_cpu('biases', [params.num_filters],
                              tf.constant_initializer(-0.05),
                              params.use_fp16)
    bias = tf.nn.bias_add(conv, biases)
    conv1 = tf.nn.relu(bias, name=scope.name)
    _activation_summary(conv1)

    # dropout
    conv1_drop = tf.nn.dropout(conv1, params.keep_prob)
```

다음은 순환 층인데, 중첩층의 출력을 순환 층 입력에 맞게 재구성한다. 그런 다음 초 매개변수 rnn_type을 단방향 일반 순환신경망 셀로 지정한다. 마찬가지로 드롭아웃 셀이 뒤에 붙는다.

다음은 순환 층에 해당하는 코드다:

```
# recurrent layers
with tf.variable_scope('rnn') as scope:

    # Reshape conv output to fit rnn input
    rnn_input = tf.reshape(conv1_drop, [params.batch_size, -1,
                                        feat_len*params.num_filters])
```

```
    # Permute into time major order for rnn
    rnn_input = tf.transpose(rnn_input, perm=[1, 0, 2])
    # Make one instance of cell on a fixed device,
    # and use copies of the weights on other devices.
    cell = rnn_cell.CustomRNNCell(
           params.num_hidden, activation=tf.nn.relu6,
           use_fp16=params.use_fp16)
    drop_cell = tf.contrib.rnn.DropoutWrapper(
                cell, output_keep_prob=params.keep_prob)
    multi_cell = tf.contrib.rnn.MultiRNNCell(
                 [drop_cell] * params.num_rnn_layers)

    seq_lens = tf.div(seq_lens, params.temporal_stride)
    if params.rnn_type == 'uni-dir':
       rnn_outputs, _ = tf.nn.dynamic_rnn(multi_cell, rnn_input,
                                          sequence_length=seq_lens,
                                          dtype=dtype, time_major=True,
                                          scope='rnn',
                                          swap_memory=True)
    else:
       outputs, _ = tf.nn.bidirectional_dynamic_rnn(
                    multi_cell, multi_cell, rnn_input,
                    sequence_length=seq_lens, dtype=dtype,
                    time_major=True, scope='rnn', swap_memory=True)
       outputs_fw, outputs_bw = outputs
       rnn_outputs = outputs_fw + outputs_bw
    _activation_summary(rnn_outputs)
```

마지막으로 완전 연결 층을 생성하는데, 활성 함수는 소프트맥스, 손실함수는 CTC를 사용한다:

```
# Linear layer(WX + b) - softmax is applied by CTC cost function.
with tf.variable_scope('softmax_linear') as scope:
    weights = _variable_with_weight_decay(
        'weights', [params.num_hidden, NUM_CLASSES],
        wd_value=None,
        use_fp16=params.use_fp16)
    biases = _variable_on_cpu('biases', [NUM_CLASSES],
```

```
                              tf.constant_initializer(0.0),
                              params.use_fp16)
    logit_inputs = tf.reshape(rnn_outputs, [-1, cell.output_size])
    logits = tf.add(tf.matmul(logit_inputs, weights),
                    biases, name=scope.name)
    logits = tf.reshape(logits, [-1, params.batch_size, NUM_CLASSES])
    _activation_summary(logits)
```

TIP **상업용 모델 구축 팁**: 단일 GPU에서 이 정도 모델을 학습하는 데는 3~6주가 소요된다. 따라서 DeepSpeech의 개발자는 8개 또는 16개의 GPU를 사용할 수 있는 환경과 학습 과정에 디버그할 수 있는 동기 **확률적 경사 하강법**(SGD)을 사용하는 게 좋다.

모델 학습

이제 모델의 학습을 위한 환경을 설정하자. 꼭 그래야 하는 건 아니지만 가상 환경을 구축해서 사용하는 게 좋다. 그리고 가능하다면 이 모델은 GPU를 사용해서 학습해야 한다.

실행을 위한 기본 환경은 파이썬 3.5 및 텐서플로 1.7 이상 그리고 다음이 필요하다:

- python-Levenshtein: 문자오류율(CER) 계산
- python_speech_features: 원시 데이터에서 MFCC 특징 추출
- pysoundfile: FLAC 파일 읽기
- scipy: 도우미 함수
- tqdm: 학습 진행 상태 표시

먼저 가상 환경을 만들고 모듈을 설치한다:

```
conda create -n 'SpeechProject' python=3.5.0
source activate SpeechProject
```

다음 모듈을 설치한다:

```
(SpeechProject)$ pip install python-Levenshtein
```

```
(SpeechProject)$ pip install python_speech_features
(SpeechProject)$ pip install pysoundfile
(SpeechProject)$ pip install scipy
(SpeechProject)$ pip install tqdm
```

GPU 지원 텐서플로 설치:

```
(SpeechProject)$ conda install tensorflow-gpu
```

만일 sndfile 오류가 표시되면 다음 명령을 실행한다.

```
(SpeechProject)$ sudo apt-get install libsndfile1
```

이제 전체 코드를 저장소에서 복사해온다:

```
(SpeechRecog)$ git clone https://github.com/FordSpeech/deepSpeech.git
(SpeechRecog)$ cd deepSpeech
```

data/librispeech/processed/ 디렉터리에서 변환한 TFRecord 데이터 파일과 추출한 MFCC 특징을 복사해온다:

```
cp -r ./data/librispeech/audio /home/deepSpeech/data/librispeech
cp -r ./data/librispeech/processed /home/deepSpeech/librispeech
```

모든 데이터 파일이 준비되었으니 모델을 학습할 차례다. 초 매개변수 num_rnn_layers는 3, rnn_type은 bi-dir, max_steps는 30000, initial_lr은 3e-4로 설정한다:

```
(SpeechRecog)$python deepSpeech_train.py --num_rnn_layers 3 --rnn_type
'bi-dir' --initial_lr 3e-4 --max_steps 30000 --train_dir ./logs/
```

미리 학습된 모델을 여기 https://drive.google.com/file/d/1E65g4H1QU666RhgY712Sn6FuU2wvZTnQ/view에서 가져와 다음처럼 압축을 풀어 바로 사용하거나 계속해서 학습을 더 할 수도 있다:
(SpeechRecog)$python deepSpeech_train.py --checkpoint_dir./logs/--max_steps 40000

발화가 정렬된 순서로 신경망에 전송되기 때문에 첫 번째 에포크 동안 손실 값이 증가하고 이후 단계 학습 시간도 더 오래 걸린다.

모델의 전체 학습 과정은 다음과 같다:

```
# Learning rate set up
learning_rate, global_step = set_learning_rate()

# Create an optimizer that performs gradient descent.
optimizer = tf.train.AdamOptimizer(learning_rate)

# Fetch a batch worth of data for each tower
data = fetch_data()

# Construct loss and gradient ops
loss_op, tower_grads, summaries = get_loss_grads(data, optimizer)

# We must calculate the mean of each gradient. Note that this is the
# synchronization point across all towers.
grads = average_gradients(tower_grads)

# Apply the gradients to adjust the shared variables.
apply_gradient_op = optimizer.apply_gradients(grads,
                                              global_step=global_step)

# Track the moving averages of all trainable variables.
variable_averages = tf.train.ExponentialMovingAverage(
                    ARGS.moving_avg_decay, global_step)
variables_averages_op = variable_averages.apply(
                        tf.trainable_variables())

# Group all updates to into a single train op.
train_op = tf.group(apply_gradient_op, variables_averages_op)

# Build summary op
summary_op = add_summaries(summaries, learning_rate, grads)

# Create a saver.
```

```
saver = tf.train.Saver(tf.all_variables(), max_to_keep=100)

# Start running operations on the Graph. allow_soft_placement
# must be set to True to build towers on GPU, as some of the
# ops do not have GPU implementations.
sess = tf.Session(config=tf.ConfigProto(
    allow_soft_placement=True,
    log_device_placement=ARGS.log_device_placement))

# Initialize vars.
if ARGS.checkpoint is not None:
    global_step = initialize_from_checkpoint(sess, saver)
else:
    sess.run(tf.initialize_all_variables())

# Start the queue runners.
tf.train.start_queue_runners(sess)

# Run training loop
run_train_loop(sess, (train_op, loss_op, summary_op), saver)
```

다음은 50 k 단계 동안 정확도 추세를 나타낸다. 학습이 진행되면서 정확도가 상당히 개선되는 걸 알 수 있다:

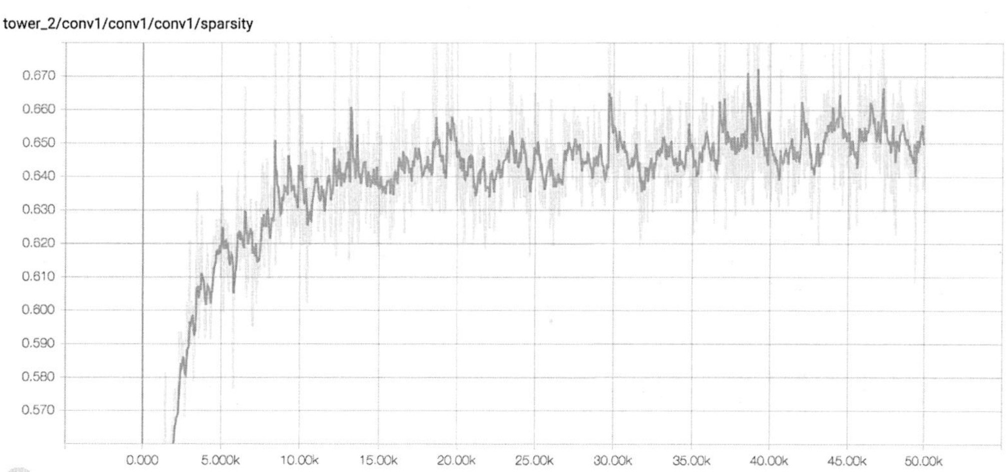

다음은 50 k 단계 동안 손실 추세를 나타낸다:

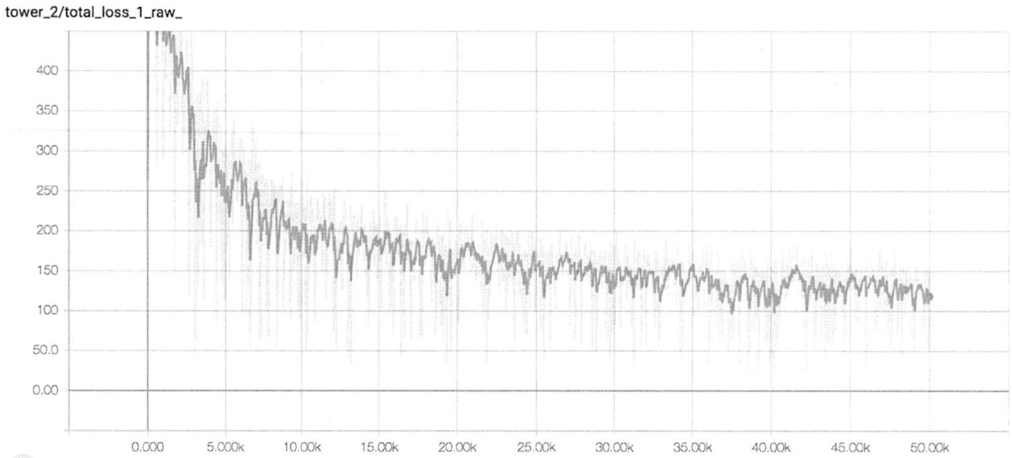

다음은 학습 속도가 시간이 지남에 따라 느려지고 있는 걸 나타낸다. 학습 데이터가 정렬되어 있어서 그렇다:

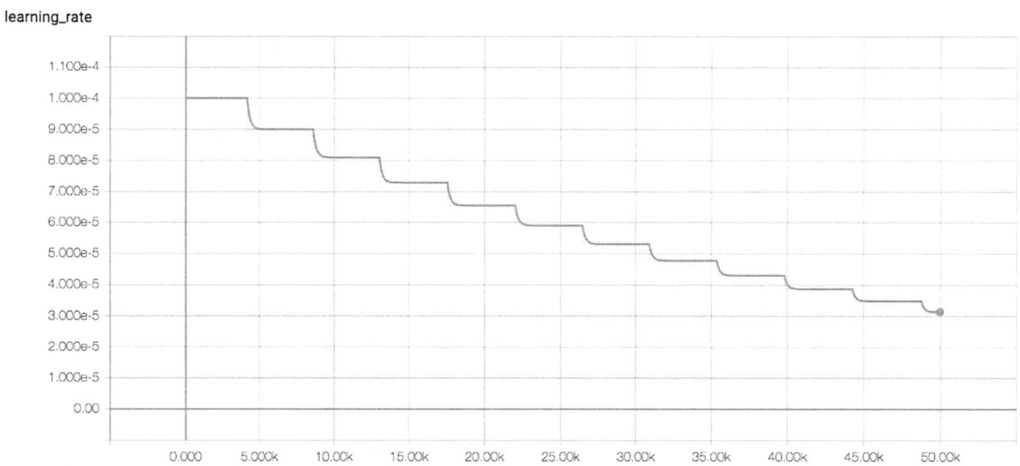

모델 테스트 및 평가

모델 학습이 끝나면 다음 명령을 수행해서 테스트할 수 있다:

```
(SpeechRecog)$python deepSpeech_test.py --eval_data 'test'
--checkpoint_dir ./logs/
```

테스트 데이터를 사용해서 학습에 사용하지 않은 음성 인식 성능을 평가한다. 모델이 확률 벡터 시퀀스를 출력하므로 모델의 출력을 단어 시퀀스로 변환하는 디코더가 필요하다. 문자 시퀀스를 학습했는데도 DS2 모델은 내재한 언어 모델을 학습할 수 있으며 다음 표에 나타난 것처럼 비교적 정확하게 발음할 수 있는 철자를 출력한다. 모델의 철자 생성 성능은 일반적으로 문자 수준에서 Levenshtein 거리(https://en.wikipedia.org/wiki/Levenshtein_distance)를 측정한 문자오류율(CER)을 사용하여 평가한다:

목표	출력
This had some effect in calming him 이것은 그를 진정시키는 데 약간의 효과가 있었다	This had some offectind calming him 이것은 그를 진정시키는 데 약간의 효과가 있었다
He went in and examined his letters but there was nothing from carrier 그는 들어가서 편지가 왔는지 살펴보았지만, 아무것도 없었다	He went in an examined his letters but there was nothing from carry 그는 편지를 조사하러 갔지만 캐리에는 아무것도 없었다
The design was different but the thing was clearly the same 디자인은 달랐지만, 분명히 같은 거다	The design was differampat that thing was clarly the same 디자인이 그것과 달랐다는 건 분명히 같다

(! 제대로 인식하지 못한 출력 문장을 억지로 번역했다.)

TIP

이 모델은 문자 단위로 계산한 CER로 평가하면 우수하지만, 단어를 음성으로 변환하는 경우 단어오류율이 높다. 디코더가 외부 어휘집이나 독자적인 언어 모델을 사용해서 출력을 수정할 수 있다면 모델의 **단어오류율(WER)**을 향상할 수 있다.

학습에 사용하지 않은 데이터에 대해 단어 수준의 오류가 발생한다는 걸 알았다. 그렇다면 학습 데이터를 늘리고 학습 횟수 역시 늘린다면 CER이 개선될 것으로 기대할 수 있다. 실제로 학습을 큰 학습 데이터에 대해 30K회 학습하여 15% CER을 달성할 수 있었다.

요약

우리는 음성 데이터를 이해하는 ASR 모델을 구축하는 딥러닝 프로젝트를 완수했다.

설정한 목표를 달성해서 기쁘다!

이 프로젝트를 통해서 배운 건 다음과 같다:

- 음성 및 음성 성분 처리
- 종단간 음성 인식 시스템 구축
- CTC 손실함수
- 배치정규화 및 SortaGrad

이것으로 중첩신경망과 순환신경망 같은 딥러닝 기술을 이용해서 자연어를 처리하고 인식하는 프로젝트를 마무리하겠다. 이러한 기술은 완전히 새롭고 스마트한 비즈니스 서비스를 가능하게 할 것이다! 이 책의 나머지 절반은 딥러닝을 이미지와 연상 즉, 컴퓨터 비전 기술에 응용하는 프로젝트를 수행한다.

다음 페이지로 넘어가서 시작해보자!

CHAPTER

08

중첩신경망에 의한 필기 숫자 인식

환영한다, 절반을 넘어섰다! 이번에는 중첩신경망을 사용해서 손으로 쓴 숫자를 분류해 보겠다. 우리 팀은 2장에서 손으로 쓴 필기 숫자를 분류하는 다층신경망을 구현했는데, 그것의 정확도 87% 정도로 그리 만족할 수준이 아니다. 이 장에서는 중첩신경망을 사용해서 필기 숫자를 더 잘 분류하는 신경망을 구축한다. 2장을 건너뛰고 이곳으로 왔다면 문제 상황을 이해하기 위해 그곳에 잠시 들르기 바란다.

이 장에서 다룰 주제는 다음과 같다.

- 중첩
- 풀링
- 드롭아웃
- 모델 학습
- 모델 검증
- 심층 모델 구축

이 장에 딸린 코드를 주피터 노트북이나 파이참 혹은 코랩 환경에서 실행해가면서 따라 해가 각 코드 조각을 이해하는 데 도움이 된다.

이 장의 모든 파이썬 파일과 주피터 노트북 파일은 다음에 있다: https://github.com/PacktPublishing/Python-Deep-Learning-Projects/tree/master/Chapter08.

코드 구현

이 작업에는 텐서플로, 티아노 및 CNTK에서 실행할 수 있는 고급 신경망 API인 케라스 딥러닝 라이브러리를 사용한다.

코드 상세!: 케라스가 어떻게 작동하는지 설명하지 않는다. 관심이 있는 경우 https://keras.io/에서 케라스 공식 문서를 참조하기 바란다. 이해하기 쉽게 만든 문서다.

필요한 모듈 가져오기

우리 작업에 numpy, matplotlib, keras, scipy 및 tensorflow 패키지를 사용할 것이다. 여기서 텐서플로는 케라스 백엔드로 사용된다. pip 명령어를 사용해서 이러한 패키지를 설치할 수 있다. MNIST 데이터도 간단하게 케라스 모듈을 import한다.

```
import numpy as np
```

프로젝트 재현성을 위해 랜덤 시드를 설정하는 것을 잊지 마라:

```
# set seed for reproducibility
seed_val = 9000
np.random.seed(seed_val)
```

데이터 살피기

다음 코드를 사용해서 keras에서 사용할 수 있는 mnist 모듈을 가져온다.

```
from keras.datasets import mnist
```

그리고 다음 코드를 사용하여 mnist 학습 및 테스트 파일의 압축을 푼다.

```
# unpack mnist data
(X_train, y_train), (X_test, y_test) = mnist.load_data()
```

이제 데이터를 가져왔으니 크기나 형태(shape)를 살펴보자.

```
print('Size of the training_set: ', X_train.shape)
print('Size of the test_set: ', X_test.shape)
print('Shape of each image: ', X_train[0].shape)
print('Total number of classes: ', len(np.unique(y_train)))
print('Unique class labels: ', np.unique(y_train))
```

실행 결과는 다음과 같다:

```
Size of the training_set:  (60000, 28, 28)
Size of the test_set:  (10000, 28, 28)
Shape of each image:  (28, 28)
Total number of classes:  10
Unique class labels:  [0 1 2 3 4 5 6 7 8 9]
```

앞의 출력에서 크기가 28*28인 학습 이미지가 60,000개, 테스트 이미지가 10,000개, 그리고 분류 클래스가 10개인 걸 알 수 있다.

먼저 필기 숫자 9개를 그림으로 나타내보자. 그러려면 먼저 matplotlib를 가져와야 한다:

```
import matplotlib.pyplot as plt
# Plot of 9 random images
for i in range(0, 9):
    plt.subplot(331+i) # plot of 3 rows and 3 columns
    plt.axis('off') # turn off axis
    plt.imshow(X_train[i], cmap='gray') # gray scale
```

실행 결과는 다음과 같다:

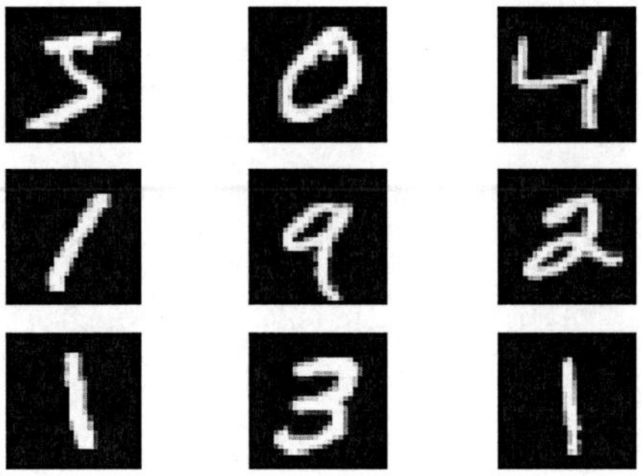

MNIST 숫자 샘플

이번에는 training_set에 있는 이미지의 최대 및 최소 픽셀값을 출력해보자:

```
# maximum and minimum pixel values
print('Maximum pixel value in the training_set: ', np.max(X_train))
print('Minimum pixel value in the training_set: ', np.min(X_train))
```

실행 결과는 다음과 같다:

```
Maximum pixel value in the training_set:  255
Minimum pixel value in the training_set:  0
```

학습 데이터 세트에 포함된 이미지의 최대 및 최소 픽셀값이 255와 0임을 알 수 있다. 즉 그레이 이미지라는 뜻이다.

초 매개변수 정의

다음은 코드 전체에 적용되는 초 매개변수 중 일부다. 전부 다른 값으로 재설정할 수 있다:

```
# Number of epochs
epochs = 20

# Batchsize
batch_size = 128
```

```
# Optimizer for the generator
from keras.optimizers import Adam
optimizer = Adam(lr=0.0001)

# Shape of the input image
input_shape = (28,28,1)
```

2장에서 사용한 최적화기는 Adam이다. 여기서도 같은 것을 사용하기 위해 keras 모듈에서 Adam 최적화기를 가져오고 학습 계수를 설정한다. 앞으로 모델을 쉽게 비교하기 위해 학습횟수는 특별한 경우가 아니면 20 에포크로 한다.

Keras의 optimizer와 해당 API에 대한 자세한 내용은 다음에 있다:
https://keras.io/optimizers/

TIP

최적화기, 배치 크기, 학습 계수 등 초 매개변수를 다르게 해서 다양한 실험을 해보는 게 좋다. 더 나은 결과를 얻으면 딥러닝 커뮤니티에 공유하는 걸 기억하라.

단순 심층 신경망 구축 및 학습

데이터를 메모리로 가져왔으니 MNIST 숫자를 예측하는 간단한 신경망 모델을 구축해 보자. 2장과 같은 구조로 만든다. (!아직 중첩신경망을 사용하는 게 아니니 오해하지 마시라!)

층이 차례로 쌓이는 Sequential 모델을 만들 것이니 다음 코드처럼 케라스에서 모듈을 가져와 객체를 생성한다:

```
from keras.models import Sequential
model = Sequential()
```

케라스의 모델 API에 대한 자세한 내용은 다음에 있다:
https://keras.io/models/model/

다음으로 완전 연결 층을 추가해야 한다. 케라스에서는 다음과 같이 Dense 층을 가져와 추가하면 된다:

```
from keras.layers import Dense
```

다음과 같이 Sequential 모델에 Dense 층 추가한다:

```
model.add(Dense(300, input_shape=(784,), activation = 'relu'))
```

케라스 Keras Dense API 호출에 대한 자세한 내용은 다음에 있다:
https://keras.io/layers/core/

Sequential 모델에 층을 추가할 때는 add 명령을 사용한다. 우리는 지금 Dense 층을 추가했다.

외부 입력을 받아들이는 첫 번째 중간층인 Dense 층 뉴런의 개수는 300개다. 그리고 input_shape 매개변수가 (784,)라는 건 입력이 (784,) 모양의 배열이란 걸 의미한다. 즉 입력층 뉴런이 784개라는 뜻이다.

다음으로 출력을 생성하기 위해 활성 함수를 정의해야 한다. 위 코드에서 활성 함수 relu를 사용했음을 알 수 있다.

다음 코드는 300개의 뉴런으로 구성된 두 번째 Dense 층을 추가하는 거다:

```
model.add(Dense(300,  activation='relu'))
```

마지막으로 다음 코드를 사용해서 세 번째 Dense 층 즉 출력층 추가한다:

```
model.add(Dense(10,  activation='softmax'))
```

출력층은 10가지 클래스를 분류하기 위해 뉴런 10개로 구성하였다. 활성 함수는 softmax를 사용해서 출력을 0에서 1 사이로 제한하고 출력의 합을 1로 제한한다.

마지막으로 설계한 신경망 구조를 컴파일해야 하는데, 케라스에서는 다음 코드와 같이 매우 쉽게 모델을 컴파일할 수 있다:

```
# compile the model
model.compile(loss = 'sparse_categorical_crossentropy',
optimizer=optimizer, metrics = ['accuracy'])
```

모델을 컴파일할 때 손실 함수loss, 최적화기optimizer 및 평가척도metrics 매개변수를 지정해야 하는데, 이 경우 각각 sparse_categorical_crossentropy, Adam 및 ['accuracy']으로 설정했다.

> 케라스 모델의 컴파일 방법에 대한 자세한 내용은 다음에 있다:
> https://keras.io/models model/

학습 과정을 관찰하기 위해 컴파일할 때 평가척도 metrics를 반드시 설정해야 한다.

다음 코드를 사용해서 모델 구조를 요약해서 출력할 수 있다:

```
# print model summary
model.summary()
```

실행 결과는 다음과 같다:

```
_________________________________________________________________
Layer (type)                Output Shape              Param #
=================================================================
dense_1 (Dense)              (None, 300)               235500
_________________________________________________________________
dense_2 (Dense)              (None, 300)               90300
_________________________________________________________________
dense_3 (Dense)              (None, 10)                3010
=================================================================
Total params: 328,810
Trainable params: 328,810
Non-trainable params: 0
_________________________________________________________________
```

이 모델의 학습해야 할 매개변수(가중치)가 모두 328,810개라는 걸 알 수 있다. 이 정도는 적절한 개수다.

학습을 시작하기 전에 먼저 sklearn에서 가져온 train_test_split() 함수를 사용해서 학습 데이터를 학습 데이터 및 검증 데이터로 나눈다:

```
from sklearn.model_selection import train_test_split

# create train and validation data
X_train, X_val, y_train, y_val = train_test_split(X_train, y_train,
stratify = y_train, test_size = 0.08333, random_state=42)

X_train = X_train.reshape(-1, 784)
X_val = X_val.reshape(-1, 784)
X_test = X_test.reshape(-1, 784)

print('Training Examples', X_train.shape[0])
print('Validation Examples', X_val.shape[0])
print('Test Examples', X_test.shape[0])
```

데이터를 학습용 55,000개, 검증용 5,000개로 나눈다.

또한, 각 이미지가 (784,) 모양이 되도록 배열의 차원을 변경했음을 알 수 있다. 이는 케라스가 입력 형태가 이 모양으로 정해져 있기 때문이다.

2장과 마찬가지로 학습 데이터 55,000개, 검증 데이터 5,000개, 그리고 테스트 데이터 10,000개가 준비되었다.

학습을 개시하면 각 에포크 단위로 학습 및 검증 손실 및 정확도 정보가 내부에 장장되는 데 이를 이용해서 학습 과정을 시각화할 수 있다.

모델 학습

케라스 모델을 학습할 때는 fit()을 호출하는 데 이때 다음 초 매개변수를 지정한다:

- epochs: 에포크(학습) 수
- batch_size: 배치(!가중치 수정 단위) 크기
- validation_data: 검증 데이터

epochs 및 batch_size는 초 매개변수 정의 부분 참조:

```
# fit the model
history = model.fit(X_train, y_train, epochs = epochs,
batch_size=batch_size, validation_data=(X_val, y_val))
```

실행 결과는 다음과 같다:

```
Train on 55000 samples, validate on 5000 samples
Epoch 1/20
55000/55000 [==============================] - 3s 64us/step - loss:
7.1672 - acc: 0.5436 - val_loss: 5.5122 - val_acc: 0.6494
Epoch 2/20
55000/55000 [==============================] - 2s 45us/step - loss:
4.4734 - acc: 0.7121 - val_loss: 4.0397 - val_acc: 0.7408
Epoch 3/20
55000/55000 [==============================] - 2s 45us/step - loss:
3.8726 - acc: 0.7528 - val_loss: 3.9086 - val_acc: 0.7508
Epoch 4/20
55000/55000 [==============================] - 2s 44us/step - loss:
3.7606 - acc: 0.7606 - val_loss: 3.9568 - val_acc: 0.7488
```

20회 학습 후 출력은 다음과 같다:

```
Epoch 19/20
55000/55000 [==============================] - 2s 44us/step - loss:
1.8198 - acc: 0.8838 - val_loss: 1.9892 - val_acc: 0.8698
Epoch 20/20
55000/55000 [==============================] - 2s 44us/step - loss:
0.6319 - acc: 0.9553 - val_loss: 0.5265 - val_acc: 0.9574
```

모델 평가

evaluate() 메서드에 테스트 데이터를 먹여서 모델의 성능을 평가해 보자:

```
# evaluate the model
loss, acc = model.evaluate(X_test, y_test)
print('Test loss:', loss)
print('Accuracy:', acc)
```

실행 결과는 다음과 같다:

```
10000/10000 [==============================] - 1s 63us/step
Test loss: 0.5244417602744154
Accuracy: 0.9609
```

텐서플로를 사용한 2장에 비해 코드가 매우 간단하면서 정확도 역시 높다는 걸 알 수 있다.

학습 과정을 관찰하기 위해 history 변수에 저장된 학습 및 검증 손실 및 정확도를 시각화하는 함수를 다음처럼 정의한다:

```
import matplotlib.pyplot as plt

def loss_plot(history):
    train_acc = history.history['acc']
    val_acc = history.history['val_acc']

    plt.figure(figsize=(9,5))
    plt.plot(np.arange(1,len(train_acc)+1),train_acc, marker = 'D',
             label = 'Training Accuracy')
    plt.plot(np.arange(1,len(train_acc)+1),val_acc, marker = 'o', label
             = 'Validation Accuracy')
    plt.xlabel('Epochs')
    plt.ylabel('Accuracy')
    plt.title('Train/Validation Accuracy')
    plt.legend()
    plt.margins(0.02)
    plt.show()

    train_loss = history.history['loss']
    val_loss = history.history['val_loss']

    plt.figure(figsize=(9,5))
    plt.plot(np.arange(1,len(train_acc)+1),train_loss, marker = 'D',
             label = 'Training Loss')
    plt.plot(np.arange(1,len(train_acc)+1),val_loss, marker = 'o',
             label = 'Validation Loss')
    plt.xlabel('Epochs')
```

```
    plt.ylabel('Loss')
    plt.title('Train/Validation Loss')
    plt.legend()
    plt.margins(0.02)
    plt.show()
# plot training loss
loss_plot(history)
```

실행 결과는 다음과 같다:

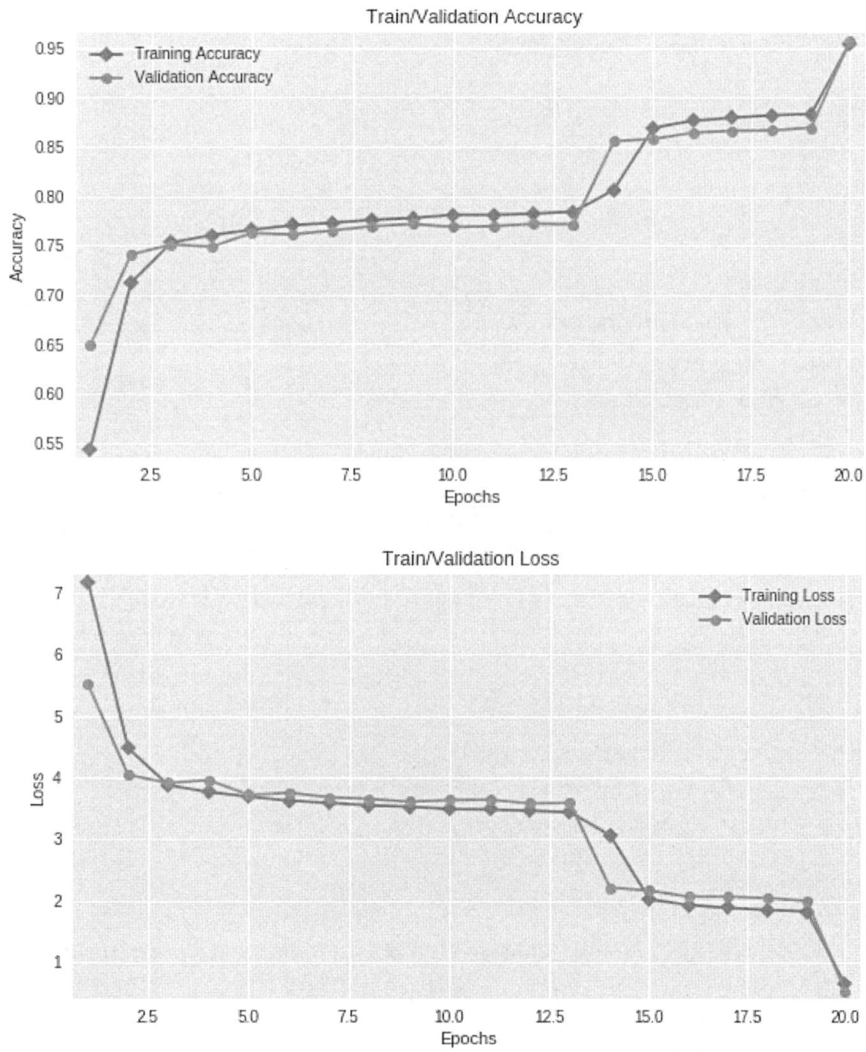

단순 다층신경망 학습과정; 정확도와 손실

MLP – 파이썬 파일

다음은 단순 다층신경망 학습 및 평가를 구현한 전체 코드다:

```
"""This module implements a simple multi layer perceptron in keras."""
import numpy as np
from keras.datasets import mnist
from keras.models import Sequential
from keras.layers import Dense
import matplotlib.pyplot as plt

from sklearn.model_selection import train_test_split
from loss_plot import loss_plot

# Number of epochs
epochs = 20
# Batchsize
batch_size = 128
# Optimizer for the generator
from keras.optimizers import Adam
optimizer = Adam(lr=0.0001)
# Shape of the input image
input_shape = (28,28,1)

(X_train, y_train), (X_test, y_test) = mnist.load_data()

X_train, X_val, y_train, y_val = train_test_split(X_train, y_train,
                                                  stratify = y_train,
                                                  test_size = 0.08333,
                                                  random_state=42)
X_train = X_train.reshape(-1, 784)
X_val = X_val.reshape(-1, 784)
X_test = X_test.reshape(-1, 784)

model = Sequential()
model.add(Dense(300, input_shape=(784,), activation = 'relu'))
model.add(Dense(300, activation='relu'))
model.add(Dense(10, activation='softmax'))
model.compile(loss = 'sparse_categorical_crossentropy',
```

```
optimizer=optimizer,
           metrics = ['accuracy'])

history = model.fit(X_train, y_train, epochs = epochs,
batch_size=batch_size,
                validation_data=(X_val, y_val))

loss,acc = model.evaluate(X_test, y_test)
print('Test loss:', loss)
print('Accuracy:', acc)

loss_plot(history)
```

중첩

중첩은 대상 배열에 작은 커널/필터/배열/(!마스크)를 덮어 씌어 지나가면서 해당 위치에서 커널 크기와 대상 배열의 같은 크기의 부분에 대해 성분별 곱셈의 합을 계산하는 연산이다. (!한번 읽고 척 이해할 수 없더라도 아래 예제를 보면 정확하게 표현되었음을 알 수 있겠다!)

다음과 같은 배열이 있다고 하자:

```
array = np.array([0, 1, 0, 1, 0, 1, 0, 1, 0, 1])
kernel = np.array([-1, 1, 0])
```

즉, 길이가 10인 1차원 대상 배열과 길이가 3인 1차원 커널이 있다.

중첩 연산은 다음처럼 계산한다:

1. 커널 [-1,1,0]의 각 성분과 대상 배열인 array의 인덱스 0에서 2까지 부분[0,1,0]의 각 성분을 곱해서 더한다(!-1*0+1*1+0*0=1).
2. 다음으로 커널을 1단위로 오른쪽으로 한 걸음 이동해서 대상 배열인 array의 인덱스 1에서 3까지 부분[1,0,1]의 각 성분을 곱해서 더한다(!-1*1+1*0+0*1=-1).
3. 커널과 대상이 겹치는 부분이 없을 때까지 같은 연산을 반복한다.

각 단계에서 계산한 중첩 결과는 배열에 저장한다. 이 배열을 **특징 지도**라고 한다. 따라서

1차원 특징 지도의 길이(보폭이 1인 경우)는 커널과 대상 배열의 길이 차이에 1을 더한 것과 같다.

즉, 이 경우 다음 방정식을 만족한다:

$$length\ of\ the\ feature\ map = length\ of\ the\ target\ array - length\ of\ the\ kernel + 1$$

다음은 1차원 중첩 연산을 수행하는 코드다:

```
array = np.array([0, 1, 0, 1, 0, 1, 0, 1, 0, 1])
kernel = np.array([-1, 1, 0])

# empty feature map
conv_result = np.zeros(array.shape[0] - kernel.shape[0] +1).astype(int)

for i in range(array.shape[0] - kernel.shape[0] +1):
    # convolving
    conv_result[i] = (kernel * array[i:i+3]).sum()
    print(kernel, '*', array[i:i+3], '=', conv_result[i])
print('Feature Map :', conv_result)
```

실행 결과는 다음과 같다:

```
[-1  1  0] * [0 1 0] = 1
[-1  1  0] * [1 0 1] = -1
[-1  1  0] * [0 1 0] = 1
[-1  1  0] * [1 0 1] = -1
[-1  1  0] * [0 1 0] = 1
[-1  1  0] * [1 0 1] = -1
[-1  1  0] * [0 1 0] = 1
[-1  1  0] * [1 0 1] = -1
Feature Map : [ 1 -1  1 -1  1 -1  1 -1]
```

케라스의 중첩 연산

이제 중첩 연산을 배웠으니 이것을 적용해서 MNIST 숫자를 분류하는 중첩신경망 분류기를 만들어 보자.

먼저 케라스의 layers 모듈에서 Conv2D API를 가져온다. 코드는 다음과 같다:

```
from keras.layers import Conv2D
```

케라스 중첩은 28*28*1 차원의 이미지를 전제로 정의되어 있으므로 이미지의 차원을 28*28*1 차원으로 변경한다:

```
# reshape data
X_train = X_train.reshape(-1,28,28,1)
X_val = X_val.reshape(-1,28,28,1)
X_test = X_test.reshape(-1,28,28,1)

print('Train data shape:', X_train.shape)
print('Val data shape:', X_val.shape)
print('Test data shape:', X_test.shape)
```

실행 결과는 다음과 같다:

```
Train data shape: (55000, 28, 28, 1)
Val data shape: (5000, 28, 28, 1)
Test data shape: (10000, 28, 28, 1)
```

모델 구축의 첫 단계로 앞에서처럼 Sequential로 초기화한다.

```
model = Sequential()
```

이제 다음 코드를 사용하여 모델에 Conv2D 층을 추가한다.

```
model.add(Conv2D(32, kernel_size=(3,3), input_shape=input_shape,
activation = 'relu'))
```

Conv2D API 매개변수는 다음처럼 정의한다.

- units: 32(커널/필터 수)
- kernel_size: (3,3) (커널의 크기)
- input_shape: 28*28*1 (입력 배열의 크기)
- activation: relu

Conv2D API에 대한 자세한 내용은 다음에 있다:
https://keras.io/layers/convolutional/

첫 번째 중첩의 결과로 크기가 26*26인 32개의 특징 지도가 생성된다. 이 2차원 특징 지도를 다음 코드를 사용하여 1차원으로 변환한다:

```
from keras.layers import Flatten
model.add(Flatten())
```

결과적으로 다층신경망의 한 층에 해당하는 형태가 되었다. 즉, Flatten 함수는 2D 특징 지도를 단일 Dense 층으로 변환한다. 다음으로 뉴런이 128개인 Dense 층을 추가한다:

```
model.add(Dense(128, activation = 'relu'))
```

마지막으로 뉴런이 10개인 Dense 층을 추가하는데 출력층이므로 활성 함수는 softmax로 지정한다:

```
model.add(Dense(10, activation = 'softmax'))
```

이제 앞에서처럼 모델을 컴파일하고 요약을 출력해서 생성한 중첩신경망 구조를 확인한다:

```
# compile model
model.compile(loss = 'sparse_categorical_crossentropy',
optimizer=optimizer, metrics = ['accuracy'])

# print model summary
model.summary()
```

실행 결과는 다음과 같다:

```
_________________________________________________________________
Layer (type)                 Output Shape              Param #
=================================================================
```

```
conv2d_1 (Conv2D)            (None, 26, 26, 32)       320
_________________________________________________________________
flatten_1 (Flatten)          (None, 21632)            0
_________________________________________________________________
dense_4 (Dense)              (None, 128)              2769024
_________________________________________________________________
dense_5 (Dense)              (None, 10)               1290
=================================================================
Total params: 2,770,634
Trainable params: 2,770,634
Non-trainable params: 0
_________________________________________________________________
```

중첩층이 1개인 간단한 중첩신경망을 생성했는데, 이 분류기를 위한 총 매개변수 즉 가중치는 2,770,634개이다. 앞에서 만든 단순 다층신경망보다 많다는 걸 인지해야 한다. 이제 이 모델을 학습하고 성능을 평가해보자.

모델 학습

다음 코드를 사용하여 모델에게 데이터를 먹여 학습한다:

```
# fit model
history = model.fit(X_train, y_train, epochs = epochs,
batch_size=batch_size, validation_data=(X_val, y_val))
```

실행 결과는 다음과 같다:

```
Train on 55000 samples, validate on 5000 samples
Epoch 1/20
55000/55000 [==============================] - 6s 115us/step - loss:
8.4453 - acc: 0.4725 - val_loss: 6.0399 - val_acc: 0.6208
Epoch 2/20
55000/55000 [==============================] - 5s 98us/step - loss:
5.4658 - acc: 0.6578 - val_loss: 5.3724 - val_acc: 0.6616
Epoch 3/20
55000/55000 [==============================] - 5s 97us/step - loss:
5.2454 - acc: 0.6719 - val_loss: 5.2497 - val_acc: 0.6704
```

20회 학습 후 출력은 다음과 같다:

```
Epoch 19/20
55000/55000 [==============================] - 5s 98us/step - loss:
1.6332 - acc: 0.8978 - val_loss: 1.7535 - val_acc: 0.8810
Epoch 20/20
55000/55000 [==============================] - 5s 97us/step - loss:
1.6295 - acc: 0.8982 - val_loss: 1.7252 - val_acc: 0.8830
```

검증 데이터에 대한 중첩신경망 분류기의 정확도가 88.3%임을 알 수 있습니다. (!일부 코드의 실제 수행 결과가 책의 내용과 다르다. 번역에는 실제 코드의 실행 결과를 사용했으며 분석 역시 실제 결과에 맞추어 수정하였다)

모델 평가

이제 다음 코드를 사용해서 테스트 데이터에 대한 중첩신경망 분류기 모델을 평가해보자:

```
# evaluate model
loss,acc = model.evaluate(X_test, y_test) print('Test loss:', loss)
print('Accuracy:', acc)
```

실행 결과는 다음과 같다:

```
10000/10000 [==============================] - 2s 167us/step
Test loss: 1.7270047664460713
Accuracy: 0.8844
```

우리가 만든 모델이 테스트 데이터에 대해 88.44%, 검증 데이터에 대해 88.3%, 학습 데이터에 대해 89.82% 정확함을 알 수 있다. 모델이 학습 데이터에 약간 과적합되었다고 볼 수 있다. 과적합을 다루는 방법은 이후에 별도로 다룬다.

(!아쉽게도 단순 다층신경망 모델보다 성능이 썩 좋다고 할 수 없다. 아직 우리가 제대로 된 중첩신경망을 만든 게 아니라서 그렇다. 더 나가보자!)

앞에서처럼 학습 과정을 관찰하기 위해 학습 및 검증 척도를 시각화해보자:

```
# plot training loss
loss_plot(history)
```

실행 결과는 다음과 같다:

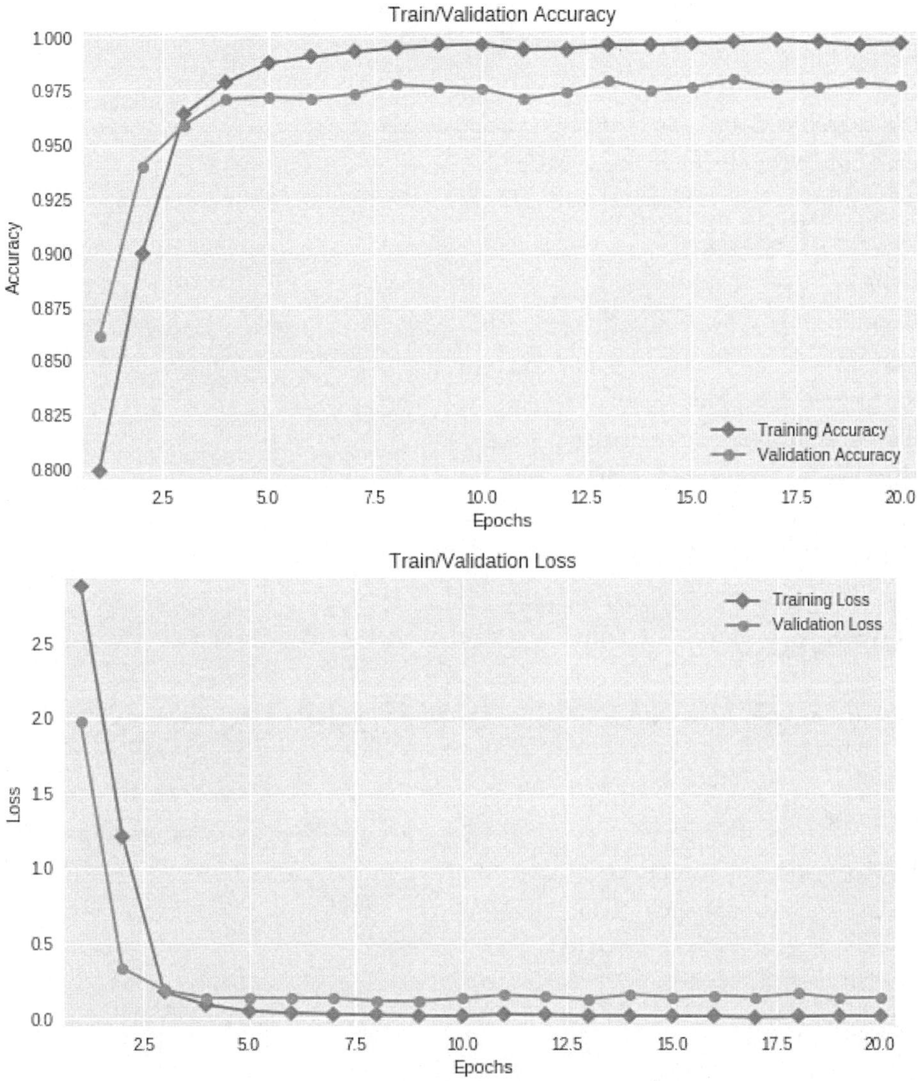

단순 중첩신경망 학습과정; 정확도와 손실

중첩 – Python 파일

다음은 단순 중첩신경망 학습 및 평가를 구현한 전체 코드다:

```
"""This module implements a simple convolution classifier."""
import numpy as np
```

```
from keras.datasets import mnist
from keras.models import Sequential
from keras.layers import Dense, Conv2D, Flatten
import matplotlib.pyplot as plt

from sklearn.model_selection import train_test_split
from loss_plot import loss_plot

# Number of epochs
epochs = 20
# Batchsize
batch_size = 128
# Optimizer for the generator
from keras.optimizers import Adam
optimizer = Adam(lr=0.0001)
# Shape of the input image
input_shape = (28,28,1)

(X_train, y_train), (X_test, y_test) = mnist.load_data()

X_train, X_val, y_train, y_val = train_test_split(X_train, y_train,
                                                  stratify = y_train,
                                                  test_size = 0.08333,
                                                  random_state=42)
X_train = X_train.reshape(-1,28,28,1)
X_val = X_val.reshape(-1,28,28,1)
X_test = X_test.reshape(-1,28,28,1)

model = Sequential()
model.add(Conv2D(32, kernel_size=(3,3), input_shape=input_shape,
                 activation = 'relu'))
model.add(Flatten())
model.add(Dense(128, activation = 'relu'))
model.add(Dense(10, activation='softmax'))
model.compile(loss = 'sparse_categorical_crossentropy',
optimizer=optimizer,
           metrics = ['accuracy'])
history = model.fit(X_train, y_train, epochs = epochs,
          batch_size=batch_size, validation_data=(X_val, y_val))
```

```
loss,acc = model.evaluate(X_test, y_test)
print('Test loss:', loss)
print('Accuracy:', acc)

loss_plot(history)
```

풀링

배열의 성분을 요약해서 크기를 줄이는 게 풀링 연산이다. 예를 들어 최대 풀링은 배열의 정해진 영역을 그 영역의 최댓값을 취해 요약한다. 마찬가지로 평균을 취해서 요약하는 경우 평균 풀링이다. 풀링은 일반적으로 매개변수의 수를 줄이기 위해 중첩 연산 후에 생성된 특징 지도를 대상으로 수행한다.

다음과 같은 배열이 있다고 하자:

```
array = np.array([0, 1, 0, 1, 0, 1, 0, 1, 0, 1])
```

풀 크기가 1*2 즉, 1행 2열이고 건너뛰는 폭(보폭이라고 부른다)이 2인 최대 풀링 연산을 배열 array에 적용하면 결과는 배열 [1,1,1,1,1]이 된다. 즉, 1*10 크기 배열이 최대 풀링을 적용한 후 크기 1*5로 축소되었다.

구체적으로 배열 [1,1,1,1,1]은 [max(0,1), max(0,1), max(0,1), max(0,1), max(0,1)]의 결과다.

같은 배열에 평균 풀링을 적용하면 배열 [avg(0,1), avg(0,1), avg(0,1), avg(0,1), avg(0,1)] = [0.5, 0.5, 0.5, 0.5, 0.5]이 된다.

다음은 최대 풀링을 계산하는 코드다:

```
# 1D Max Pooling
array = np.array([0, 1, 0, 1, 0, 1, 0, 1, 0, 1])
result = np.zeros(len(array)//2)
for i in range(len(array)//2):
    result[i] = np.max(array[2*i:2*i+2])
result
```

실행 결과는 다음과 같다:

```
array([1., 1., 1., 1., 1.])
```

다음은 평균 풀링을 계산하는 코드다:

```
# 1D Average Pooling
array = np.array([0, 1, 0, 1, 0, 1, 0, 1, 0, 1])
result = np.zeros(len(array)//2)
for i in range(len(array)//2):
    result[i] = np.mean(array[2*i:2*i+2])
result
```

실행 결과는 다음과 같다:

```
array([0.5, 0.5, 0.5, 0.5, 0.5])
```

다음은 2차원 배열에 크기 2*2, 보폭 2인 최대 풀링을 적용한 결과를 나타낸다:

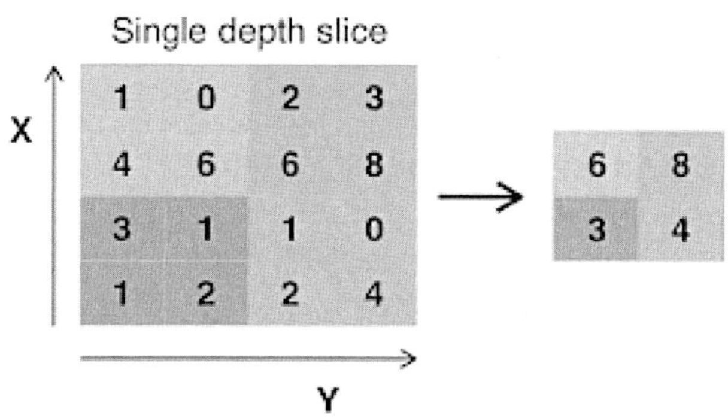

출처: : https://en.wikipedia.org/wiki/Convolutional_neural_network

MNIST 데이터에 적용해서 풀링을 이해해보자. 먼저 다음 코드를 실행해서 숫자 하나를 그림으로 출력한다:

```
plt.imshow(X_train[0].reshape(28,28), cmap='gray')
```

실행 결과는 다음과 같다:

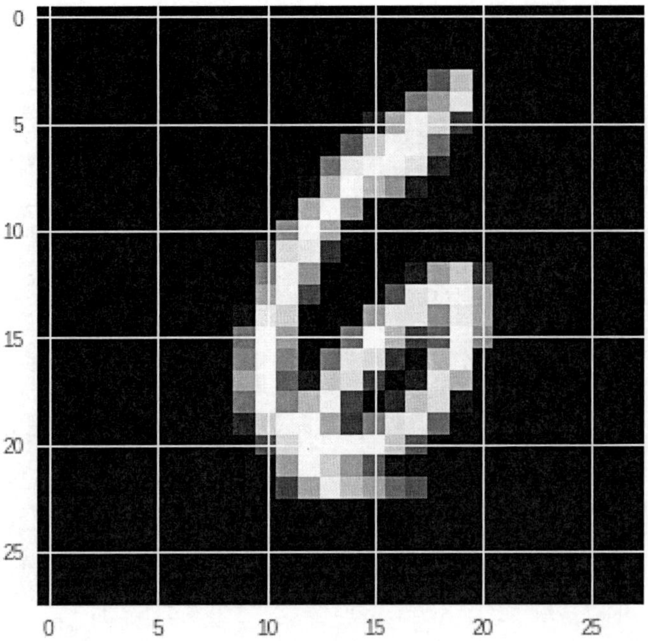

MNIST 숫자 6

MNIST 이미지 하나의 크기는 28*28이다. 여기에 크기 2*2 최대 풀링을 수행하면 결과 이미지의 크기는 14*14가 된다.

MNIST 숫자에 크기 2*2 최대 풀링 연산을 적용하는 함수는 다음과 같다:

```
def square_max_pool(image, pool_size=2):
    result = np.zeros((14,14))
    for i in range(result.shape[0]):
        for j in range(result.shape[1]):
            result[i,j] = np.max(image[i*pool_size : i*pool_size+pool_
                        size, j*pool_size : j*pool_size+pool_size])
    return result

# plot a pooled image
plt.imshow(square_max_pool(X_train[0].reshape(28,28)), cmap='gray')
```

실행 결과는 다음과 같다:

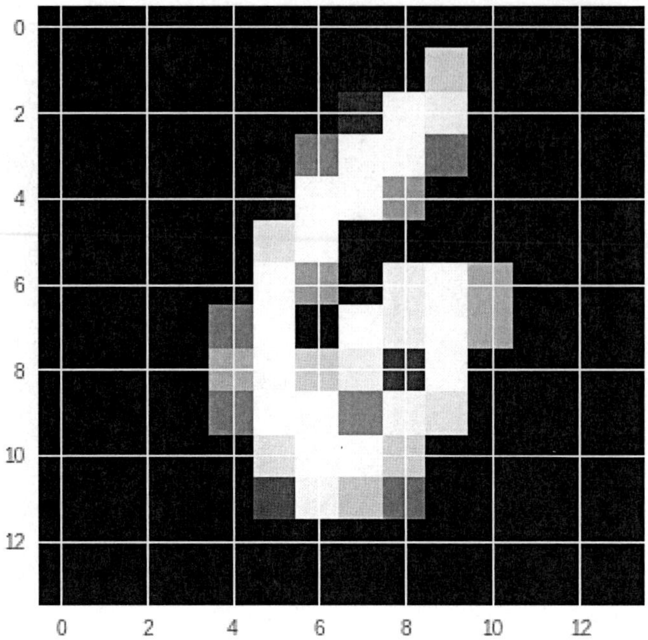

MNIST 숫자 6, 풀링 수행 후

바로 앞에서 구축한 단순 중첩신경망 분류기의 경우 학습 대상 매개변수는 약 270만 개다. 학습할 매개변수가 많으면 대부분은 과적합이 발생할 수 있다는 것이 입증되었다. 그래서 풀링이 필요하다. 풀링은 데이터에 포함된 중요한 특징을 유지하면서 학습할 매개변수의 수를 줄일 수 있다.

이제 최대 풀링을 추가한 중첩신경망 분류기를 만들자.

다음 코드를 실행해서 케라스 최대 풀링 모듈을 가져온다:

```
from keras.layers import MaxPool2D
```

그리고 모델에 풀링 층을 추가한 후 컴파일 한다:

```
# model
model = Sequential()
model.add(Conv2D(32, kernel_size=(3,3), input_shape=input_shape,
          activation = 'relu'))
model.add(MaxPool2D(2,2))
model.add(Flatten())
```

```
model.add(Dense(128, activation = 'relu'))
model.add(Dense(10, activation = 'softmax'))

# compile model
model.compile(loss = 'sparse_categorical_crossentropy', optimizer=
optimizer, metrics = ['accuracy'])

# print model summary
model.summary()
```

실행 결과는 다음과 같다:

```
_________________________________________________________________
Layer (type)                 Output Shape              Param #
=================================================================
conv2d_3 (Conv2D)            (None, 26, 26, 32)        320
_________________________________________________________________
max_pooling2d_1 (MaxPooling2 (None, 13, 13, 32)        0
_________________________________________________________________
flatten_2 (Flatten)          (None, 5408)              0
_________________________________________________________________
dense_6 (Dense)              (None, 128)               692352
_________________________________________________________________
dense_7 (Dense)              (None, 10)                1290
=================================================================
Total params: 693,962
Trainable params: 693,962
Non-trainable params: 0
_________________________________________________________________
```

크기가 2*2이고 보폭이 2인 최대 풀링 필터를 사용하면 매개변수 개수가 693,962로 줄어 단순 중첩신경망 분류기의 1/4임을 알 수 있다.

모델 학습

다음 코드를 사용하여 모델에게 데이터를 먹여 학습한다:

```
# fit model
history = model.fit(X_train, y_train, epochs = epochs,
batch_size=batch_size, validation_data=(X_val, y_val))
```

실행 결과는 다음과 같다:

```
Epoch 1/20
55000/55000 [==============================] - 4s 81us/step - loss:
4.2527 - acc: 0.7252 - val_loss: 3.6207 - val_acc: 0.7662
Epoch 2/20
55000/55000 [==============================] - 4s 74us/step - loss:
2.7122 - acc: 0.8228 - val_loss: 2.0632 - val_acc: 0.8620
Epoch 3/20
55000/55000 [==============================] - 4s 75us/step - loss:
1.8784 - acc: 0.8750 - val_loss: 1.8170 - val_acc: 0.8778
```

20회 학습 후 출력은 다음과 같다:

```
Epoch 19/20
55000/55000 [==============================] - 4s 75us/step - loss:
1.4808 - acc: 0.9057 - val_loss: 1.5735 - val_acc: 0.8948
Epoch 20/20
55000/55000 [==============================] - 4s 75us/step - loss:
1.4770 - acc: 0.9067 - val_loss: 1.5731 - val_acc: 0.8948
```

최대 풀링을 사용하는 중첩신경망 분류기 검증 데이터에 대한 정확도가 89.48%라는 걸 알 수 있다.

모델 평가

이제 다음 코드를 사용해서 테스트 데이터에 대한 중첩신경망 분류기 모델을 평가해보자:

```
# evaluate model
loss,acc = model.evaluate(X_test, y_test)
print('Test loss:', loss)
print('Accuracy:', acc)
```

실행 결과는 다음과 같다:

```
10000/10000 [==============================] - 1s 96us/step
Test loss: 1.5539939710008075
Accuracy: 0.8933
```

우리가 만든 모델이 테스트 데이터에 대해 89.33%(88.44%), 검증 데이터에 대해 89.48% (88.3%), 학습 데이터에 대해 90.67(89.82%) 정확함을 알 수 있다. 여기서 괄호 안은 풀링을 사용하지 않은 단순 중첩신경망 성능을 나타낸다. 풀링을 사용하지 않은 모델에 비해 전체적으로 성능이 개선되었다. 게다가 매개변수가 4배 적다는 걸 기억하자. 과적합 역시 다소 개선되었다.

이전과 마찬가지로 학습이 어떻게 진행되었는지 시각화해보자:

```
# plot training loss
loss_plot(history)
```

실행 결과는 다음과 같다: (!일부 그림 역시 실제 코드의 실행 결과에 맞게 수정하였다.)

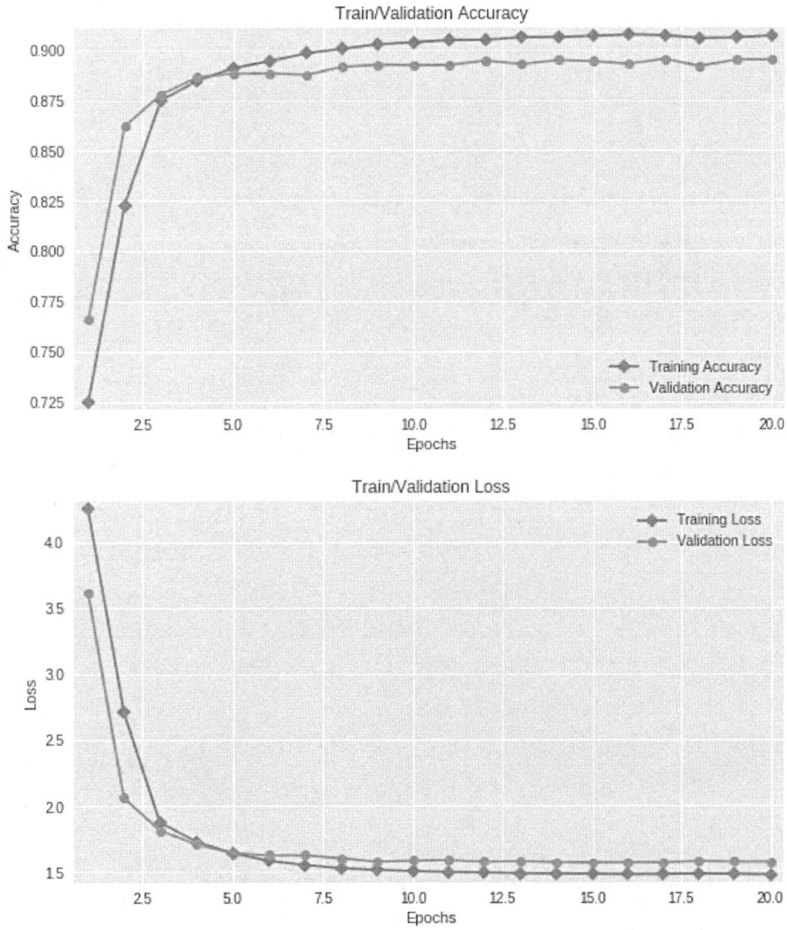

풀링을 사용한 중첩신경망 학습 과정; 정확도와 손실

풀링을 사용한 중첩신경망 – 파이선 코드

다음은 풀링을 사용한 중첩신경망 학습 및 평가를 구현한 전체 코드다:

```
"""This module implements a convolution classifier with maxpool
operation."""
import numpy as np
from keras.datasets import mnist
from keras.models import Sequential
from keras.layers import Dense, Conv2D, Flatten, MaxPool2D
import matplotlib.pyplot as plt

from sklearn.model_selection import train_test_split
from loss_plot import loss_plot

# Number of epochs
epochs = 20
# Batchsize
batch_size = 128
# Optimizer for the generator
from keras.optimizers import Adam
optimizer = Adam(lr=0.0001)
# Shape of the input image
input_shape = (28,28,1)

(X_train, y_train), (X_test, y_test) = mnist.load_data()

X_train, X_val, y_train, y_val = train_test_split(X_train, y_train,
                                                  stratify = y_train,
                                                  test_size = 0.08333,
                                                  random_state=42)

X_train = X_train.reshape(-1,28,28,1)
X_val = X_val.reshape(-1,28,28,1)
X_test = X_test.reshape(-1,28,28,1)

model = Sequential()
model.add(Conv2D(32, kernel_size=(3,3), input_shape=input_shape,
                 activation='relu'))
```

```
model.add(MaxPool2D(2,2))
model.add(Flatten())
model.add(Dense(128, activation = 'relu'))
model.add(Dense(10, activation='softmax'))
model.compile(loss = 'sparse_categorical_crossentropy',
              optimizer=optimizer,  metrics = ['accuracy'])
history = model.fit(X_train, y_train, epochs = epochs, batch_size=
                    batch_size, validation_data=(X_val, y_val))

# evaluate model
loss,acc = model.evaluate(X_test, y_test)
print('Test loss:', loss)
print('Accuracy:', acc)

loss_plot(history)
```

드롭아웃

드롭아웃은 과적합을 방지하기 위해 사용되는 기술로 학습하는 동안 무작위로 선택한 뉴런을 학습 대상에서 제외하는 기법이다. 물론 학습을 마친 모델로 예측할 때는 모든 뉴런이 정상적으로 출력을 산출하는 데 사용된다.

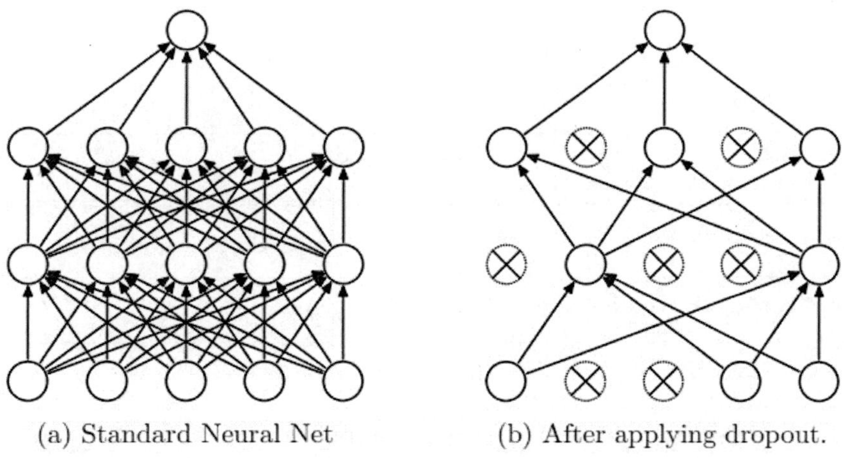

드롭아웃: 신경망 과적합을 해소하는 간단한 방법
(http://www.cs.toronto.edu/~rsalakhu/papers/srivastava14a.pdf)

케라스로 드롭아웃을 구현해보자. 아주 쉽다. 먼저 모듈을 가져온다:

```
from keras.layers import Dropout
```

그런 다음 필요한 위치에 드롭아웃 층을 배치한다. 중첩신경망의 경우 다음 코드처럼 최대 풀링 층과 Dense 층 뒤에 배치한다:

```
# model
model = Sequential()
model.add(Conv2D(32, kernel_size=(3,3), input_shape=input_shape,
          activation = 'relu'))
model.add(MaxPool2D(2,2))
model.add(Dropout(0.2))
model.add(Flatten())
model.add(Dense(128, activation = 'relu'))
model.add(Dropout(0.2))
model.add(Dense(10, activation = 'softmax'))

# compile model
model.compile(loss = 'sparse_categorical_crossentropy', optimizer=
              optimizer, metrics = ['accuracy'])

# model summary
model.summary()
```

실행 결과는 다음과 같다:

```
_________________________________________________________________
Layer (type)                 Output Shape              Param #
=================================================================
conv2d_4 (Conv2D)            (None, 26, 26, 32)        320
_________________________________________________________________
max_pooling2d_2 (MaxPooling2 (None, 13, 13, 32)        0
_________________________________________________________________
dropout_1 (Dropout)          (None, 13, 13, 32)        0
_________________________________________________________________
flatten_3 (Flatten)          (None, 5408)              0
_________________________________________________________________
dense_8 (Dense)              (None, 128)               692352
_________________________________________________________________
```

```
dropout_2 (Dropout)          (None, 128)          0
_________________________________________________________________
dense_9 (Dense)              (None, 10)           1290
=================================================================
Total params: 693,962
Trainable params: 693,962
Non-trainable params: 0
_________________________________________________________________
```

드롭아웃은 일종의 규제 기술로, 모델에 층으로 추가되지만, 학습 대상인 매개변수가 추가되지 않는다.

모델 학습

마찬가지로 20 에포크 동안 모델을 학습한다:

```
# fit model
history = model.fit(X_train, y_train, epochs = epochs,
batch_size = batch_size, validation_data=(X_val, y_val))
```

실행 결과는 다음과 같다:

```
Epoch 1/20
55000/55000 [==============================] - 5s 90us/step - loss:
4.0026 - acc: 0.7301 - val_loss: 0.8546 - val_acc: 0.9174
Epoch 2/20
55000/55000 [==============================] - 5s 84us/step - loss:
0.6120 - acc: 0.9097 - val_loss: 0.2460 - val_acc: 0.9432
Epoch 3/20
55000/55000 [==============================] - 5s 83us/step - loss:
0.3025 - acc: 0.9259 - val_loss: 0.1773 - val_acc: 0.9528
```

20회 학습 후 출력은 다음과 같다:

```
Epoch 19/20
55000/55000 [==============================] - 4s 81us/step - loss:
0.0308 - acc: 0.9896 - val_loss: 0.0684 - val_acc: 0.9830
Epoch 20/20
```

```
55000/55000 [==============================] - 4s 81us/step - loss:
0.0282 - acc: 0.9908 - val_loss: 0.0655 - val_acc: 0.9852
```

최대 풀링 및 드롭아웃을 사용한 중첩신경망 분류기의 검증 데이터에 대한 정확도는 98.52%이다.

모델 평가

이제 모델의 손실과 정확도를 평가해 보자:

```
# evaluate model
loss,acc = model.evaluate(X_test, y_test)
print('Test loss:', loss)
print('Accuracy:', acc)
```

실행 결과는 다음과 같다:

```
10000/10000 [==============================] - 1s 96us/step
Test loss: 0.05984082971687239
Accuracy: 0.9843
```

드롭아웃을 추가한 모델은 테스트 데이터에 대해 98.43%(89.33%(88.44%)), 검증 데이터에 대해 98.52%(89.48%(88.3%)), 학습 데이터에 대해 99.08%(90.67%(89.82%)) 정확함을 알 수 있다. 여기서 괄호 안은 차례로 풀링을 사용한 중첩신경망, 풀링 조차 사용하지 않은 단순 중첩신경망 성능을 나타낸다. 드롭아웃을 사용함으로써 모델의 성능이 대폭 개선되고 과적합 역시 상당히 개선되었다는 걸 알 수 있다. 매개변수가 4배 적다는 걸 다시 한번 기억하자.

이전과 마찬가지로 학습이 어떻게 진행되었는지 시각화해보자:

```
# plot training loss
loss_plot(history)
```

실행 결과는 다음과 같다:

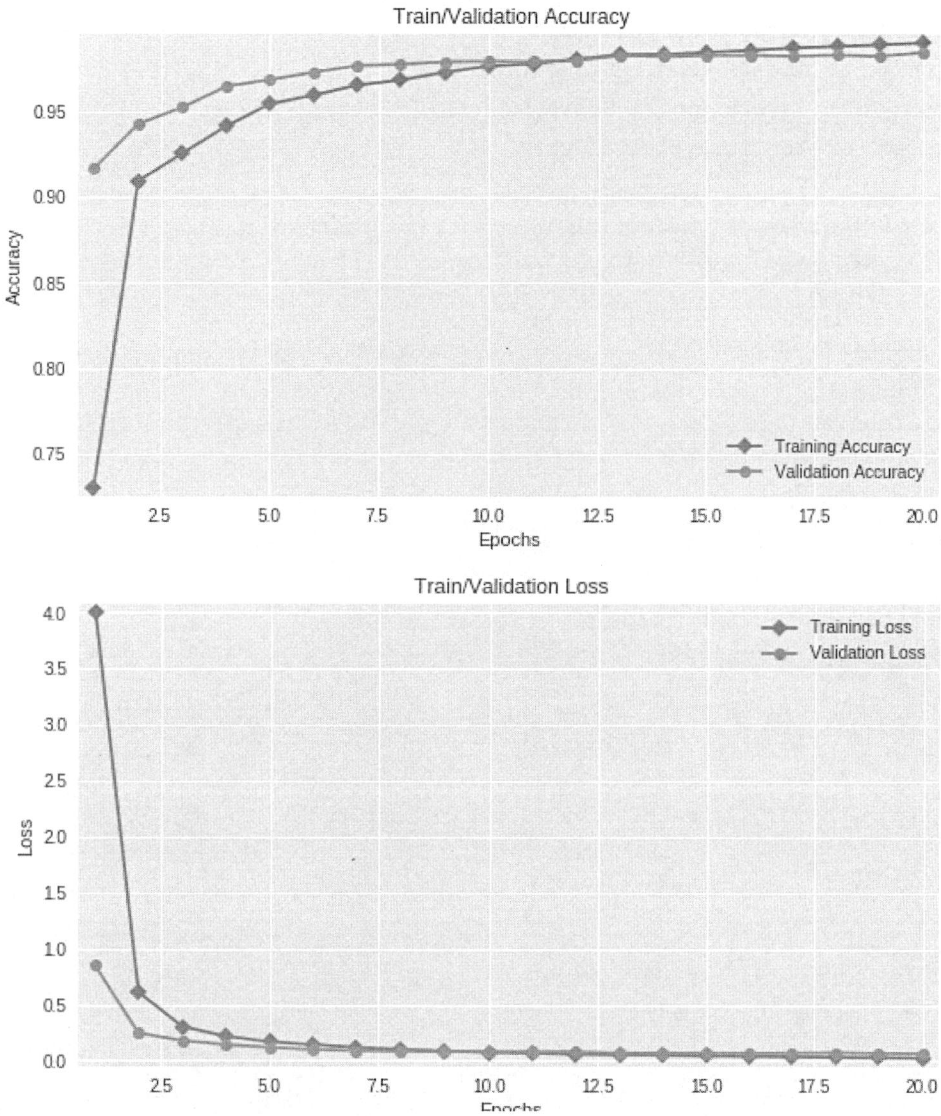

드롭아웃, 풀링을 사용한 중첩신경망 학습과정; 정확도와 손실

풀링과 드롭아웃을 사용한 중첩신경망 – 파이썬 코드

다음은 풀링과 드롭아웃을 포함한 중첩신경망 학습 및 평가를 구현한 전체 코드다:

```
"""This module implements conv classifier with maxpool and dropout
operation."""
import numpy as np
```

```
from keras.datasets import mnist
from keras.models import Sequential
from keras.layers import Dense, Conv2D, Flatten, MaxPool2D, Dropout
import matplotlib.pyplot as plt

from sklearn.model_selection import train_test_split
from loss_plot import loss_plot

# Number of epochs
epochs = 20
# Batchsize
batch_size = 128
# Optimizer for the generator
from keras.optimizers import Adam
optimizer = Adam(lr=0.0001)
# Shape of the input image
input_shape = (28,28,1)

(X_train, y_train), (X_test, y_test) = mnist.load_data()

X_train, X_val, y_train, y_val = train_test_split(X_train, y_train,
                                                  stratify = y_train,
                                                  test_size = 0.08333,
                                                  random_state=42)
X_train = X_train.reshape(-1,28,28,1)
X_val = X_val.reshape(-1,28,28,1)
X_test = X_test.reshape(-1,28,28,1)

model = Sequential()
model.add(Conv2D(32, kernel_size=(3,3), input_shape=input_shape,
                 activation = 'relu'))
model.add(MaxPool2D(2,2))
model.add(Dropout(0.2))
model.add(Flatten())
model.add(Dense(128, activation = 'relu'))
model.add(Dropout(0.2))
model.add(Dense(10, activation='softmax'))
model.compile(loss = 'sparse_categorical_crossentropy',
              optimizer=optimizer, metrics = ['accuracy'])
```

```
history = model.fit(X_train, y_train, epochs = epochs,
          batch_size=batch_size, validation_data=(X_val, y_val))

loss,acc = model.evaluate(X_test, y_test)
print('Test loss:', loss)
print('Accuracy:', acc)

loss_plot(history)
```

심층 중첩신경망

풀링과 드롭아웃을 포함한 중첩신경망은 현재까지 개발된 최고의 분류기다. 하지만 앞의 평가 결과를 보면 과적합이 완전히 해소되지는 않았다는 걸 알 수 있다.

지금까지 구축해온 다른 유형의 모델보다 더 정확한 분류기를 생성할 수 있는지 알아보고 동시에 앞에서 구축한 모델보다 더 나은 정확도를 얻을 수 있는지 확인하기 위해 층이 더 많은 심층 모델을 사용해서 학습해보자.

이번에는 중첩 층 블록 2개를 더 추가한 심층 모델을 사용해 보자:

- 첫 번째 블록은 활성 함수 relu, 3*3 크기 필터 32개를 사용하는 2D 중첩 층, 크기 2*2의 최대 풀링, 드롭아웃으로 구성
- 두 번째 블록은 활성 함수 relu, 3*3 크기 필터 64개를 사용하는 2D 중첩 층, 크기 2*2의 최대 풀링, 드롭아웃으로 구성
- 세 번째 블록은 활성 함수 relu, 3*3 크기 필터 128개를 사용하는 2D 중첩 층, 크기 2*2의 최대 풀링, 드롭아웃으로 구성

모델 컴파일

다음은 심층 모델의 코드다:

```
# model
model = Sequential()
model.add(Conv2D(32, kernel_size=(3,3), input_shape=input_shape,
          activation = 'relu'))
```

```
model.add(MaxPool2D(2,2))
model.add(Dropout(0.2))
model.add(Conv2D(64, kernel_size=(3,3), activation = 'relu'))
model.add(MaxPool2D(2,2))
model.add(Dropout(0.2))
model.add(Conv2D(128, kernel_size=(3,3), activation = 'relu'))
model.add(MaxPool2D(2,2))
model.add(Dropout(0.2))
model.add(Flatten())
model.add(Dense(128, activation = 'relu'))
model.add(Dropout(0.2))
model.add(Dense(10, activation = 'softmax'))

# compile model
model.compile(loss = 'sparse_categorical_crossentropy', optimizer=
optimizer, metrics = ['accuracy'])

# print model summary
model.summary()
```

실행 결과는 다음과 같다:

```
_________________________________________________________________
Layer (type)                 Output Shape              Param #
=================================================================
conv2d_5 (Conv2D)            (None, 26, 26, 32)        320
_________________________________________________________________
max_pooling2d_3 (MaxPooling2 (None, 13, 13, 32)        0
_________________________________________________________________
dropout_3 (Dropout)          (None, 13, 13, 32)        0
_________________________________________________________________
conv2d_6 (Conv2D)            (None, 11, 11, 64)        18496
_________________________________________________________________
max_pooling2d_4 (MaxPooling2 (None, 5, 5, 64)          0
_________________________________________________________________
dropout_4 (Dropout)          (None, 5, 5, 64)          0
_________________________________________________________________
conv2d_7 (Conv2D)            (None, 3, 3, 128)         73856
_________________________________________________________________
max_pooling2d_5 (MaxPooling2 (None, 1, 1, 128)         0
_________________________________________________________________
```

```
dropout_5 (Dropout)          (None, 1, 1, 128)        0
_________________________________________________________________
flatten_4 (Flatten)          (None, 128)              0
_________________________________________________________________
dense_10 (Dense)             (None, 128)              16512
_________________________________________________________________
dropout_6 (Dropout)          (None, 128)              0
_________________________________________________________________
dense_11 (Dense)             (None, 10)               1290
=================================================================
Total params: 110,474
Trainable params: 110,474
Non-trainable params: 0
_________________________________________________________________
```

모델의 요약에서 알 수 있듯이 심층 모델의 학습 대상 매개변수는 110,474개로 더 적다. 앞선 모델보다 더 적은 수의 매개변수를 가진 심층 모델이 분류를 더 잘 할 수 있는지 확인해보자.

모델 학습

보통 심층 모델은 학습을 위해 더 긴 반복이 필요하므로 에포크를 40으로 설정한다. (그래도 혹시 어떤 일이 일어나는지 확인하고 싶으면 먼저 20 에포크 동안 모델을 학습해보기 바란다):

```
# fit model
history = model.fit(X_train, y_train, epochs = 40, batch_size=batch_size,
validation_data=(X_val, y_val))
```

실행 결과는 다음과 같다:

```
Train on 55000 samples, validate on 5000 samples
Epoch 1/40
55000/55000 [==============================] - 8s 140us/step - loss:
1.8529 - acc: 0.6259 - val_loss: 0.3431 - val_acc: 0.8994
Epoch 2/40
55000/55000 [==============================] - 7s 128us/step - loss:
0.5133 - acc: 0.8410 - val_loss: 0.2216 - val_acc: 0.9322
```

```
Epoch 3/40
55000/55000 [==============================] - 7s 126us/step - loss:
0.3743 - acc: 0.8860 - val_loss: 0.1750 - val_acc: 0.9460
```

40회 학습 후 출력은 다음과 같다:

```
Epoch 39/40
55000/55000 [==============================] - 7s 125us/step - loss:
0.0483 - acc: 0.9847 - val_loss: 0.0392 - val_acc: 0.9880
Epoch 40/40
55000/55000 [==============================] - 7s 124us/step - loss:
0.0455 - acc: 0.9855 - val_loss: 0.0389 - val_acc: 0.9894
```

모델 평가

이제 다음 코드를 실행해서 모델을 평가한다.

```
# evaluate model
loss,acc = model.evaluate(X_test, y_test)
print('Test loss:', loss)
print('Accuracy:', acc)
```

실행 결과는 다음과 같다:

```
10000/10000 [==============================] - 1s 103us/step
Test loss: 0.03201477632472088
Accuracy: 0.9893
```

심층 모델은 테스트 데이터에 대해 98.93%(98.43%(89.33%(88.44%))), 검증 데이터에 대해 98.94%(98.52%(89.48%(88.3%))), 학습 데이터에 대해 98.55%(99.08%(90.67%(89.82%))) 정확함을 알 수 있다. (!여기서 괄호 안은 차례로 드롭아웃과 풀링을 사용한 중첩신경망, 풀링을 사용한 중첩신경망, 풀링 조차 사용하지 않은 단순 중첩신경망 성능을 나타낸다.) 심층 모델이 테스트 데이터에 대해 더 좋은 성능을 보일뿐 아니라 과적합이 거의 일어나지 않았다는 걸 알 수 있다. 매개변수가 약 110,000개로 690,000개에 비해 6배 적다는 것 역시 주목해야 한다.

이전과 마찬가지로 학습이 어떻게 진행되었는지 시각화해보자:

```
# plot training loss
loss_plot(history)
```

실행 결과는 다음과 같다:

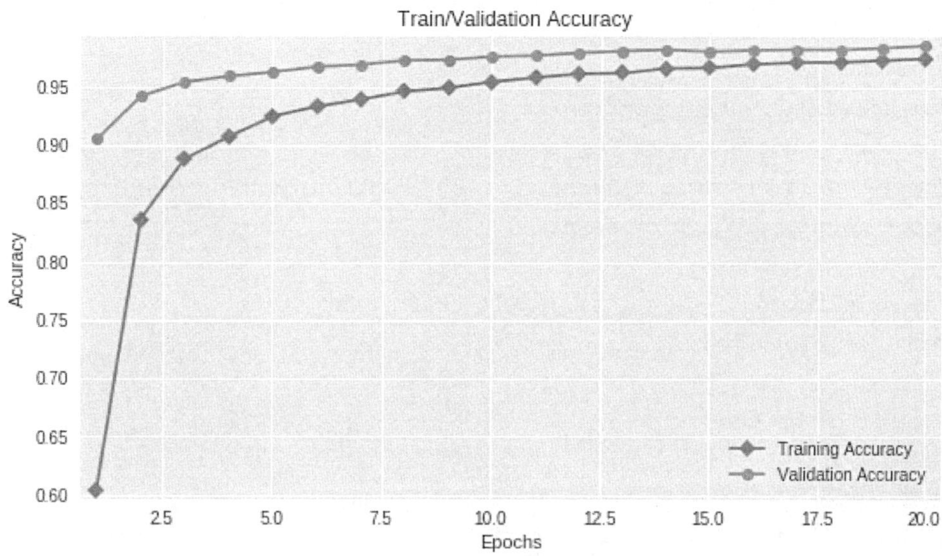

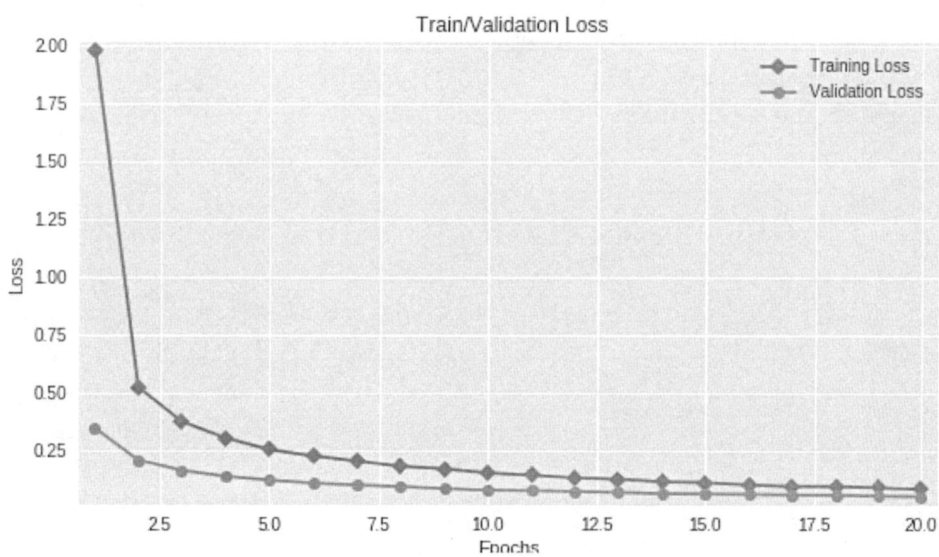

심층 중첩신경망 학습과정; 정확도와 손실

지금까지 구축한 모델 중 최상의 성능을 보인다. 과적합이 전혀 없다는 걸 확인 할 수 있다(!과적합은 검증 데이터 정확도가 학습 데이터 정확도 보다 커지는 순간부터 일어난다).

심층(풀링, 드롭아웃) 중첩신경망 – 파이썬 코드

다음은 풀링과 드롭아웃을 사용한 심층 중첩신경망 학습 및 평가를 구현한 전체 코드다:

```
"""This module implements a deep conv classifier with max pool and
dropout."""
import numpy as np
from keras.datasets import mnist
from keras.models import Sequential
from keras.layers import Dense, Conv2D, Flatten, MaxPool2D, Dropout
import matplotlib.pyplot as plt

from sklearn.model_selection import train_test_split
from loss_plot import loss_plot

# Number of epochs
epochs = 20
# Batchsize
batch_size = 128
# Optimizer for the generator
from keras.optimizers import Adam
optimizer = Adam(lr=0.0001)
# Shape of the input image
input_shape = (28,28,1)

(X_train, y_train), (X_test, y_test) = mnist.load_data()

X_train, X_val, y_train, y_val = train_test_split(X_train, y_train,
                                                  stratify = y_train,
                                                  test_size = 0.08333,
                                                  random_state=42)


X_train = X_train.reshape(-1,28,28,1)
X_val = X_val.reshape(-1,28,28,1)
X_test = X_test.reshape(-1,28,28,1)
```

```
model = Sequential()
model.add(Conv2D(32, kernel_size=(3,3), input_shape=input_shape,
                 activation = 'relu'))
model.add(MaxPool2D(2,2))
model.add(Dropout(0.2))
model.add(Conv2D(64, kernel_size=(3,3), activation = 'relu'))
model.add(MaxPool2D(2,2))
model.add(Dropout(0.2))
model.add(Conv2D(128, kernel_size=(3,3), activation = 'relu'))
model.add(MaxPool2D(2,2))
model.add(Dropout(0.2))
model.add(Flatten())
model.add(Dense(128, activation = 'relu'))
model.add(Dropout(0.2))
model.add(Dense(10, activation = 'softmax'))

model.compile(loss = 'sparse_categorical_crossentropy', optimizer=
              optimizer, metrics = ['accuracy'])

history = model.fit(X_train, y_train, epochs = epochs,
          batch_size=batch_size, validation_data=(X_val, y_val))

loss,acc = model.evaluate(X_test, y_test)
print('Test loss:', loss)
print('Accuracy:', acc)

loss_plot(history)
```

데이터 확장

학습에 사용할 이미지 데이터가 별로 없는 상황에서 분류기를 구축하려는 상황을 상상해 보자. 일반적으로 학습 데이터 개수가 적으면 모델이 이 소수의 데이터 집합을 과적합 한다. 학습 데이터가 몇 개 안 되는 상황에서 그것을 심하게 학습하면, 새롭게 등장한 테스트 데이터를 잘 분류할 수 없다.

케라스는 간단하게 학습에 사용할 이미지 데이터 개수를 늘릴 수 있는 ImageDataGenerator 라는 강력한 전처리 유틸리티를 제공한다.

데이터를 확장하는 방법으로 다음과 같은 게 있다:

- zoom_range: 정해진 비율 내에서 무작위로 확대/축소
- horizontal_flip: 무작위로 선정한 이미지를 수평으로 뒤집기
- vertical_flip: 무작위로 선정한 이미지를 수직으로 뒤집기
- rescale: 정해진 비율로 크기 변경

무작위 회전, 무작위 찌그러뜨리기 등 다름 많은 방법을 사용할 수 있다.

> image_data_generator API의 추가 기능에 대한 자세한 설명은 다음의 케라스 공식문서에 있다:
> https://keras.io/preprocessing/image/

ImageDataGenerator 사용하기

image_data_generator API는 일괄적으로 데이터를 변환 및 확장하는데, 사용하기도 진짜 쉽다.

먼저 ImageDataGenerator를 가져온다:

```
from keras.preprocessing.image import ImageDataGenerator
```

수평 뒤집기 확장기를 적용해 보자:

```
train_datagen = ImageDataGenerator(horizontal_flip=True)
```

학습 데이터를 전달해서 데이터를 적합한다:

```
# fit the augmenter
train_datagen.fit(X_train)
```

적합 후에는 일반적으로 transform 명령을 사용하는데, 우리는 대신 flow 명령을 사용해서, 다음처럼 이미지와 해당 레이블을 가져와서 지정된 배치 크기의 확장 데이터를 생성한다:

이미지 몇 개를 변환한 후 확장하여 만든 데이터를 시각화해보자:

```
# transform the data
for img, label in train_datagen.flow(X_train, y_train, batch_size=6):
    for i in range(0, 6):
        plt.subplot(2,3,i+1)
        plt.title('Label {}'.format(label[i]))
        plt.imshow(img[i].reshape(28, 28), cmap='gray')
    break
plt.tight_layout()
plt.show()
```

실행 결과는 다음과 같다:

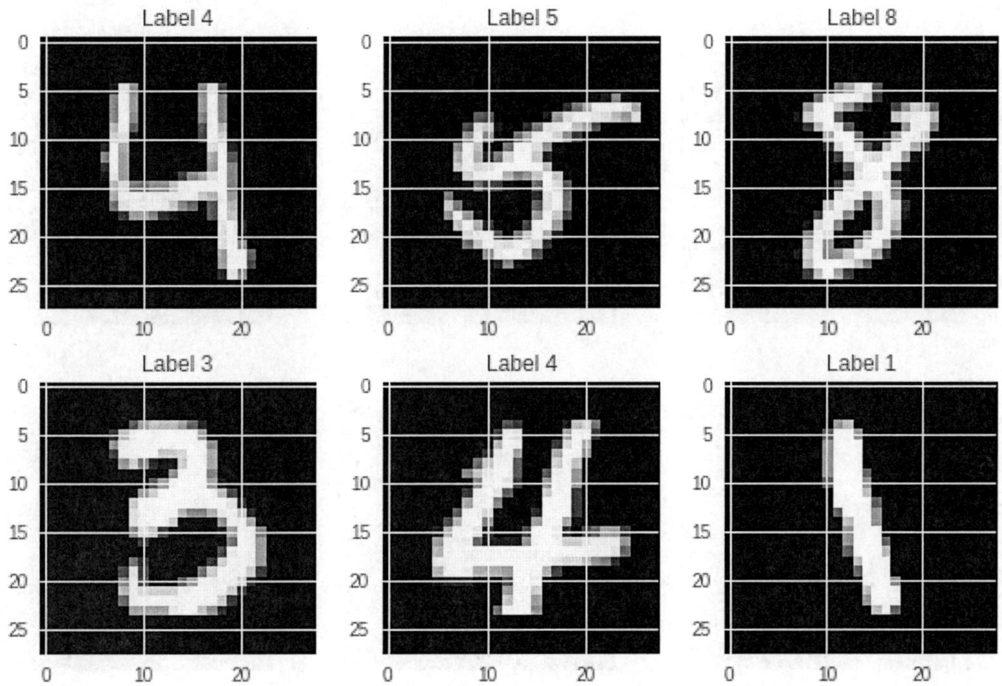

확장 이미지(horizontal_flip)

마찬가지로 임의의 크기로 확대/축소 확장하여 만든 데이터를 시각화해보자:

```
train_datagen = ImageDataGenerator(zoom_range=0.3)

#fit
```

```
train_datagen.fit(X_train)

#transform
for img, label in train_datagen.flow(X_train, y_train, batch_size=6):
    for i in range(0, 6):
        plt.subplot(2,3,i+1)
        plt.title('Label {}'.format(label[i]))
        plt.imshow(img[i].reshape(28, 28), cmap='gray')
    break
plt.tight_layout()
plt.show()
```

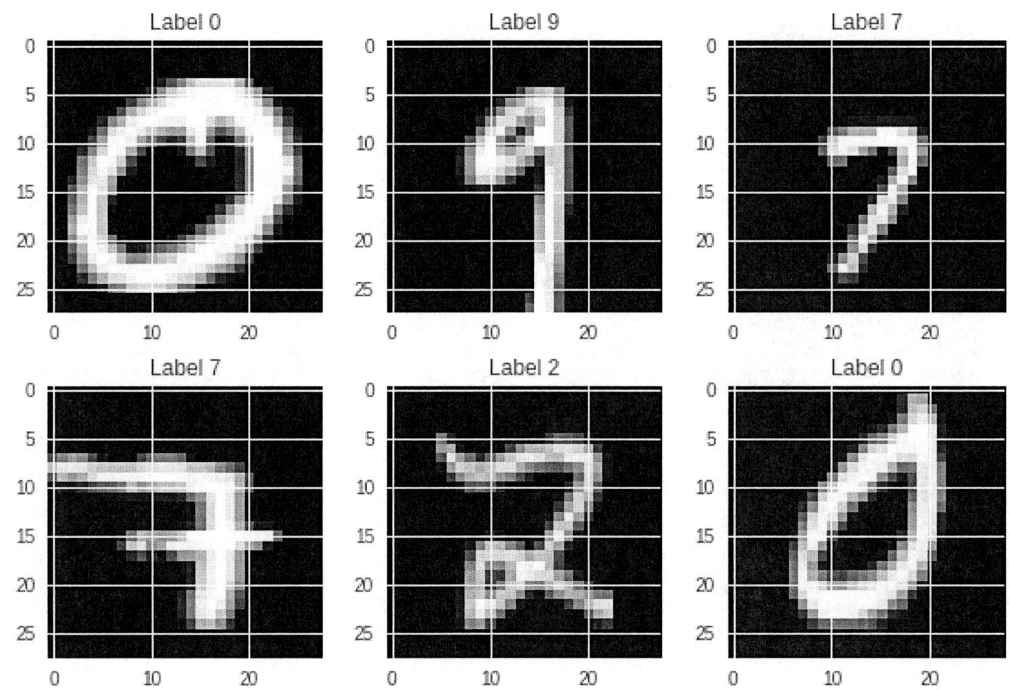

확장 이미지(zoom_range)

ImageDataGenerator로 확장한 데이터 학습

이제 풀링 및 드롭아웃이 있는 심층 중첩신경망 모델로 증강 데이터를 학습하여 분류기를 구축해 보자.

먼저 다음과 같이 ImageDataGenerator에 적용할 확장 수단을 정의한다:

```
train_datagen = ImageDataGenerator(
        rescale=1./255,
        zoom_range=0.2,
        horizontal_flip=True)
```

ImageDataGenerator가 다음 작업을 수행할 수 있다고 정의했습니다.

- 크기 변경
- 무작위 확대/축소
- 무작위 수평 뒤집기

크기 변경 rescale = 1./255은 이미지 픽셀값을 0과 1 사이의 값으로 바꾼다.

다음 코드로 이 확장기를 학습 데이터에 적합한다:

```
train_datagen.fit(X_train)
```

모델 컴파일

다음과 같이 심층 중첩신경망 모델을 정의하고 컴파일한다:

```
# define model
model = Sequential()
model.add(Conv2D(32, kernel_size=(3,3), input_shape=input_shape,
          activation='relu'))
model.add(MaxPool2D(2,2))
model.add(Dropout(0.2))
model.add(Conv2D(64, kernel_size=(3,3), activation = 'relu'))
model.add(MaxPool2D(2,2))
model.add(Dropout(0.2))
model.add(Conv2D(128, kernel_size=(3,3), activation = 'relu'))
model.add(MaxPool2D(2,2))
```

```
model.add(Dropout(0.2))
model.add(Flatten())
model.add(Dense(128, activation = 'relu'))
model.add(Dropout(0.2))
model.add(Dense(10, activation = 'softmax'))

# compile model
model.compile(loss = 'sparse_categorical_crossentropy', optimizer=
              optimizer, metrics = ['accuracy'])
```

모델 학습

마지막으로 모델을 학습한다:

```
# fit the model on batches with real-time data augmentation
history = model.fit_generator(train_datagen.flow(X_train, y_train,
batch_size=128), steps_per_epoch=len(X_train) / 128, epochs=10,
validation_data=(train_datagen.flow(X_val, y_val)))
```

실행 결과는 다음과 같다:

```
Epoch 1/10
430/429 [==============================] - 18s 43ms/step - loss: 0.7970
- acc: 0.7317 - val_loss: 0.3087 - val_acc: 0.9038
Epoch 2/10
430/429 [==============================] - 17s 41ms/step - loss: 0.3466
- acc: 0.8902 - val_loss: 0.1981 - val_acc: 0.9412
Epoch 3/10
430/429 [==============================] - 18s 41ms/step - loss: 0.2568
- acc: 0.9203 - val_loss: 0.1654 - val_acc: 0.9486
```

20회 학습 후 출력은 다음과 같다:

```
Epoch 9/10
430/429 [==============================] - 18s 42ms/step - loss: 0.1367
- acc: 0.9578 - val_loss: 0.0953 - val_acc: 0.9720
Epoch 10/10
```

```
430/429 [==============================] - 17s 41ms/step - loss: 0.1289
- acc: 0.9602 - val_loss: 0.0916 - val_acc: 0.9718
```

모델 평가

이제 모델을 평가 해보자:

```
# transform/augment test data
for test_img, test_lab in train_datagen.flow(X_test, y_test, batch_size =
X_test.shape[0]):
    break

# evaluate model on test data
loss,acc = model.evaluate(test_img, test_lab)
print('Test loss:', loss)
print('Accuracy:', acc)
```

실행 결과는 다음과 같다:

```
10000/10000 [==============================] - 1s 107us/step
Test loss: 0.07422855299189687
Accuracy: 0.9764
```

그런 다음 시각화 한다:

```
# plot the learning
loss_plot(history)
```

실행 결과는 다음과 같다:

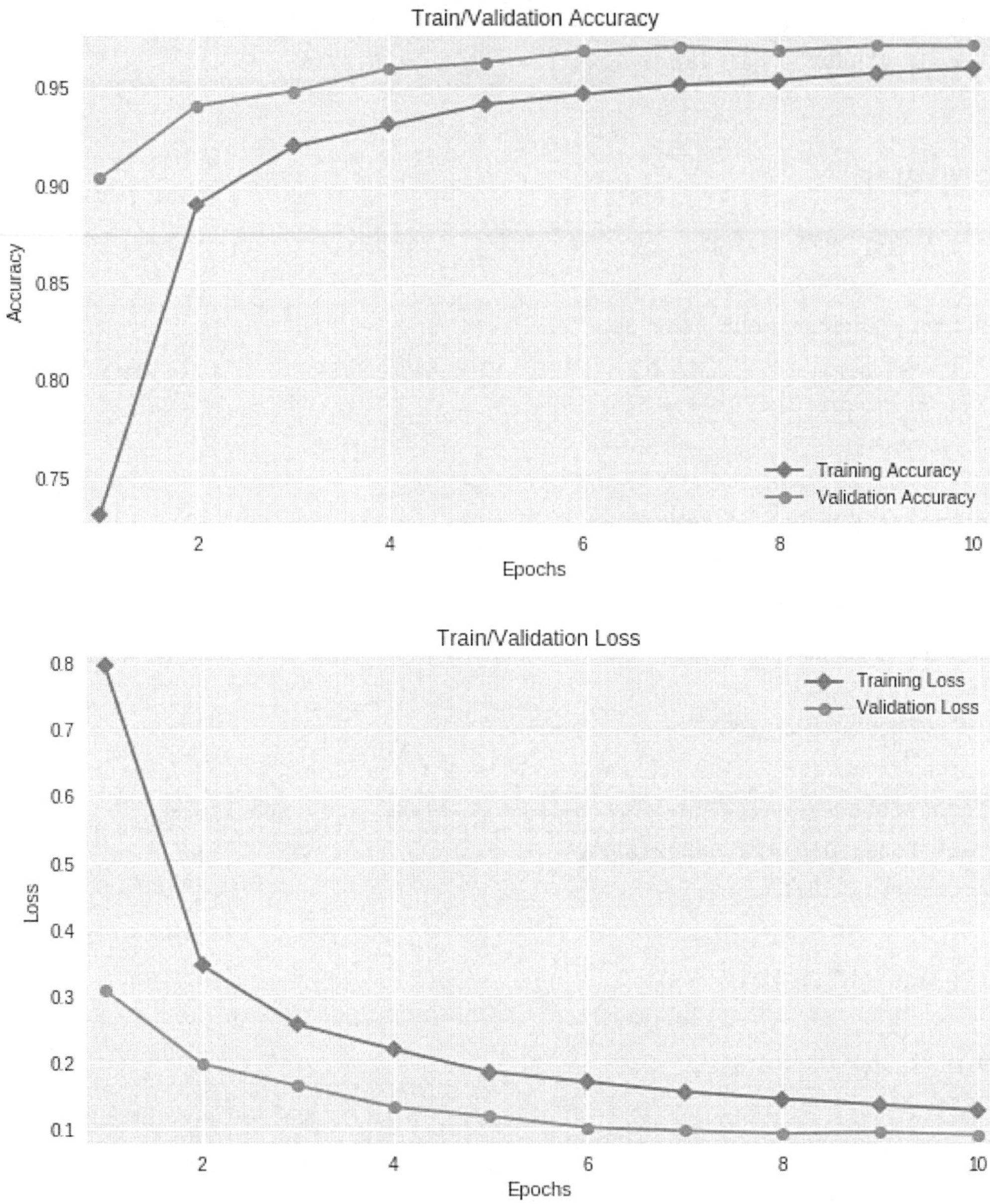

확장 데이터에 대한 심층 중첩신경망 학습과정; 정확도와 손실

데이터 확장 심층 중첩신경망 – 파이썬 파일

다음은 데이터 확장을 사용한 심층 중첩신경망 학습 및 평가를 구현한 전체 코드다:

```
"""This module implements a deep conv classifier on augmented data."""
import numpy as np
from keras.datasets import mnist
from keras.models import Sequential
from keras.layers import Dense, Conv2D, Flatten, MaxPool2D, Dropout
import matplotlib.pyplot as plt
from keras.preprocessing.image import ImageDataGenerator

from sklearn.model_selection import train_test_split
from loss_plot import loss_plot

# Number of epochs
epochs = 10
# Batchsize
batch_size = 128
# Optimizer for the generator
from keras.optimizers import Adam
optimizer = Adam(lr=0.001)
# Shape of the input image
input_shape = (28,28,1)

(X_train, y_train), (X_test, y_test) = mnist.load_data()

X_train, X_val, y_train, y_val = train_test_split(X_train, y_train,
                                                  stratify = y_train,
                                                  test_size = 0.08333,
                                                  random_state=42)

X_train = X_train.reshape(-1,28,28,1)
X_val = X_val.reshape(-1,28,28,1)
X_test = X_test.reshape(-1,28,28,1)

train_datagen = ImageDataGenerator(
       rescale=1./255,
       zoom_range=0.2,
       horizontal_flip=True)

train_datagen.fit(X_train)
```

```
model = Sequential()
model.add(Conv2D(32, kernel_size=(3,3), input_shape=input_shape,
                 activation = 'relu'))
model.add(MaxPool2D(2,2))
model.add(Dropout(0.2))
model.add(Conv2D(64, kernel_size=(3,3), activation = 'relu'))
model.add(MaxPool2D(2,2))
model.add(Dropout(0.2))
model.add(Conv2D(128, kernel_size=(3,3), activation = 'relu'))
model.add(MaxPool2D(2,2))
model.add(Dropout(0.2))
model.add(Flatten())
model.add(Dense(128, activation = 'relu'))
model.add(Dropout(0.2))
model.add(Dense(10, activation = 'softmax'))

model.compile(loss = 'sparse_categorical_crossentropy', optimizer=
              optimizer, metrics = ['accuracy'])

# fits the model on batches with real-time data augmentation:
history = model.fit_generator(train_datagen.flow(X_train, y_train,
          batch_size=128),
          steps_per_epoch=len(X_train) / 128, epochs=epochs,
          validation_data=(train_datagen.flow(X_val, y_val)))

for test_img, test_lab in train_datagen.flow(X_test, y_test,
                                      batch_size = X_test.shape[0]):
   break

loss,acc = model.evaluate(test_img, test_lab)
print('Test loss:', loss)
print('Accuracy:', acc)

loss_plot(history)
```

추가 주제 – 중첩 오토인코더

오토인코더는 인코더와 디코더 두 부분으로 구성된다. 단순 오토인코더는 인코더와 디코더가 보통 완전 연결 층인 반면, 중첩 오토인코더는 중첩층으로 구성한다:

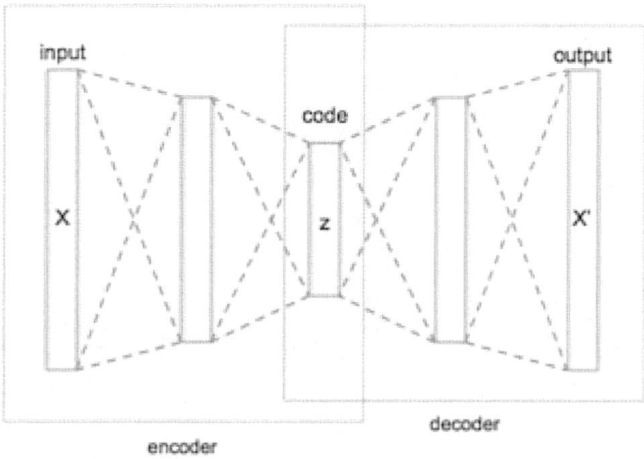

오토인코더의 구조 (이미지 출처: Wikipedia)

인코더는 이미지를 입력받아 풀링 연산 등을 거쳐 더 작은 크기로 압축한다. 디코더는 인코더의 출력을 입력을 받아 중첩과 업샘플링을 사용하여 이미지를 원하는 크기로 확장하는 방법을 학습한다.

다음처럼 저해상도 이미지를 고해상도로 복원하는 작업에 대해 생각해 보자:

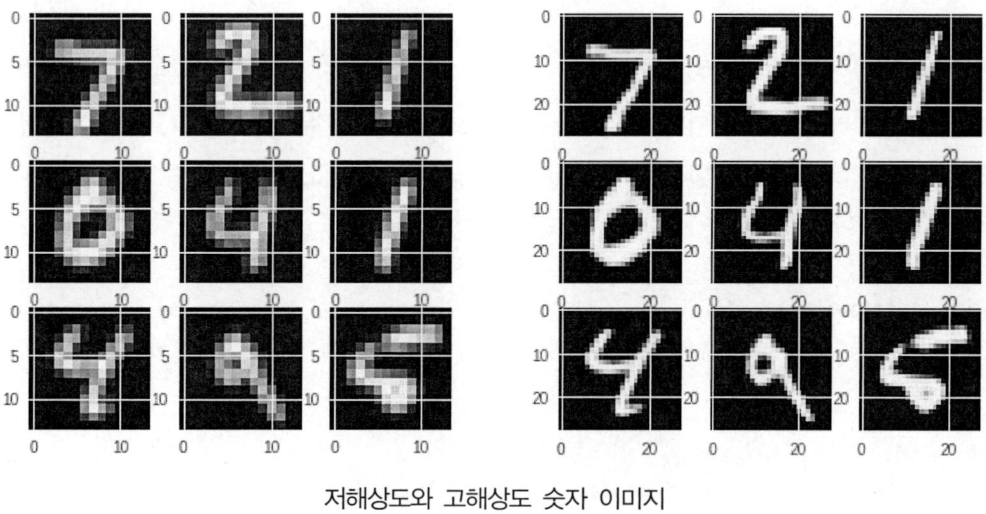

저해상도와 고해상도 숫자 이미지

중첩 오토인코더가 이런 일을 아주 잘 수행할 수 있다. 실제로 앞의 고해상도 이미지가 오토인코더로 개선한 이미지다.

이제부터 저해상도 14*14*1 MNIST 숫자를 고해상도 28*28*1 숫자로 개선하는 중첩 오토인코더를 구축해 보자.

모듈 가져오기

주피터 노트북으로 작업하는 경우 다음을 실행해서 모듈을 적재하는 세션을 다시 시작하는 것이 좋다:

```
import numpy as np
import matplotlib.pyplot as plt
%matplotlib inline

from keras.datasets import mnist
(X_train, y_train), (X_test, y_test) = mnist.load_data()

from keras.layers import Conv2D, MaxPooling2D, UpSampling2D
from keras.models import Model, Sequential
from keras.optimizers import Adam
from keras import backend as k

# for resizing images
from scipy.misc import imresize
```

저해상도 이미지 생성

원본 크기 28*28인 입력 이미지를 14*14 크기로 줄이는 함수 reshape()를 다음처럼 정의한다. 이 reshape() 함수를 사용하여 저해상도 이미지로 구성된 학습 및 테스트 이미지를 생성한다:

```
def reshape(x):
    """Reshape images to 14*14"""
    img = imresize(x.reshape(28,28), (14, 14))
    return img

# create 14*14 low resolution train and test images
```

```
XX_train = np.array([*map(reshape, X_train.astype(float))])
XX_test = np.array([*map(reshape, X_test.astype(float))])
```

XX_train 및 XX_test는 인코더에 먹일 이미지이고 X_train 및 X_test는 목표 이미지이다.

스케일링

학습 과정이 빠르게 수행될 수 있도록 학습, 테스트 및 목표 이미지의 픽셀값을 0과 1 사이 값으로 정규화한다:

```
# scale images to range between 0 and 1
# 14*14 train images
XX_train = XX_train/255
# 28*28 train label images
X_train = X_train/255

# 14*14 test images
XX_test = XX_test/255
# 28*28 test label images
X_test = X_test/255
```

오토인코더 정의

우리가 만들 중첩 오토인코더는 입력 이미지 크기가 14*14*1이고 출력 이미지 크기가 28*28*1인 신경망으로 다음과 같은 특징을 갖는다:

인코더:

- 첫 번째 블록은 차례로 크기 3*3 필터 64개를 사용하는 중첩 2D층, 크기 2*2 최대 풀링층으로 구성된다. 중첩층은 배치 정규화를 사용하고 활성 함수는 relu다. 풀링에 의해 다운샘플링이 일어난다.
- 인코더 부분의 마지막 층인 두 번째 블록은 크기 3*3 필터 128개를 사용하는 중첩 2D층이다. 마찬가지로 배치 정규화를 사용하고 활성 함수는 relu다.

디코더:

- 첫 번째 블록은 차례로 크기 3*3 필터 128개를 사용하는 중첩 2D층, 크기 2*2 업

샘플링 층으로 구성된다. 중첩층은 배치 정규화를 사용하고 활성 함수는 relu다.

- 두 번째 블록은 차례로 크기 3*3 필터 64개를 사용하는 중첩 2D층, 크기 2*2 업샘플링 층으로 구성된다. 중첩층은 배치 정규화를 사용하고 활성 함수는 relu다.
- 디코더 부분의 마지막 층인 세 번째 층은 크기 3*3 필터 128개를 사용하는 중첩 2D 층이다. 마찬가지로 배치 정규화를 사용하고 활성 함수는 relu다.

오토인코더 코드는 다음과 같다:

```
batch_size = 128
epochs = 40
input_shape = (14,14,1)

# define autoencoder
def make_autoencoder(input_shape):
    generator = Sequential()
    generator.add(Conv2D(64, (3, 3), activation='relu', padding='same',
                  input_shape=input_shape))
    generator.add(MaxPooling2D(pool_size=(2, 2)))
    generator.add(Conv2D(128, (3, 3), activation='relu', padding='same'))
    generator.add(Conv2D(128, (3, 3), activation='relu', padding='same'))
    generator.add(UpSampling2D((2, 2)))
    generator.add(Conv2D(64, (3, 3), activation='relu', padding='same'))
    generator.add(UpSampling2D((2, 2)))
    generator.add(Conv2D(1, (3, 3), activation='sigmoid', padding='same'))

    return generator

autoencoder = make_autoencoder(input_shape)

# compile autoencoder
autoencoder.compile(loss='mean_squared_error', optimizer =
Adam(lr=0.0002, beta_1=0.5))

# autoencoder summary
autoencoder.summary()
```

실행 결과는 다음과 같다:

```
_________________________________________________________________
Layer (type)                 Output Shape              Param #
=================================================================
conv2d_16 (Conv2D)           (None, 14, 14, 64)        640
_________________________________________________________________
max_pooling2d_4 (MaxPooling2 (None, 7, 7, 64)          0
_________________________________________________________________
conv2d_17 (Conv2D)           (None, 7, 7, 128)         73856
_________________________________________________________________
conv2d_18 (Conv2D)           None, 7, 7, 128)          147584
_________________________________________________________________
up_sampling2d_7 (UpSampling2 (None, 14, 14, 128)       0
_________________________________________________________________
conv2d_19 (Conv2D)           (None, 14, 14, 64)        73792
_________________________________________________________________
up_sampling2d_8 (UpSampling2 (None, 28, 28, 64)        0
_________________________________________________________________
conv2d_20 (Conv2D)           (None, 28, 28, 1)         577
=================================================================
Total params: 296,449
Trainable params: 296,449
Non-trainable params: 0
_________________________________________________________________
```

분류가 아니고 이미지 픽셀 값을 출력하는 모델이므로 손실은 mean_squared_error를 사용한다.

모델 요약을 통해서 오토인코더 구조를 살펴보면 14*14*1 크기의 입력 이미지가 너비와 높이를 따라 7*7 크기로 압축되지만, 채널 차원은 128로 확장된다는 걸 알 수 있다. 이 작게 압축된 특징 지도를 디코더에 입력하여 고해상도 이미지(이 경우 28*28*1)를 생성하도록 학습한다.

TIP

지금까지 사용한 케라스 API에 대한 자세한 내용은 다음에 있다:
https://keras.io/

오토인코더 학습

다른 모델과 같은 방법으로 오토인코더를 학습한다:

```
# fit autoencoder
autoencoder_train = autoencoder.fit(XX_train.reshape(-1,14,14,1),
                    X_train.reshape(-1,28,28,1), batch_size=batch_ size,
                    epochs=epochs,verbose=1, validation_split=0.2)
```

실행 결과는 다음과 같다:

```
Train on 48000 samples, validate on 12000 samples
Epoch 1/40
48000/48000 [==============================] - 11s 236us/step - loss:
0.0282 - val_loss: 0.0127
Epoch 2/40
48000/48000 [==============================] - 11s 225us/step - loss:
0.0082 - val_loss: 0.0068
Epoch 3/40
48000/48000 [==============================] - 11s 226us/step - loss:
0.0060 - val_loss: 0.0054
```

40회 학습 후 출력은 다음과 같다:

```
Epoch 39/40
48000/48000 [==============================] - 11s 219us/step - loss:
0.0016 - val_loss: 0.0016
Epoch 40/40
48000/48000 [==============================] - 11s 220us/step - loss:
0.0016 - val_loss: 0.0016
```

학습을 설정할 때 매개변수 validation_split을 0.2로 지정했다. 즉, 학습 데이터의 20%를 나눠서 과적합 여부를 관찰하기 위한 검증 데이터로 사용했다.

손실 플롯 및 테스트 결과

이전과 마찬가지로 학습 및 검증 데이터에 대한 손실 즉 오차를 시각화해보자. 또한, 저해상도 테스트 이미지를 입력해서 모델이 생성한 고해상도 이미지를 확인해보자:

```
loss = autoencoder_train.history['loss']
val_loss = autoencoder_train.history['val_loss']
```

```
epochs_ = [x for x in range(epochs)]
plt.figure()
plt.plot(epochs_, loss, label='Training loss', marker = 'D')
plt.plot(epochs_, val_loss, label='Validation loss', marker = 'o')
plt.title('Training and validation loss')
plt.legend()
plt.show()

print('Input')
plt.figure(figsize=(5,5))
for i in range(9):
    plt.subplot(331 + i)
    plt.imshow(np.squeeze(XX_test.reshape(-1,14,14)[i]), cmap='gray')
plt.show()

# Test set results
print('GENERATED')
plt.figure(figsize=(5,5))
for i in range(9):
    pred = autoencoder.predict(XX_test.reshape(-1,14,14,1)[i:i+1], verbose=0)
    plt.subplot(331 + i)
    plt.imshow(pred[0].reshape(28,28), cmap='gray')
plt.show()
```

실행 결과는 다음과 같다:

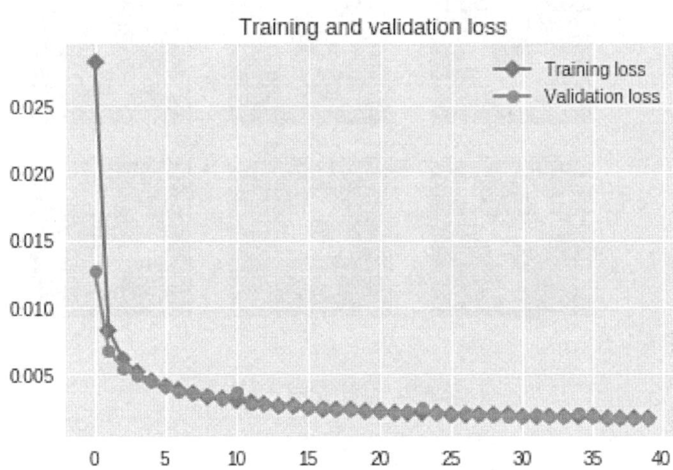

학습 및 검증 오차

다음은 저해상도 이미지를 모델에 입력해서 생성한 고해상도 이미지이다:

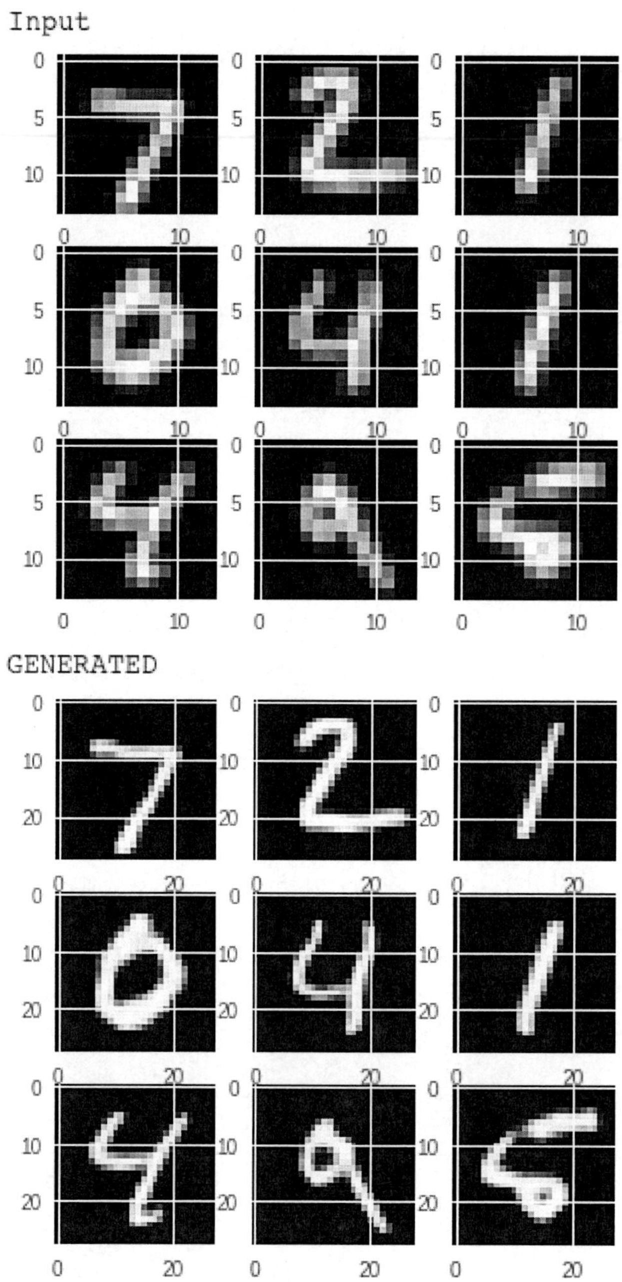

모델의 입력/출력 이미지

오토인코더 – 파이썬 파일

다음은 MNIST 데이터에 대한 중첩 오토인코더 학습 및 평가를 구현한 전체 코드다:

```
"""This module implements a convolution autoencoder on MNIST data."""
import numpy as np
import matplotlib.pyplot as plt

from keras.datasets import mnist
(X_train, y_train), (X_test, y_test) = mnist.load_data()

from keras.layers import Conv2D, MaxPooling2D, UpSampling2D
from keras.models import Model, Sequential
from keras.optimizers import Adam
from keras import backend as k

# for resizing images
from scipy.misc import imresize

def reshape(x):
    """Reshape images to 14*14"""
    img = imresize(x.reshape(28,28), (14, 14))
    return img

# create 14*14 low resolution train and test images
XX_train = np.array([*map(reshape, X_train.astype(float))])
XX_test = np.array([*map(reshape, X_test.astype(float))])

# scale images to range between 0 and 1
#14*14 train images
XX_train = XX_train/255
#28*28 train label images
X_train = X_train/255

#14*14 test images
XX_test = XX_test/255
#28*28 test label images
X_test = X_test/255
```

```
batch_size = 128
epochs = 40
input_shape = (14,14,1)

def make_autoencoder(input_shape):

    generator = Sequential()
    generator.add(Conv2D(64, (3, 3), activation='relu', padding='same',
                         input_shape=input_shape))
    generator.add(MaxPooling2D(pool_size=(2, 2)))

    generator.add(Conv2D(128, (3, 3), activation='relu', padding='same'))

    generator.add(Conv2D(128, (3, 3), activation='relu', padding='same'))
    generator.add(UpSampling2D((2, 2)))

    generator.add(Conv2D(64, (3, 3), activation='relu', padding='same'))
    generator.add(UpSampling2D((2, 2)))

    generator.add(Conv2D(1, (3, 3), activation='sigmoid',
padding='same'))

    return generator


autoencoder = make_autoencoder(input_shape)
autoencoder.compile(loss='mean_squared_error', optimizer =
Adam(lr=0.0002, beta_1=0.5))

autoencoder_train = autoencoder.fit(XX_train.reshape(-1,14,14,1),
                                    X_train.reshape(-1,28,28,1),
                                    batch_size=batch_size,
                                    epochs=epochs, verbose=1,
                                    validation_split = 0.2)

loss = autoencoder_train.history['loss']
val_loss = autoencoder_train.history['val_loss']
epochs_ = [x for x in range(epochs)]
plt.figure()
```

```
plt.plot(epochs_, loss, label='Training loss', marker = 'D')
plt.plot(epochs_, val_loss, label='Validation loss', marker = 'o')
plt.title('Training and validation loss')
plt.legend()
plt.show()

print('Input')
plt.figure(figsize=(5,5))
for i in range(9):
    plt.subplot(331 + i)
    plt.imshow(np.squeeze(XX_test.reshape(-1,14,14)[i]), cmap='gray')
plt.show()

# Test set results
print('GENERATED')
plt.figure(figsize=(5,5))
for i in range(9):
    pred = autoencoder.predict(XX_test.reshape(-1,14,14,1)[i:i+1],
            verbose=0)
    plt.subplot(331 + i)
    plt.imshow(pred[0].reshape(28,28), cmap='gray')
plt.show()
```

결론

이번에 수행한 프로젝트는 딥러닝의 핵심 기술인 중첩신경망을 사용해서, 단순한 다층신경망을 사용했던 2장의 분류기를 개선해서 필기 숫자를 더 잘 분류하는 모델을 구축하는 것이었다.

최대 풀링 및 드롭아웃이 있는 심층 중첩신경망 분류기는 테스트 이미지 10,000개를 약 99% 정확도로 분류할 수 있다. 다층신경망 분류기 정확도가 약 87%이므로 12% 정도 개선되었다. (!MNIST 분류는 쉬운 문제라 이 데이터를 기준으로 비교하는 건 무리다. 중첩신경망은 다층신경망으로 학습 불가능한 데이터를 학습할 수 있다는 점이 진실로 중요하다.)

이 책의 앞에서 했듯이 이 정확도가 갖는 의미를 비즈니스 서비스 차원에서 자세하게 살펴보자.

레스토랑 비즈니스로 돌아가자. 식당에는 평균 테이블이 30개 있고, 고객이 몰리는 주말 밤에 두 번 회전한다고 가정했으며, 이 레스토랑 체인점은 모두 35개이다. 따라서 매일 약 21,000개의 필기 숫자가 수집된다(테이블 30개×2턴/일×35개 위치×10자리 전화번호).

궁극적인 목표는 모든 숫자를 올바르게 분류하는 것이다. 전화번호 10자리 중 한자리만 잘못 분류해도 엉뚱한 사람에게 문자가 전송되기 때문이다. 우리가 만든 분류기를 사용하면 하루에 208자리를 부적절하게 분류한다. 따라서 최악의 시나리오를 생각해 보면 고객 2,100명 중 208명의 전화번호를 잘못 분류한다. 따라서 최악의 경우 90.09%((2,100−208)/2,100)의 고객에게 바르게 문자를 보낼 수 있다.

최상의 시나리오는 고객의 전화번호 10자리가 모두 잘못 분류된 경우로 이런 기적적인 일이 일어나면 21명의 전화번호만 틀리게 분류하는 것으로 1%((2,100−21)/2,100) 의 고객만 제때 식사를 못 한다. 이 정도는 나쁘지 않다고 생각할 수 있다.

그 1%의 오차를 줄이는 것이 목표가 아니라면 말이다.

요약

이 장에서는 케라스 환경에서 중첩신경망 분류기를 구현하는 방법을 다루었다. 중첩, 최대/평균 풀링 및 드롭아웃이 무엇인지 알았고, 심층 모델도 구축했다. 과적합을 줄이는 방법과 학습 데이터가 부족할 때 데이터를 확장해서 일반화가 가능한 모델을 구축할 수 있다는 것도 배웠다. 모든 경우 테스트 데이터를 사용해서 모델의 성능을 평가했으며, 마지막으로 이미지 화질을 개선할 수 있는 오토인코더를 구현하고 평가했다.

CHAPTER

09

OpenCV와 텐서플로에 의한 객체 인식

환영한다! 컴퓨터 비전을 위한 두 번째 딥러닝 프로젝트를 시작하겠다. 앞선 8장에서 배운 내용을 다시 들여다보자. 거기서 우리는 손으로 쓴 필기 숫자를 분류하기 위해 **중첩신경망** 모델을 사용했다. 이런 작업을 한 이유는 손으로 쓴 전화번호 숫자를 인식하기 위해서였는데, 그런 정도의 이미지 분류는 다루기 쉬운 단순한 데이터 처리다.

앞에서는 10자리 전화번호를 한 자리 숫자 단위로 분류하는 문제를 다루었다. 만일 전화번호 전체를 한 번에 인식하는 문제라면 어떨까? 숫자가 동영상 데이터라면 어떨까? 전체 이미지에서 숫자가 있는 영역을 식별하는 문제라면 또 어떨까? 이러한 질문은 실제 세계에서 다뤄야 할 도전적인 문제들이며 데이터 과학의 새로운 모델과 혁신을 이끄는 동력이다.

새로운 프로젝트를 위해 비즈니스적 상상력을 발휘해보자. 이번에는 자율주행 자동차다. 즉, 자율주행을 위해 물체를 식별하고 분류하는 모델을 구성하고, 학습하고, 평가하는 작업이다. 자율주행 차량은 근본적으로, 우리를 포함한 생물의 시각처리를 자동화한 컴퓨터 비전 기술을 필요로 한다. 우리 인간은 시각을 통해 어떤 특별한 물체가 있는지 아닌지, 있다면 어디에 있는지 알 수 있다. 그래서 누군가 지금 눈앞에 닭이 보이냐고 물으면 양계장에 닭에게 먹이를 주고 있지 않은 한 아마 아니라고 대답할 것이다. 그러나 혹시 키보드가 보이느냐고 묻는다면 대부분 예라고 대답할 것이고, 심지어 키보드가 벽 쪽에 있는 파란색 작업 테이블 위에 있다고 말할 수도 있다.

기계 즉, 컴퓨터가 이 일을 하는 건 쉬운 일이 아니다. 딥러닝 엔지니어인 우리는 자율주행 차량을 위한 강력한 객체 식별 및 분류 엔진을 구축할 수 있는 기술을 배운다. 이 장에서 다루는 데이터는 이전에 다루었던 어떤 프로젝트에서 다룬 데이터보다 많은 정보를 내포한 복잡한 데이터다. 동시에 우리가 올바르게 처리한다면 매우 인상적인 결과를 도출할 수 있다.

좋다, 시작하자!

객체 식별 개요

이미지에서 사물을 찾고 그 사물을 인식해서 이름을 지정해야 하는 경우 먼저 객체를 식별하기 위한 심층 신경망을 구축해야 한다. 시각적 이미지는 매우 복잡하며 정지 영상 혹은 동영상을 기록하는 비디오카메라는 엄청나게 많은 객체가 포함된 프레임을 수집한다. 이러한 객체 식별은 생산설비의 공정을 자동화하는 응용되고; 자율주행 자동차가 예를 들어 보행자, 다른 자동차, 도로 및 표지판을 감지하는데 응용되며; 얼굴 인식에도 응용된다. 데이터 과학자인 우리는 머신러닝과 딥러닝에 기초를 둔 기술을 이용해서 객체를 식별하고 정확하게 분류할 수 있는 모델을 만들어서 컴퓨터 비전 분야의 문제를 해결해야 한다.

앞에서 보았듯이 중첩신경망은 이미지 데이터를 다루는 가장 강력한 모델이다. 그러나 숫자처럼 단순한 정보를 가진 이미지를 처리하는 단순한 구조로는 부족하다. 복잡한 이미지나 동영상 데이터를 다루기 위해 모델의 구조를 확장할 필요가 있다.

최근에는 Faster R-CNN, **영역기반 완전 중첩 네트워크(R-FCN)**, MultiBox, **솔리드 스테이트 드라이브(SSD)**, **YOLO**(You Only Look Once) 같은 고급 딥러닝 모델이 개발되었다. 이러한 모델들은 Google 포토 및 Pinterest Visual Search 같은 일반적인 비자 애플리케이션에 활용되면서 효과가 입증되었다. 우리는 모바일 장치에서도 잘 작동할 만큼 가볍고 빠른 모델들을 다루도록 한다.

이 분야의 최신 연구 논문 목록은 다음과 같으니 참고하면 최상의 기술을 획득할 수 있다(!검색을 위해 원어 논문 제목을 그대로 제시함):

- *PVANET: Deep but Lightweight Neural Networks for Real-time Object Detection*, arXiv:1608.08021

- *R-CNN*: *Rich feature hierarchies for accurate object detection and semantic segmentation*, CVPR, 2014.
- *SPP*: *Spatial Pyramid Pooling in Deep Convolutional Networks for Visual Recognition*, ECCV, 2014.
- *Fast R-CNN*, arXiv:1504.08083.
- *Faster R-CNN*: *Towards Real-Time Object Detection with Region Proposal Networks*, arXiv:1506.01497.
- *R-CNN minus R*, arXiv:1506.06981.
- *End-to-end people detection in crowded scenes*, arXiv:1506.04878.
- *YOLO – You Only Look Once: Unified, Real-Time Object Detection*, arXiv: 1506.02640
- *Inside-Outside Net*: *Detecting Objects in Context with Skip Pooling and Recurrent Neural Networks*
- *Deep Residual Network*: *Deep Residual Learning for Image Recognition*
- *R-FCN*: *Object Detection via Region-based Fully Convolutional Networks*
- *SSD*: *Single Shot MultiBox Detector*, arXiv:1512.02325

또한 다음은 1999년부터 2017년까지 객체 감지의 발전 과정에 대한 타임라인입니다.

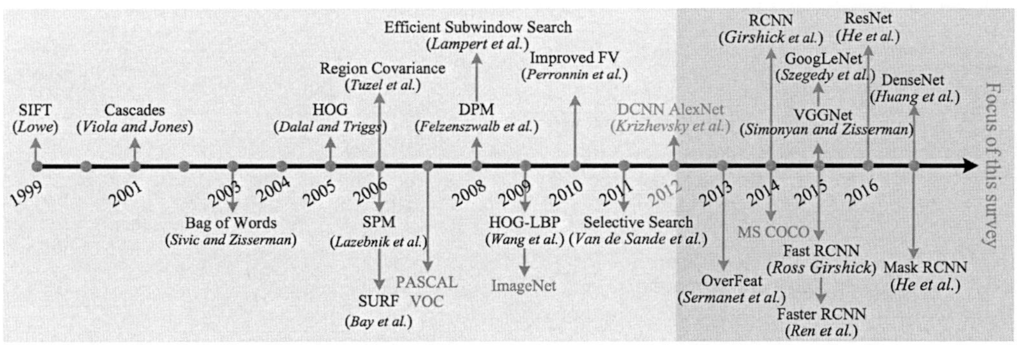

1999년~2017년 객체 식별 분야 타임라인

> 이 장의 모든 코드 파일은 다음에 있다:
> `https://github.com/PacktPublishing/Python-Deep-Learning-Projects/tree/master/Chapter09.`

객체 식별 모델의 역사

객체를 식별하고 분류하는 일은 꽤 오랫동안 연구되어온 주제다. 이전 연구자들의 노력으로 지금까지 다양한 모델이 사용되어왔는데, 가장 성공적인 기술은 2005년 Navneet Dalal과 Bill Triggs가 개발한 **HOG(방향 기울기 히스토그램)**이다.

HOG는 빠르고 성능도 좋다. 반면에 강력한 분류기인 심층 중첩신경망은 성능은 좋지만, 상대적으로 느리다는 단점이 있다.

이에 대응해서 중첩신경망 분류 성능을 개선하면서도 처리속도도 빠른 R-CNN이 등장한다. 선택적 탐색 기술을 사용해서 속도를 개선하려는 이 모델은 경계 상자의 수를 줄이면 속도가 향상되었지만, 기대에 미치지 못했다.

SPP-net은 전체 이미지를 학습하는 CNN과 선택한 영역을 학습하는 CNN을 결합한 모델이다. 선택적 학습은 이미지 특징을 사용해서 픽셀의 강도, 색상, 이미지 질감 및 내부성 정도를 계산해서 어떤 객체가 있을 만한 모든 위치를 생성한다. 그런 다음 이렇게 식별한 객체를 중첩신경망 모델로 분류한다.

다음으로 SPP-net과 R-CNN을 개선한 Fast R-CNN이 등장한다. 선택적 검색 대신 작은 지역을 검색하는 Faster R-CNN 모델은 이전 모델보다 잘 동작한다.

다음은 Faster R-CNN에 대한 간략한 흐름도이다:

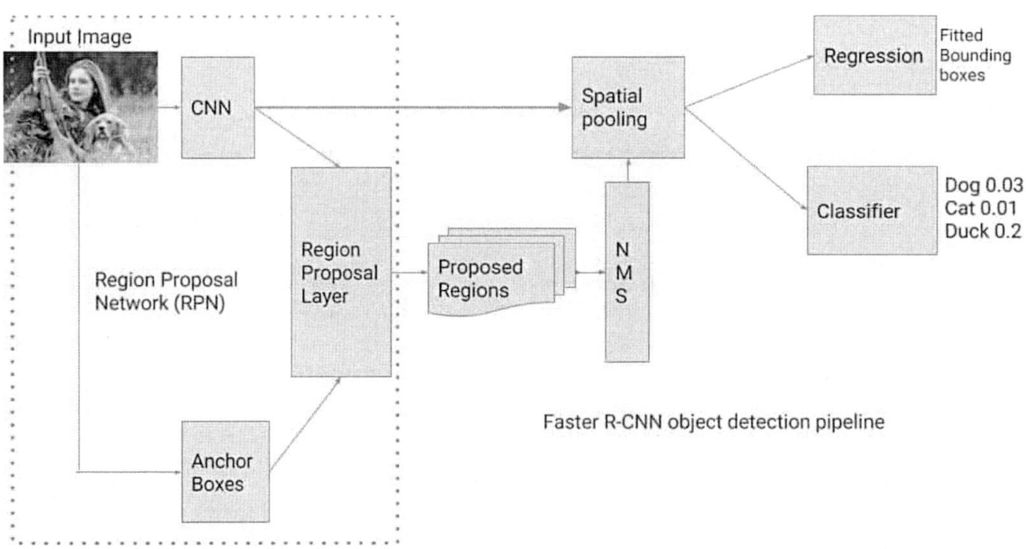

Faster R-CNN object detection pipeline

이 모델의 벤치마크 테스트 결과는 다음 표와 같다:

	R-CNN	Fast R-CNN	Faster R-CNN
평균 응답 시간	~50 sec	~2 sec	~0.2 sec
속도 개선	1x	25x	250x

표에서 알 수 있듯이 인상적으로 속도를 개선한 Faster R-CNN이 실시간 사용이 가능한 가장 빠르고 정확한 객체 식별 모델 중 하나다. 최근에 개발된 강력한 대안이 YOLO 모델이다. 이 모델에 대해서는 뒷에서 자세히 살펴보겠다.

OpenCV를 이용한 객체 식별

OpenCV는 컴퓨터 비전을 위한 가장 강력한 라이브러리다. 먼저 이 도구를 사용해서 실시간으로 시각 데이터를 처리하는 방법을 배워보자.

TIP

OpenCV는 C, C++, 파이썬 등 다양한 언어로 된 API 래퍼가 있다. 이 라이브러리를 이용해서 앱을 개발하는 가장 좋은 방법은 파이썬 래퍼 또는 익숙한 다른 언어를 사용하여 빠르게 프로토타입을 만들고, 개발이 끝나면 C/C++로 재작성하는 방법이다.

객체 식별 과정을 이해하기 위해, 우선 파이썬 래퍼를 사용해서 단순한 객체 식별 모듈을 생성해보겠다.

자, 시작해보자.

빨간색 객체 식별

여기서는 침식, 팽창, 흐림 등과 같은 다양한 영상처리 기술을 사용해서 주어진 이미지에 포함된 빨간색 객체를 찾아내는 특징 추출기를 만든다. (!즉, 객체를 찾는 일련의 절차를 사람이 직접 코딩하는 전통적인 컴퓨터 비전을 경험해 본다는 의미다.)

모듈 설치

먼저 다음처럼 간단한 pip 명령으로 OpenCV를 설치한다:

```
pip install opencv-python
```

그런 다음 시각화 및 행렬 계산을 위한 모듈을 가져온다:

```
import cv2
import matplotlib
from matplotlib import colors
from matplotlib import pyplot as plt
import numpy as np
from __future__ import division
```

그리고 이미지와 등고선을 그리는 데 필요한 헬퍼 함수를 정의한다:

```
# Defining some helper function
def show(image):
    # Figure size in inches
    plt.figure(figsize=(15, 15))
    # Show image, with nearest neighbour interpolation
    plt.imshow(image, interpolation='nearest')

def show_hsv(hsv):
    rgb = cv2.cvtColor(hsv, cv2.COLOR_HSV2BGR)
    show(rgb)

def show_mask(mask):
    plt.figure(figsize=(10, 10))
    plt.imshow(mask, cmap='gray')

def overlay_mask(mask, image):
    rgb_mask = cv2.cvtColor(mask, cv2.COLOR_GRAY2RGB)
    img = cv2.addWeighted(rgb_mask, 0.5, image, 0.5, 0)
    show(img)

def find_biggest_contour(image):
```

```
    image = image.copy()
    im2,contours, hierarchy = cv2.findContours(image, cv2.RETR_LIST,
                                  cv2.CHAIN_APPROX_SIMPLE)

    contour_sizes = [(cv2.contourArea(contour), contour) for contour in
                     contours]
    biggest_contour = max(contour_sizes, key=lambda x: x[0])[1]

    mask = np.zeros(image.shape, np.uint8)
    cv2.drawContours(mask, [biggest_contour], -1, 255, -1)
    return biggest_contour, mask

def circle_countour(image, countour):
    image_with_ellipse = image.copy()
    ellipse = cv2.fitEllipse(countour)

    cv2.ellipse(image_with_ellipse, ellipse, (0,255,0), 2)
    return image_with_ellipse
```

이미지 데이터 살펴보기

데이터 과학은 다루려는 데이터를 살펴보고 이해하는 일로 시작한다. 이래야 우리의 목표를 명확하게 하고 동시에 어떻게 해야 하는지도 알 수 있다. 먼저 이미지를 가져와서 색상 스펙트럼이나 크기 값은 해당 이미지의 속성을 살펴보겠다:

```
# Loading image and display
image = cv2.imread('./ferrari.png')
show(image)
```

실행 결과는 다음과 같다:

원시 입력 이미지(BGR 순서)

컬러 이미지는 메모리에 저장될 때 Blue, Green, Red(BGR) 채널 순으로 저장된다, 따라서 아래 코드를 실행해서 우리에게 익숙한 Red, Green, Blue(RGB) 순으로 변환한다:

```
image = cv2.cvtColor(image, cv2.COLOR_BGR2RGB)
show(image)
```

실행 결과는 다음과 같다:

원시 입력 이미지(RGB 순서)

이미지 정규화

cv2.resize() 함수를 사용해서 이미지 크기를 변경할 수 있다:

```
max_dimension = max(image.shape)
scale = 700/max_dimension
image = cv2.resize(image, None, fx=scale,fy=scale)
```

가우시안 커널로 픽셀을 정규화하면 이미지가 흐리게 보인다. 이미지에 가우시안 필터를 적용하면 잡음이 줄어들고 이미지 색상이 더 균형이 잡히므로 다양한 영상처리 작업에 자주 사용된다. 코드는 다음과 같다:

```
image_blur = cv2.GaussianBlur(image, (7, 7), 0)
```

다음으로 RGB 색상 모델 이미지를 HSV 색상 스펙트럼 모델 이미지로 변환해 본다. 이미지를 HSV 모델로 표현하면 색상 강도, 밝기 및 음영을 사용해서 이미지의 여러 가지 특성을 추출하기가 쉽다.

```
image_blur_hsv = cv2.cvtColor(image_blur, cv2.COLOR_RGB2HSV)
```

실행 결과는 다음과 같다:

원시 입력 이미지(HSV 모델)

마스크 준비

이미지 처리 작업에는 색상 스펙트럼을 감지할 수 있는 마스크를 자주 사용한다. 예를 들어 이미지에서 빨간색 객체를 추출한다고 가정하자. 먼저 다음처럼 색상과 밝기를 사용해서 특징을 추출하기 위해 마스크 2개를 생성한다:

```
# filter by color
min_red = np.array([0, 100, 80])
max_red = np.array([10, 256, 256])
mask1 = cv2.inRange(image_blur_hsv, min_red, max_red)

# filter by brightness
min_red = np.array([170, 100, 80])
max_red = np.array([180, 256, 256])
mask2 = cv2.inRange(image_blur_hsv, min_red, max_red)

# Concatenate both the mask for better feature extraction
mask = mask1 + mask2
```

다음은 생성한 마스크를 나타낸다(HSV 모델).

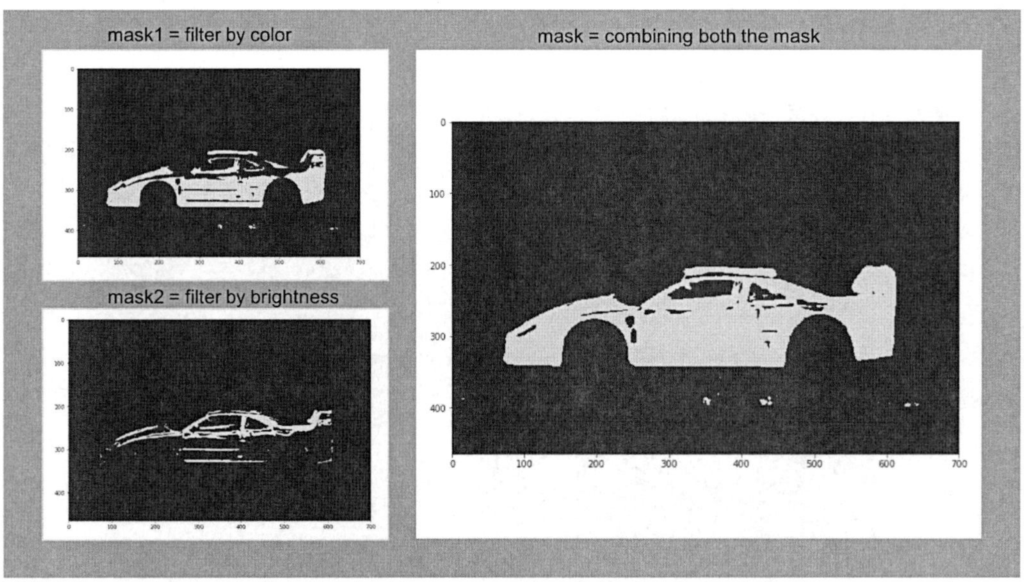

마스크

마스크 후처리

마스크를 사용해서 이미지를 처리하기 전에 마스크 자체를 처리할 필요가 있다. 예를 들어 위 그림을 보면 아래쪽에 잡음이 몇 개 있는 걸 알 수 있다. 이런 부분은 일련의 모폴로지 연산을 적용해서 없앨 수 있다.

먼저 입력 이미지에 대해 다양한 모폴로지 연산을 수행하는 커널을 생성한다:

```
kernel = cv2.getStructuringElement(cv2.MORPH_ELLIPSE, (15, 15))
```

TIP **닫기 연산**: 이미지에 팽창 후 침식 연산을 적용하는 걸 닫기 연산이라 한다. 닫기 연산을 하면 이미지의 작은 조각이나 작은 점이 메꿔진다.

다음처럼 마스크 이미지에 닫기 연산을 적용한다:

```
mask_closed = cv2.morphologyEx(mask, cv2.MORPH_CLOSE, kernel)
```

TIP **개방 연산**: (반대로) 이미지에 침식 후 팽창 연산을 적용하는 걸 개방 연산이라 한다. 개방 연산을 하면 이미지의 작은 조각이나 점이 제거된다.

열기는 다음처럼 수행한다:

```
mask_clean = cv2.morphologyEx(mask_closed, cv2.MORPH_OPEN, kernel)
```

실행 결과는 다음과 같다:

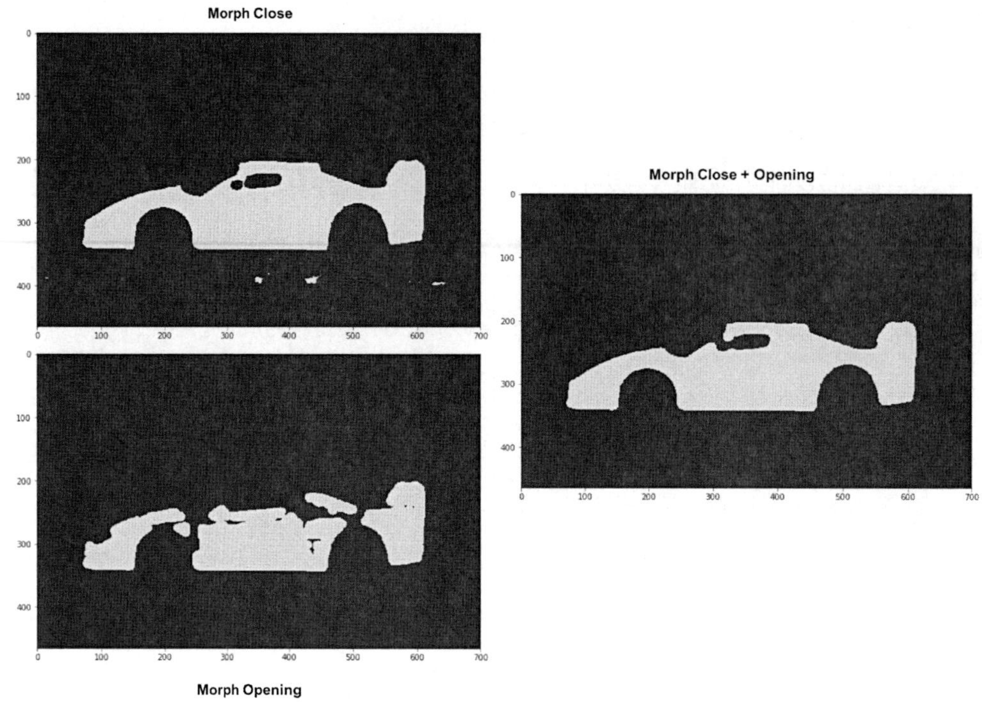

모폴로지 연산으로 후처리 한 마스트

모폴로지 연산을 적용하기 전 이미지와 비교해보면 닫기와 열기가 어떤 일을 하는지 알 수 있다. 후처리 후 마스크 2개를 결합해서 생성한 마스크의 잡음이 제거되었다는 걸 알 수 있다.

마스크 적용

이제 생성한 마스크를 사용해서 이미지에서 원하는 객체를 추출해 보자. 먼저 헬퍼 함수를 사용해서 추출하려는 대상의 윤곽을 찾는다. 그런 다음 이미지에 마스크를 적용하고 추출된 객체를 원으로 표시한다:

```
# Extract biggest bounding box
big_contour, red_mask = find_biggest_contour(mask_clean)

# Apply mask
overlay = overlay_mask(red_mask, image)

# Draw bounding box
circled = circle_countour(overlay, big_contour)
```

```
show(circled)
```

실행 결과는 다음과 같다:

빨간색 자동차 몸체를 식별

짜잔! 간단한 이미지 처리 기술을 사용해서 원하는 이미지를 성공적으로 추출하고 그 주위에 원으로 경계 상자를 그렸다.

딥러닝을 사용한 객체 식별

앞에서처럼 전통적인 수작업이 아닌 딥러닝 기술을 사용한 세계 수준의 객체 식별 모듈을 구축하는 방법을 배워보자. 즉, 마스크를 만드는 등 수고를 하지 않고 이미지만 입력하면 자동으로 특징을 추출한 다음 이 특징을 이용해서 객체를 식별하고 분류하는 강력한 딥러닝 모델을 만든다는 의미다.

먼저 대부분의 최첨단 사전 학습 모델에 사용되는 미리 학습된 파이썬 라이브러리를 사용해서 객체 식별기를 만들어보고, 이어서 현존하는 가장 강력한 YOLO 모델을 이용해서 아주 빠르고 정확한 객체 식별기를 구현하겠다.

뚝딱 만드는 객체 식별 모델

객체 식별은 2012년 이후 딥러닝과 함께 산업 분야에서 널리 응용되어왔다. 그 결과 R-CNN, Fast-RCNN, Faster-RCNN 및 RetinaNet 같은 빠르고 정확한 모델이 등장했으며 오늘날은 더 빠르고 더 정확한 SSD와 YOLO 같은 모델이 사용된다. 여기서는 완전한 기능이 제공되는 파이썬 라이브러리를 사용한 단 몇 줄의 코드로 미리 학습된 모델을 응용한 객체 식별기를 만들 것이다. 또한, 상업용 제품과 동일한 수준으로 완성도를 높이는 방법도 언급한다.

자, 시작하자.

필요한 모듈 설치

늘 그랬듯이 먼저 모든 필요한 모듈을 설치한다. 여기서는 ImageAI(`https://github.com/OlafenwaMoses/ImageAI`)라는 파이썬 모듈을 사용한다. 이 모듈은 아무것도 모르는 상태에서 객체 식별 애플리케이션을 구축할 수 있는 효과적인 도구를 제공한다:

```
pip install tensorflow pip install keras
pip install numpy
pip install scipy
pip install opencv-python pip install pillow
pip install matplotlib pip install h5py

# Here we are installing ImageAI
pip3 install
https://github.com/OlafenwaMoses/ImageAI/releases/download/2.0.2/imag
eai-2. 0.2-py3-none-any.whl
```

TIP

Python 3.x 환경에서 이 모듈을 실행한다.

우리는 객체 식별기를 구현하기 위해, 대규모 객체 식별, 세그멘테이션 및 캡션 데이터 세트인 COCO 데이터 세트(`http://cocodataset.org/#home`)를 학습한 미리 학습된 ResNet 모델을 사용한다. 이것 외에도 아래와 같은 다양한 미리 학습된 모델을 취향과 목적에 맞게 선택해서 사용할 수 있다:

- DenseNet-BC-121-32.h5(https://github.com/OlafenwaMoses/ImageAI/releases/download/1.0/DenseNet-BC-121-32.h5) (31.7 MB)
- inception_v3_weights_tf_dim_ordering_tf_kernels.h5(https://github.com/OlafenwaMoses/ImageAI/releases/download/1.0/inception_v3_weights_tf_dim_ordering_tf_kernels.h5) (91.7 MB)
- resnet50_coco_best_v2.0.1.h5(https://github.com/OlafenwaMoses/ImageAI/releases/download/1.0/resnet50_coco_best_v2.0.1.h5) (146 MB)
- resnet50_weights_tf_dim_ordering_tf_kernels.h5(https://github.com/OlafenwaMoses/ImageAI/releases/download/1.0/resnet50_weights_tf_dim_ordering_tf_kernels.h5) (98.1 MB)
- squeezenet_weights_tf_dim_ordering_tf_kernels.h5(https://github.com/OlafenwaMoses/ImageAI/releases/download/1.0/squeezenet_weights_tf_dim_ordering_tf_kernels.h5) (4.83 MB)
- yolo-tiny.h5(https://github.com/OlafenwaMoses/ImageAI/releases/download/1.0/yolo-tiny.h5) (33.9 MB)
- yolo.h5(https://github.com/OlafenwaMoses/ImageAI/releases/download/1. 0/yolo.h5): (237 MB)

데이터 세트는 다음 명령을 사용해서 가져올 수 있다:

```
wget https://github.com/OlafenwaMoses/ImageAI/releases/download/1.0/
resnet50_coco_best_v2.0.1.h5
```

구현

이제 필요한 모듈과 사전 학습된 모델이 준비되었으니 최첨단 객체 식별 모델을 구현하자. 다음 코드를 사용하여 ImageAI의 ObjectDetection 클래스를 가져온다:

```
from imageai.Detection import ObjectDetection
import os
model_path = os.getcwd()
```

그런 다음 ObjectDetection 객체의 인스턴스를 생성한 후 모델 유형을 RetinaNet() 으로 설정한다. 다음으로 내려 받은 ResNet 모델의 경로를 설정한 후 loadModel() 함수를 호출해서 적재한다:

```
object_detector = ObjectDetection()
object_detector.setModelTypeAsRetinaNet()
object_detector.setModelPath(os.path.join(model_path,
"resnet50_coco_best_v2.0.1.h5"))
object_detector.loadModel()
```

모델을 메모리에 로드하면 JPEG, PNG 등의 이미지를 모델에 먹일 수 있다. 특히 이 함수는 이미지 크기에 제약이 없으므로 모든 차원 데이터를 입력해도 모델이 내부적으로 이를 처리한다. 입력 이미지를 detectObjectsFromImage() 메서드에 먹이면 그 이미지에 포함된 객체를 식별해서 그 객체의 경계 상자 좌표, 레이블 및 신뢰도 점수와 같은 정보가 포함된 이미지를 반환한다.

다음은 모델에 입력할 이미지들이다:

입력용 이미지

다음 코드는 모델에 이미지를 입력한 사례다:

```
object_detections =
object_detector.detectObjectsFromImage(input_image=os.path.join(model
_path , "image.jpg"), output_image_path=os.path.join(model_path ,
"imagenew.jpg"))
```

반복문을 사용해서 식별한 모든 객체와 신뢰도 점수를 출력할 수 있다:

```
for eachObject in object_detections:
    print(eachObject["name"] , " : " ,
eachObject["percentage_probability"])
```

실행 결과는 다음과 같다:

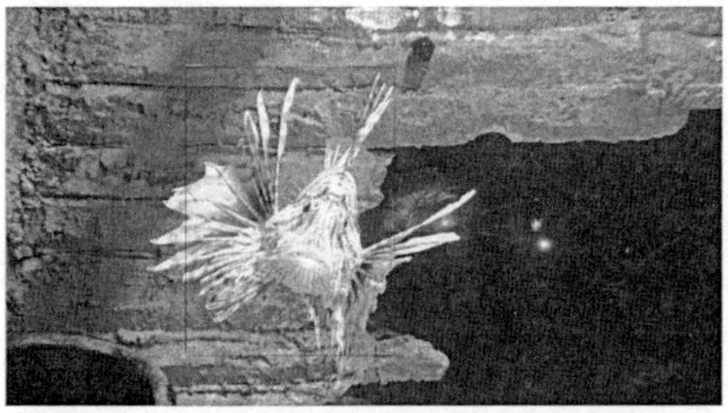

```
[{'name': 'bird',
  'percentage_probability':62.67,
}]
```

```
[{'name': 'bird',
  'percentage_probability': 97.82959818840027,
}]
```

```
[{'name': 'person',
  'percentage_probability': 58.70527625083923
 {'name': 'person',
  'percentage_probability': 58.06794762611389,
 {'name': 'person',
  'percentage_probability': 90.02469182014465,
 {'name': 'person',
  'percentage_probability': 66.23708605766296,
.
.
}]
```

```
[{'name': 'person',
  'percentage_probability': 57.3788583278656,
}]
```

```
[{'name': 'person',
  'percentage_probability': 82.32810497283936,
 {'name': 'person',
  'percentage_probability': 87.64680027961731,
 {'name': 'chair',
  'percentage_probability': 50.18256902694702,
 {'name': 'chair',
  'percentage_probability': 55.584049224853516,
}]
```

```
Out[16]:
[{'name': 'cell phone',
  'percentage_probability': 89.35325741767883,
 {'name': 'laptop',
  'percentage_probability': 55.03084659576416,
 {'name': 'bed',
  'percentage_probability': 62.87804841995239,
}]
```

식별한 객체 이름과 신뢰도 점수

사전 학습된 모델을 가져다 몇 줄의 코드로 객체를 잘 식별할 수 있다는 걸 알 수 있다.

배포

이제 모든 코드가 준비되었으니 `ObjectDetection` 모듈을 배포하자. 우리는 이미지를 입력받아 그 안에 포함된 객체를 추출하는 일을 쉽고 편하게 할 수 있는 서비스를 제공하려 한다.

PNG, JPG, JPEG 및 GIF 확장자를 가진 이미지 파일을 입력할 수 있는 `POST` 함수를 정의한다. `ObjectDetection` 모듈은 해당 이미지의 객체를 식별한 후 JSON 형식의 결과를 반환한다:

```
from flask import Flask, request, jsonify, redirect
import os , json
from imageai.Detection import ObjectDetection

model_path = os.getcwd()

PRE_TRAINED_MODELS = ["resnet50_coco_best_v2.0.1.h5"]

# Creating ImageAI objects and loading models

object_detector = ObjectDetection()
object_detector.setModelTypeAsRetinaNet()
object_detector.setModelPath( os.path.join(model_path ,
PRE_TRAINED_MODELS[0]))
object_detector.loadModel()
object_detections =
object_detector.detectObjectsFromImage(input_image='sample.jpg')

# Define model paths and the allowed file extentions
UPLOAD_FOLDER = model_path
ALLOWED_EXTENSIONS = set(['png', 'jpg', 'jpeg', 'gif'])

app = Flask(__name__)
app.config['UPLOAD_FOLDER'] = UPLOAD_FOLDER

def allowed_file(filename):
```

```
    return '.' in filename and \
           filename.rsplit('.', 1)[1].lower() in ALLOWED_EXTENSIONS

@app.route('/predict', methods=['POST'])

def upload_file():
    if request.method == 'POST':
        # check if the post request has the file part
        if 'file' not in request.files:
            print('No file part')
            return redirect(request.url)
        file = request.files['file']
        # if user does not select file, browser also
        # submit a empty part without filename
        if file.filename == '':
            print('No selected file')
            return redirect(request.url)
        if file and allowed_file(file.filename):
            filename = file.filename
            file_path = os.path.join(app.config['UPLOAD_FOLDER'], filename)
            file.save(file_path)

    try:
        object_detections = object_detector.detectObjectsFromImage
                            (input_image=file_path)
    except Exception as ex:
        return jsonify(str(ex))
    resp = []
    for eachObject in object_detections :
        resp.append([eachObject["name"],
                    round(eachObject["percentage_probability"],3)
                    ]
                   )

    return json.dumps(dict(enumerate(resp)))
if __name__ == "__main__":
    app.run(host='0.0.0.0', port=4445)
```

파일을 object_detection_ImageAI.py로 저장하고 다음 명령을 실행해서 웹 서비스를 개시한다:

```
python object_detection_ImageAI.py
```

실행 결과는 다음과 같다:

```
/anaconda2/envs/book/lib/python3.6/site-packages/h5py/__init__.py:36: FutureWarning: Conversion of the second argument of
issubdtype from `float` to `np.floating` is deprecated. In future, it will be treated as `np.float64 == np.dtype(float).ty
pe`.
  from ._conv import register_converters as _register_converters
Using TensorFlow backend.
/anaconda2/envs/book/lib/python3.6/importlib/_bootstrap.py:219: RuntimeWarning: compiletime version 3.5 of module 'tensorf
low.python.framework.fast_tensor_util' does not match runtime version 3.6
  return f(*args, **kwds)
2018-09-26 10:16:33.769031: I tensorflow/core/platform/cpu_feature_guard.cc:141] Your CPU supports instructions that this
TensorFlow binary was not compiled to use: AVX2 FMA
 * Serving Flask app "object_detection_ImageAI" (lazy loading)
 * Environment: production
   WARNING: Do not use the development server in a production environment.
   Use a production WSGI server instead.
 * Debug mode: off
 * Running on http://0.0.0.0:4445/ (Press CTRL+C to quit)
```

웹 서비스 개시 후 터미널 화면

다음 명령과 같이 별도의 터미널에서 API를 직접 호출할 수 있다:

```
curl -X POST \
  http://0.0.0.0:4445/predict \
  -H 'content-type: multipart/form-data; boundary=----
WebKitFormBoundary7MA4YWxkTrZu0gW' \
  -F file=@/Users/rahulkumar/Downloads/IMG_1651.JPG
```

실행 결과는 다음과 같다:

```
{
  "0": ["person",54.687],
  "1": ["person",56.77],
  "2": ["person",55.837],
  "3": ["person",75.93],
  "4": ["person",72.956],
  "5": ["bird",81.139]
}
```

그렇다, 꽤 근사하다. 단 몇 시간 만에 최첨단 기술을 사용한 상업용 수준의 객체 식별 모듈을 만들었다.

YOLOv2를 사용한 실시간 객체 식별

YOLO를 통해 객체 식별 및 분류 분야가 크게 발전했다. 이 단일 패스 모델은 감지한 개체 주위에 경계 상자 좌표를 설정한 다음 회귀 모델로 개체를 분류한다. 이러면 앞서 설명한 방법처럼 이미지의 작은 영역만 검색하지 않고 전체 이미지 맥락 정보를 사용하기 때문에 객체가 아닌 걸 객체로 잘못 인식하는 걸 막을 수 있다. 이어서 **중첩신경망**이 이 이미지를 한 번만 처리하므로 실시간 처리가 요구되는 애플리케이션에 YOLO를 사용할 수 있다는 것도 큰 장점이다.

YOLO를 개선한 YOLOv2는 N개의 경계 상자를 예측하고 직전 단계에서 설정된 S-by-S 그리드 단위로 개체 분류를 위한 신뢰도를 계산한다.

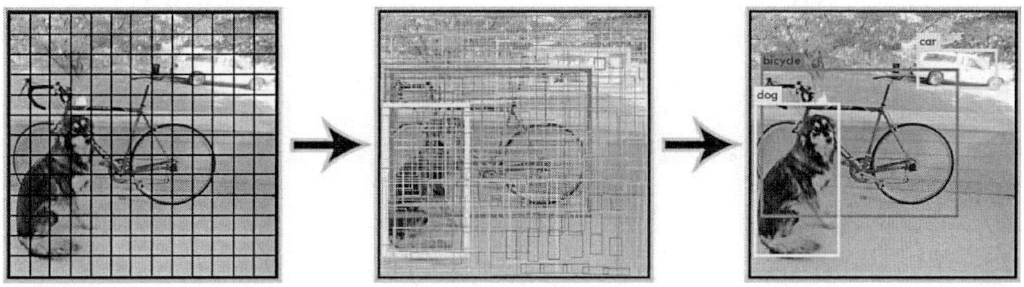

YOLO에서 입력 이미지는 그리드로 분할된 후 감지 프로세스가 다수의 후보 경계 상자를 생성하고 이어서 일정한 임곗값으로 필터링한다.

처리가 끝나면 그리드별로 N개이므로 경계 상자가 총 S×S×N개 생성되는 데 대부분은 신뢰도가 아주 낮다. 따라서 설정한 임곗값(이 경우 30%)을 적용해서 제거한다. 위 그림의 경우 3개만 살아남았다는 걸 알 수 있다.

우리는 앞으로 미리 학습된 YOLOv2 모델을 사용한다.

데이터 세트 준비

잘 알려진 COCO 데이터 세트와 사용자 데이터 세트를 준비한다. YOLO 모델을 사용할 때 다수의 일반적인 이미지로 YOLO 모델을 학습하려면 다음의 "기존 COCO 데이터 세트"을 따라 하고, 사용자 맞춤 개체 식별기를 구현하려면 "사용자 맞춤 데이터 세트"를 따라 하면 된다.

기존 COCO 데이터 세트

이미지 식별, 분할 및 서술을 위해 YOLOv2를 학습하는 데 사용할 대량의 이미지를 모아 놓은 훌륭한 데이터 리소스다. `http://cocodataset.org`에서 데이터 세트를 내려받아 터미널에서 다음 명령을 실행한다:

1. 학습 데이터 세트를 가져온다:

```
wget http://images.cocodataset.org/zips/train2014.zip
```

2. 검증 데이터 세트를 가져온다:

```
wget http://images.cocodataset.org/zips/val2014.zip
```

3. 학습 및 검증 데이터 주석을 가져온다:

```
wget
http://images.cocodataset.org/annotations/annotations_trainval
2014.zip
```

다음 절차에 따라 COCO 형식의 주석을 VOC 형식으로 변환한다:

1. 베이커 설치:

```
pip install baker
```

2. 이미지와 주석을 저장할 폴더를 만든다:

```
mkdir images annotations
```

3. 이미지 폴더에 train2014.zip 및 val2014.zip 압축을 푼다:

```
unzip train2014.zip -d ./images/
unzip val2014.zip -d ./images/
```

4. 주석 폴더에 annotations_trainval2014.zip 압축을 푼다:

```
unzip annotations_trainval2014.zip -d ./annotations/
```

5. 변환된 데이터를 저장할 폴더를 만든다:

```
mkdir output
mkdir output/train
mkdir output/val

python coco2voc.py create_annotations /TRAIN_DATA_PATH train
/OUTPUT_FOLDER/train
python coco2voc.py create_annotations /TRAIN_DATA_PATH val
/OUTPUT_FOLDER/val
```

최종 변환 후 폴더 구조는 다음과 같다:

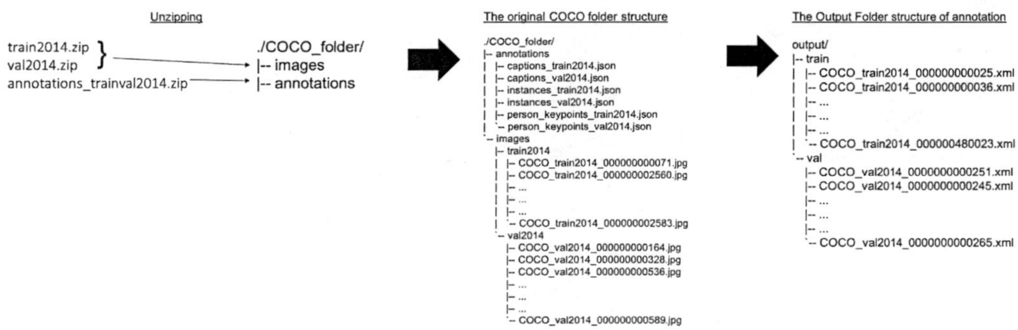

COCO 데이터 폴더 구조

> **TIP** 이렇게 해야 이미지와 주석이 완벽하게 일치한다. 검증 세트가 비어 있으면 8:2의 비율로 나눈다.

이제 학습을 위한 폴더 ./images 및 ./annotation 2개가 생성되었다.

사용자 맞춤 데이터 세트

강아지 품종 인식처럼 맞춤형 객체 식별 작업을 하려면 직접 이미지를 모아야 하는데 보통 웹에서 이미지 100-200개를 긁어서 주석을 달면 된다. 이미지에 주석을 달 때는 LabelImg(`https://github.com/tzutalin/labelImg`) 또는 **FIAT**(Fast Image Data Annotation Tool)(`https://github.com/christopher5106/FastAnnotationTool`)와 같은 도구를 사용할 수 있다.

그런 수고가 싫다면 이 책에서 제공하는 샘플 이미지(`~Chapter09/yolo/new_class/`)를 가지고 놀아봐도 좋다.

각 이미지에는 다음 그림처럼 주석이 붙어있다:

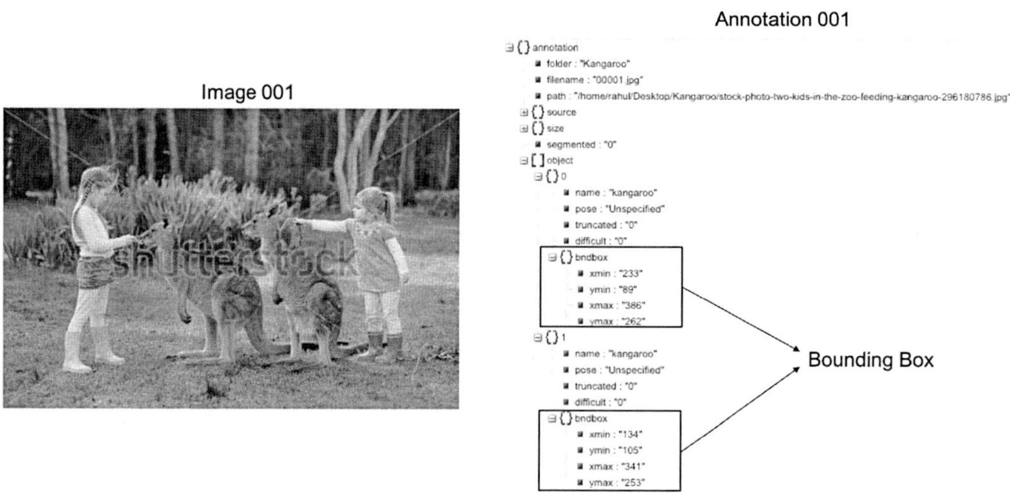

이미지와 주석

또한, `https://pjreddie.com/darknet/yolo/`에서 미리 학습된 가중치를 내려받아 사용할 수도 있다. 이 가중치는 모델을 초기화하는 데 사용하고 이 가중치를 기반으로 사용자 목적에 맞게 모델을 새로 학습해서 객체 식별을 할 수 있다(!이런 걸 전이 학습이라고 한다. 대부분의 앱은 이렇게 구현한다).

```
wget https://pjreddie.com/media/files/yolo.weights
```

모듈 설치

텐서플로 백엔드에서 케라스 API를 사용하여 YOLOv2 모델을 생성한다. 다음처럼 필요한 모듈을 설치한다:

```
pip install keras tensorflow tqdm numpy cv2 imgaug
```

다음은 모듈을 가져오는 코드다:

```
from keras.models import Sequential, Model
from keras.layers import Reshape, Activation, Conv2D, Input,
MaxPooling2D, BatchNormalization, Flatten, Dense, Lambda
from keras.layers.advanced_activations import LeakyReLU
from keras.callbacks import EarlyStopping, ModelCheckpoint, TensorBoard
from keras.optimizers import SGD, Adam, RMSprop
from keras.layers.merge import concatenate
import matplotlib.pyplot as plt
import keras.backend as K
import tensorflow as tf
import imgaug as ia
from tqdm import tqdm
from imgaug import augmenters as iaa
import numpy as np
import pickle
import os, cv2
from preprocessing import parse_annotation, BatchGenerator
from utils import WeightReader, decode_netout, draw_boxes

#Setting GPU configs
os.environ["CUDA_DEVICE_ORDER"] = "PCI_BUS_ID"
os.environ["CUDA_VISIBLE_DEVICES"] = ""
```

TIP

YOLO 모델을 학습하려면 시간이 꽤 걸리니까 GPU를 사용하기 권장한다.

YOLO 모델 구성

구성할 모델의 유형과 입력 이미지 크기 및 앵커 목록 등 일련의 초 매개변수와 기타 설정으로 YOLO 모델을 구성한다. 당장 작은 YOLO를 사용할지 전체 YOLO를 사용할지 정해야 한다. 다음 코드부터 차례로 살펴보자:

```
# List of object that YOLO model will learn to detect from COCO dataset
# LABELS = ['person', 'bicycle', 'car', 'motorcycle', 'airplane', 'bus',
'train', 'truck', 'boat', 'traffic light', 'fire hydrant', 'stop sign',
'parking meter', 'bench', 'bird', 'cat', 'dog', 'horse', 'sheep', 'cow',
'elephant', 'bear', 'zebra', 'giraffe', 'backpack', 'umbrella',
'handbag', 'tie', 'suitcase', 'frisbee', 'skis', 'snowboard', 'sports
ball', 'kite', 'baseball bat', 'baseball glove', 'skateboard',
'surfboard', 'tennis racket', 'bottle', 'wine glass', 'cup', 'fork',
'knife', 'spoon', 'bowl', 'banana', 'apple', 'sandwich', 'orange',
'broccoli', 'carrot', 'hot dog', 'pizza', 'donut', 'cake', 'chair',
'couch', 'potted plant', 'bed', 'dining table', 'toilet', 'tv',
'laptop', 'mouse', 'remote', 'keyboard', 'cell phone', 'microwave',
'oven', 'toaster', 'sink', 'refrigerator', 'book', 'clock', 'vase',
'scissors', 'teddy bear', 'hair drier', 'toothbrush']

# Label for the custom curated dataset.
LABELS = ['kangaroo']
IMAGE_H, IMAGE_W = 416, 416
GRID_H,  GRID_W  = 13 , 13
BOX              = 5
CLASS            = len(LABELS)
CLASS_WEIGHTS    = np.ones(CLASS, dtype='float32')
OBJ_THRESHOLD    = 0.3#0.5
NMS_THRESHOLD    = 0.3#0.45
ANCHORS          = [0.57273, 0.677385, 1.87446, 2.06253, 3.33843,
                    5.47434, 7.88282, 3.52778, 9.77052, 9.16828]

NO_OBJECT_SCALE  = 1.0
OBJECT_SCALE     = 5.0
COORD_SCALE      = 1.0
CLASS_SCALE      = 1.0

BATCH_SIZE       = 16
WARM_UP_BATCHES  = 0
TRUE_BOX_BUFFER  = 50
```

다음 코드처럼 미리 학습된 모델 및 이미지의 경로를 지정한다:

```
wt_path = './yolo.weights'
train_image_folder = './new_class/images/'
train_annot_folder = './new_class/anno/'
valid_image_folder = './new_class/images/'
valid_annot_folder = './new_class/anno/'
```

YOLO v2 모델 정의

이제 YOLOv2 모델의 구조를 살펴보자:

```
# the function to implement the organization layer (
github.com/allanzelener/YAD2K)
def space_to_depth_x2(x):
    return tf.space_to_depth(x, block_size=2)
input_image = Input(shape=(IMAGE_H, IMAGE_W, 3))
true_boxes  = Input(shape=(1, 1, 1, TRUE_BOX_BUFFER , 4))

# Layer 1
x = Conv2D(32, (3,3), strides=(1,1), padding='same', name='conv_1',
use_bias=False)(input_image)
x = BatchNormalization(name='norm_1')(x)
x = LeakyReLU(alpha=0.1)(x)
x = MaxPooling2D(pool_size=(2, 2))(x)

# Layer 2
x = Conv2D(64, (3,3), strides=(1,1), padding='same', name='conv_2',
use_bias=False)(x)
x = BatchNormalization(name='norm_2')(x)
x = LeakyReLU(alpha=0.1)(x)
x = MaxPooling2D(pool_size=(2, 2))(x)

# Layer 3
# Layer 4
# Layer 23
# 전체 아키텍처는 다음의 yolo/Yolo_v2_train.ipynb 노트북을 참조
https://github.com/PacktPublishing/Python-Deep-Learning-Projects/blob
/master/Chapter09/yolo/Yolo_v2_train.ipynb
```

전체 모델의 구조는 다음에서 시각적으로 확 할 수 있다:
https://github.com/PacktPublishing/Python-Deep-Learning-Projects/blob/master/Chapter09/Network_architecture/network_architecture.png

실행 결과는 다음과 같다:

```
Total params: 50,983,561
Trainable params: 50,962,889
Non-trainable params: 20,672
```

모델 학습

모델을 학습하는 단계는 다음과 같다:

1. 내려받은 가중치로 모델 초기화:

```
weight_reader = WeightReader(wt_path)
weight_reader.reset()
nb_conv = 23
for i in range(1, nb_conv+1):
    conv_layer = model.get_layer('conv_' + str(i))
    if i < nb_conv:
        norm_layer = model.get_layer('norm_' + str(i))
        size = np.prod(norm_layer.get_weights()[0].shape)

        beta  = weight_reader.read_bytes(size)
        gamma = weight_reader.read_bytes(size)
        mean  = weight_reader.read_bytes(size)
        var   = weight_reader.read_bytes(size)

        weights = norm_layer.set_weights([gamma, beta, mean, var])

    if len(conv_layer.get_weights()) > 1:
        bias   =
weight_reader.read_bytes(np.prod(conv_layer.get_weights()[1].s
hape))
```

```
        kernel =
weight_reader.read_bytes(np.prod(conv_layer.get_weights()[0].s
hape))
        kernel =
kernel.reshape(list(reversed(conv_layer.get_weights()[0].shape
)))
        kernel = kernel.transpose([2,3,1,0])
        conv_layer.set_weights([kernel, bias])
    else:
        kernel =
weight_reader.read_bytes(np.prod(conv_layer.get_weights()[0].s
hape))
        kernel =
kernel.reshape(list(reversed(conv_layer.get_weights()[0].shape
)))
        kernel = kernel.transpose([2,3,1,0])
        conv_layer.set_weights([kernel])
```

2. 출력층 가중치 초기화:

```
layer   = model.layers[-4] # the last convolutional layer
weights = layer.get_weights()

new_kernel =
np.random.normal(size=weights[0].shape)/(GRID_H*GRID_W)
new_bias   =
np.random.normal(size=weights[1].shape)/(GRID_H*GRID_W)

layer.set_weights([new_kernel, new_bias])
```

3. 생성기 구성:

```
generator_config = {
    'IMAGE_H'         : IMAGE_H,
    'IMAGE_W'         : IMAGE_W,
    'GRID_H'          : GRID_H,
    'GRID_W'          : GRID_W,
    'BOX'             : BOX,
```

```
    'LABELS'          : LABELS,
    'CLASS'           : len(LABELS),
    'ANCHORS'         : ANCHORS,
    'BATCH_SIZE'      : BATCH_SIZE,
    'TRUE_BOX_BUFFER' : 50,
}
```

4. 학습 및 검증용 배치 생성:

```
# Training batch data
train_imgs, seen_train_labels =
parse_annotation(train_annot_folder, train_image_folder,
labels=LABELS)
train_batch = BatchGenerator(train_imgs, generator_config,
norm=normalize)

# Validation batch data
valid_imgs, seen_valid_labels =
parse_annotation (valid_annot_folder, valid_image_folder,
labels=LABELS)
valid_batch = BatchGenerator(valid_imgs, generator_config,
norm=normalize, jitter=False)
```

5. 조기 중지 및 체크포인트 콜백 설정:

```
early_stop = EarlyStopping(monitor='val_loss',
                           min_delta=0.001,
                           patience=3,
                           mode='min',
                           verbose=1)

checkpoint = ModelCheckpoint('weights_coco.h5',
                             monitor='val_loss',
                             verbose=1,
                             save_best_only=True,
                             mode='min',
                             period=1)
```

6. 모델 학습:

```
tb_counter  = len([log for log in
os.listdir(os.path.expanduser('~/logs/')) if 'coco_' in log]) + 1
tensorboard = TensorBoard(log_dir=os.path.expanduser('~/logs/')
+ 'coco_' + '_' + str(tb_counter),
                          histogram_freq=0,
                          write_graph=True,
                          write_images=False)

optimizer = Adam(lr=0.5e-4, beta_1=0.9, beta_2=0.999,
epsilon=1e-08, decay=0.0)
model.compile(loss=custom_loss, optimizer=optimizer)

model.fit_generator(generator = train_batch,
                    steps_per_epoch = len(train_batch),
                    epochs = 2,
                    verbose = 1,
                    validation_data  = valid_batch,
                    validation_steps = len(valid_batch),
                    callbacks = [early_stop, checkpoint, tensorboard],
                    max_queue_size   = 3)
```

실행 결과는 다음과 같다:

```
Epoch 1/2
11/11 [==============================] - 315s 29s/step - loss: 3.6982
-val_loss: 1.5416
Epoch 00001: val_loss improved from inf to 1.54156, saving model to
weights_coco.h5

Epoch 2/2
11/11 [==============================] - 307s 28s/step - loss: 1.4517
-val_loss: 1.0636
Epoch 00002: val_loss improved from 1.54156 to 1.06359, saving model to
weights_coco.h5
```

다음은 2 에포크에 대한 텐서보드 출력이다:

손실

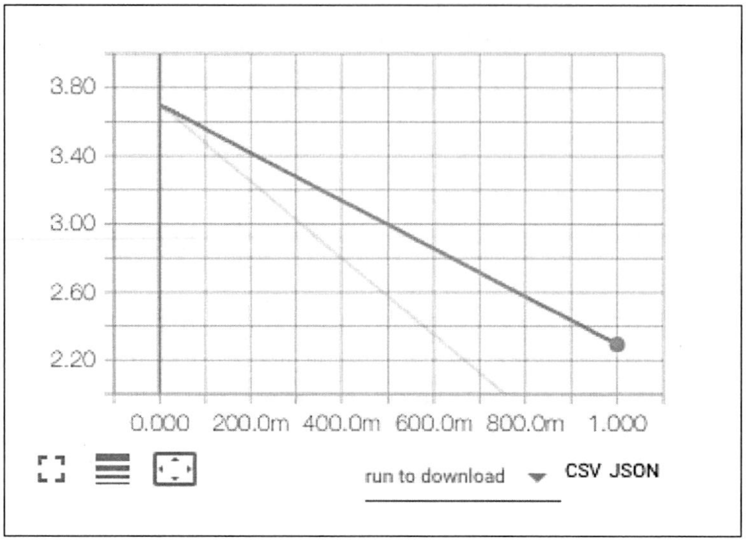

검증 손실

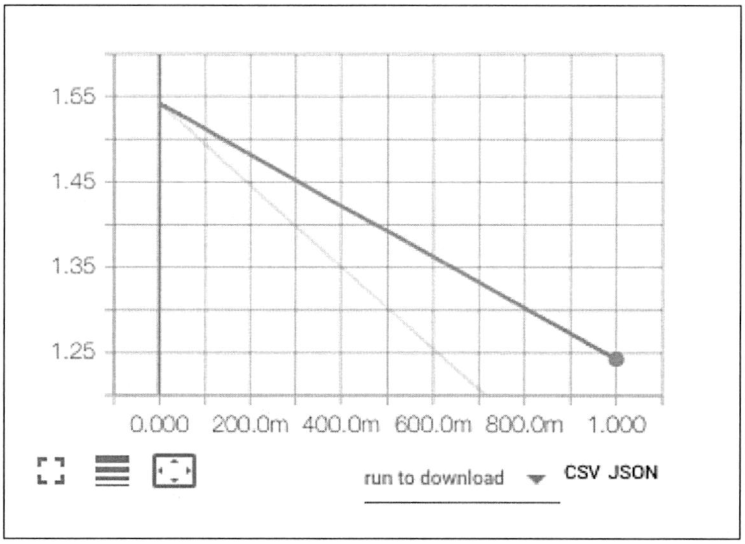

2회 학습 과정(손실)

모델 평가

학습이 종료된 모델에 이미지를 입력해서 예측을 수행해 보자:

1. 모델을 메모리에 로드:

```
model.load_weights("weights_coco.h5")
```

2. 테스트 이미지 경로 설정 후 읽기:

```
input_image_path = "my_test_image.jpg"
image = cv2.imread('input_image_path')
dummy_array = np.zeros((1,1,1,1,TRUE_BOX_BUFFER,4))
plt.figure(figsize=(10,10))
```

3. 이미지 정규화:

```
input_image = cv2.resize(image, (416, 416))
input_image = input_image / 255.
input_image = input_image[:,:,::-1]
input_image = np.expand_dims(input_image, 0)
```

4. 예측:

```
netout = model.predict([input_image, dummy_array])

boxes = decode_netout(netout[0],
                      obj_threshold=0.5,
                      nms_threshold=NMS_THRESHOLD,
                      anchors=ANCHORS,
                      nb_class=CLASS)

image = draw_boxes(image, boxes, labels=LABELS)

plt.imshow(image[:,:,::-1]); plt.show()
```

실행 결과는 다음과 같다:

```
Found 8 boxes for woman-1979272_1280.jpg
knife 0.37 (343, 606) (539, 637)
pottedplant 0.49 (1136, 488) (1275, 745)
knife 0.54 (734, 617) (851, 708)
bottle 0.57 (200, 489) (285, 746)
wine glass 0.58 (27, 562) (97, 758)
person 0.74 (225, 47) (663, 792)
pottedplant 0.79 (985, 356) (1136, 596)
person 0.82 (592, 0) (1053, 759)
```

```
Found 7 boxes for relay-race-655353_1280.jpg
person 0.41 (950, 143) (1092, 370)
person 0.42 (938, 185) (1119, 667)
person 0.66 (746, 218) (966, 801)
person 0.73 (65, 117) (307, 744)
person 0.77 (1085, 168) (1266, 699)
person 0.81 (246, 135) (541, 826)
person 0.82 (602, 150) (823, 802)
```

```
Found 3 boxes for water-3567092_1280.jpg
surfboard 0.34 (760, 466) (810, 498)
surfboard 0.35 (733, 443) (813, 505)
person 0.85 (704, 239) (797, 496)
```

```
Found 2 boxes for man-3694475_1280.jpg
person 0.90 (505, 198) (695, 825)
person 0.95 (696, 120) (910, 825)
```

자축할 일이다! 우리는 아주 빠르고 안정적인 최첨단 객체 식별기를 개발했다.

YOLO 모델을 사용해서 세계적 수준의 객체 식별 모델을 구축하는 방법을 배웠는데 이 기술은 아주 쓸모가 많다는 걸 직감했을 것이다. 이 모델은 스마트 폰이나 Raspberry Pi 같은 다른 모바일 장치에 배포할 수 있다.

이미지 분할

이미지 분할은 픽셀 수준 이미지에서 객체를 분리하는 작업이다. 예를 들어 사람이 있는 사진에서 그 사람만 떼 내는 것이 분할이다.

이미지 분할에도 COCO 데이터 세트를 사용한다.

다음은 SegNet 스크립트를 실행하는 데 필요한 작업이다:

```
cd SegNet
wget http://images.cocodataset.org/zips/train2014.zip
mkdir images
unzip train2014.zip -d images
```

SegNet 스크립트를 실행할 작업 디렉토리는 `SegNet`이다.

모듈 가져오기

마찬가지로 세션을 초기화한다.

다음 코드처럼 `numpy`, `pandas`, `keras`, `pylab`, `skimage`, `matplotlib` 및 `pycocotools` 모듈이 필요하다:

```
from __future__ import absolute_import
from __future__ import print_function

import pylab
import numpy as np
import pandas as pd
import skimage.io as io
import matplotlib.pyplot as plt

from pycocotools.coco import COCO
pylab.rcParams['figure.figsize'] = (8.0, 10.0)
import cv2

from keras.models import Sequential
```

```
from keras.layers import Layer, Dense, Dropout, Activation, Flatten,
Reshape, Permute
from keras.layers import Conv2D, MaxPool2D, UpSampling2D, ZeroPadding2D
from keras.layers import BatchNormalization

from keras.callbacks import ModelCheckpoint, ReduceLROnPlateau
from keras.optimizers import Adam

import keras
keras.backend.set_image_dim_ordering('th')

from tqdm import tqdm
import itertools
%matplotlib inline
```

데이터 살펴보기

먼저 분할을 적용할 이미지의 주석 파일이 저장된 위치를 지정하고 COCO API를 초기화한다:

```
# set the location of the annotation file associated with the train
images annFile='annotations/annotations/instances_train2014.json'

# initialize COCO api with
coco = COCO(annFile)
```

오류가 없다면 다음처럼 출력된다:

```
loading annotations into memory...
Done (t=12.84s)
creating index...
index created!
```

이미지

이진 분할 모델을 구축하는 것으로 한정하고, 이미지에서 사람을 분할할 수 있게 레이블이 사람인 images/train2014 폴더의 이미지를 살펴보자. COCO API는 사용하기 쉬운 메서드를 많이 제공하는데 그 중 getCatIds 및 getImgIds를 사용한다. 다음은 레이블이 사람인 모든 이미지의 ID를 추출하는 코드다:

```
# extract the category ids using the label 'person'
catIds = coco.getCatIds(catNms=['person'])

# extract the image ids using the catIds
imgIds = coco.getImgIds(catIds=catIds )

# print number of images with the tag 'person'
print("Number of images with the tag 'person' :" ,len(imgIds))
```

다음처럼 출력된다:

```
Number of images with the tag 'person' : 45174
```

다음은 이미지를 시각화하는 코드다:

```
# extract the details of image with the image id
img = coco.loadImgs(imgIds[2])[0]
print(img)

# load the image using the location of the file listed in the image
variable
I = io.imread('images/train2014/'+img['file_name'])

# display the image
plt.imshow(I)
```

다음처럼 출력된다:

```
{'height': 426, 'coco_url':
'http://images.cocodataset.org/train2014/COCO_train2014_000000524291.
jpg', 'date_captured': '2013-11-18 09:59:07', 'file_name':
'COCO_train2014_000000524291.jpg', 'flickr_url':
```

```
'http://farm2.staticflickr.com/1045/934293170_d1b2cc58ff_z.jpg',
'width': 640, 'id': 524291, 'license': 3}
```

다음과 같은 그림이 출력된다:

사람(!손)이 있는 그림

코드를 보면, 이미지 ID를 COCO의 `loadImgs` 메소드에 먹여 해당 이미지의 세부 정보를 추출한다. `img` 변수의 출력을 보면 `file_name` 키가 있는데, 이 키에 `images/train2014/` 폴더에 있는 이미지의 이름이 들어있다.

다음으로 `io` 모듈의 `imread` 메서드를 사용해서 이미지를 읽고 `matplotlib.pyplot`을 사용해서 그림으로 나타낸다.

주석

대상 이미지의 주석을 가져와 이미지 위에 표시한다. `coco.getAnnIds()` 함수에 ID를 먹여 이미지의 주석 정보를 가져온 후, `coco.loadAnns()` 함수를 사용해서 주석을 가져와 `coco.showAnns()` 함수를 사용하여 이미지 위에 표시한다. 먼저 대상 이미지를 그린 다음 주석을 그린다는 게 중요하다:

```
# display the image
plt.imshow(I)

# extract the annotation id
annIds = coco.getAnnIds(imgIds=img['id'], catIds=catIds, iscrowd=None)

# laod the annotation
anns = coco.loadAnns(annIds)

# plot the annotation on top of the image
coco.showAnns(anns)
```

실행 결과는 다음과 같다:

이미지에 주석 시각화

다음 코드처럼 coco.annToMask() 함수를 사용해서 주석 레이블 배열을 생성할 수 있다. 주석 레이블 배열은 분할 대상을 구성하는 데 필요하다:

```
# build the mask for display with matplotlib
mask = coco.annToMask(anns[0])

# display the mask
plt.imshow(mask)
```

실행 결과는 다음과 같다:

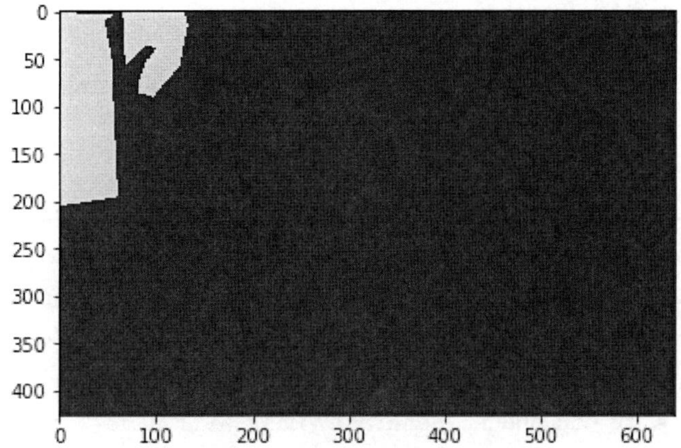

주석 부분 출력

데이터 준비

이제 이미지와 해당 분할 배열을 메모리에 로드하고 OpenCV를 사용하여 크기를 360*480으로 변환하는 data_list() 함수를 정의한다. 이 함수는 이미지와 분할 배열을 반환한다:

```
def data_list(imgIds, count = 12127, ratio = 0.2):
    """Function to load image and its target into memory."""
    img_lst = []
    lab_lst = []

    for x in tqdm(imgIds[0:count]):
        # load image details
        img = coco.loadImgs(x)[0]
        # read image
        I = io.imread('images/train2014/'+img['file_name'])
        if len(I.shape)<3:
            continue
        # load annotation information
        annIds = coco.getAnnIds(imgIds=img['id'], catIds=catIds,
                iscrowd=None)
```

```
        # load annotation
        anns = coco.loadAnns(annIds)
        # prepare mask
        mask = coco.annToMask(anns[0])
        # This condition makes sure that we select images having only one person
        if len(np.unique(mask)) == 2:

            # Next condition selects images where ratio of area covered by the
            # person to the entire image is greater than the ratio paramater
            # This is done to not have large class imbalance
            if (len(np.where(mask>0)[0])/len(np.where(mask>=0)[0])) > ratio :

                # If you check, generated mask will have 2 classes i.e 0 and 2
                # (0 - background/other, 1 - person).
                # to avoid issues with cv2 during the resize operation
                # set label 2 to 1, making label 1 as the person.
                mask[mask==2] = 1

                # resize image and mask to shape (480, 360)
                I= cv2.resize(I, (480,360))
                mask = cv2.resize(mask, (480,360))

                # append mask and image to their lists
                img_lst.append(I)
                lab_lst.append(mask)
    return (img_lst, lab_lst)

img_lst, lab_lst = data_list(imgIds)

print('Sum of images for training, validation and testing :', len(img_lst))
print('Unique values in the labels array :', np.unique(lab_lst[0]))
```

실행 결과는 다음과 같다:

```
Sum of images for training, validation and testing : 1997 Unique values
in the labels array : [0 1]
```

이미지 정규화

이미지를 받아 히스토그램 정규화 작업을 수행하는 make_normalize() 함수를 정의한다. 정규화된 배열을 반환한다:

```
def make_normalize(img):
    """Function to histogram normalize images."""
    norm_img = np.zeros((img.shape[0], img.shape[1], 3),np.float32)

    b=img[:,:,0]
    g=img[:,:,1]
    r=img[:,:,2]

    norm_img[:,:,0]=cv2.equalizeHist(b)
    norm_img[:,:,1]=cv2.equalizeHist(g)
    norm_img[:,:,2]=cv2.equalizeHist(r)

    return norm_img

plt.figure(figsize = (14,5))
plt.subplot(1,2,1)
plt.imshow(img_lst[5])
plt.title(' Original Image')
plt.subplot(1,2,2)
plt.imshow(make_normalize(img_lst[5]))
plt.title(' Histogram Normalized Image')
```

실행 결과는 다음과 같다:

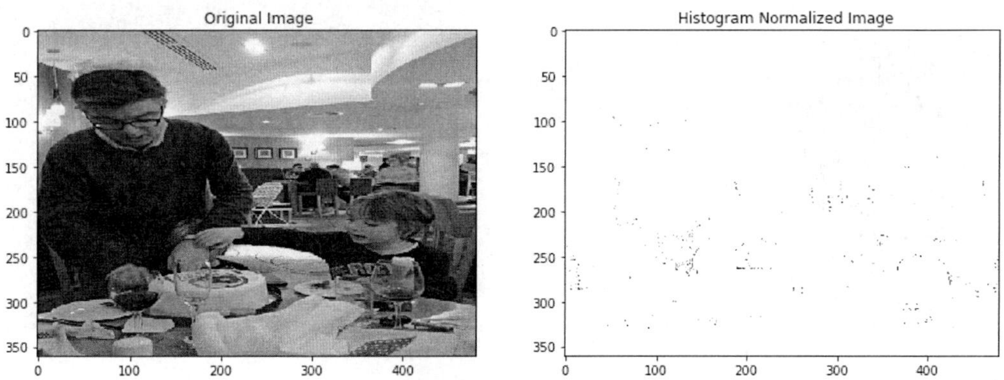

이미지에 대한 히스토그램 정규화 전후

앞 그림에서 왼쪽은 원본, 오른쪽은 정규화 이미지다. 정규화하니 우리 눈에는 전혀 의미 없는 그림이 되었다.

부호화

크기가 (360,480)인 분할 배열을 크기 (360,480,2)로 변환하는 make_target() 함수를 정의한다. 여기서 세 번째 성분은 채널을 나타내는데, 채널 0은 배경 1은 분할 이미지 영역을 나타낸다. 함수의 코드는 다음과 같다:

```
def make_target(labels):
    """Function to one hot encode targets."""
    x = np.zeros([360,480,2])
    for i in range(360):
        for j in range(480):
            x[i,j,labels[i][j]]=1
    return x
plt.figure(figsize = (14,5))
plt.subplot(1,2,1)
plt.imshow(make_target(lab_lst[5])[:,:,0])
plt.title('Background')
plt.subplot(1,2,2)
plt.imshow(make_target(lab_lst[5])[:,:,1])
plt.title('Person')
```

실행 결과는 다음과 같다:

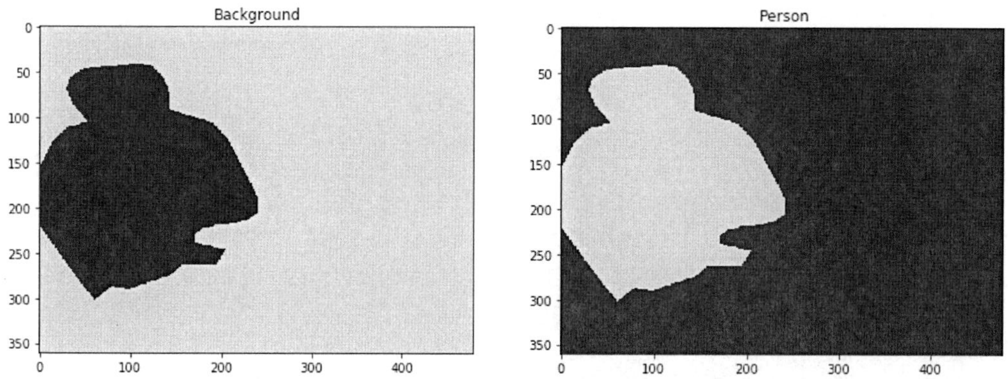

인코딩된 대상 배열 시각화

모델 데이터

이미지 목록과 레이블 목록을 입력으로 하는 model_data() 함수를 정의한다. 이 함수는 각 이미지에 make_normalize() 함수를 적용하고, 레이블/분할 배열에 make_encode() 함수를 적용해서 인코딩된 배열을 생성한다.

이 함수는 정규화된 이미지와 분할 배열을 반환한다:

```
def model_data(images, labels):
    """Function to perform normalize and encode operation on each image."""
    # empty label and image list
    array_lst = []
    label_lst=[]
    # apply normalize function on each image and encoding function on
each label
    for x,y in tqdm(zip(images, labels)):
        array_lst.append(np.rollaxis(make_normalize(x), 2))
        label_lst.append(make_target(y))
    return np.array(array_lst), np.array(label_lst)

# Get model data
train_data, train_lab = model_data(img_lst, lab_lst)
flat_image_shape = 360*480

# reshape target array
train_label = np.reshape(train_lab,(-1,flat_image_shape,2))

# test data
test_data = train_data[1900:]
# validation data
val_data = train_data[1500:1900]
# train data
train_data = train_data[:1500]

# test label
test_label = train_label[1900:]
# validation label
val_label = train_label[1500:1900]
```

```
# train label
train_label = train_label[:1500]
```

학습 데이터 이미지 1500개, 검증 데이터 이미지 400개, 테스트 데이터 이미지 97개로 데이터 세트를 구성했다.

초 매개변수 정의

학습을 위한 초 매개변수는 다음과 같은 데 원하면 어떻게 바꿔도 좋다:

```
# define optimizer
optimizer = Adam(lr=0.002)

# input shape to the model
input_shape=(3, 360, 480)

# training batchsize
batch_size = 6

# number of training epochs
nb_epoch = 60
```

케라스에서 지원하는 다른 최적화기 및 해당 API는 여기(`https://keras.io/optimizers/`)에 있다. GPU와 관련 리소스 소진 오류가 발생하면 `batch_size`를 줄여서 시도해보라.

TIP 최적화기, 배치 크기, 학습계수 등 초 매개변수를 다르게 해서 다양한 실험을 해보는 게 좋다. 더 나은 결과를 얻으면 딥러닝 커뮤니티에 공유하는 걸 기억하라.

SegNet 정의

이미지 분할을 위해 다음과 같이 8장의 오토인코더와 매우 유사한 분할신경망 SegNet 모델을 정의한다:

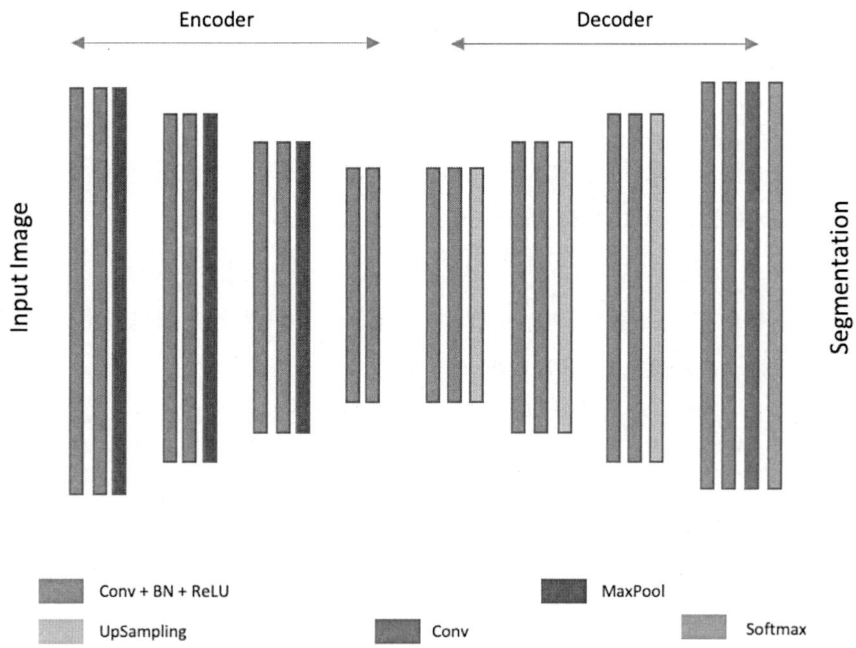

SegNet 구조

SegNet 모델은 크기 (3, 360, 480) 이미지와 크기 (172800, 2) 분할 배열을 입력으로 받으며, 인코더는 다음과 같은 특징을 갖는다:

- 첫 번째 블록은 차례로 크기 3*3 필터 64개를 사용하는 중첩 2D층, 크기 2*2 최대 풀링층으로 구성된다. 중첩층은 배치 정규화를 사용하고 활성 함수는 relu다. 풀링에 의해 다운샘플링이 일어난다.
- 두 번째 블록은 차례로 크기 3*3 필터 128개를 사용하는 중첩 2D층, 크기 2*2 최대 풀링층으로 구성된다. 중첩층은 배치 정규화를 사용하고 활성 함수는 relu다. 풀링에 의해 다운샘플링이 일어난다.
- 세 번째 블록은 차례로 크기 3*3 필터 256개를 사용하는 중첩 2D층, 크기 2*2 최대 풀링층으로 구성된다. 중첩층은 배치 정규화를 사용하고 활성 함수는 relu다. 풀링에 의해 다운샘플링이 일어난다.
- 네 번째 블록은 차례로 크기 3*3 필터 512개를 사용하는 중첩 2D층, 배치 정규화를 사용하고 활성 함수는 relu다.

디코더는 다음과 같은 특징을 갖는다:

- 첫 번째 블록은 차례로 크기 3*3 필터512개를 사용하는 중첩 2D층, 크기 2*2 최

대 풀링층으로 구성된다. 중첩층은 배치 정규화를 사용하고 활성 함수는 relu 다. 풀링에 의해 다운샘플링이 일어난다.

- 두 번째 블록은 차례로 크기 3*3 필터 256개를 사용하는 중첩 2D층, 크기 2*2 최대 풀링층으로 구성된다. 중첩층은 배치 정규화를 사용하고 활성 함수는 relu 다. 풀링에 의해 다운샘플링이 일어난다.
- 세 번째 블록은 차례로 크기 3*3 필터 128개를 사용하는 중첩 2D층, 크기 2*2 최대 풀링층으로 구성된다. 중첩층은 배치 정규화를 사용하고 활성 함수는 relu 다. 풀링에 의해 다운샘플링이 일어난다.
- 네 번째 블록은 차례로 크기 3*3 필터 64개를 사용하는 중첩 2D층, 배치 정규화를 사용하고 활성 함수는 relu다.
- 다섯 번째 블록은 차례로 크기 1*1 필터 2개를 사용하는 중첩 2D층, 출력을 일렬로 늘이는 Reshape, Permute층, 마지막으로 활성 함수가 소프트맥스인 출력층이다. 출력층에서는 예측 점수가 출력된다.

모델의 코드는 다음과 같다:

```
model = Sequential()
# Encoder
model.add(Layer(input_shape=input_shape))
model.add(ZeroPadding2D())
model.add(Conv2D(filters=64, kernel_size=(3,3), padding='valid',
          activation='relu'))
model.add(BatchNormalization())
model.add(MaxPool2D(pool_size=(2,2)))

model.add(ZeroPadding2D())
model.add(Conv2D(filters=128, kernel_size=(3,3), padding='valid',
          activation='relu'))
model.add(BatchNormalization())
model.add(MaxPool2D(pool_size=(2,2)))

model.add(ZeroPadding2D())
model.add(Conv2D(filters=256, kernel_size=(3,3), padding='valid',
          activation='relu'))
model.add(BatchNormalization())
model.add(MaxPool2D(pool_size=(2,2)))
```

```
model.add(ZeroPadding2D())
model.add(Conv2D(filters=512, kernel_size=(3,3), padding='valid',
          activation='relu'))
model.add(BatchNormalization())

# Decoder
# 코드의 나머지 부분은 다음 SegNet 폴더의 segnet.ipynb 파일 참조:
https://github.com/PacktPublishing/Python-Deep-Learning-Projects/tree
/maste r/Chapter09
```

모델 컴파일

손실은 'categorical_crossentropy', 최적화기는 Adam으로 지정해서 모델을 컴파일한다. 그리고 학습 도중에 학습계수를 줄일 수 있게 ReduceLROnPlateau()를 정의한다:

```
# compile model
model.compile(loss="categorical_crossentropy",
optimizer=Adam(lr=0.002), metrics=["accuracy"])

# use ReduceLROnPlateau to adjust the learning rate
reduceLROnPlat = ReduceLROnPlateau(monitor='val_acc', factor=0.75,
                 patience=5, min_delta=0.005, mode='max', cooldown=3,
                 verbose=1)

callbacks_list = [reduceLROnPlat]
```

모델 학습

모델을 컴파일했으면 fit 메서드를 호출해서 모델을 학습한다. 데이터 세트의 크기가 작으므로 매개변수 shuffle을 True로 설정하여 각 에포크 후에 학습데이터가 섞이도록 해야 한다:

```
# fit the model
history = model.fit(train_data, train_label, callbacks=callbacks_list,
          batch_size=batch_size, epochs=nb_epoch, verbose=1, shuffle =
          True, validation_data = (val_data, val_label))
```

실행 결과는 다음과 같다:

```
Train on 1500 samples, validate on 400 samples
Epoch 1/60
1500/1500 [==============================] - 351s 234ms/step - loss:
0.6338 - acc: 0.6610 - val_loss: 0.6201 - val_acc: 0.6631
Epoch 2/60
1500/1500 [==============================] - 339s 226ms/step - loss:
0.6016 - acc: 0.6678 - val_loss: 0.6049 - val_acc: 0.6673
Epoch 3/60
1500/1500 [==============================] - 337s 225ms/step - loss:
0.5941 - acc: 0.6751 - val_loss: 0.6468 - val_acc: 0.5983
```

다음은 학습 과정을 시각화한 것이다:

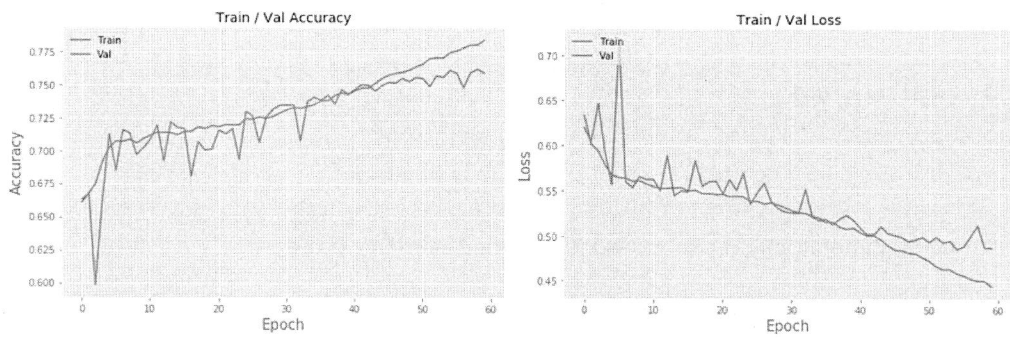

학습 과정(정확도와 손실)

모델 테스트

테스트 데이터를 먹여 학습한 모델을 평가한다:

```
loss,acc = model.evaluate(test_data, test_label)
print('Loss :', loss)
print('Accuracy :', acc)
```

실행 결과는 다음과 같다:

```
97/97 [==============================] - 7s 71ms/step Loss :
0.5390811630131043
Accuracy : 0.7633129960482883
```

SegNet 모델이 테스트 이미지에 대해 0.539의 손실과 76.33의 정확도를 가진다는 걸 알 수 있다.

우리가 구축한 모델을 이해하기 위해 테스트 이미지와 생성된 분할을 시각화해보자:

```
for i in range(3):
    plt.figure(figsize = (10,3))
    plt.subplot(1,2,1)
    plt.imshow(img_lst[1900+i])
    plt.title('Input')
    plt.subplot(1,2,2)
    plt.imshow(model.predict_classes(test_data[i:(i+1)*1]).reshape(360,480))
    plt.title('Segmentation')
```

실행 결과는 다음과 같다:

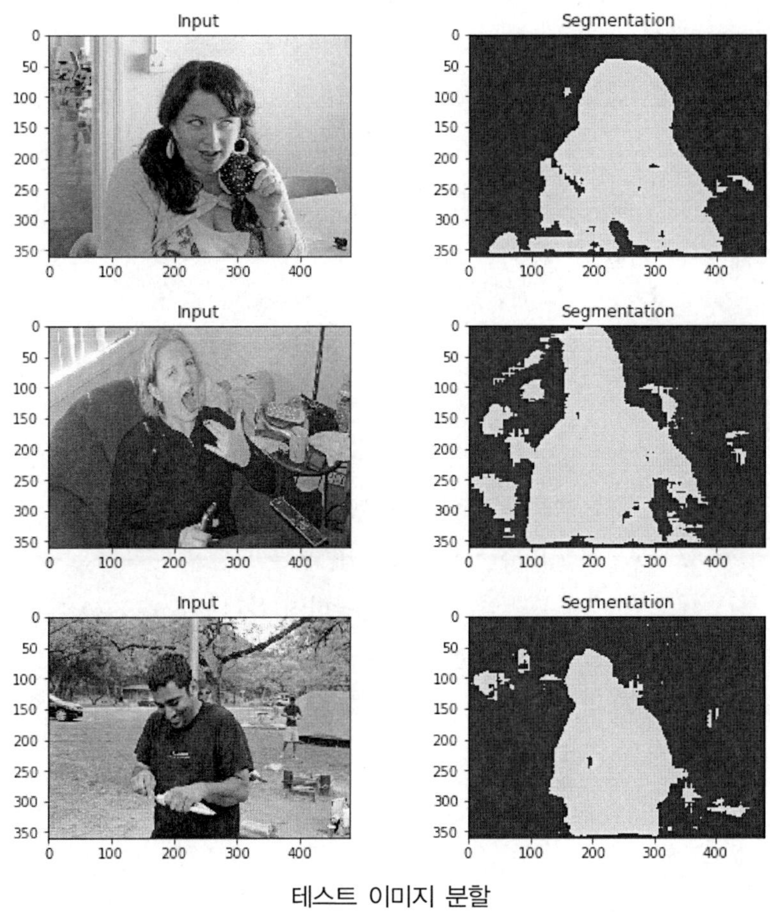

테스트 이미지 분할

우리 모델이 입력 이미지에서 사람을 분할할 수 있음을 알 수 있다. (!당황할 필요 없다. 분할 이미지를 마스크로 사용해서 이미지에서 사람만 쏙 뽑아낼 수 있다. 이 장의 시작 부분에서 OpenCV로 그런 일을 미리 연습했다.)

결론

먼저 케라스와 YOLO 모델을 이용해서 객체 식별 및 분류기를 만들었다.

그리고 두 번째로 사람을 포함한 COCO 이미지에서 배경으로부터 사람만 뽑아내는 이진 이미지 분할 모델을 구축했다.

배열의 크기가 360*480*3인 3채널 컬러 이미지 1,500개 학습하여 구축한 모델의 정확도는 학습 데이터에 대해 79%, 검증 및 테스트 데이터에 대해 78%이다. 우리 모델은 이미지에 포함된 사람을 성공적으로 분리할 수 있지만, 분할의 경계는 다소 명확하지 않다. 이것은 학습 데이터 세트가 충분히 크지 않았기 때문으로, 학습 이미지가 고작 1,500인 점을 고려하면 분할 성능은 좋다고 할 수 있다.

학습에 사용할 더 많은 데이터 세트를 구하는 일은 어렵지 않다. 그리고 그렇게 수집한 많은 이미지를 학습하는 데는 Nvidia Tesla K80 GPU를 사용하더라도 하루 이상이 걸릴 수 있지만 그렇게 하면 정말 분할을 잘 할 수 있다.

요약

전통적인 방법을 사용해서 객체를 식별하는 서비스를 손쉽게 구축하는 방법부터 시작해서, 케라스와 YOLO 모델로 정확한 객체 식별 및 분류 모델을 구축하는 전이학습을 배웠다. 그리고 두 번째로 이미지 분할의 원리를 간단하게 살펴보고 COCO 데이터 세트의 이미지를 사용해서 이미지에서 객체를 분리하는 모델을 구축했다. 두 모델 모두 테스트 데이터에 대해 객체 식별과 분할 작업을 목표를 충족할 만큼 수행한다는 것 역시 확인할 수 있었다.

CHAPTER

10

FaceNet을 사용한 얼굴 인식

앞 장에서 이미지에 포함된 객체를 식별하는 방법을 배웠다. 이 장에서는 객체 식별의 특별한 사례인 얼굴 인식을 다뤄보겠다. 얼굴 인식은 얼굴 식별과 얼굴 분류로 구분할 수 있다.

이 프로젝트를 위한 가상 비즈니스 환경은 지속 가능성이 보장된 초고속 컴퓨팅 데이터 센터 Tier III이다. 이곳은 많은 중복 시스템을 구축해서 자연재해로부터 시스템을 보호하는 높은 수준의 표준 지침에 따라 설계되어 운영되고 있다.

이 시설은 현재 악의적인 인위적 재해를 방지하기 위해 초고도 보안 프로토콜을 갖추고 있으며, 안면 인식을 통해 시설 전체의 보안 영역에 접근하는 것을 통제할 수 있게 보안을 강화하려고 한다.

그들이 보관하고 유지 관리하는 서버가 세계에서 가장 민감하고 가치 있고 영향력 있는 데이터를 처리하기 때문에 불법적인 침입의 위험이 매우 크다.

개발하려는 안면 인식 시스템은 내부 직원뿐만 아니라 데이터 센터를 방문한 고객의 직원도 정확하게 식별할 수 있어야 한다.

그들은 우리에게 이 신기술에 기반을 둔 시스템을 위한 검토용 개념 증명을 요구했다.

이러한 가상의 비즈니스 요구를 해결하기 위해 이 장에서 세계 수준의 얼굴 인식 시스템을 구축하는 방법을 다룬다. 구축하려는 모듈과 기능은 다음과 같다:

1. **얼굴 식별**: 이미지 내에서 가능한 모든 얼굴 구별
2. **얼굴 추출**: 얼굴 이미지에 중점을 두고 처리(예: 옆 모습, 어두운 조명)
3. **특징 추출**: 중첩신경망을 사용해서 각 얼굴의 고유한 특징 추출
4. **얼굴 분류**: 얼굴 특징을 알려진 사람들과 비교해서 분류

각 단계를 처리하는 주요 아이디어와 아래 나열한 딥러닝 기술을 사용해서 얼굴 인식 시스템을 구축하는 방법을 배운다:

- **dlib**(`http://dlib.net/`): 얼굴 식별 및 정렬을 위한 라이브러리
- **OpenFace**(`https://cmusatyalab.github.io/openface/`): Brandon Amos 등이 개발한, 모바일 장치에서 실시간에 실행할 수 있는, 딥러닝 얼굴 인식 모델(`http://bamos.github.io`)
- **FaceNet**(`https://arxiv.org/abs/1503.03832`): 특징 추출을 위한 중첩신경망 모델. FaceNet은 삼중 손실을 사용하는데, 이는 긍정 사례와 거리는 최소

로, 부정 사례와 거리는 최대화하는 전략을 취함

환경 설정

설정이 매우 복잡하고 시간도 오래 걸릴 수 있으며 환경 구축 자체가 우리의 주제는 아니다. 우리는 시스템 구축에 필요한 dlib, OpenFace 및 FaceNet을 모두 포함한 Docker 이미지를 사용해서 환경을 구축한다.

코드 가져오기

아래 저장소에서 얼굴 인식 시스템을 위한 코드를 가져온다:

```
git clone https://github.com/PacktPublishing/Python-Deep-Learning-
Projects cd Chapter10/
```

Docker 이미지 빌드

Docker는 배포를 단순화하는 컨테이너 플랫폼이다. 다양한 서버 환경에 소프트웨어 모듈을 설치할 때 발생하는 여러 가지 문제를 손쉽게 해결한다. Docker를 처음 사용하는 경우 `https://www.docker.com/`에서 자세한 내용을 알 수 있다.

다음 명령을 실행해서 Linux 머신에 Docker를 설치한다:

```
curl https://get.docker.com | sh
```

맥OS 및 윈도우즈 같은 시스템의 경우 `https://docs.docker.com/install/`에서 자세한 설치 방법을 알아낼 수 있다. Docker가 이미 설치된 경우 다음 단계로 직행할 수 있다.

Docker가 설치되면 다음과 같이 터미널에서 `docker` 명령을 사용할 수 있다:

```
[rahulkumar@                $ docker

Usage:  docker COMMAND

A self-sufficient runtime for containers

Options:
      --config string      Location of client config files (default "/home/rahulkumar/.docker")
  -D, --debug              Enable debug mode
  -H, --host list          Daemon socket(s) to connect to
  -l, --log-level string   Set the logging level ("debug"|"info"|"warn"|"error"|"fatal") (default "info")
      --tls                Use TLS; implied by --tlsverify
      --tlscacert string   Trust certs signed only by this CA (default "/home/rahulkumar/.docker/ca.pem")
      --tlscert string     Path to TLS certificate file (default "/home/rahulkumar/.docker/cert.pem")
      --tlskey string      Path to TLS key file (default "/home/rahulkumar/.docker/key.pem")
      --tlsverify          Use TLS and verify the remote
  -v, --version            Print version information and quit

Management Commands:
  checkpoint  Manage checkpoints
  config      Manage Docker configs
  container   Manage containers
  image       Manage images
  network     Manage networks
  node        Manage Swarm nodes
  plugin      Manage plugins
  secret      Manage Docker secrets
  service     Manage services
  swarm       Manage Swarm
  system      Manage Docker
  trust       Manage trust on Docker images
  volume      Manage volumes

Commands:
  attach      Attach local standard input, output, and error streams to a running container
  build       Build an image from a Dockerfile
  commit      Create a new image from a container's changes
  cp          Copy files/folders between a container and the local filesystem
  create      Create a new container
  deploy      Deploy a new stack or update an existing stack
  diff        Inspect changes to files or directories on a container's filesystem
  events      Get real time events from the server
  exec        Run a command in a running container
  export      Export a container's filesystem as a tar archive
  history     Show the history of an image
  images      List images
  import      Import the contents from a tarball to create a filesystem image
  info        Display system-wide information
  inspect     Return low-level information on Docker objects
  kill        Kill one or more running containers
  load        Load an image from a tar archive or STDIN
  login       Log in to a Docker registry
  logout      Log out from a Docker registry
  logs        Fetch the logs of a container
  pause       Pause all processes within one or more containers
  port        List port mappings or a specific mapping for the container
  ps          List containers
```

이제 OpenCV, dlib 및 TensorFlow를 포함한 모든 모듈을 설치할 docker 파일을 생성한다. 이 파일은 다음에 있다: https://github.com/PacktPublishing/Python-Deep-Learning-Projects/tree/master/Chapter10/Dockerfile

```
#Dockerfile for our env setup
FROM tensorflow/tensorflow:latest


RUN apt-get update -y --fix-missing
RUN apt-get install -y ffmpeg
```

```
RUN apt-get install -y build-essential cmake pkg-config \
            libjpeg8-dev libtiff5-dev libjasper-dev libpng12-dev \
            libavcodec-dev libavformat-dev libswscale-dev libv4l-dev \
            libxvidcore-dev libx264-dev \
            libgtk-3-dev \
            libatlas-base-dev gfortran \
            libboost-all-dev \
            python3 python3-dev python3-numpy

RUN apt-get install -y wget vim python3-tk python3-pip

WORKDIR /
RUN wget -O opencv.zip https://github.com/Itseez/opencv/archive/3.2.0.zip \
    && unzip opencv.zip \
    && wget -O opencv_contrib.zip
https://github.com/Itseez/opencv_contrib/archive/3.2.0.zip \
    && unzip opencv_contrib.zip

# install opencv3.2
RUN cd /opencv-3.2.0/ \
    && mkdir build \
    && cd build \
    && cmake -D CMAKE_BUILD_TYPE=RELEASE \
             -D INSTALL_C_EXAMPLES=OFF \
             -D INSTALL_PYTHON_EXAMPLES=ON \
             -D OPENCV_EXTRA_MODULES_PATH=/opencv_contrib-3.2.0/modules \
             -D BUILD_EXAMPLES=OFF \
             -D BUILD_opencv_python2=OFF \
             -D BUILD_NEW_PYTHON_SUPPORT=ON \
             -D CMAKE_INSTALL_PREFIX=$(python3 -c "import sys; print(sys.prefix)") \
             -D PYTHON_EXECUTABLE=$(which python3) \
             -D WITH_FFMPEG=1 \
             -D WITH_CUDA=0 \
             ..  \
    && make -j8 \
    && make install \
    && ldconfig \
    && rm /opencv.zip \
    && rm /opencv_contrib.zip
```

```
# Install dlib 19.4
RUN wget -O dlib-19.4.tar.bz2 http://dlib.net/files/dlib-19.4.tar.bz2 \
    && tar -vxjf dlib-19.4.tar.bz2

RUN cd dlib-19.4 \
    && cd examples \
    && mkdir build \
    && cd build \
    && cmake .. \
    && cmake --build . --config Release \
    && cd /dlib-19.4 \
    && pip3 install setuptools \
    && python3 setup.py install \
    && cd $WORKDIR \
    && rm /dlib-19.4.tar.bz2


ADD $PWD/requirements.txt /requirements.txt
RUN pip3 install -r /requirements.txt


CMD ["/bin/bash"]
```

이제 다음 명령을 실행해서 이미지를 빌드한다:

```
docker build -t hellorahulk/facerecognition -f Dockerfile
```

설치하는 데 20-30분이 소요된다:

미리 학습된 모델 내려받기

작업에 필요한 모듈이 몇 개 더 필요하다. 이 멋진 놈들은 뒤에서 사용할 때 자세하게 다루겠다.

다음 명령을 사용하여 dlib의 얼굴 랜드마크 예측기를 내려받는다:

```
curl -O http://dlib.net/

files/shape_predictor_68_face_landmarks.dat.bz2
bzip2 -d shape_predictor_68_face_landmarks.dat.bz2
cp shape_predictor_68_face_landmarks.dat facenet/
```

다음으로 미리 학습된 Inception 모델을 내려받는다:

```
curl -L -O https://www.dropbox.com/s/hb75vuur8olyrtw/Resnet-185253.pb
cp Resnet-185253.pb pre-model/
```

모든 준비를 마치면 폴더 구조는 대략 다음과 같아야 한다:

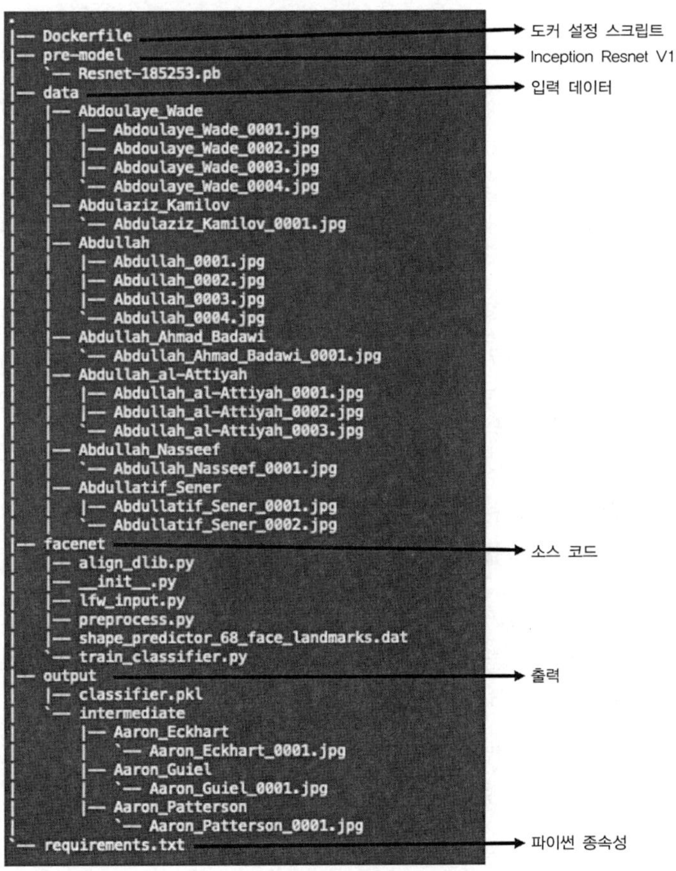

개발환경 폴더 구조

모델의 학습에 사용할 사람 이미지를 /data 폴더에 다음과 같은 구조로 저장한다:

```
/data/<class_name>/<class_name>_000<count>.jpg
```

/output 폴더에는 /data 폴더와 같은 명명법에 따라 하위 폴더 /intermediate 내에 학습한 SVM 분류기와 모든 전 처리된 이미지가 저장된다.

TIP

전문가 팁: 정확도 측면에서 더 나은 성능을 위해 각 클래스에 대해 항상 5개 이상의 이미지 샘플을 준비해야 한다. 이래야 모델이 더 빨리 수렴하고 더 잘 일반화한다.

파이프라인 구축

얼굴 인식은 얼굴의 고유한 특성을 측정하는 생체 인식 작업이다. 따라서 얼굴을 인식하려면 얼굴을 고유하게 나타내는 방법이 필요하다.

모든 얼굴 인식 시스템의 기본 아이디어는 얼굴의 고유한 특징을 추출한 다음 그 특징을 사용하여 신원을 구분한다.

얼굴에서 추출한 특징이 시스템의 성능과 정확성에 직접적인 영향을 미치기 때문에 특징 추출을 위한 강건한 모듈을 구축하는 것이 매우 중요하다. 1960년 Woodrow Bledsoe는 헤어라인, 눈, 코의 위치 같은 얼굴의 현저한 특징을 좌표로 표시하는 기술을 사용했다.

이어서 2005년에 HOG라는 훨씬 강력한 기술이 발명된다. 이것은 이미지에서 밀집된 픽셀의 방향을 잡아낸다.

현재까지 다른 모든 기술을 능가하는 가장 진보된 기술은 중첩신경망을 사용하는 거다. 2015년 Google의 연구원들은 FaceNet 시스템에 대한 논문(`https://arxiv.org/abs/1503.03832`)을 발표한다. 이 시스템은 전통적인 방법처럼 특징을 수작업으로 추출하지 않고 중첩신경망을 학습해서 자동으로 추출한다.

얼굴 인식 파이프라인은 다음과 같은 모듈로 구성한다(그림에 주황색 블록 혹은 모서리가 둥근 사각형으로 표시).

- **전처리**: 모든 얼굴을 찾고, 얼굴의 방향을 산출
- **특징 추출**: 처리된 얼굴에서 고유한 특징 추출
- **분류기 훈련**: 128차원 특징 데이터로 SVM 분류기 학습

얼굴 인식 파이프라인은 다음과 같다:

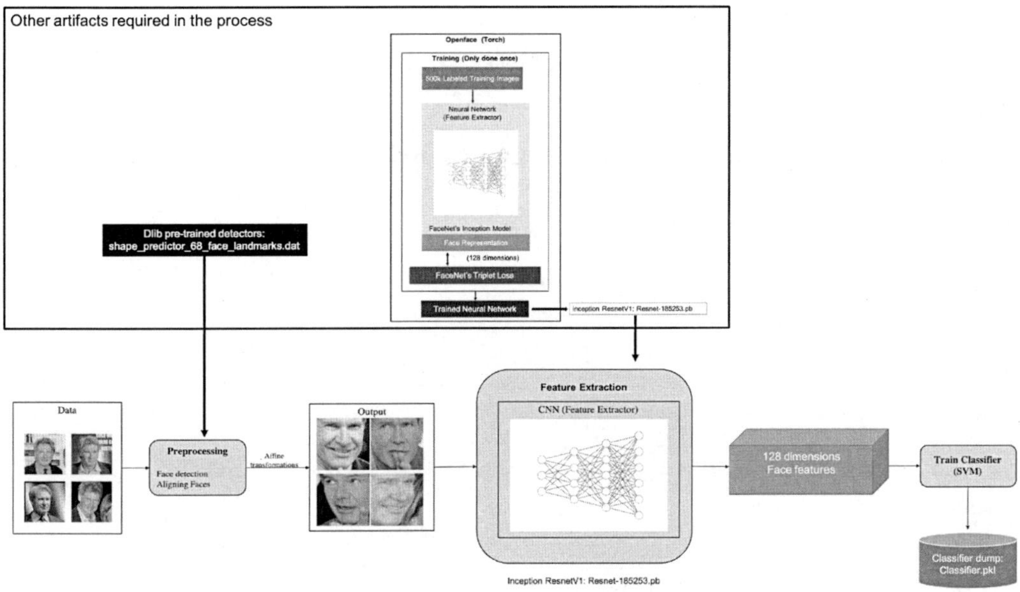

종단간 얼굴 인식 파이프라인

이제 각 처리 단계를 자세하게 살펴보고 세계적 수준의 얼굴 인식 시스템을 만들어보자.

이미지 전처리

이미지에서 얼굴을 식별하는 게 첫 번째로 할 일이다. 그런 다음 얼굴을 정렬하고 특징을 추출한 다음 Docker로 사전 처리를 완료한다.

얼굴 식별

영상에 포함된 사람이 누구인지 분류하려면 주어진 이미지에서 얼굴이 있는 위치를 식별하는 게 매우 중요하다. 얼굴을 특정하는 방법에는 피부 질감 감지, 타원형/둥근 모양 감지 및 기타 통계적 방법 등이 있는데, 우리는 HOG를 사용한다.

> HOG는 방향 기울기의 히스토그램 분포를 나타내는 특징 서술자이다. 이미지의 (x, y축) 방향 기울기는 색상 강도가 급격하게 변하는 가장자리나 모서리 영역에서 그 값이 크기 때문에 주어진 이미지의 특징을 잘 나타낸다.

이미지에서 얼굴을 찾기 위해 이미지를 회색조 이미지로 변환한다. 그런 다음 이미지의 모든 픽셀 단위로 HOG 감지기를 적용해서 픽셀의 방향을 추출한다. 우리는 `dlib.get_frontal_face_detector()`를 사용하여 얼굴 식별기를 만든다.

다음은 HOG를 사용한 얼굴 식별기 코드다:

```
import sys
import dlib
from skimage import io

# Create a HOG face detector using the built-in dlib class
face_detector = dlib.get_frontal_face_detector()

# Load the image into an array
file_name = 'sample_face_image.jpeg'
image = io.imread(file_name)

# Run the HOG face detector on the image data.
# The result will be the bounding boxes of the faces in our image.
detected_faces = face_detector(image, 1)

print("Found {} faces.".format(len(detected_faces)))

# Loop through each face we found in the image
for i, face_rect in enumerate(detected_faces):
    # Detected faces are returned as an object with the coordinates
```

```
    # of the top, left, right and bottom edges
    print("- Face #{} found at Left: {} Top: {} Right: {} Bottom: 
{}".format(i+1, face_rect.left(), face_rect.top(), face_rect.right(), 
face_rect.bottom()))
```

실행 결과는 다음과 같다:

```
Found 1 faces.
-Face #1 found at Left: 365 Top: 365 Right: 588 Bottom: 588
```

얼굴 정렬

얼굴이 위치한 영역을 알아냈으면 전체 이미지에서 얼굴 부분을 추출하기 위해 다양한 종류의 분리 기술을 수행한다.

옆모습처럼 이미지 내의 얼굴이 다른 방향을 보고 있는 경우가 가장 다루기 어려운 상황이다.

이 문제를 해결하기 위해 눈과 입술이 중앙에 위치하게 대상 이미지를 왜곡시켜 정렬한다. 이렇게 하면 다음 단계에서 얼굴을 훨씬 더 쉽게 비교할 수 있다. 얼굴 정렬은 얼굴 랜드마크 추정이라는 알고리즘을 사용해서 처리한다.

> 턱의 위쪽, 각 눈의 바깥쪽 가장자리, 각 눈썹의 안쪽 가장자리 등 사람의 얼굴에 있는 68개의 특정 점(랜드마크)을 사용하자는 게 기본 아이디어다. 이러한 68개의 랜드마크를 찾을 수 있도록 모델을 학습한다.

얼굴에 있는 68개의 랜드마크는 다음과 같다:

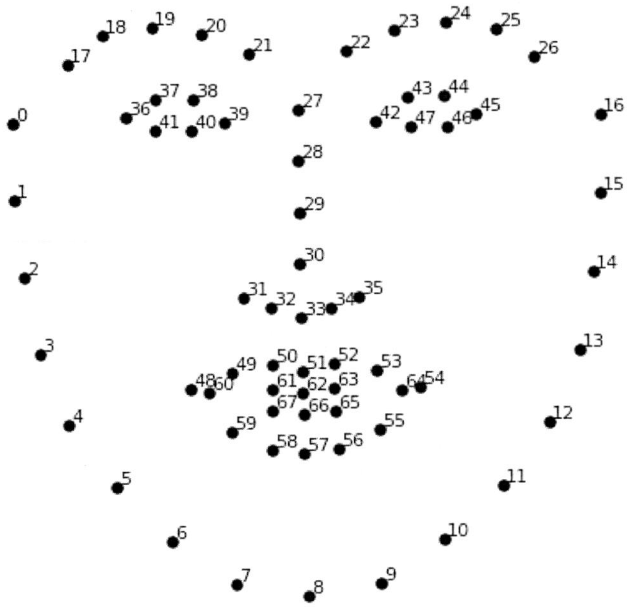

이 이미지는 OpenFace(`https://github.com/cmusatyalab/openface`)에서 일하는 Brandon Amos(`http://bamos.github.io/`)가 만들었다.

다음은 얼굴 랜드마크를 이용해서 얼굴을 정렬하는 코드다:

```
import sys
import dlib
import cv2
import openface

predictor_model = "shape_predictor_68_face_landmarks.dat"

# Create a HOG face detector , Shape Predictor and Aligner
face_detector = dlib.get_frontal_face_detector()
face_pose_predictor = dlib.shape_predictor(predictor_model)
face_aligner = openface.AlignDlib(predictor_model)

# Take the image file name from the command line
file_name = 'sample_face_image.jpeg'

# Load the image
image = cv2.imread(file_name)
```

```
# Run the HOG face detector on the image data
detected_faces = face_detector(image, 1)

print("Found {} faces.".format(len(detected_faces))

# Loop through each face we found in the image
for i, face_rect in enumerate(detected_faces):

    # Detected faces are returned as an object with the coordinates
    # of the top, left, right and bottom edges
    print("- Face #{} found at Left: {} Top: {} Right: {} Bottom:
{}".format(i, face_rect.left(), face_rect.top(), face_rect.right(),
face_rect.bottom()))

    # Get the the face's pose
    pose_landmarks = face_pose_predictor(image, face_rect)

    # Use openface to calculate and perform the face alignment
    alignedFace = face_aligner.align(534, image, face_rect,
    landmarkIndices=openface.AlignDlib.OUTER_EYES_AND_NOSE)

    # Save the aligned image to a file
    cv2.imwrite("aligned_face_{}.jpg".format(i), alignedFace)
```

이러한 방법으로 대상 이미지의 방향을 유지하면서 회전 및 크기 조정 같은 다양한 기본 이미지 변환을 수행할 수 있다. 평행이동, 회전, 크기조정 같은 기본 변환을 아핀변환(https://en.wikipedia.org/wiki/Affine_transformation)이라고 한다.

실행 결과는 다음과 같다:

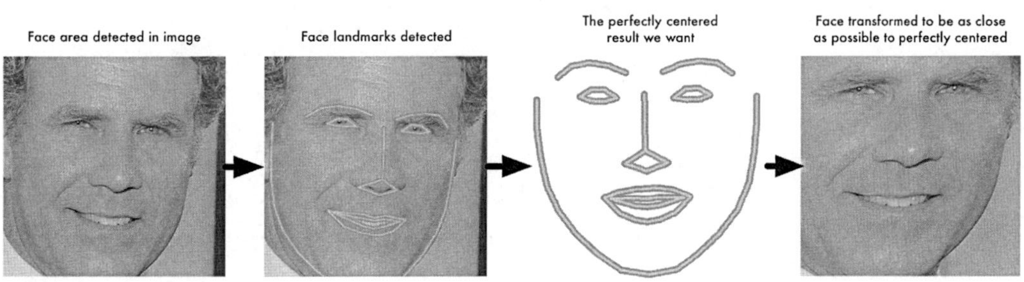

분할을 통해 이미지에서 얼굴을 찾고, 얼굴 정렬을 통해 눈과 아랫입술의 위치를 기준으로 얼굴이 중앙에 오도록 표준화할 수 있다.

다음은 원시 이미지와 정렬한 이미지를 나타낸다:

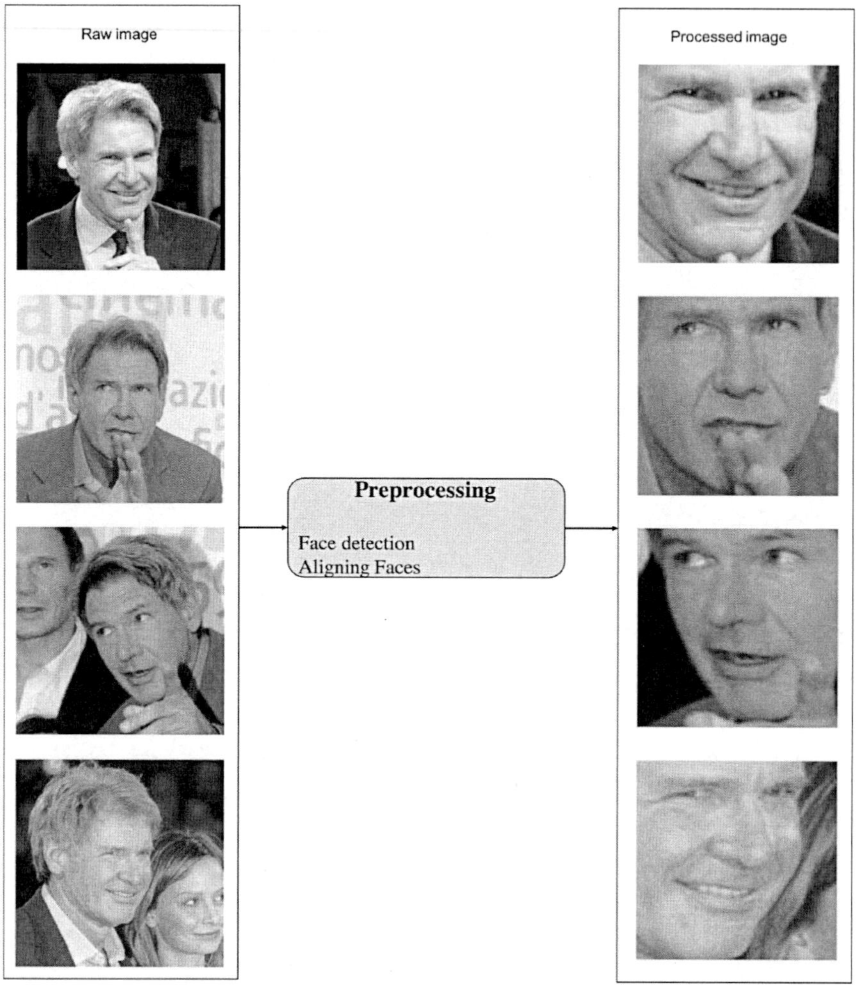

이미지에 포함된 얼굴을 정렬

특징 추출

이제 데이터를 분할하고 정렬했으므로 개개인을 분류하기 위한 벡터 임베딩을 생성할 차례다. 그런 다음 이러한 임베딩을 분류, 회귀 또는 클러스터링 작업의 입력으로 사용한다.

얼굴 임베딩을 출력하도록 중첩신경망 모델을 학습하려면 많은 데이터와 고성능 컴퓨터

자원이 필요하다. 그러나 일단 모델이 학습을 마치면 이전에 만나본 적이 없는 얼굴을 포함하여 모든 얼굴에 대한 측정값을 학습에 사용한 데이터를 기초로 생성한다. 따라서 이 단계는 한 번만 수행하면 된다.

구현의 편의를 위해 우리는 미리 학습된 Inception-Resnet-v1 모델을 사용한다. 이 모델을 이용해서 모든 얼굴 이미지에 대한 128차원 특징 벡터를 추출할 수 있다. 환경 설정 단계에 이 파일을 /pre-model/Resnet-185253.pb에 내려받았다.

TIP 이 단계를 직접 시도해보려면 OpenFace에서 제공한 Lua 스크립트를 사용하면 된다(https://github.com/cmusatyalab/openface/blob/master/batch-represent/batch-represent.lua). 이 스크립트를 실행하면 지정한 폴더의 모든 이미지에 대한 임베딩을 생성하고 CSV 파일에 담아 출력한다.

입력 이미지에 대한 임베딩을 생성하는 코드는 다음에서도 확인할 수 있다: https://github.com/PacktPublishing/Python-Deep-Learning-Projects/blob/master/Chapter10/facenet/train_classifier.py

이 과정에서 이미지 및 레이블과 함께 Embedding_layer, images_placeholder 및 phase_train_placeholder 같은 Resnet 모델의 학습된 구성 요소를 가져다 사용한다:

```
def _create_embeddings(embedding_layer, images, labels,
images_placeholder, phase_train_placeholder, sess):
    """
    Uses model to generate embeddings from :param images.
    :param embedding_layer:
    :param images:
    :param labels:
    :param images_placeholder:
    :param phase_train_placeholder:
    :param sess:
    :return: (tuple): image embeddings and labels
    """
    emb_array = None
    label_array = None
```

```
try:
    i = 0
    while True:
        batch_images, batch_labels = sess.run([images, labels])
        logger.info('Processing iteration {} batch of size:
                    {}'.format(i, len(batch_labels)))
        emb = sess.run(embedding_layer, feed_dict={images_
                      placeholder: batch_images,
                      phase_train_placeholder: False})

        emb_array = np.concatenate([emb_array, emb]) if emb_array is
                   not None else emb
        label_array = np.concatenate([label_array, batch_labels]) if
                     label_array is not None else batch_labels
        i += 1

except tf.errors.OutOfRangeError:
    pass

return emb_array, label_array
```

다음은 임베딩 생성 프로세스를 나타내는 간단한 그림이다. 미리 학습된 모델의 몇 가지 구성 요소와 함께 이미지와 레이블 데이터를 먹인다.

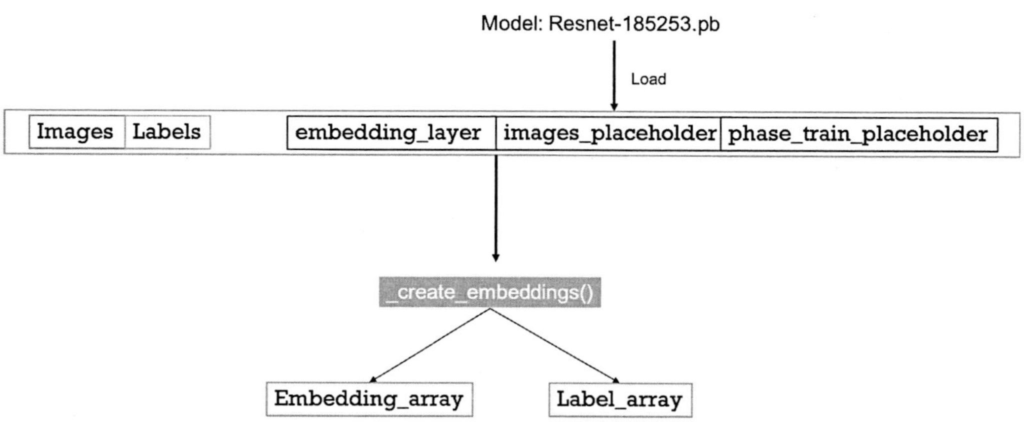

처리가 끝나면 얼굴 이미지를 나타내는 128차원 벡터를 출력한다.

Docker로 실행

Docker 이미지로 전처리를 구현한다. 프로젝트 디렉터리를 Docker 컨테이너 내부에 볼륨으로 탑재하고(-v 플래그 사용) 전처리 스크립트를 실행한다. 처리 결과는 인수로 지정한 디렉터리에 저장한다.

align_dlib.py 파일은 카네기멜런 대학에서 제공한 스크립트다. 이미지에서 얼굴을 식별하고, 얼굴 랜드마크를 찾은 다음, 이 랜드마크를 정렬하는 메서드를 포함한다:

```
docker run -v $PWD:/facerecognition \
-e PYTHONPATH=$PYTHONPATH:/facerecognition \
-it hellorahulk/facerecognition python3
/facerecognition/facenet/preprocess.py \
--input-dir /facerecognition/data \
--output-dir /facerecognition/output/intermediate \
--crop-dim 180
```

위 명령에서 --input-dir 플래그로 입력 데이터 경로를 설정한다. 이 디렉터리에 처리하려는 이미지가 들어있어야 한다.

분할된 정렬 이미지는 --output-dir 플래그로 지정한 디렉터리에 저장된다. 이 출력 이미지가 다음 단계에 학습용 입력으로 사용된다.

--crop-dim 플래그는 이미지의 출력 크기를 정의한다. 이 경우 모든 이미지는 180×180 크기로 저장된다.

이 프로세스의 실행 결과인 전처리한 모든 이미지는 /output 폴더의 /intermediate에 저장된다.

분류기 학습

먼저 --input-dir 플래그로 지정된 디렉터리에서 전처리하여 분할되고 정렬된 이미지를 가져온다. 학습하는 단계에서도 데이터 확장을 위해 이미지에 무작위 변형을 추가하는 전처리를 수행한다.

이 입력 이미지는 배치 크기인 128개씩 미리 학습된 모델에게 먹인다. 모델은 각 이미지에 대해 128차원 임베딩을 반환하므로 한 배치가 끝나면 128×128 행렬을 반환한다.

얼굴의 특징을 나타내는 임베딩이 생성되면 이것을 사이킷-런 SVM 분류기에 입력해서 누구의 얼굴인지 분류할 수 있도록 학습한다.

다음 명령으로 프로세스를 시작하고 분류기를 학습한다. 분류기는 `--classifier-path` 플래그에 정의된 경로에서 피클 파일로 덤프한다:

```
docker run -v $PWD:/facerecognition \
-e PYTHONPATH=$PYTHONPATH:/facerecognition \
-it hellorahulk/facerecognition \
python3 /facerecognition/facenet/train_classifier.py \
--input-dir /facerecognition/output/intermediate \
--model-path /facerecognition/pre-model/Resnet-185253.pb \
--classifier-path /facerecognition/output/classifier.pkl \
--num-threads 16 \
--num-epochs 25 \
--min-num-images-per-class 10 \
--is-train
```

몇 가지 사용자 지정 인수는 다음과 같다:

- `--num-threads`: CPU/GPU 구성에 따라 지정
- `--num-epochs`: 데이터 세트의 규모에 따라 지정
- `--min-num-images-per-class`: 데이터 세트에 따라 지정
- `--is-train`: 학습 시 `True`로 지정

학습 데이터 개수에 따라 시간이 다소 걸릴 수 있다. 학습이 완료되면 `/output` 폴더에서 `classifier.pkl`이 생성된다.

이제 `classifier.pkl` 파일을 사용해서 예측을 해보고 배포도 할 수 있다.

모델 평가

다음 명령을 실행해서 학습한 모델의 성능을 평가하자:

```
docker run -v $PWD:/facerecognition \
-e PYTHONPATH=$PYTHONPATH:/facerecognition \
-it hellorahulk/facerecognition \
python3 /facerecognition/facenet/train_classifier.py \
--input-dir /facerecognition/output/intermediate \
--model-path /facerecognition/pre-model/Resnet-185253.pb \
--classifier-path /facerecognition/output/classifier.pkl \
--num-threads 16 \
--num-epochs 2 \
--min-num-images-per-class 10 \
```

실행이 완료되면 다음처럼 신뢰도 점수와 함께 분류 결과가 나타난다:

```
INFO:__main__:Evaluating classifier on 22 images
   0  Abdullah_Gul: 0.997
   1  Abdullah_Gul: 1.000
   2  Abdullah_Gul: 0.999
   3  Abdullah_Gul: 1.000
   4  Abdullah_Gul: 0.998
   5  Adrien_Brody: 0.997
   6  Adrien_Brody: 0.963
   7  Adrien_Brody: 0.989
   8  Alejandro_Toledo: 1.000
   9  Alejandro_Toledo: 1.000
  10  Alejandro_Toledo: 0.993
  11  Alejandro_Toledo: 1.000
  12  Alejandro_Toledo: 1.000
  13  Alejandro_Toledo: 1.000
  14  Alejandro_Toledo: 0.505
  15  Alejandro_Toledo: 1.000
  16  Alejandro_Toledo: 0.995
  17  Alejandro_Toledo: 1.000
  18  Harrison_Ford: 0.945
  19  Alejandro_Toledo: 0.998
  20  Abdullah_Gul: 0.762
  21  Harrison_Ford: 0.987
Accuracy: 0.955
INFO:__main__:Completed in 7.507126092910767 seconds
```

모델이 99.5%의 정확도로 얼굴을 분류한다는 걸 알 수 있다. 또한, 상대적으로 수행속도도 빠르다.

요약

OpenFace, dlib 및 FaceNet을 포함한 딥러닝 기술을 사용해서 가상의 고성능 데이터 센터 보안 시스템을 위한 세계적 수준의 얼굴 인식 시스템 원형을 성공적으로 개발했다.

다음 모듈을 포함하는 파이프라인을 구축했다:

- **얼굴 식별**: 이미지 내에서 얼굴 위치를 식별하는 모듈
- **얼굴 추출**: 얼굴 부분을 처리하는 모듈
- **특징 추출**: 중첩신경망을 사용해서 각 얼굴의 고유한 특징을 추출하는 모듈
- **얼굴 분류**: 얼굴 특징으로 누구인지 분류하는 모듈

출입 통제를 위한 강력한 얼굴 인식 시스템은 Tier III 센터가 요구하는 높은 보안 수준 표준을 유지하는 데 적합하다. 이 프로젝트를 통해 딥러닝 기술이 고객의 비즈니스 운영에 영향을 미치는 솔루션을 구현할 충분한 힘을 가지고 있다는 걸 확인 할 수 있다.

CHAPTER

11

자동 이미지 캡셔닝

앞 장에서 객체를 식별하고 분류하는 흥미로운 모델을 다뤘다. 그러나 이 장에서는 컴퓨터 비전과 더 앞에서 다뤘던 자연어처리 두 분야의 최신 기술을 결합하여 이미지의 내용을 서술하는 한층 더 흥미로운 작업을 다룰 것이다(https://www.cs.cmu.edu/~afarhadi/papers/sentence.pdf). 즉, 이미지가 주어지면 그 내용을 자연어로 설명하는 컴퓨터 시스템을 만든다.

웹을 통해 사진을 공유하는 활동이 폭발적으로 늘어나고 있다. 우리 팀은 시각 장애인이 같은 활동을 할 수 있도록 지원하려는 가상의 기업으로부터 사진의 내용을 자연어로 설명할 수 있는 모델을 구축해달라는 요청을 받았다. 딥러닝 기술을 이용해서 사진의 내용을 생생하게 전달할 수 있다는 건 흥분되는 일이다. 선천적이든 아니든 장애가 있는 경우는 물론이고, 다른 모든 이들도 우리 프로젝트의 모델을 사용한 이미지 캡셔닝 봇을 통해서 웹에 게시된 이미지의 내용을 알고 그것을 가족과 함께 즐길 수 있겠다.

이런 가상의 상황을 가정하고 우리가 해야 할 딥러닝 모델을 구상해보자. 앞에서 구축한 인코더-디코더 구조에서 인코더 층을, 이미지에서 객체를 분류할 목적으로 구축한 심층 **중첩신경망**으로 교체하는 걸 생각해볼 수 있다.

일반적으로 중첩신경망의 마지막 층은 각 객체가 해당 이미지에 있을 확률을 출력하는 소프트맥스 층이다. 이 소프트맥스 층을 제거하면 중첩신경망이 학습한 이미지의 특징지도를 디코더인 언어 생성 RNN에 먹일 수 있다. 그런 다음 시스템이 생성하는 설명이 각 이미지에 대한 설명과 일치할 가능성을 극대화하도록 이미지와 그에 대응하는 캡션을 학습하자는 게 우리의 아이디어다.

다음은 **자동 이미지 캡셔닝 모델**을 나타내는 간단한 그림이다. 왼쪽 상단 모서리에 개체 감지 모델과 결합된 시퀀스2시퀀스 모델을 나타내는 **인코더-디코더** 구조가 있다:

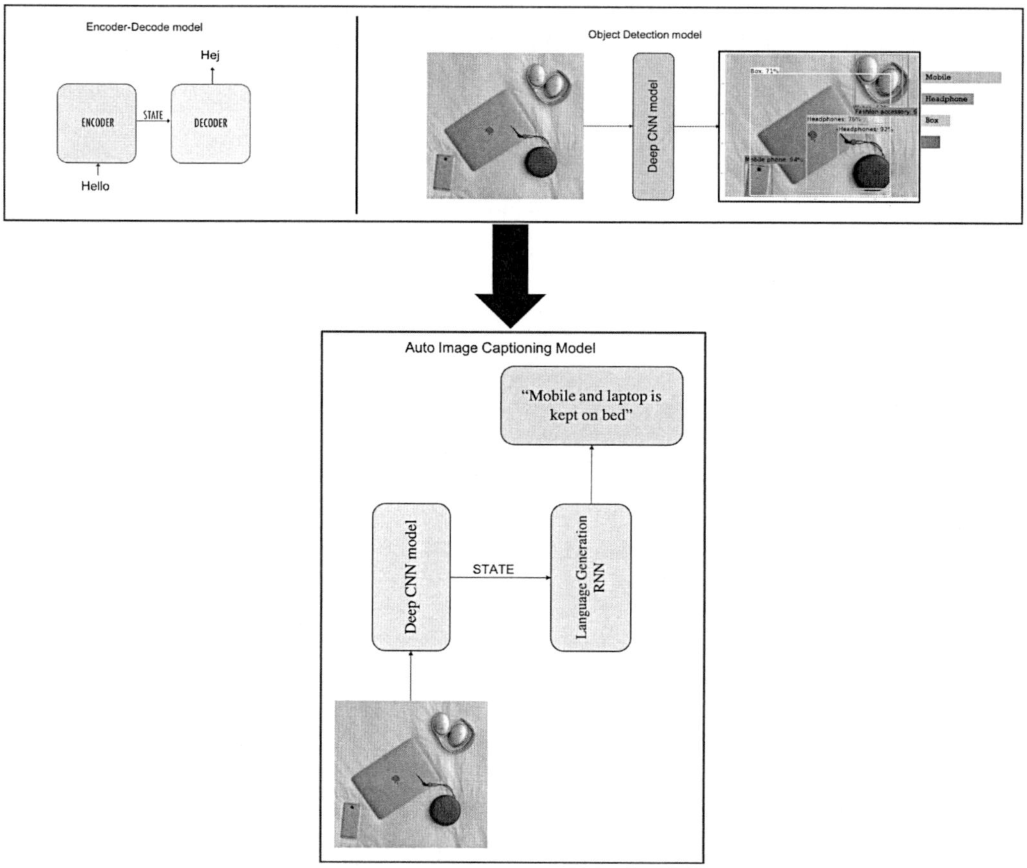

우리는 인코더의 특징 추출기로 ImageNet 데이터 세트를 학습한 Inception-v3 모델을 가져다 사용한다.

데이터 준비

자동 캡셔닝 모델을 만드는 데 필요한 모든 모듈을 가져오는 작업을 하자.

이 장의 모든 파이썬 파일과 주피터 노트북은 다음에 있다: https://github.com/PacktPublishing/Python-Deep-Learning-Projects/tree/master/Chapter11

초기화

텐서플로 1.9 이상을 사용하고 효과적으로 디버그할 수 있게 즉시 실행 모드를 활성화한다(https://www.tensorflow.org/guide/eager). 코드는 다음과 같다:

```
# Import TensorFlow and enable eager execution
import tensorflow as tf
tf.enable_eager_execution()

import matplotlib.pyplot as plt

from sklearn.model_selection import train_test_split
from sklearn.utils import shuffle

import re
import numpy as np
import os
import time
import json
from glob import glob
from PIL import Image
import pickle
```

MS-COCO 데이터 세트 다운로드 및 준비

MS-COCO 데이터 세트(http://cocodataset.org/#home)를 사용하여 모델을 학습한다. 이 데이터 세트에는 82,000개 이상의 이미지가 포함되어 있으며 각 이미지에는 5개 이상의 캡션이 추가되어 있다. 다음 코드를 실행해서 데이터 세트를 내려 받는다:

```
annotation_zip = tf.keras.utils.get_file('captions.zip',
cache_subdir=os.path.abspath('.'),
```

```
origin = 'http://images.cocodataset.org/annotations/annotations_
        trainval2014.zip', extract = True)
annotation_file = os.path.dirname(annotation_zip)+'/annotations/
                captions_train2014.json'

name_of_zip = 'train2014.zip'
if os.path.exists(os.path.abspath('.') + '/' + name_of_zip) :
    image_zip = tf.keras.utils.get_file(name_of_zip,
                                        cache_subdir=os.path.abspath('.'),
origin = 'http://images.cocodataset.org/zips/train2014.zip',
        extract = True)
    PATH = os.path.dirname(image_zip)+'/train2014/'
else:
    PATH = os.path.abspath('.')+'/train2014/'
```

내려 받을 학습 데이터 용량이 아주 크다; 13 GB짜리 파일이다.

실행 결과는 다음과 같다:

```
Downloading data from
http://images.cocodataset.org/annotations/annotations_trainval2014.zip
252878848/252872794 [==============================] - 6s 0us/step
Downloading data from http://images.cocodataset.org/zips/train2014.zip
13510574080/13510573713 [==============================] - 322s
0us/step
```

우리는 40,000개만 사용해서 학습할 텐데, 항상 그렇듯이 더 많은 데이터를 사용하면 더 좋은 품질의 캡션을 얻는다:

```
# read the json file
with open(annotation_file, 'r') as f:
    annotations = json.load(f)

# storing the captions and the image name in vectors
```

```
all_captions = []
all_img_name_vector = []

for annot in annotations['annotations']:
    caption = '<start> ' + annot['caption'] + ' <end>'
    image_id = annot['image_id']
    full_coco_image_path = PATH + 'COCO_train2014_' + '%012d.jpg' % (image_id)

    all_img_name_vector.append(full_coco_image_path)
    all_captions.append(caption)

# shuffling the captions and image_names together
# setting a random state
train_captions, img_name_vector = shuffle(all_captions,
                                          all_img_name_vector,
                                          random_state=1)
# selecting the first 30000 captions from the shuffled set

train_captions = train_captions[:num_examples]
img_name_vector = img_name_vector[:num_examples]
```

데이터 준비가 완료되면 다음처럼 모든 이미지 경로는 img_name_vector에 저장되고 대응되는 캡션은 train_caption에 저장된다.

```
img_name_vector = ['/content/train2014/COCO_train2014_000000324909.jpg',
                   '/content/train2014/COCO_train2014_000000511972.jpg',
                   '/content/train2014/COCO_train2014_000000508809.jpg',
                   '/content/train2014/COCO_train2014_000000270497.jpg',
                   '/content/train2014/COCO_train2014_000000008014.jpg']
```

```
train_captions = ['<start> A skateboarder performing a trick on a skateboard ramp. <end>',
                  '<start> a person soaring through the air on skis <end>',
                  '<start> a wood door with some boards laid against it <end>',
                  '<start> A Do Not Enter sign is posted along a road leading to a stadium. <end>',
                  '<start> Small child in a high chair eating off of a green plate. <end>']
```

심층 중첩신경망 인코더를 위한 데이터 준비

다음으로 ImageNet을 미리 학습한 Inception-v3()를 사용하여 각 이미지를 분류한다. 마지막 중첩층이 출력하는 이미지 특징을 사용할 것이다. 입력 이미지를 Inception-v3에 먹일 수 있는 형식으로 변환하는 헬퍼 함수를 만든다:

```
#Resizing the image to (299, 299)
#preprocess_input method를 사용해서 픽셀 값을 -1에서 1 사이 값으로 정규화

def load_image(image_path):
    img = tf.read_file(image_path)
    img = tf.image.decode_jpeg(img, channels=3)
    img = tf.image.resize_images(img, (299, 299))
    img = tf.keras.applications.inception_v3.preprocess_input(img)
    return img, image_path
```

이제 Inception-v3 모델을 초기화하고 ImageNet을 학습한 가중치를 가져온다. 그렇게 하기위해 출력 레이어가 Inception-v3의 마지막 중첩층인 tf.keras 모델을 만든다.

keras 모델을 보면 신경망 상단에 완전 연결 층을 포함할지를 나타내는 include_top=False라는 매개변수를 설정한 것을 알 수 있다:

```
image_model = tf.keras.applications.InceptionV3(include_top=False,
                                                weights='imagenet')
new_input = image_model.input
hidden_layer = image_model.layers[-1].output

image_features_extract_model = tf.keras.Model(new_input, hidden_layer)
```

실행 결과는 다음과 같다:

```
Downloading data from
https://github.com/fchollet/deep-learning-models/releases/download/v0
.5/inc
eption_v3_weights_tf_dim_ordering_tf_kernels_notop.h5
87916544/87910968 [==============================] - 40s 0us/step
```

결국, image_features_extract_model은 대상 이미지의 특징을 학습하는 심층 중첩신경망 인코더다.

특징 추출 수행

이제 심층 중첩신경망 인코더로 각 이미지의 특징을 추출해서 디스크에 덤프한다.

1. 앞에서 만든 `load_image()` 함수를 사용해서 배치단위로 이미지 적재
2. 이미지를 인코더에 먹여 특징 추출
3. 추출한 특징을 numpy 배열로 덤프:

```
encode_train = sorted(set(img_name_vector))
# Load images
image_dataset = tf.data.Dataset.from_tensor_slices(
encode_train).map(load_image).batch(16)
# Extract features
for img, path in image_dataset:
    batch_features = image_features_extract_model(img)
    batch_features = tf.reshape(batch_features,
                                (batch_features.shape[0], -1,
batch_features.shape[3]))
# Dump into disk
    for bf, p in zip(batch_features, path):
        path_of_feature = p.numpy().decode("utf-8")
        np.save(path_of_feature, bf.numpy())
```

언어 생성(RNN) 디코더를 위한 데이터 준비

먼저 캡션을 전처리한다.

캡션 전처리 과정은 다음과 같다:

- 먼저 캡션을 토큰으로 나눈다(예: 공백으로 분할). 이것으로 데이터의 모든 고유한 단어(예: "playing", "football" 등)의 어휘를 구축할 수 있다.
- 다음으로 메모리를 절약하기 위해 어휘 크기를 상위 5,000단어로 제한한다. 그리고 어휘에 없는 단어는 unk(알 수 없음) 토큰으로 대체한다. 응용 상황에 따라 최적의 사전을 구성할 수 있다.
- 마지막으로 단어 <--> 인덱스 매핑을 생성한다.
- 그런 다음 모든 캡션 시퀀스를 가장 긴 시퀀스와 같은 길이로 패딩한다.

코드는 다음과 같다:

```
# Helper func to find the maximum length of any caption in our dataset

def calc_max_length(tensor):
    return max(len(t) for t in tensor)

# Performing tokenization on the top 5000 words from the vocabulary
top_k = 5000
tokenizer = tf.keras.preprocessing.text.Tokenizer(num_words=top_k,
                              oov_token="<unk>",
                              filters='!"#$%&()*+.,-/:;=?@[\]^_`{|}~ ')

# Converting text into sequence of numbers
tokenizer.fit_on_texts(train_captions)
train_seqs = tokenizer.texts_to_sequences(train_captions)

tokenizer.word_index = {key:value for key, value in
tokenizer.word_index.items() if value <= top_k}

# putting <unk> token in the word2idx dictionary
tokenizer.word_index[tokenizer.oov_token] = top_k + 1
tokenizer.word_index['<pad>'] = 0

# creating the tokenized vectors
train_seqs = tokenizer.texts_to_sequences(train_captions)

# creating a reverse mapping (index -> word)
index_word = {value:key for key, value in tokenizer.word_index.items()}

# padding each vector to the max_length of the captions
cap_vector = tf.keras.preprocessing.sequence.pad_sequences(train_seqs,
padding='post')

# calculating the max_length
# used to store the attention weights
max_length = calc_max_length(train_seqs)
```

최종 결과는 다음처럼 정수의 배열이 된다:

```
In [68]: cap_vector[0]

Out[68]: array([  3,   2, 351, 687,   2, 280,   5,   2,  84, 339,   4,   0,   0,
                  0,   0,   0,   0,   0,   0,   0,   0,   0,   0,   0,   0,   0,
                  0,   0,   0,   0,   0,   0,   0,   0,   0,   0,   0,   0,   0,
                  0,   0,   0,   0,   0,   0,   0,   0,   0,   0], dtype=int32)
```

이제 80:20 비율로 학습 및 검증 데이터로 나눈다:

```
img_name_train, img_name_val, cap_train, cap_val =
train_test_split(img_name_vector,cap_vector,test_size=0.2,random_state=0)

# Checking the sample counts
print ("No of Training Images:",len(img_name_train))
print ("No of Training Caption: ",len(cap_train) )
print ("No of Training Images",len(img_name_val))
print ("No of Training Caption:",len(cap_val) )
```

실행 결과는 다음과 같다:

```
No of Training Images: 24000
No of Training Caption: 24000
No of Training Images 6000
No of Training Caption: 6000
```

데이터 설정

이미지와 캡션 데이터가 준비되었다! 그러니 모델의 학습에 사용할 `tf.data` 데이터 세트(`https://www.tensorflow.org/api_docs/python/tf/data/Dataset`)를 생성해보자. 변환을 수행하고 배치 처리하여 이미지 및 텍스트 데이터 세트를 생성하는 코드는 다음과 같다:

```
# Defining parameters
BATCH_SIZE = 64
BUFFER_SIZE = 1000
embedding_dim = 256
units = 512
vocab_size = len(tokenizer.word_index)

# shape of the vector extracted from Inception-V3 is (64, 2048)
# these two variables represent that
features_shape = 2048
attention_features_shape = 64

# loading the numpy files
def map_func(img_name, cap):
    img_tensor = np.load(img_name.decode('utf-8')+'.npy')
    return img_tensor, cap

#We use the from_tensor_slices to load the raw data and transform them
into the tensors

dataset = tf.data.Dataset.from_tensor_slices((img_name_train, cap_train))

# Using the map() to load the numpy files in parallel
# NOTE: Make sure to set num_parallel_calls to the number of CPU cores
you have
#https://www.tensorflow.org/api_docs/python/tf/py_func
dataset = dataset.map(lambda item1, item2: tf.py_func(map_func,
            [item1, item2], [tf.float32, tf.int32]), num_parallel_calls=8)

# shuffling and batching
dataset = dataset.shuffle(BUFFER_SIZE)
dataset = dataset.batch(BATCH_SIZE)
dataset = dataset.prefetch(1)
```

캡션 모델 정의

자동 캡셔닝 모델의 구조는 **Show, Attend, Tell**의 연구 결과를 기초로 구축한다 (https://arxiv.org/pdf/1502.03044.pdf). Inception-v3의 하위 중첩층에서 추출한 특징 지도는 크기 (8, 8, 2048)인 벡터인데 이를 크기 (64, 2048)인 벡터로 변환한다.

그런 다음 이 벡터를 하나의 완전연결 층으로 구성된 인코더로 전달한다. 순환신경망(이 경우 GRU)은 이미지를 처리해서 차례로 단어를 예측한다:

```
def gru(units):
    if tf.test.is_gpu_available():
        return tf.keras.layers.CuDNNGRU(units,
                                        return_sequences=True,
                                        return_state=True,
                                        recurrent_initializer='glorot_u
                                        niform')
    else:
        return tf.keras.layers.GRU(units,
                                   return_sequences=True,
                                   return_state=True,
                                   recurrent_activation='sigmoid',
                                   recurrent_initializer='glorot_uniform')
```

바다나우 어텐션

이제 우리는 Bahdanau 어텐션(https://arxiv.org/pdf/1409.0473.pdf)로 널리 알려진 체제를 정의한다. 중첩신경망 인코더로부터 크기(batch_size, 64, embedding_dim)인 특징 지도를 입력받는다. 어텐션 체제는 시간을 축으로 문맥 벡터와 어텐션 가중치를 반환한다.

```
class BahdanauAttention(tf.keras.Model):
    def __init__(self, units):
        super(BahdanauAttention, self).__init__()
```

```
        self.W1 = tf.keras.layers.Dense(units)
        self.W2 = tf.keras.layers.Dense(units)
        self.V = tf.keras.layers.Dense(1)
    def call(self, features, hidden):
        # features(CNN_encoder output) shape == (batch_size, 64,
        embedding_dim)
        # hidden shape == (batch_size, hidden_size)
        # hidden_with_time_axis shape == (batch_size, 1, hidden_size)
        hidden_with_time_axis = tf.expand_dims(hidden, 1)
        # score shape == (batch_size, 64, hidden_size)
        score = tf.nn.tanh(self.W1(features) + self.W2(hidden_with_time_axis))
        # attention_weights shape == (batch_size, 64, 1)
        # we get 1 at the last axis because we are applying score to self.V
        attention_weights = tf.nn.softmax(self.V(score), axis=1)
        # context_vector shape after sum == (batch_size, hidden_size)
        context_vector = attention_weights * features
        context_vector = tf.reduce_sum(context_vector, axis=1)
        return context_vector, attention_weights
```

중첩신경망 인코더

활성 함수가 ReLU인 단일 완전 연결 층으로 구성된 중첩신경망 인코더를 정의한다:

```
class CNN_Encoder(tf.keras.Model):
    # Since we have already extracted the features and dumped it using pickle
    # This encoder passes those features through a Fully connected layer
    def __init__(self, embedding_dim):
        super(CNN_Encoder, self).__init__()
        # shape after fc == (batch_size, 64, embedding_dim)
        self.fc = tf.keras.layers.Dense(embedding_dim)

    def call(self, x):
        x = self.fc(x)
        x = tf.nn.relu(x)
        return x
```

순환신경망 디코더

인코더에서 부호화한 특징을 입력받는 순환신경망 디코더를 정의한다. 특징은 입력 임베딩 벡터와 연결된 어텐션 층에 먹인다. 그런 다음 연결된 벡터는 GRU 모듈을 거쳐 두 개의 완전 연결 층으로 전달된다:

```
class RNN_Decoder(tf.keras.Model):
    def __init__(self, embedding_dim, units, vocab_size):
    super(RNN_Decoder, self).__init__()
        self.units = units

        self.embedding = tf.keras.layers.Embedding(vocab_size, embedding_dim)
        self.gru = gru(self.units)
        self.fc1 = tf.keras.layers.Dense(self.units)
        self.fc2 = tf.keras.layers.Dense(vocab_size)

        self.attention = BahdanauAttention(self.units)

    def call(self, x, features, hidden):
        # defining attention as a separate model
        context_vector, attention_weights = self.attention(features, hidden)

        # x shape after passing through embedding == (batch_size, 1,
          embedding_dim)
        x = self.embedding(x)

        # x shape after concatenation == (batch_size, 1, embedding_dim +
          hidden_size)
        x = tf.concat([tf.expand_dims(context_vector, 1), x], axis=-1)

        # passing the concatenated vector to the GRU
        output, state = self.gru(x)

        # shape == (batch_size, max_length, hidden_size)
        x = self.fc1(output)

        # x shape == (batch_size * max_length, hidden_size)
        x = tf.reshape(x, (-1, x.shape[2]))
```

```
        # output shape == (batch_size * max_length, vocab)
        x = self.fc2(x)

        return x, state, attention_weights

    def reset_state(self, batch_size):
        return tf.zeros((batch_size, self.units))

encoder = CNN_Encoder(embedding_dim)
decoder = RNN_Decoder(embedding_dim, units, vocab_size)
```

손실함수

Adam 최적화기를 사용하여 모델을 학습하고 <PAD> 키에 대한 손실을 마스킹한다:

```
optimizer = tf.train.AdamOptimizer()

# We are masking the loss calculated for padding
def loss_function(real, pred):
    mask = 1 - np.equal(real, 0)
    loss_ = tf.nn.sparse_softmax_cross_entropy_with_logits(labels=real,
            logits=pred) * mask
    return tf.reduce_mean(loss_)
```

캡셔닝 모델 학습

이제 모델을 학습하자. 가장 먼저 각 .npy 파일에 저장된 특징을 중첩신경망 인코더에 먹여야 한다.

인코더의 출력, (0으로 초기화된) 은닉 상태 및 (시작 토큰인) 디코더 입력을 디코더에 먹인다. 디코더는 예측 토큰과 디코더 은닉 상태를 반환한다.

그런 다음 디코더 은닉 상태는 모델로 피드백되고 예측은 손실을 계산하는 데 사용된다. 학습하는 동안 **교사 강제 기법**으로 디코더에 대한 다음 입력을 정한다.

교사 강제는 이전 시점의 목표 출력을 다음 입력으로 디코더에 먹이는 방법으로 정답을 빠르게 학습할 수 있다.

마지막 단계는 가중치 수정량, 즉 기울기를 계산하고 역전파하는 최적화다:

```
EPOCHS = 20
loss_plot = []

for epoch in range(EPOCHS):
    start = time.time()
    total_loss = 0
    for (batch, (img_tensor, target)) in enumerate(dataset):
        loss = 0
        # initializing the hidden state for each batch
        # because the captions are not related from image to image
        hidden = decoder.reset_state(batch_size=target.shape[0])

        dec_input = tf.expand_dims([tokenizer.word_index['<start>']] *
                     BATCH_SIZE, 1)
        with tf.GradientTape() as tape:
            features = encoder(img_tensor)

            for i in range(1, target.shape[1]):
                # passing the features through the decoder
                predictions, hidden, _ = decoder(dec_input, features,
                                                 hidden)

                loss += loss_function(target[:, i], predictions)

                # using teacher forcing
                dec_input = tf.expand_dims(target[:, i], 1)
        total_loss += (loss / int(target.shape[1]))
        variables = encoder.variables + decoder.variables
        gradients = tape.gradient(loss, variables)
        optimizer.apply_gradients(zip(gradients, variables),
                                  tf.train.get_or_create_global_step())
```

```
        if batch % 100 == 0:
            checkpoint.save(file_prefix = checkpoint_prefix)
            print ('Epoch {} Batch {} Loss {:.4f}'.format(epoch + 1,
                                                    batch, loss.numpy() /
                                                    int(target.shape[1])))
    # storing the epoch end loss value to plot later
    loss_plot.append(total_loss / len(cap_vector))
    print ('Epoch {} Loss {:.6f}'.format(epoch + 1,
                                        total_loss/len(cap_vector)))
    print ('Time taken for 1 epoch {} sec\n'.format(time.time() - start))
```

실행 결과는 다음과 같다:

```
Epoch 8 Batch 200 Loss 0.5677
Epoch 8 Batch 300 Loss 0.5790
Epoch 8 Loss 0.006937
Time taken for 1 epoch 2127.0434930324554 sec

Epoch 9 Batch 0 Loss 0.5392
Epoch 9 Batch 100 Loss 0.5242
Epoch 9 Batch 200 Loss 0.4697
Epoch 9 Batch 300 Loss 0.4957
Epoch 9 Loss 0.006584
Time taken for 1 epoch 3446.0260667800903 sec

Epoch 10 Batch 0 Loss 0.5271
Epoch 10 Batch 100 Loss 0.5373
Epoch 10 Batch 200 Loss 0.5161
Epoch 10 Batch 300 Loss 0.5193
Epoch 10 Loss 0.006244
Time taken for 1 epoch 4010.5842893123627 sec
```

일련의 학습 프로세스를 수행한 후 Epoch 대 Loss 그래프를 그려볼 수 있다:

```
plt.plot(loss_plot)
plt.xlabel('Epochs')
plt.ylabel('Loss')
plt.title('Loss Plot')
plt.show()
```

실행 결과는 다음과 같다:

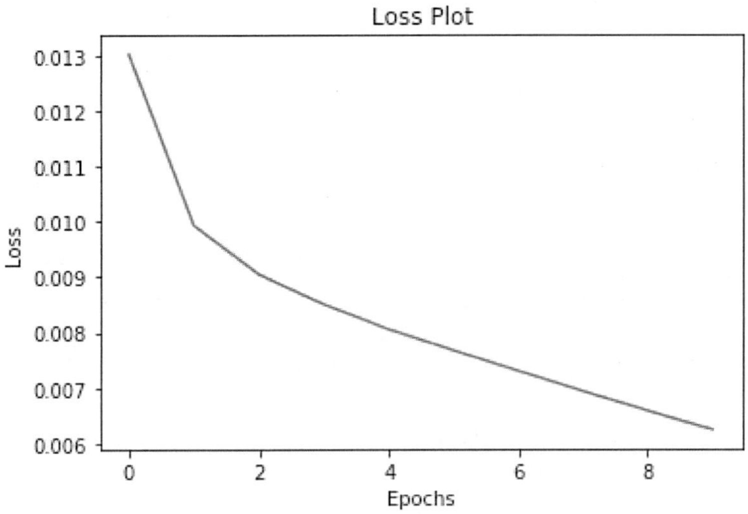

캡션 모델 평가

모델 평가는 교사 강제를 사용하지 않는다는 점을 제외하면 학습 과정과 유사하다. 각 학습 단계에서 디코더에 대한 입력은 은닉 상태 및 인코더 출력과 이전 단계 예측이다.

단어를 예측할 때 주의해야 할 핵심 사항:

- 모델이 종료 토큰을 출력하면 예측 종료
- 모든 시간 단계에 대한 주의 가중치 저장

모델 평가를 위한 evaluate() 함수를 정의한다:

```
def evaluate(image):
    attention_plot = np.zeros((max_length, attention_features_shape))

    hidden = decoder.reset_state(batch_size=1)

    temp_input = tf.expand_dims(load_image(image)[0], 0)
    img_tensor_val = image_features_extract_model(temp_input)
```

```
    img_tensor_val = tf.reshape(img_tensor_val, (img_tensor_val.shape[0],
                                -1, img_tensor_val.shape[3]))

    features = encoder(img_tensor_val)

    dec_input = tf.expand_dims([tokenizer.word_index['<start>']], 0)
    result = []

    for i in range(max_length):
        predictions, hidden, attention_weights = decoder(dec_input,
                                                          features, hidden)

        attention_plot[i] = tf.reshape(attention_weights, (-1, )).numpy()

        predicted_id = tf.argmax(predictions[0]).numpy()
        result.append(index_word[predicted_id])

        if index_word[predicted_id] == '<end>':
            return result, attention_plot

        dec_input = tf.expand_dims([predicted_id], 0)

    attention_plot = attention_plot[:len(result), :]
    return result, attention_plot
```

또한, 단어를 예측하는 주의점을 시각화하는 헬퍼 함수도 만든다:

```
def plot_attention(image, result, attention_plot):
    temp_image = np.array(Image.open(image))

    fig = plt.figure(figsize=(10, 10))
    len_result = len(result)
    for l in range(len_result):
        temp_att = np.resize(attention_plot[l], (8, 8))
        ax = fig.add_subplot(len_result//2, len_result//2, l+1)
        ax.set_title(result[l])
        img = ax.imshow(temp_image)
        ax.imshow(temp_att, cmap='gray', alpha=0.6, extent=img.get_extent())

    plt.tight_layout()
    plt.show()
```

```
# captions on the validation set
rid = np.random.randint(0, len(img_name_val))
image = img_name_val[rid]
real_caption = ' '.join([index_word[i] for i in cap_val[rid] if i not in [0]])

result, attention_plot = evaluate(image)

print ('Real Caption:', real_caption)
print ('Prediction Caption:', ' '.join(result))
plot_attention(image, result, attention_plot)
# opening the image
Image.open(img_name_val[rid])
```

실행 결과는 다음과 같다:

Real Caption: <start> an elephant in the background with a monkey on both sides <end>

Prediction Caption: a group of elephants are standing in a zoo <end>

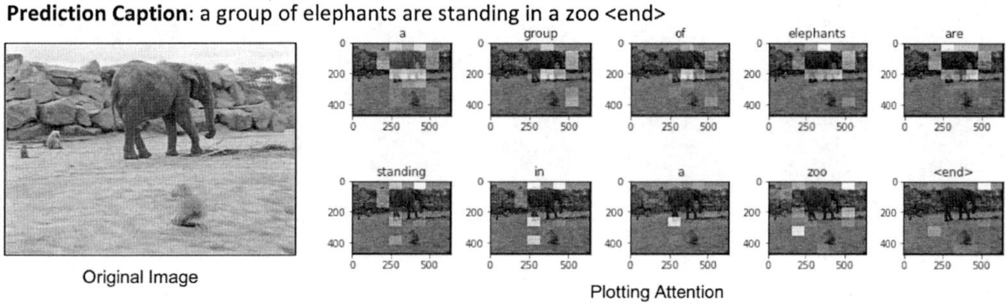

Real Caption: <start> a weather vane on a tower by a ski slope <end>

Prediction Caption: a group of people skiing down a snowboard <end>

캡셔닝 모델 배포

이제 전체 모듈을 RESTful 서비스로 배포한다. 먼저 최신 체크포인트를 가져와 주어진 이미지에 대한 캡션을 예측하는 추론코드를 작성한다.

이 책의 코드 저장소에 있는 inference.py 파일을 살펴보면 교사 강제를 사용하지 않는다는 점을 제외하고 학습 과정과 거의 같다. 각 시간 단계에 디코더의 입력은 은닉 상태 및 인코더 출력과 이전 단계 예측이다.

메모리로 모델을 가져올 때 tf.train.Checkpoint() 메서드를 사용한다는 데 주목하자. 이 메서드는 최적화기, 인코더, 디코더를 위한 모든 가중치를 메모리에 적재한다. 코드는 다음과 같다:

```
checkpoint_dir = './my_model'
checkpoint_prefix = os.path.join(checkpoint_dir, "ckpt")
checkpoint = tf.train.Checkpoint(
                                optimizer=optimizer,
                                encoder=encoder,
                                decoder=decoder,
                                )

checkpoint.restore(tf.train.latest_checkpoint(checkpoint_dir))
```

다음으로 예측을 반복하는 evaluate() 함수를 만든다. 특정 단어가 나오면 예측을 멈추도록 토큰 <end>를 중지 토큰으로 사용한다:

```
def evaluate(image):
    attention_plot = np.zeros((max_length, attention_features_shape))

    hidden = decoder.reset_state(batch_size=1)

    temp_input = tf.expand_dims(load_image(image)[0], 0)
    # Extract features from the test image
    img_tensor_val = image_features_extract_model(temp_input)
    img_tensor_val = tf.reshape(img_tensor_val, (img_tensor_val.
                    shape[0], -1, img_tensor_val.shape[3]))
```

```
    # Feature is fed into the encoder
    features = encoder(img_tensor_val)

    dec_input = tf.expand_dims([tokenizer.word_index['<start>']], 0)
    result = []
    # Prediction loop
    for i in range(max_length):
        predictions, hidden, attention_weights = decoder(dec_input,
                                                         features, hidden)

        attention_plot[i] = tf.reshape(attention_weights, (-1, )).numpy()

        predicted_id = tf.argmax(predictions[0]).numpy()
        result.append(index_word[predicted_id])
        # Hard stop when end token is predicted
        if index_word[predicted_id] == '<end>':
            return result, attention_plot

        dec_input = tf.expand_dims([predicted_id], 0)

    attention_plot = attention_plot[:len(result), :]
    return result, attention_plot
```

이제 웹 애플리케이션 코드에 evaluate() 함수를 끼워 넣는다:

```
#!/usr/bin/env python2
# -*- coding: utf-8 -*-
"""
@author: rahulkumar
"""

from flask import Flask, request, jsonify

import time
from inference import evaluate
import tensorflow as tf

app = Flask(__name__)
```

```
@app.route("/wowme")
def AutoImageCaption():
    image_url=request.args.get('image')
    print('image_url')
    image_extension = image_url[-4:]
    image_path = tf.keras.utils.get_file(str(int(time.time()))+
                image_extension, origin=image_url)
    result, attention_plot = evaluate(image_path)
    data = {'Prediction Caption:': ' '.join(result)}

    return jsonify(data)

if __name__ == "__main__":
    app.run(host = '0.0.0.0',port=8081)
```

터미널에서 다음 명령을 실행해서 웹 앱을 실행한다:

```
python caption_deploy_api.py
```

다음과 같은 결과를 보게 된다:

```
* Running on http://0.0.0.0:8081/ (Press CTRL+C to quit)
```

이제 다음과 같이 API를 요청한다:

```
curl
0.0.0.0:8081/wowme?image=https://www.beautifulpeopleibiza.com/images/
BPI/img_bpi_destacada.jpg
```

다음 화면처럼 예측한 캡션을 얻을 수 있다:

캡션이 어떻게 출력되는지만 보자. 더 나은 캡셔닝을 얻으려면 더 많은 데이터를 학습하면 된다. (!기술이 아니라 시간 문제라는 뜻이다.)

와우! 우리는 방금 최첨단 자동 캡셔닝 모듈을 만들어 배포까지 했다.

요약

이 프로젝트에서는 ImageNet 데이터 세트를 미리 학습한 Inception-v3 모델을 사용해서 특징 추출을 위한 인코더로 사용하는 방식으로 딥러닝 기술을 응용한 가상 비즈니스 솔루션을 구축해 보았다. 이 솔루션은 컴퓨터 비전과 자연어처리 분야의 최신 기술을 결합한 완전한 이미지 서술 모델이다(`https://www.cs.cmu.edu/~afarhadi/papers/sentence.pdf`). 즉 주어진 사진에 대해 컴퓨터 시스템이 이미지의 내용을 설명하는 일을 할 수 있게 되었다. 우리가 구축한 모델을 사용해서 이미지와 언어 사이의 장벽을 허물어 시각적 장애 여부와 무관하게 사진을 공유하는 일이 가능한 세계의 문을 열었다! 근사한 일을 했다!

CHAPTER

12

중첩신경망에 의한 사람의 자세 추정

인간의 자세를 추정하는 세계에 온걸 환영한다. 이 장에서는 2차원 이미지를 사용하여 3차원 인간 자세를 추정하는 신경망 모델을 구축한다. VGG16 모델을 사용할 텐데 전이학습을 통해 우리 문제에 맞게 수정해서 사용할 것이다. 이 장의 끝에 도달하면 사람의 자세를 아주 잘 예측하는 **딥러닝** 모델과 만나게 된다.

영화의 **특수효과**(VFX)는 비용이 많이 든다. 촬영할 때 배우의 몸에 값비싼 센서를 아주 많이 부착해야 한다. 이렇게 획득한 센서 정보를 사용해서 시각적 특수효과를 만들기 때문에 결과적으로 비용이 많이 든다. 우리 팀은 잘 나가는 영화 스튜디오 그래픽 부서로부터, 더 저렴하고 더 나은 특수효과를 낼 수 있게, 이미지의 자세를 추정하는 인간 자세 추정기를 구축해달라는 요구를 받았다.

이 작업에는 **FLIC**(Frames Labeled In Cinema) 이미지를 사용한다. 이 이미지를 모델링에 바로 사용할 수는 없다. 따라서 이 장에서는 이미지 데이터를 준비하는 데 많은 시간을 할애하게 된다. 그리고 팔, 어깨, 머리의 자세만 추정할 것이다.

다음이 여기서 다룰 내용이다:

- 자세 추정을 위한 이미지 처리 및 준비
- VGG16 모델
- 전이학습

- 학습 과정 이해 및 루프 구축
- 모델 테스트

이 장에 딸린 코드를 주피터 노트북이나 파이참 혹은 코랩 환경에서 실행해가면서 따라해가 각 코드 조각을 이해하는 데 도움이 된다.

이 장의 모든 파이썬 파일과 주피터 노트북 파일은 다음에 있다: `https://github.com/PacktPublishing/Python-Deep-Learning-Projects/tree/master/Chapter12`.

코드 구현

이 작업에는 텐서플로, 티아노 및 CNTK에서 실행할 수 있는 고급 신경망 API인 케라스 딥러닝 라이브러리를 사용한다.

> TIP 케라스가 어떻게 작동하는지 관심이 있는 경우 `https://keras.io/`에서 케라스 공식문서를 참조하기 바란다. 이해하기 쉽게 만든 문서다.

계속하기 전에 GitHub에서 Chapter12 폴더를 내려받아야 한다.

이 프로젝트에서는 스크립트 내에서 다양한 출처로부터 파일을 내려받는다. 파이썬 스크립트 또는 주피터 노트북에서 내려받을 파일을 찾는 데 문제가 있는지 다음 과정으로 먼저 확인할 필요가 있다.

1. 터미널을 열고 Chapter12 폴더로 들어간다.
2. 다음 명령으로 `FLIC-full` 데이터 파일을 내려받는다.

```
wget http://vision.grasp.upenn.edu/video/FLIC-full.zip
```

3. 다음 명령으로 ZIP 파일 압축을 푼다.

```
unzip FLIC-full.zip
```

4. 다음 명령으로 ZIP 파일을 제거한다.

```
rm -rf FLIC-full.zip
```

5. 다음 명령으로 FLIC-full 폴더의 디렉터리를 변경한다.

```
cd FLIC-full
```

6. 학습 인덱스가 포함된 파일을 내려받는다.

```
wget http://cims.nyu.edu/~tompson/data/tr_plus_indices.mat
```

7. 다시 Chapter12 폴더로 들어간다.
8. 주피터 노트북을 시작하거나 Chapter12 폴더에서 파이썬 스크립트를 실행한다.

FLIC-full 데이터에 대한 추가 정보는 다음에 있다:
https://bensapp.github.io/ flic-dataset.html

모듈 가져오기

우리 작업에 numpy, matplotlib, keras, scikit-learn 및 tensorflow 패키지를 사용할 것이다. 여기서 텐서플로는 케라스 백엔드로 사용된다. pip 명령어를 사용해서 이러한 패키지를 설치할 수 있다.

```
import matplotlib.pyplot as plt
%matplotlib inline

import os
import random
import glob
import h5py
from scipy.io import loadmat
import numpy as np
import pandas as pd
import cv2 as cv
from __future__ import print_function
```

```
from sklearn.model_selection import train_test_split

from keras.models import Sequential, Model
from keras.layers import Flatten, Dense, Dropout
from keras.optimizers import Adam
from keras import backend as K
from keras import applications
K.clear_session()
```

프로젝트 재현성을 위해 랜덤 시드를 설정한다:

```
# set seed for reproducibility
seed_val = 9000
np.random.seed(seed_val)
random.seed(seed_val)
```

데이터 살피기 및 전처리

FLIC-full 데이터 폴더를 내려받아 압축을 풀면 FLIC-full 폴더 안에 tr_plus_indices.mat 및 examples.mat MATLAB 파일과 이 프로젝트에서 사용할 이미지가 들어있는 images라는 폴더가 있다.

폴더를 들여다보면 분노의 질주 2, 폴리와 함께, 아메리칸 웨딩 같은 영화에서 이미지를 가져왔다는 걸 알 수 있다. 각 이미지의 크기는 480*720픽셀이다. 자세 추정에 이 이미지를 사용한다.

앞에서 이미 불러온 loadmat 모듈을 사용해서 MATLAB 파일 examples.mat를 가져와 이 파일의 정보 일부를 출력해보겠다:

```
# load the examples file
examples = loadmat('FLIC-full/examples.mat')

# print type of the loaded file
print('examples variable is of', type(examples))

# print keys in the dictionary examples
print('keys in the dictionary examples:\n', examples.keys())ut
```

실행 결과는 다음과 같다:

```
examples variable is of <class 'dict'>
keys in the dictionary examples:
 dict_keys(['__header__', '__version__', '__globals__', 'examples'])
```

출력을 보면 해당 MATLAB 파일이 4개의 키가 있는 딕셔너리라는 걸 알 수 있다. 그중 하나가 examples인데, 이 키가 무엇을 가졌는지 확인해보자:

```
# print type and shape of values in examples key
print('Shape of value in examples key: ',examples['examples'].shape)

# print examples
print('Type: ',type(examples['examples']))

# reshape the examples array
examples = examples['examples'].reshape(-1,)

# print shape of examples array
print("Shape of reshaped 'examples' array:", examples.shape)
```

실행 결과는 다음과 같다:

```
Shape of value in examples key:  (1, 20928)
Type:  <class 'numpy.ndarray'>
Shape of reshaped 'examples' array: (20928,)
```

키 examples의 값의 모양이 크기가 (1, 20928)인 numpy 배열이라는 것에 주목하자. 그리고 배열의 크기를 (20928,)로 재설정했다는 걸 알 수 있다. examples 키는 실제로 폴더에 있는 이미지의 ID와 모델링에 사용할 자세 좌표를 값으로 가지고 있다.

이미지 ID와 해당 좌표 배열을 배열의 크기와 함께 출력해보겠다. 이미지 ID는 인덱스 3에 저장하고 해당 좌표는 인덱스 2에 저장한다. 그럼 출력해보자:

```
print('Coordinates at location/index 3 of example 0:\n' ,examples[0][2].T)

print('\n Data type in which the coordinates are stored:
```

```
',type(examples[0][2]))

print('\n Shape of the coordinates:', examples[0][2].shape)

print('\n Name of the image file the above coordinates correspond to :\n
',examples[0][3][0])
```

실행 결과는 다음과 같다:

```
Coordinates at location 3 of example 0:
 [[436.58776855 195.15625   ]
 [446.54693604 286.796875  ]
 [456.50613403 322.65625   ]
 [265.28979492 203.125     ]
 [277.24081421 328.6328125 ]
 [380.81634521 336.6015625 ]
 [434.59591675 370.46875   ]
 [         nan          nan]
 [         nan          nan]
 [325.04492188 386.40625   ]
 [         nan          nan]
 [         nan          nan]
 [400.73471069 129.4140625 ]
 [374.84082031 125.4296875 ]
 [         nan          nan]
 [         nan          nan]
 [384.80001831 145.3515625 ]
 [         nan          nan]
 [         nan          nan]
 [         nan          nan]
 [         nan          nan]
 [         nan          nan]
 [         nan          nan]
 [         nan          nan]
 [         nan          nan]
 [         nan          nan]
 [         nan          nan]
 [         nan          nan]
```

```
 [         nan          nan]]

Data type in which the coordinates are stored:  <class 'numpy.ndarray'>

Shape of the coordinates: (2, 29)

Name of the image file the above coordinates correspond to :
  12-oclock-high-special-edition-00004151.jpg
```

앞의 출력을 보면 좌표 배열의 크기가 (2,29)임을 알 수 있다.

```
# each coordinate corresponds to the the below listed body
joints/locations in the same order
joint_labels = ['lsho', 'lelb', 'lwri', 'rsho', 'relb', 'rwri', 'lhip',
                'lkne', 'lank', 'rhip', 'rkne', 'rank', 'leye', 'reye',
                'lear', 'rear', 'nose', 'msho', 'mhip', 'mear',
                'mtorso', 'mluarm', 'mruarm', 'mllarm', 'mrlarm',
                'mluleg', 'mruleg', 'mllleg', 'mrlleg']

# print joint_labels
print(joint_labels)
```

실행 결과는 다음과 같다:

```
['lsho', 'lelb', 'lwri', 'rsho', 'relb', 'rwri', 'lhip', 'lkne', 'lank',
'rhip', 'rkne', 'rank', 'leye', 'reye', 'lear', 'rear', 'nose', 'msho',
'mhip', 'mear', 'mtorso', 'mluarm', 'mruarm', 'mllarm', 'mrlarm',
'mluleg', 'mruleg', 'mllleg', 'mrlleg']
```

앞의 출력에서 좌표 배열을 살펴보면 29개의 신체 관절/위치 정보 중 11개에 대한 좌표만 있다는 걸 알 수 있다. 어떤 것인지 다음 코드로 확인할 수 있다:

```
# print list of known joints
known_joints = [x for i,x in enumerate(joint_labels) if i in np.r_[0:7,
9, 12:14, 16]]
print(known_joints)
```

실행 결과는 다음과 같다:

```
['lsho', 'lelb', 'lwri', 'rsho', 'relb', 'rwri', 'lhip', 'rhip', 'leye',
'reye', 'nose']
```

이 프로젝트에서는 다음과 같은 신체 관절/위치에 대한 정보만 사용한다:

```
# print needed joints for the task
target_joints = ['lsho', 'lelb', 'lwri', 'rsho', 'relb',
                 'rwri', 'leye', 'reye', 'nose']
print('Joints necessary for the project:\n', target_joints)

# print the indices of the needed joints in the coordinates array
joints_loc_id = np.r_[0:6, 12:14, 16]
print('\nIndices of joints necessary for the project:\n',joints_loc_id)
```

실행 결과는 다음과 같다:

```
Joints necessary for the project:
 ['lsho', 'lelb', 'lwri', 'rsho', 'relb', 'rwri', 'leye', 'reye',
'nose']

Indices of joints necessary for the project:
 [ 0  1  2  3  4  5 12 13 16]
```

lsho: 왼쪽 어깨
lelb: 왼쪽 팔꿈치
lwri: 왼쪽 손목
rsho: 오른쪽 어깨
relb: 오른쪽 팔꿈치
rwri: 오른쪽 손목
leye: 왼쪽 눈
reye: 오른쪽 눈
nose: 코

이제 9개의 관절 레이블과 좌표를 가진 딕셔너리를 가져와서, 7개의 좌표(7 (x, y) 쌍)를 가진 리스트를 반환하는 함수를 정의한다. leye, reye, nose는 평균을 계산해서 키 head의 값으로 사용한다. 그래서 좌표가 9개에서 7개로 줄었다.

```
def joint_coordinates(joint):
    """Store necessary coordinates to a list"""
    joint_coor = []
    # Take mean of the leye, reye, nose to obtain coordinates for the head
    joint['head'] = (joint['leye']+joint['reye']+joint['nose'])/3
    joint_coor.extend(joint['lwri'].tolist())
    joint_coor.extend(joint['lelb'].tolist())
    joint_coor.extend(joint['lsho'].tolist())
    joint_coor.extend(joint['head'].tolist())
    joint_coor.extend(joint['rsho'].tolist())
    joint_coor.extend(joint['relb'].tolist())
    joint_coor.extend(joint['rwri'].tolist())
    return joint_coor
```

이전과 마찬가지로 tr_plus_indices.mat MATLAB 파일을 적재한다:

> 학습용으로 사용하는 이미지 인덱스와 테스트용으로 떼놓는 이미지 인덱스가 포함되어 있어서 tr_plus_indices.mat 파일을 사용한다. 과적합을 방지하기 위해서 학습 데이터와 테스트 데이터를 배타적 이미지로 나눈다. 이에 대한 자세한 내용은 다음에서 확인할 수 있다:
> https://bensapp.github.io/flic-dataset.htm

```
# load the indices matlab file
train_indices = loadmat('FLIC-full/tr_plus_indices.mat')

# print type of the loaded file
print('train_indices variable is of', type(train_indices))

# print keys in the dictionary training_indices
print('keys in the dictionary train_indices:\n', train_indices.keys())
```

실행 결과는 다음과 같다:

```
train_indices variable is of <class 'dict'>
keys in the dictionary train_indices:
 dict_keys(['__header__', '__version__', '__globals__', 'tr_plus_indices'])
```

앞에서 MATLAB 파일이 4개의 키가 있는 딕셔너리임을 알 수 있었다. 그중에 tr_plus_indices도 있었는데 이것도 필요하니 이번에는 이 키의 내용을 살펴보자.

```
# print type and shape of values in tr_plus_indices key
print('Shape of values in tr_plus_indices key:
',train_indices['tr_plus_indices'].shape)

# print tr_plus_indices
print('Type: ',type(train_indices['tr_plus_indices']))

# reshape the training_indices array
train_indices = train_indices['tr_plus_indices'].reshape(-1,)

# print shape of train_indices array
print("Shape of reshaped 'train_indices' array:", train_indices.shape)
```

실행 결과는 다음과 같다:

```
Shape of values in tr_plus_indices key:  (17380, 1)
Type:  <class 'numpy.ndarray'>
Shape of reshaped 'train_indices' array: (17380,)
```

키 tr_plus_indice 값의 모양이 크기가 (17380*1)인 numpy 배열이란 걸 알 수 있다. 편의를 위해 이것도 (17380,)로 바꾼다.

tr_plus_indices에는 examples.mat 파일의 examples 키에 있는 데이터 인덱스가 포함되어 있으며, 이는 학습용으로만 사용해야 한다. 이 정보를 사용해서 데이터를 학습 데이터와 테스트 데이터로 나눈다:

```
# empty list to store train image ids
train_ids = []
```

```
# empty list to store train joints
train_jts = []
# empty list to store test image ids
test_ids = []
# empty list to store test joints
test_jts = []

for i, example in enumerate(examples):
    # image id
    file_name = example[3][0]
    # joint coordinates
    joint = example[2].T
    # dictionary that goes into the joint_coordinates function
    joints = dict(zip(target_joints, [x for k,x in enumerate(joint) if k
            in joints_loc_id]))
    # obtain joints for the task
    joints = joint_coordinates(joints)
    # use train indices list to decide if an image is to be used for
      training or testing
    if i in train_indices:
        train_ids.append(file_name)
        train_jts.append(joints)
    else:
        test_ids.append(file_name)
        test_jts.append(joints)

# Concatenate image ids dataframe and the joints dataframe and save it as
a csv
train_df = pd.concat([pd.DataFrame(train_ids),
            pd.DataFrame(train_jts)], axis=1)
test_df = pd.concat([pd.DataFrame(test_ids),pd.DataFrame(test_jts)],
           axis=1)
train_df.to_csv('FLIC-full/train_joints.csv', index=False, header =
                 False)
test_df.to_csv('FLIC-full/test_joints.csv', index=False, header =
                False)
```

> 이 코드의 나머지 부분은 다음의 deeppose.ipynb에 있다:
> https://github.com/PacktPublishing/Python-Deep-Learning-projects/blob/master/Chapter12/deeppose.ipynb

학습 데이터에는 17,380개의 데이터 포인트가 있고 각 데이터 포인트에는 이미지 ID와 7 (x, y) 관절 좌표가 있다. 마찬가지로 테스트 데이터에는 3,548개의 데이터 포인트가 있다.

앞의 코드를 보면 먼저 빈 목록 4개를 초기화한다. 2개는 학습 및 테스트 이미지 ID 저장용이고 2개는 학습 및 테스트 관절/위치 저장용이다. 그런 다음 examples 키의 각 데이터 포인트에 대해 다음을 수행한다:

1. 파일 이름 추출
2. 관절/위치 좌표 추출
3. 대상 관절(대상 관절 레이블)과 해당 관절/위치 좌표를 ZIP으로 압축하고 딕셔너리로 변환
4. 딕셔너리를 joint_coordinates() 함수에 먹여 필요한 관절/위치 좌표 생성
5. train_indices 리스트를 사용해서 이미지 ID와 이전 단계에서 생성한 관절/위치를 학습 또는 테스트 리스트 뒤에 추가

마지막으로 리스트를 학습 및 테스트 데이터 프레임으로 변환하고 CSV 파일로 저장한다. 데이터 프레임을 CSV 파일로 저장할 때 인덱스 및 헤더 매개변수를 False로 설정하면 안 된다.

train_joints.csv 및 test_joints.csv 파일을 불러와 세부 정보 일부를 출력해 본다:

```
# load train_joints.csv
train_data = pd.read_csv('FLIC-full/train_joints.csv', header=None)

# load test_joints.csv
test_data = pd.read_csv('FLIC-full/test_joints.csv', header = None)

# train image ids
train_image_ids = train_data[0].values
```

```
print('train_image_ids shape', train_image_ids.shape)

# train joints
train_joints = train_data.iloc[:,1:].values
print('train_image_ids shape', train_joints.shape)

# test image ids
test_image_ids = test_data[0].values
print('train_image_ids shape', test_image_ids.shape)

# test joints
test_joints = test_data.iloc[:,1:].values
print('train_image_ids shape', test_joints.shape)
```

실행 결과는 다음과 같다:

```
train_image_ids shape (17380,)
train_image_ids shape (17380, 14)
train_image_ids shape (3548,)
train_image_ids shape (3548, 14)
```

이제 이미지 폴더에서 이미지를 몇 개 가져와 어떤 그림인지 살펴보자.

```
import glob
image_list = glob.glob('FLIC-full/images/*.jpg')[0:8]

plt.figure(figsize=(12,5))
for i in range(8):
    plt.subplot(2,4,(i+1))
    img = plt.imread(image_list[i])
    plt.imshow(img, aspect='auto')
    plt.axis('off')
    plt.title('Shape: '+str(img.shape))

plt.tight_layout()
plt.show()
```

실행 결과는 다음과 같다:

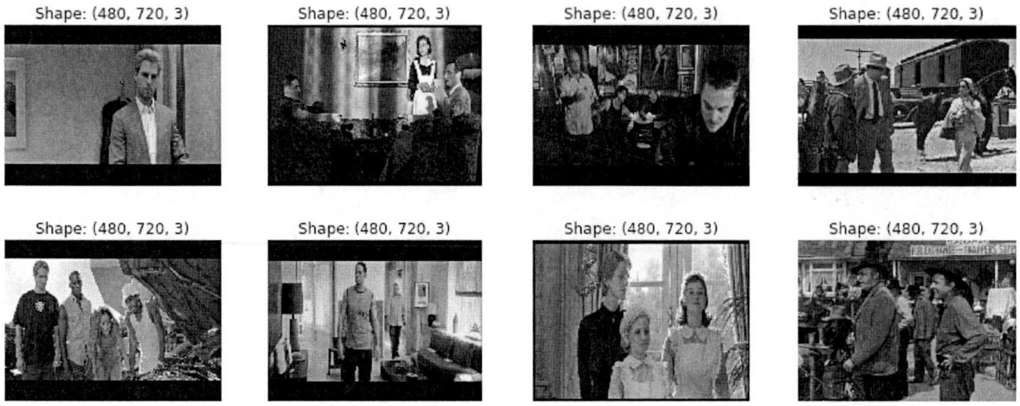

FLIC_full 폴더의 images 폴더에 있는 이미지

각각의 이미지 크기가 (480*720*3) 형태임을 알 수 있다. 다음 작업은 원본 이미지에서 관절 좌표를 사용할 수 있는 사람을 잘라내고, VGG16 모델에게 먹일 수 있게 이미지 크기를 224*24*3 모양으로 변환한다. 마지막으로 이미지에 관절을 그릴 수 있게 plotting 함수도 만든다:

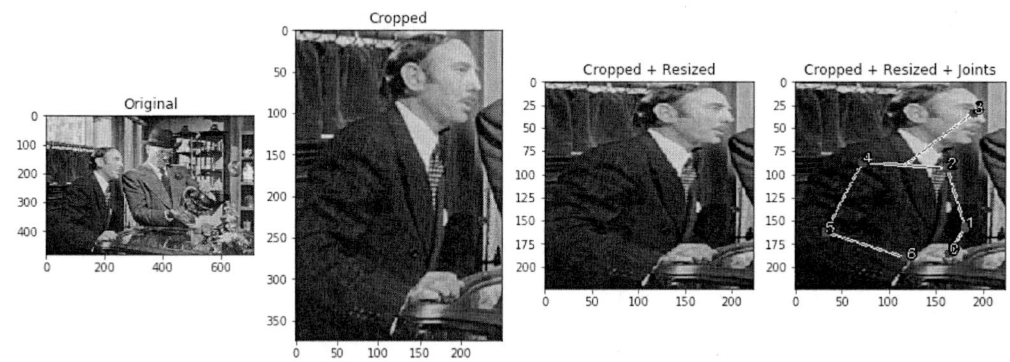

원본 이미지 처리 과정

데이터 준비

이제 하나씩 만들어보자.

자르기

먼저 image_cropping() 함수부터 만든다. 이 함수는 이미지 ID와 해당 관절/위치 좌표를 입력으로 받는다. 이미지를 메모리로 가져와 좌표와 바인딩된 이미지 영역을 포함하

도록 이미지를 자른다. 자른 이미지는 관절과 팔다리가 완전히 보이도록 패딩 한다. 패딩이 추가되는 경우 관절/위치 좌표도 그에 따라 조정한 후 이미지를 반환한다. 프로젝트의 아주 중요한 함수이므로 시간을 갖고 함수를 분석해서 어떻게 처리하는지 정확히 알아보는 게 좋겠다(crop_pad_inf 및 crop_pad_sup가 패딩의 양을 제어하는 매개변수다):

```
def image_cropping(image_id, joints, crop_pad_inf = 1.4,
crop_pad_sup=1.6, shift = 5, min_dim = 100):
    """Function to crop original images"""
    ## image cropping
    # load the image
    image = cv.imread('FLIC-full/images/%s' % (image_id))
    # convert joint list to array
    joints = np.asarray([int(float(p)) for p in joints])
    # reshape joints to shape (7*2)
    joints = joints.reshape((len(joints) // 2, 2))
    # transform joints to list of (x,y) tuples
    posi_joints = [(j[0], j[1]) for j in joints if j[0] > 0 and j[1] > 0]
    # obtain the bounding rectangle using opencv boundingRect
    x_loc, y_loc, width, height = cv.boundingRect(np.asarray([posi_joints]))
    if width < min_dim:
        width = min_dim
    if height < min_dim:
        height = min_dim

    ## bounding rect extending
    inf, sup = crop_pad_inf, crop_pad_sup
    r = sup - inf
    # define width padding
    pad_w_r = np.random.rand() * r + inf # inf~sup
    # define height padding
    pad_h_r = np.random.rand() * r + inf # inf~sup
    # adjust x, y, w and h by the defined padding
    x_loc -= (width * pad_w_r - width) / 2
    y_loc -= (height * pad_h_r - height) / 2
    width *= pad_w_r
    height *= pad_h_r

    ## shifting
```

```
## clipping
## joint shifting
```

이 코드의 나머지 부분은 다음의 deeppose.ipynb에 있다:
https://github.com/PacktPublishing/Python-Deep-Learning-projects/blob/master/Chapter12/deeppose.ipynb

이미지 ID와 해당 관절을 image_cropping() 함수에 먹인 후 출력 이미지를 그림으로 나타내보자:

```
# plot the original image
plt.figure(figsize = (15,5))
plt.subplot(1,2,1)
plt.title('Original')
plt.imshow(plt.imread('FLIC-full/images/'+train_image_ids[0]))

# plot the cropped image
image, joint = image_cropping(train_image_ids[0], train_joints[0])
plt.subplot(1,2,2)
plt.title('Cropped')
plt.imshow(image)
```

실행 결과는 다음과 같다:

원본 이미지와 자른 이미지

크기 변환

자르기로 원본 이미지 크기가 (480*720*3)에서 (393*254*3)으로 바뀐 걸 알았다. 그런데, VGG16 모델은 크기 (224*224*3)인 이미지를 먹여야 한다. 따라서 image_resize()라는 함수를 정의해서 크기를 맞춘다. 이 함수는 image_cropping() 함수가 잘라낸 이미지와 관절 좌표를 입력받아 이미지의 크기와 관절 좌표를 변환해서 반환한다:

```
def image_resize(image, joints, new_size = 224):
    """Function resize cropped images"""
    orig_h, orig_w = image.shape[:2]
    joints[0::2] = joints[0::2] / float(orig_w) * new_size
    joints[1::2] = joints[1::2] / float(orig_h) * new_size
    image = cv.resize(image, (new_size, new_size),
             interpolation=cv.INTER_NEAREST)
    return image, joints
# plot resized image
image, joint = image_resize(image, joint)
plt.title('Cropped + Resized')
plt.imshow(image)
```

실행 결과는 다음과 같다:

크기를 변환한 이미지

자른 이미지를 image_resize() 함수에 전달해서 크기 (224*224*3)인 이미지를 얻었다. 이 이미지와 해당 관절 정보를 사용해서 모델을 학습할 수 있다.

관절과 팔다리 그리기

모델을 학습하기 전에 먼저 크기가 조정된 이미지 위에 자세에 맞는 팔다리를 그리는 함수를 정의하자. 다음처럼 정의된 plot_joints() 함수는 크기가 조정된 이미지와 관절을 입력받아 팔다리가 위에 그려진 이미지를 반환한다:

```
def plot_limb(img, joints, i, j, color):
    """Function to plot the limbs"""
    cv.line(img, joints[i], joints[j], (255, 255, 255), thickness=2,
            lineType=16)
    cv.line(img, joints[i], joints[j], color, thickness=1, lineType=16)
    return img

def plot_joints(img, joints, groundtruth=True, text_scale=0.5):
    """Function to draw the joints"""
    h, w, c = img.shape
    if groundtruth:
        # left hand to left elbow
        img = plot_limb(img, joints, 0, 1, (50, 155, 70))

        # left elbow to left shoulder
        img = plot_limb(img, joints, 1, 2, (50, 155, 70))

        # left shoulder to right shoulder
        img = plot_limb(img, joints, 2, 4, (50, 155, 70))

        # right shoulder to right elbow
        img = plot_limb(img, joints, 4, 5, (50, 155, 70))

        # right elbow to right hand
        img = plot_limb(img, joints, 5, 6, (50, 155, 70))

        # neck coordinate
        neck = tuple((np.array(joints[2]) + np.array(joints[4])) // 2)
        joints.append(neck)

        # neck to head
        img = plot_limb(img, joints, 3, 7, (50, 155, 70))
        joints.pop()
```

```
        # joints
        for j, joint in enumerate(joints):
            # plot joints
            cv.circle(img, joint, 5, (50, 155, 70), -1)
            # plot joint number black
            cv.putText(img, '%d' % j, joint, cv.FONT_HERSHEY_SIMPLEX,
                        text_scale, (0, 0, 0), thickness=2, lineType=16)
            # plot joint number white
            cv.putText(img, '%d' % j, joint, cv.FONT_HERSHEY_SIMPLEX,
                        text_scale, (255, 255, 255), thickness=1,
                        lineType=16)

    else:
```

이 코드의 나머지 부분은 다음의 deeppose.ipynb에 있다: https://github.com/PacktPublishing/Python-Deep-Learning-projects/blob/master/Chapter12/deeppose.ipynb

실행 결과는 다음과 같다:

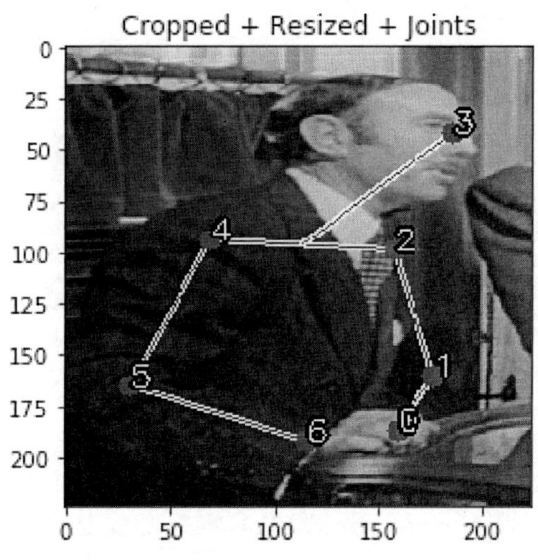

자세가 표시된 그림

이미지 변형

이제 앞에서 정의한 함수를 사용하여 이미지와 해당 관절을 학습할 수 있는 형태로 변환한다. 이 작업은 다음과 같은 model_data() 함수를 사용해서 수행한다:

```
def model_data(image_ids, joints, train = True):
    """Function to generate train and test data."""
    if train:
        # empty list
        train_img_joints = []
        # create train directory inside FLIC-full
        if not os.path.exists(os.path.join(os.getcwd(), 'FLIC-full/train')):
            os.mkdir('FLIC-full/train')

        for i, (image, joint) in enumerate(zip(image_ids, joints)):
            # crop the image using the joint coordinates
            image, joint = image_cropping(image, joint)
            # resize the cropped image to shape (224*224*3)
            image, joint = image_resize(image, joint)
            # save the image in train folder
            cv.imwrite('FLIC-full/train/train{}.jpg'.format(i), image)
            # store joints and image id/file name of the saved image in the
              initialized list
            train_img_joints.append(['train{}.jpg'.format(i)] +
                                    joint.tolist())
        # convert to a dataframe and save as a csv
        pd.DataFrame(train_img_joints).to_csv('FLIC-full/train/
                    train_joints.csv', index=False, header=False)
    else:
        # empty list
        test_img_joints = []
```

이 코드의 나머지 부분은 다음의 deeppose.ipynb에 있다:
https://github.com/PacktPublishing/Python-Deep-Learning-projects/blob/master/Chapter12/deeppose.ipynb

앞에서 정의한 model_data() 함수는 image_ids(이미지 ID 배열), joints(관절 배열) 및 train이라는 부울 매개변수를 입력으로 받는다. 학습용 이미지와 관절을 변환할 때는 train을 True로 설정하고 테스트용 이미지와 관절을 변환할 때는 False로 설정한다.

train 매개변수가 True일 때 다음을 수행한다:

1. 변환된 이미지의 ID와 관절 좌표를 저장하기 위해 빈 목록 초기화
2. 폴더가 없으면 images 폴더 안에 train이라는 새 디렉터리 생성
3. 이미지와 관절 좌표를 image_cropping() 함수에 먹여 잘린 이미지와 관절 좌표 생성
4. 3단계의 결과를 image_resize() 함수에 먹여 크기를 224*224*3로 변환
5. 크기를 조정한 이미지를 OpenCV imwrite() 함수를 사용해서 새 이미지 ID (예: train0.jpg)를 붙여 train 폴더에 저장
6. 1단계에서 초기화한 리스트에 새로운 이미지 ID와 관절 좌표를 추가
7. 모든 훈련 이미지가 변환될 때까지 3단계부터 6단계까지를 반복한다.
8. 1단계에서 정의한 리스트에 변환을 마친 새 이미지 ID와 관절 좌표가 포함되며, 이 리스트를 데이터 프레임으로 변환하여 train 폴더에 CSV 파일로 저장

테스트 데이터를 변환하기 위해 train 매개변수를 False로 설정하고 테스트 이미지 ID와 관절 좌표를 먹여 같은 과정을 반복한다.

> model_data() 함수가 생성한 학습 및 테스트 데이터 프레임은 헤더와 인덱스 열이 없는 CSV 파일이다. 이 파일을 가져올 때 이 점에 주의하자.

학습을 위한 초 매개변수 정의

다음은 코드 전체에 적용되는 초 매개변수 중 일부다. 전부 다른 값으로 재설정할 수 있다:

```
# Number of epochs
epochs = 3
```

```
# Batchsize
batch_size = 128

# Optimizer for the model
optimizer = Adam(lr=0.0001, beta_1=0.5)

# Shape of the input image
input_shape = (224, 224, 3)

# Batch interval at which loss is to be stored
store = 40
```

TIP

최적화기, 배치 크기, 학습계수 등 초 매개변수를 다르게 해서 다양한 실험을 해보는 게 좋다. 더 나은 결과를 얻으면 딥러닝 커뮤니티에 공유하는 걸 기억하라.

VGG16 모델 구축

VGG16 모델은 심층 중첩신경망 이미지 분류기이다. 이 모델은 일련의 Conv2D 층, MaxPooling2D 층에 이어 마지막에 분류를 위한 Dense 층이 추가된 구조다. 활성 함수는 ReLU를 사용한다. 크기 224*224*3인 컬러 이미지를 입력해야 하며 클래스 1,000개까지 분류할 수 있다. 즉, 최종 Dense 층은 1,000개의 뉴런이 있고 소프트맥스를 사용하여 각 클래스에 속할 점수를 출력한다.

VGG16 모델 정의

우리는 224*224*3 모양의 이미지를 입력해서 신체의 관절 좌표를 예측하려 한다. 즉, 관절을 나타내는 14개 위치의 좌푯값 (7(x, y) 쌍)을 원한다. 따라서 우리 모델은 최종 Dense 층의 뉴런을 14개로 수정하고 시그모이드 대신 ReLU 활성 함수를 사용한다.

일반 로컬 머신에서 VGG16 같은 딥러닝 모델을 학습하는 데는 일주일 이상 걸릴 수 있다. 감당하기 쉽지 않은 긴 시간이다. 우리는 대안으로 미리 학습된 VGG16 모델의 가중치를 가져다 재학습하는 전이학습을 사용한다.

여러 도구와 Keras의 응용 프로그램 모듈을 사용하여 이 작업을 수행한다.

다음 코드에서는 Flatten 층과 해당 가중치를 제외한 VGG16 모델의 일부를 가져온다. include_top 매개변수를 False로 설정하면 그렇게 할 수 있다:

TIP
다음 코드의 첫 줄처럼 케라스 서버에서 VGG16 가중치를 내려받으니 그걸 어디서 가져와야 하는지 걱정할 필요 없다.

```
# load the VGG16 model
model = applications.VGG16(weights = "imagenet", include_top=False,
input_shape = input_shape)

# print summary of VGG16 model
model.summary()
```

실행 결과는 다음과 같다:

```
_________________________________________________________________
Layer (type)                 Output Shape              Param #
=================================================================
input_1 (InputLayer)         (None, 224, 224, 3)       0
_________________________________________________________________
block1_conv1 (Conv2D)        (None, 224, 224, 64)      1792
_________________________________________________________________
block1_conv2 (Conv2D)        (None, 224, 224, 64)      36928
_________________________________________________________________
block1_pool (MaxPooling2D)   (None, 112, 112, 64)      0
_________________________________________________________________
block2_conv1 (Conv2D)        (None, 112, 112, 128)     73856
_________________________________________________________________
block2_conv2 (Conv2D)        (None, 112, 112, 128)     147584
_________________________________________________________________
block2_pool (MaxPooling2D)   (None, 56, 56, 128)       0
_________________________________________________________________
block3_conv1 (Conv2D)        (None, 56, 56, 256)       295168
_________________________________________________________________
block3_conv2 (Conv2D)        (None, 56, 56, 256)       590080
_________________________________________________________________
block3_conv3 (Conv2D)        (None, 56, 56, 256)       590080
_________________________________________________________________
```

```
block3_pool (MaxPooling2D)    (None, 28, 28, 256)        0
_________________________________________________________________
block4_conv1 (Conv2D)         (None, 28, 28, 512)        1180160
_________________________________________________________________
block4_conv2 (Conv2D)         (None, 28, 28, 512)        2359808
_________________________________________________________________
block4_conv3 (Conv2D)         (None, 28, 28, 512)        2359808
_________________________________________________________________
block4_pool (MaxPooling2D)    (None, 14, 14, 512)        0
_________________________________________________________________
block5_conv1 (Conv2D)         (None, 14, 14, 512)        2359808
_________________________________________________________________
block5_conv2 (Conv2D)         (None, 14, 14, 512)        2359808
_________________________________________________________________
block5_conv3 (Conv2D)         (None, 14, 14, 512)        2359808
_________________________________________________________________
block5_pool (MaxPooling2D)    (None, 7, 7, 512)          0
=================================================================
Total params: 14,714,688
Trainable params: 14,714,688
Non-trainable params: 0
_________________________________________________________________
```

요약을 보면 Flatten 층을 제외하고 VGG16 모델의 모든 층의 가중치를 가져왔다는 걸 알 수 있다.

Keras 애플리케이션 모듈의 추가 기능에 대한 자세한 내용은 다음에 있다: `https://keras.io/applications/`

가져온 가중치를 학습할 필요가 없다. 학습하려면 일주일 이상 걸리니까 가져온 거다. 따라서 다음 코드처럼 각 층의 `trainable` 매개변수를 `False`로 설정한다.

```
# set layers as non trainable
for layer in model.layers:
    layer.trainable = False
```

다음 단계로 최종 중첩층의 출력을 1차원 벡터로 평면화한 다음 3개의 완전 연결 층을 추가한다. 이 중 2개 층은 각각 1,024개의 뉴런으로 구성하고 드롭아웃을 추가한다. 출력층인 마지막 완전 연결 층은 뉴런을 14개로 설정하여 14개의 관절 좌표를 출력하도록 한다. 그리고 다음 코드처럼 이 층들의 가중치를 학습한다. (!이런 게 전이학습이다)

```
# Adding custom Layers
x = model.output
x = Flatten()(x)
x = Dense(1024, activation="relu")(x)
x = Dropout(0.5)(x)
x = Dense(1024, activation="relu")(x)

# Dense layer with 14 neurons for predicting 14 numeric values
predictions = Dense(14, activation="relu")(x)
```

모든 층이 추가되었으니 다음과 같이 케라스 Model 함수를 사용해서 신경망을 하나로 묶는다:

```
# creating the final model
model_final = Model(inputs = model.input, outputs = predictions)

# print summary
model_final.summary()
```

실행 결과는 다음과 같다:

```
_________________________________________________________________
Layer (type)                 Output Shape              Param #
=================================================================
input_1 (InputLayer)         (None, 224, 224, 3)       0
_________________________________________________________________
block1_conv1 (Conv2D)        (None, 224, 224, 64)      1792
_________________________________________________________________
block1_conv2 (Conv2D)        (None, 224, 224, 64)      36928
_________________________________________________________________
block1_pool (MaxPooling2D)   (None, 112, 112, 64)      0
_________________________________________________________________
block2_conv1 (Conv2D)        (None, 112, 112, 128)     73856
_________________________________________________________________
block2_conv2 (Conv2D)        (None, 112, 112, 128)     147584
_________________________________________________________________
```

```
block2_pool (MaxPooling2D)   (None, 56, 56, 128)       0
_________________________________________________________________
block3_conv1 (Conv2D)        (None, 56, 56, 256)       295168
_________________________________________________________________
block3_conv2 (Conv2D)        (None, 56, 56, 256)       590080
_________________________________________________________________
block3_conv3 (Conv2D)        (None, 56, 56, 256)       590080
_________________________________________________________________
block3_pool (MaxPooling2D)   (None, 28, 28, 256)       0
_________________________________________________________________
block4_conv1 (Conv2D)        (None, 28, 28, 512)       1180160
_________________________________________________________________
block4_conv2 (Conv2D)        (None, 28, 28, 512)       2359808
_________________________________________________________________
block4_conv3 (Conv2D)        (None, 28, 28, 512)       2359808
_________________________________________________________________
block4_pool (MaxPooling2D)   (None, 14, 14, 512)       0
_________________________________________________________________
block5_conv1 (Conv2D)        (None, 14, 14, 512)       2359808
_________________________________________________________________
block5_conv2 (Conv2D)        (None, 14, 14, 512)       2359808
_________________________________________________________________
block5_conv3 (Conv2D)        (None, 14, 14, 512)       2359808
_________________________________________________________________
block5_pool (MaxPooling2D)   (None, 7, 7, 512)         0
_________________________________________________________________
flatten_1 (Flatten)          (None, 25088)             0
_________________________________________________________________
dense_1 (Dense)              (None, 1024)              25691136
_________________________________________________________________
dropout_1 (Dropout)          (None, 1024)              0
_________________________________________________________________
dense_2 (Dense)              (None, 1024)              1049600
_________________________________________________________________
dense_3 (Dense)              (None, 14)                14350
=================================================================
Total params: 41,469,774
Trainable params: 26,755,086
Non-trainable params: 14,714,688

_________________________________________________________________
```

모델 요약을 보면 학습 대상 매개변수가 26,755,086개이고 학습 대상이 아닌 매개변수가 14,714,688개인 것을 알 수 있다.

손실함수를 지정하는 매개변수 loss를 mean_squared_error로 설정하고 컴파일한다. 최적화기는 앞에서처럼 Adam이며 학습계수는 앞에서 설정한 대로 0.0001이다.

```
# compile the model
model_final.compile(loss = "mean_squared_error", optimizer = optimizer)
```

학습 과정

이제 VGG16 모델의 구성을 완료했으니 학습할 준비가 끝났다. 자르고 크기를 변환한 이미지의 ID와 관절 좌표가 들어있는 train_joints.csv 파일을 train 폴더에서 가져오자.

그런 다음 sklearn의 train_test_split 모듈을 사용해서 데이터를 80:20의 비율로 학습용과 검증용으로 나눈다. 검증용 데이터가 많지 않으니 해당 이미지를 모두 메모리로 가져온다:

메인 메모리 용량이 적은 시스템의 경우 문제가 될 수 있으니 메모리 용량에 따라 가져오는 검증용 데이터 개수를 조절해야 한다.

```
# load the train data
train = pd.read_csv('FLIC-full/train/train_joints.csv', header = None)

# split train into train and validation
train_img_ids, val_img_ids, train_jts, val_jts =
train_test_split(train.iloc[:,0], train.iloc[:,1:], test_size=0.2,
random_state=42)

# load validation images
val_images = np.array([cv.imread('FLIC-full/train/{}'.format(x)) for x
in val_img_ids.values])

# convert validation images to dtype float
val_images = val_images.astype(float)
```

pandas 모듈의 head, tail 및 info 기능을 사용하여 데이터를 살펴보자. pandas를 사용해서 .csv 파일을 가져올 때 파일에 헤더가 없다는 것을 알 수 있게 header 매개변수를 False로 설정한다.

이제 학습 이미지로 VGG16 모델을 학습하는 training() 함수를 정의할 차례다. 이 함수는 VGG16 모델, 학습 이미지 ID, 학습 관절 좌표, 검증 이미지 및 검증 관절 좌표를 입력으로 받는다. 다음으로 다음과 같은 학습 과정 즉, training() 함수의 몸체를 정의한다:

1. 학습 손실을 저장할 빈 리스트 loss_lst와 검증 손실을 저장할 빈 리스트 val_loss_lst를 정의한다. 또한, 배치 수를 추적하기 위해 count를 정의한다.
2. 그런 다음 배치처리를 위해 학습 이미지 ID와 해당 관절 좌표 데이터를 배치 크기로 묶어 batches를 만든다.
3. OpenCV imread() 함수를 사용하여 해당 이미지를 메모리로 가져온다.
4. 학습 이미지를 float형으로 변환해서 관절 ID와 함께 train_on_batch() 함수에 먹여 학습한다.
5. 매 40번째 배치마다 검증 데이터를 사용해서 모델을 평가하고 지정된 리스트에 학습 및 검증 손실을 저장한다.
6. 지정된 Epoch 동안 2-5단계를 반복한다.

코드는 다음과 같다:

```
def training(model, image_ids, joints ,val_images, val_jts, batch_size =
128, epochs=3, store = 40):
    # empty train loss list
    loss_lst = []

    # empty validation loss list
    val_loss_lst = []

    #counter
    count = 0
    count_lst = []

    # create shuffled batches
```

```
batches = np.arange(len(image_ids)//batch_size)
data_idx = np.arange(len(image_ids))
random.shuffle(data_idx)
print('......Training......')
for epoch in range(epochs):
    for batch in (batches):
        # batch of training image ids
        imgs = image_ids[data_idx[batch*batch_size :
               (batch+1)*batch_size:]]

        # corresponding joints for the above images
        jts = joints[data_idx[batch*batch_size : (batch+1)*
              batch_size:]]

        # load the training image batch
        batch_imgs = np.array([cv.imread('FLIC-full/train/{}'.
                     format(x)) for x in imgs])

        # fit model on the batch
        loss = model.train_on_batch(batch_imgs.astype(float), jts)
```

이 코드의 나머지 부분은 다음의 deeppose.ipynb에 있다:
https://github.com/PacktPublishing/Python-Deep-Learning-projects/blob/master/Chapter12/deeppose.ipynb

실행 결과는 다음과 같다:

```
......Training......
Epoch:1, End of batch:1, loss:15108.95, val_loss:13433.66
Epoch:1, End of batch:2, loss:13351.67
Epoch:1, End of batch:3, loss:10308.54
Epoch:1, End of batch:4, loss:6844.49
Epoch:1, End of batch:5, loss:4493.11
Epoch:1, End of batch:6, loss:2447.66
Epoch:1, End of batch:7, loss:2385.18
Epoch:1, End of batch:8, loss:2414.53
```

```
Epoch:1, End of batch:9, loss:2691.82
Epoch:1, End of batch:10, loss:2248.67
Epoch:1, End of batch:11, loss:2093.94
Epoch:1, End of batch:12, loss:2028.02
Epoch:1, End of batch:13, loss:1771.39
Epoch:1, End of batch:14, loss:1956.56
Epoch:1, End of batch:15, loss:1816.25
```

학습 종료 시 출력은 다음과 같다:

```
Epoch:3, End of batch:101, loss:439.03
Epoch:3, End of batch:102, loss:461.61
Epoch:3, End of batch:103, loss:410.48
Epoch:3, End of batch:104, loss:472.89
Epoch:3, End of batch:105, loss:426.41
Epoch:3, End of batch:106, loss:460.95
Epoch:3, End of batch:107, loss:482.03
Epoch:3, End of batch:108, loss:467.63
Epoch:3, End of batch:108, VAL_LOSS:503.85
```

사양이 낮은 GPU를 사용하는 경우 GPU 메모리 문제를 방지하려면 배치 크기를 줄여야 한다. 대신 배치 크기가 작을수록 여기서 설명하는 것과 학습 결과가 다를 수도 있음을 기억해주시라.

학습 및 검증 손실 그리기

40배치 간격으로 학습 및 검증 손실인 MSE를 loss_lst 및 val_loss_lst 리스트에 저장했으니 이 데이터를 그림으로 그려서 학습 과정이 어떻게 진행되었는지 살펴보자:

```
plt.style.use('ggplot')
plt.figure(figsize=(10, 6))
plt.plot(count_lst, loss_lst, marker='D', label = 'training_loss')
plt.plot(count_lst, val_loss_lst, marker='o', label =
        'validation_loss') plt.ylabel('Mean Squared Error')
plt.title('Plot of MSE over time')
```

```
plt.legend(loc = 'upper right')
plt.show()
```

실행 결과는 다음과 같다:

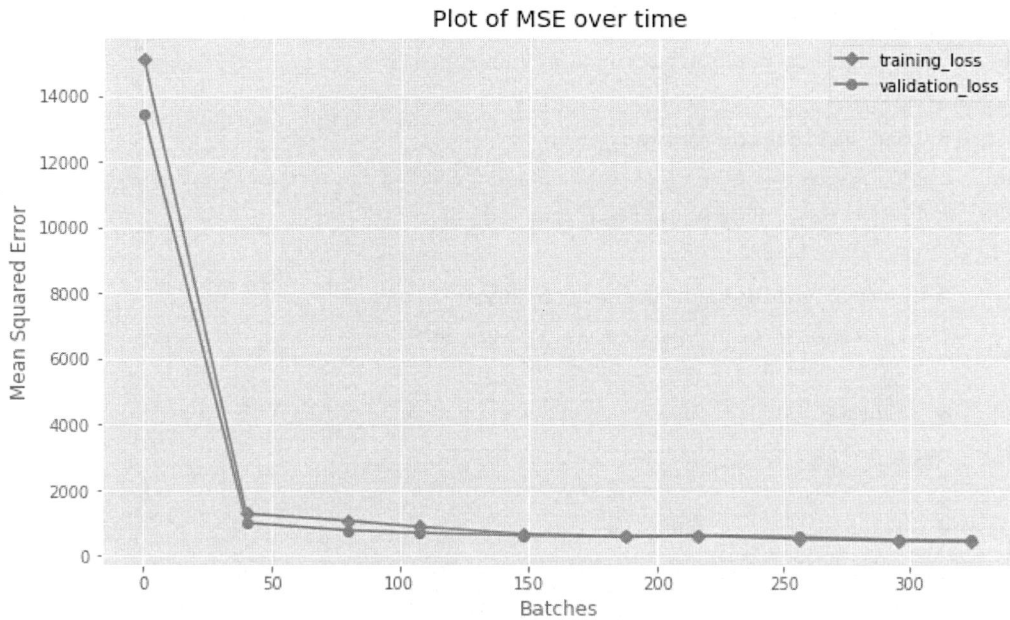

학습 및 검증 손실

> TIP
>
> 저장 간격을 줄이면 더 자연스러운 곡선을 그릴 수 있지만 학습 시간은 더 길어진다.

예측

두둥! 드디어 여기까지 왔다...

테스트 예측 만들기!

모델을 입력으로 받고, 전 처리해서 test 폴더에 저장한 테스트 데이터에 대해 모델을 테스트하는 함수를 정의한다. 예측 결과만 출력하는 게 아니라 앞에서 정의한 plot_ limb() 및 plot_joints() 함수를 사용해서 실제 관절과 예측 관절을 덧그린 테스트 이미지도 생성한다:

```
def test(model, nrows=200, batch_size=batch_size):
    # load the train data
    test = pd.read_csv('FLIC-full/test/test_joints.csv', header = None,
           nrows=nrows)
    test_img_ids = test.iloc[:,0].values

    # load validation images
    test_images = np.array([cv.imread('FLIC-full/test/{}'.format(x))
                  for x in test_img_ids])

    # convert validation images to dtype float
    test_images = test_images.astype(float)

    # joints
    test_joints = test.iloc[:,1:].values

    # evaluate
    test_loss = model.evaluate(test_images, test_joints, verbose = 0,
                batch_size=batch_size)

    # predict
    predictions = model.predict(test_images, verbose = 0,
                  batch_size=batch_size)

    # folder to save the results
    if not os.path.exists(os.path.join(os.getcwd(), 'FLIC-full/test_plot')):
        os.mkdir('FLIC-full/test_plot')

    for i, (ids, image, joint, pred) in enumerate(zip(test_img_ids,
            test_images, test_joints, predictions)):
        joints = joint.tolist()
        joints = list(zip(joints[0::2], joints[1::2]))
        # plot original joints
        image = plot_joints(image.astype(np.uint8), joints,
                groundtruth=True, text_scale=0.5)
```

```
        pred = pred.astype(np.uint8).tolist()
        pred = list(zip(pred[0::2], pred[1::2]))
        # plot predicted joints
        image = plot_joints(image.astype(np.uint8), pred,
                groundtruth=False, text_scale=0.5)
        # save resulting images with the same id
        plt.imsave('FLIC-full/test_plot/'+ids, image)
    return test_loss

# test and save results
test_loss = test(m)

# print test_loss
print('Test Loss:', test_loss)
```

실행 결과는 다음과 같다:

```
Test Loss: 454.8094494628906
```

테스트 데이터 200개에 대한 테스트 MSE 454.80은 검증 MSE 503.85에 매우 가깝다. 이는 모델이 학습 데이터를 과적합하지 않았음을 의미한다.

> 가능하면 모델을 더 학습하고 더 나은 결과가 나오는지 확인한다. 단, 메모리가 부족하면 문제가 될 수 있으니 평가를 위해 메모리로 가져오는 테스트 이미지 개수를 잘 정해야 한다.

이제 실제 관절과 예측 관절이 잘 일치하는지 그림으로 확인해보자:

```
image_list = glob.glob('FLIC-full/test_plot/*.jpg')[8:16]

plt.figure(figsize=(16,8))
for i in range(8):
    plt.subplot(2,4,(i+1))
    img = cv.imread(image_list[i])
    plt.imshow(img, aspect='auto')
    plt.axis('off')
    plt.title('Green-True/Red-Predicted Joints')
```

```
plt.tight_layout()
plt.show()
```

실행 결과는 다음과 같다:

상단에 실제 및 예측 관절이 표시된 테스트 이미지

그림을 살펴보면, 우리 모델이 학습에 사용하지 않은 이미지의 상당히 잘 예측했다는 걸 알 수 있다.

모듈 형식의 스크립트

전체 스크립트는 train.py, test.py, plotting.py 및 crop_resize_transform.py 4개 모듈로 나눌 수 있다. 이들 스크립트는 Chapter12 폴더에 있다. 앞의 코드 구현에서 설명한 지침에 따라 스크립트를 실행하면 된다. 즐겨 사용하는 소스 코드 편집기에서 Chapter12를 프로젝트 폴더로 설정하고 train.py 파일을 실행하면 된다.

train.py은 실행에 필요한 다른 모든 모듈을 알아서 가져온다.

이제 각 스크립트 파일의 내용을 훑어보자.

모듈 1 – crop_resize_transform.py

이 스크립트에는 다음과 같이 image_cropping(), image_resize() 및 model_data() 함수가 들어있다.

```
"""This module contains functions to crop and resize images."""

import os
import cv2 as cv
import numpy as np
import pandas as pd

def image_cropping(image_id, joints, crop_pad_inf=1.4,
                   crop_pad_sup=1.6, shift=5, min_dim=100):
    """Crop Function."""
    # # image cropping
    # load the image
    image = cv.imread('FLIC-full/images/%s' % (image_id))
    # convert joint list to array
    joints = np.asarray([int(float(p)) for p in joints])
    # reshape joints to shape (7*2)
    joints = joints.reshape((len(joints) // 2, 2))
    # transform joints to list of (x,y) tuples
    posi_joints = [(j[0], j[1]) for j in joints if j[0] > 0 and j[1] > 0]
    # obtain the bounding rectangle using opencv boundingRect
    x_loc, y_loc, width, height = cv.boundingRect(np.asarray([posi_joints]))

    if width < min_dim:
        width = min_dim
    if height < min_dim:
        height = min_dim

    # # bounding rect extending
    inf, sup = crop_pad_inf, crop_pad_sup
    r = sup - inf
    # define width padding
    pad_w_r = np.random.rand() * r + inf  # inf~sup
    # define height padding
    pad_h_r = np.random.rand() * r + inf  # inf~sup
```

```
    # adjust x, y, w and h by the defined padding
    x_loc -= (width * pad_w_r - width) / 2
    y_loc -= (height * pad_h_r - height) / 2
    width *= pad_w_r
    height *= pad_h_r

    # # shifting
    x_loc += np.random.rand() * shift * 2 - shift
    y_loc += np.random.rand() * shift * 2 - shift

    # # clipping
    x_loc, y_loc, width, height = [int(z) for z in [x_loc, y_loc,
                                   width, height]]
    x_loc = np.clip(x_loc, 0, image.shape[1] - 1)
    y_loc = np.clip(y_loc, 0, image.shape[0] - 1)
    width = np.clip(width, 1, image.shape[1] - (x_loc + 1))
    height = np.clip(height, 1, image.shape[0] - (y_loc + 1))
    image = image[y_loc: y_loc + height, x_loc: x_loc + width]

    # # joint shifting
    # adjust joint coordinates onto the padded image
    joints = np.asarray([(j[0] - x_loc, j[1] - y_loc) for j in joints])
    joints = joints.flatten()

    return image, joints

def image_resize(image, joints, new_size=224):
    """Resize Function."""
    orig_h, orig_w = image.shape[:2]
    joints[0::2] = joints[0::2] / float(orig_w) * new_size
    joints[1::2] = joints[1::2] / float(orig_h) * new_size
    image = cv.resize(image, (new_size, new_size),
                  interpolation=cv.INTER_NEAREST)
    return image, joints

def model_data(image_ids, joints, train=True):
    """Function to generate train and test data."""
    if train:
        # empty list
```

```
    train_img_joints = []
    # create train directory inside FLIC-full
    if not os.path.exists(os.path.join(os.getcwd(), 'FLIC-full/train')):
        os.mkdir('FLIC-full/train')

    for i, (image, joint) in enumerate(zip(image_ids, joints)):
        # crop the image using the joint coordinates
        image, joint = image_cropping(image, joint)
        # resize the cropped image to shape (224*224*3)
        image, joint = image_resize(image, joint)
        # save the image in train folder
        cv.imwrite('FLIC-full/train/train{}.jpg'.format(i), image)
        # store joints and image id/file name of the saved image in
        # the initialized list
        train_img_joints.append(['train{}.jpg'.format(i)] +
                                joint.tolist())

    # convert to a dataframe and save as a csv
    pd.DataFrame(train_img_joints
            ).to_csv('FLIC-full/train/train_joints.csv',
                     index=False, header=False)
else:
    # empty list
    test_img_joints = []
    # create test directory inside FLIC-full
    if not os.path.exists(os.path.join(os.getcwd(), 'FLIC-full/test')):
        os.mkdir('FLIC-full/test')

    for i, (image, joint) in enumerate(zip(image_ids, joints)):
        # crop the image using the joint coordinates
        image, joint = image_cropping(image, joint)
        # resize the cropped image to shape (224*224*3)
        image, joint = image_resize(image, joint)
        # save the image in test folder
        cv.imwrite('FLIC-full/test/test{}.jpg'.format(i), image)
        # store joints and image id/file name of the saved image
        # in the initialized list
        test_img_joints.append(['test{}.jpg'.format(i)] +
                               joint.tolist())
```

```
    # convert to a dataframe and save as a csv
    pd.DataFrame(test_img_joints).to_csv('FLIC-full/test/
            test_joints.csv', index=False, header=False)
```

모듈 2 – plotting.py

이 스크립트에는 다음과 같이 plot_limb() 및 plot_joints()가 들어있다.

```
"""This module contains functions to plot the joints and the limbs."""
import cv2 as cv
import numpy as np

def plot_limb(img, joints, i, j, color):
    """Limb plot function."""
    cv.line(img, joints[i], joints[j], (255, 255, 255), thickness=2,
            lineType=16)
    cv.line(img, joints[i], joints[j], color, thickness=1, lineType=16)
    return img

def plot_joints(img, joints, groundtruth=True, text_scale=0.5):
    """Joint and Limb plot function."""
    h, w, c = img.shape
    if groundtruth:
        # left hand to left elbow
        img = plot_limb(img, joints, 0, 1, (0, 255, 0))

        # left elbow to left shoulder
        img = plot_limb(img, joints, 1, 2, (0, 255, 0))

        # left shoulder to right shoulder
        img = plot_limb(img, joints, 2, 4, (0, 255, 0))

        # right shoulder to right elbow
        img = plot_limb(img, joints, 4, 5, (0, 255, 0))

        # right elbow to right hand
        img = plot_limb(img, joints, 5, 6, (0, 255, 0))
```

```
        # neck coordinate
        neck = tuple((np.array(joints[2]) + np.array(joints[4])) // 2)
        joints.append(neck)

        # neck to head
        img = plot_limb(img, joints, 3, 7, (0, 255, 0))
        joints.pop()

    # joints
    for j, joint in enumerate(joints):
        # plot joints
        cv.circle(img, joint, 5, (0, 255, 0), -1)
        # plot joint number black
        cv.putText(img, '%d' % j, joint, cv.FONT_HERSHEY_SIMPLEX,
                   text_scale, (0, 0, 0), thickness=2, lineType=16)
        # plot joint number white
        cv.putText(img, '%d' % j, joint, cv.FONT_HERSHEY_SIMPLEX,
                   text_scale, (255, 255, 255), thickness=1, lineType=16)
    else:
        # left hand to left elbow
        img = plot_limb(img, joints, 0, 1, (0, 0, 255))

        # left elbow to left shoulder
        img = plot_limb(img, joints, 1, 2, (0, 0, 255))

        # left shoulder to right shoulder
        img = plot_limb(img, joints, 2, 4, (0, 0, 255))

        # right shoulder to right elbow
        img = plot_limb(img, joints, 4, 5, (0, 0, 255))

        # right elbow to right hand
        img = plot_limb(img, joints, 5, 6, (0, 0, 255))

        # neck coordinate
        neck = tuple((np.array(joints[2]) + np.array(joints[4])) // 2)
        joints.append(neck)

        # neck to head
```

```
        img = plot_limb(img, joints, 3, 7, (0, 0, 255))
        joints.pop()

    # joints
    for j, joint in enumerate(joints):
        # plot joints
        cv.circle(img, joint, 5, (0, 0, 255), -1)
        # plot joint number black
        cv.putText(img, '%d' % j, joint, cv.FONT_HERSHEY_SIMPLEX,
                   text_scale, (0, 0, 0), thickness=3, lineType=16)
        # plot joint number white
        cv.putText(img, '%d' % j, joint, cv.FONT_HERSHEY_SIMPLEX,
                   text_scale, (255, 255, 255), thickness=1, lineType=16)

    return img
```

모듈 3 – test.py

이 모듈에는 다음과 같이 학습 모델의 성능을 테스트할 수 있도록 train_dqn.py 스크립트에서 호출하는 test() 함수가 들어있다.

```
"""This module contains the function to test the vgg16 model
performance."""
from plotting import *

import os
import pandas as pd
import numpy as np
import cv2 as cv
import matplotlib.pyplot as plt

def test(model, nrows=200, batch_size=128):
    """Test trained vgg16."""
    # load the train data
    test = pd.read_csv('FLIC-full/test/test_joints.csv', header=None,
                       nrows=nrows)
    test_img_ids = test.iloc[:, 0].values
    # load validation images
```

```
test_images = np.array(
       [cv.imread('FLIC-full/test/{}'.format(x)) for x in
        test_img_ids])

# convert validation images to dtype float
test_images = test_images.astype(float)

# joints
test_joints = test.iloc[:, 1:].values

# evaluate
test_loss = model.evaluate(test_images, test_joints,
                           verbose=0, batch_size=batch_size)

# predict
predictions = model.predict(test_images, verbose=0,
              batch_size=batch_size)

# folder to save the results
if not os.path.exists(os.path.join(os.getcwd(), 'FLIC-full/test_plot')):
    os.mkdir('FLIC-full/test_plot')

for i, (ids, image, joint, pred) in enumerate(zip(test_img_ids,
                                                  test_images,
                                                  test_joints,
                                                  predictions)):
    joints = joint.tolist()
    joints = list(zip(joints[0::2], joints[1::2]))

    # plot original joints
    image = plot_joints(image.astype(np.uint8), joints,
                        groundtruth=True, text_scale=0.5)
    pred = pred.astype(np.uint8).tolist()
    pred = list(zip(pred[0::2], pred[1::2]))

    # plot predicted joints
    image = plot_joints(image.astype(np.uint8), pred,
                        groundtruth=False, text_scale=0.5)
```

```
        # save resulting images with the same id
        plt.imsave('FLIC-full/test_plot/'+ids, image)

    return test_loss
```

모듈 4 – train.py

이 모듈에는 joint_coordinates() 및 training() 함수가 들어있고, VGG16 모델을 학습 및 테스트한다.

```
"""This module imports other modules to train the vgg16 model."""
from __future__ import print_function

from crop_resize_transform import model_data
from test import test

import matplotlib.pyplot as plt

import random
from scipy.io import loadmat
import numpy as np
import pandas as pd
import cv2 as cv
import glob

from sklearn.model_selection import train_test_split

from keras.models import Model
from keras.optimizers import Adam
from keras.layers import Flatten, Dense, Dropout
from keras import backend as K
from keras import applications
K.clear_session()

# set seed for reproducibility
seed_val = 9000
np.random.seed(seed_val)
random.seed(seed_val)
```

```
# load the examples file
examples = loadmat('FLIC-full/examples.mat')
# reshape the examples array
examples = examples['examples'].reshape(-1,)

# each coordinate corresponds to the the below listed body joints/locations
# in the same order
joint_labels = ['lsho', 'lelb', 'lwri', 'rsho', 'relb', 'rwri', 'lhip',
                'lkne', 'lank', 'rhip', 'rkne', 'rank', 'leye', 'reye',
                'lear', 'rear', 'nose', 'msho', 'mhip', 'mear', 'mtorso',
                'mluarm', 'mruarm', 'mllarm', 'mrlarm', 'mluleg',
                'mruleg', 'mllleg', 'mrlleg']

# print list of known joints
known_joints = [x for i, x in enumerate(joint_labels) if i in np.r_[0:7,
                                                          9, 12:14, 16]]
target_joints = ['lsho', 'lelb', 'lwri', 'rsho', 'relb',
                 'rwri', 'leye', 'reye', 'nose']
# indices of the needed joints in the coordinates array
joints_loc_id = np.r_[0:6, 12:14, 16]

def joint_coordinates(joint):
    """Store necessary coordinates to a list."""
    joint_coor = []
    # Take mean of the leye, reye, nose to obtain coordinates for the head
    joint['head'] = (joint['leye']+joint['reye']+joint['nose'])/3
    joint_coor.extend(joint['lwri'].tolist())
    joint_coor.extend(joint['lelb'].tolist())
    joint_coor.extend(joint['lsho'].tolist())
    joint_coor.extend(joint['head'].tolist())
    joint_coor.extend(joint['rsho'].tolist())
    joint_coor.extend(joint['relb'].tolist())
    joint_coor.extend(joint['rwri'].tolist())
    return joint_coor

# load the indices matlab file
train_indices = loadmat('FLIC-full/tr_plus_indices.mat')
# reshape the training_indices array
train_indices = train_indices['tr_plus_indices'].reshape(-1,)
```

```
# empty list to store train image ids
train_ids = []
# empty list to store train joints
train_jts = []
# empty list to store test image ids
test_ids = []
# empty list to store test joints
test_jts = []

for i, example in enumerate(examples):
    # image id
    file_name = example[3][0]
    # joint coordinates
    joint = example[2].T
    # dictionary that goes into the joint_coordinates function
    joints = dict(zip(target_joints,
                      [x for k, x in enumerate(joint) if k in joints_loc_id]))
    # obtain joints for the task
    joints = joint_coordinates(joints)
    # use train indices list to decide if an image is to be used for
      training
    # or testing
    if i in train_indices:
        train_ids.append(file_name)
        train_jts.append(joints)
    else:
        test_ids.append(file_name)
        test_jts.append(joints)

# Concatenate image ids dataframe and the joints dataframe and save it as
a csv
train_df = pd.concat([pd.DataFrame(train_ids), pd.DataFrame(train_jts)],
                      axis=1)
test_df = pd.concat([pd.DataFrame(test_ids), pd.DataFrame(test_jts)],
                     axis=1)
train_df.to_csv('FLIC-full/train_joints.csv', index=False, header=False)
test_df.to_csv('FLIC-full/test_joints.csv', index=False, header=False)

# load train_joints.csv
```

```
train_data = pd.read_csv('FLIC-full/train_joints.csv', header=None)
# load test_joints.csv
test_data = pd.read_csv('FLIC-full/test_joints.csv', header=None)

# train image ids
train_image_ids = train_data[0].values
# train joints
train_joints = train_data.iloc[:, 1:].values
# test image ids
test_image_ids = test_data[0].values
# test joints
test_joints = test_data.iloc[:, 1:].values

model_data(train_image_ids, train_joints, train=True)
model_data(test_image_ids, test_joints, train=False)
# Number of epochs
epochs = 3
# Batchsize
batch_size = 128
# Optimizer for the model
optimizer = Adam(lr=0.0001, beta_1=0.5)
# Shape of the input image
input_shape = (224, 224, 3)
# Batch interval at which loss is to be stores
store = 40

# load the vgg16 model
model = applications.VGG16(weights="imagenet", include_top=False,
                           input_shape=input_shape)

# set layers as non trainable
for layer in model.layers:
    layer.trainable = False

# Adding custom Layers
x = model.output
x = Flatten()(x)
x = Dense(1024, activation="relu")(x)
x = Dropout(0.5)(x)
```

```
x = Dense(1024, activation="relu")(x)

# Dense layer with 14 neurons for predicting 14 numeric values
predictions = Dense(14, activation="relu")(x)
# creating the final model
model_final = Model(inputs=model.input, outputs=predictions)
# compile the model
model_final.compile(loss="mean_squared_error", optimizer=optimizer)
# load the train data
train = pd.read_csv('FLIC-full/train/train_joints.csv', header=None)
# split train into train and validation
train_img_ids, val_img_ids, train_jts, val_jts = train_test_split(
       train.iloc[:, 0], train.iloc[:, 1:], test_size=0.2,
       random_state=42)

# load validation images
val_images = np.array(
    [cv.imread('FLIC-full/train/{}'.format(w)) for w in val_img_ids.values])

# convert validation images to dtype float
val_images = val_images.astype(float)

def training(model, image_ids, joints, val_images, val_jts,
             batch_size=128, epochs=2):
    """Train vgg16."""
    # empty train loss and validation loss list
    loss_lst = []
    val_loss_lst = []
    count = 0  # counter
    count_lst = []

    # create shuffled batches
    batches = np.arange(len(image_ids)//batch_size)
    data_idx = np.arange(len(image_ids))
    random.shuffle(data_idx)
    print('......Training......')
    for epoch in range(epochs):
        for batch in (batches):
            # batch of training image ids
```

```
            imgs = image_ids[data_idx[batch*batch_size:(batch+1)*
                   batch_size:]]
            # corresponding joints for the above images
            jts = joints[data_idx[batch*batch_size:(batch+1)* batch_size:]]
            # load the training image batch
            batch_imgs = np.array(
                   [cv.imread('FLIC-full/train/{}'.format(x)) for x in
                    imgs])
            # fit model on the batch
            loss = model.train_on_batch(batch_imgs.astype(float), jts)
            if batch % 40 == 0:
                # evaluate model on validation set
                val_loss = model.evaluate(val_images, val_jts, verbose=0,
                                          batch_size=batch_size)
                # store train and val loss
                loss_lst.append(loss)
                val_loss_lst.append(val_loss)
                print('Epoch:{}, End of batch:{}, loss:{:.2f},val_loss:{:.2f}\
                '.format(epoch+1, batch+1, loss, val_loss))

                count_lst.append(count)
            else:
                print('Epoch:{}, End of batch:{}, loss:{:.2f}\
                '.format(epoch+1, batch+1, loss))
            count += 1
        count_lst.append(count)
        loss_lst.append(loss)
        val_loss = model.evaluate(val_images, val_jts, verbose=0,
                                  batch_size=batch_size)
        val_loss_lst.append(val_loss)
        print('Epoch:{}, End of batch:{}, VAL_LOSS:{:.2f}\
        '.format(epoch+1, batch+1, val_loss))
        return model, loss_lst, val_loss_lst, count_lst

m, loss_lst, val_loss_lst, count_lst = training(model_final,
                                                train_img_ids.values,
                                                train_jts.values,
                                                val_images,
                                                val_jts.values,
```

```
                                                epochs=epochs,
                                                batch_size=batch_size)

# plot the learning
plt.style.use('ggplot')
plt.figure(figsize=(10, 6))
plt.plot(count_lst, loss_lst, marker='D', label='training_loss')
plt.plot(count_lst, val_loss_lst, marker='o', label='validation_loss')
plt.xlabel('Batches')
plt.ylabel('Mean Squared Error')
plt.title('Plot of MSE over time')
plt.legend(loc='upper right')
plt.show()

# test and save results
test_loss = test(m)

# print test_loss
print('Test Loss:', test_loss)

image_list = glob.glob('FLIC-full/test_plot/*.jpg')[8:16]

plt.figure(figsize=(16, 8))
for i in range(8):
    plt.subplot(2, 4, (i+1))
    img = cv.imread(image_list[i])
    plt.imshow(img, aspect='auto')
    plt.axis('off')
    plt.title('Green-True/Red-Predicted Joints')

plt.tight_layout()
plt.show()
```

결론

이 프로젝트는 영화에서 캡처한 장면을 대상으로 3차원 신체 자세를 추정하기 위한 중첩신경망 분류기를 구축하는 것이었다. 구체적으로 우리의 가상 비즈니스 사례는 영화의 특수효과 전문가가 배우의 자세를 쉽게 추정할 수 있도록 하기 위해 비디오 프레임에서 어깨, 목 및 머리를 기준으로 한 자세를 분류하는 일이다.

우리가 전이학습을 사용해서 구축한 수정된 VGG16 모델은 200개의 테스트 이미지에 대해 14개의 좌표(즉, 7(x, y) 쌍)를 예측하는 실험에서 평균제곱오차 MSE가 454.81인 것으로 평가되었다. 따라서 평균제곱근 오차 RMSE는 약 21.32라고 말할 수 있다. 이것은 무엇을 의미하는가?

RMSE는 예측된 관절 좌표가 실제 관절 좌표 위치에서 얼마나 떨어져 있는지를 나타낸다.

21.32 단위의 RMSE 손실은 224*224*3 크기 이미지 내에서 각 예측 좌표가 21.32픽셀만큼 떨어져 있다는 뜻이다. 앞에서 살펴본 예측 관절 위치와 실제 관절 위치를 덧붙인 그림을 보면 이 의미를 명확하게 알 수 있다.

각 좌표가 21.32픽셀씩 떨어져 있는 것은 일반적인 수준에서는 좋다고 볼 수도 있지만, 영화 세계에서는 허용할 수 없는 오차범위다, 개선이 필요하다는 뜻이다.

모델을 개선하기 위해 다음을 고려할 수 있다:

- 더 낮은 학습계수를 사용해서 더 오래 학습
- 다른 손실 함수(예: **평균 절대 오차(MAE)**) 사용
- RESNET50 또는 VGG19와 같은 더 깊은 모델 사용
- 데이터 중앙 정렬 및 크기 조정
- 더 많은 데이터 학습

이러한 개선 작업은 이 분야의 전문가가 되는 데 관심이 있는 경우 반드시 수행해야 일 작업이다.

요약

이 장에서는 FLIC 이미지를 대상으로 케라스로 심층 중첩신경망인 VGG16 모델을 성공적으로 구축했다. 그리고 가상 비즈니스 모델링을 위해 이러한 영상 이미지를 전처리하는 실무 경험을 얻었다. 전이학습을 성공적으로 구현했으며 그렇게 하면 많은 시간을 절약할 수 있다는 것도 이해했다. 일부 주요 초 매개변수에 대해서 왜 그런 값을 사용하는지에 대

한 직관도 체득했다. 마지막으로, 우리는 학습하지 않은 이미지에 대한 VGG16 모델의 성능을 테스트하고 목표를 달성하는 데 성공했다고 판단한다.

CHAPTER

13

GAN을 사용한 이미지 스타일 전이

환영한다. 이번엔 **적대적 생성 신경망**(GAN: Generative Adversarial Networks)이다. 이 장에서는 손으로 쓴 숫자의 누락된 부분을 채우는 신경망을 구축할 것이다. 앞에서 가상의 레스토랑 프랜차이즈를 위한 숫자 분류기를 구축했다. 그러나 고객이 전화번호를 쓸 때 숫자의 일부가 누락되는 경우도 있다. 태블릿 앱에 글을 쓸 때 흐름이 매끄럽지 않거나 앱이 화면의 사용자 제스처를 제대로 처리하지 못해서 일 수 있다. 이러한 이유로 필기 숫자 분류기가 필기 숫자를 정확하게 인식하는 게 더욱 어렵다. 그래서 우리의 가상의 고객은 분류기가 정확하게 필기 숫자를 인식할 수 있게 우리가 손으로 쓴 숫자의 누락된 부분을 재구성해주기를 원한다. 배고픈 고객에게 문자 알림을 정확하게 하느냐 마느냐는 우리 손에 달렸다!

여기서는 주로 필기 숫자의 누락된 부분 재생성에 초점을 맞추어 GAN이라는 신경망을 이용한 그림복원 기술을 다룰 것이다. GAN의 처리 흐름은 다음과 같다:

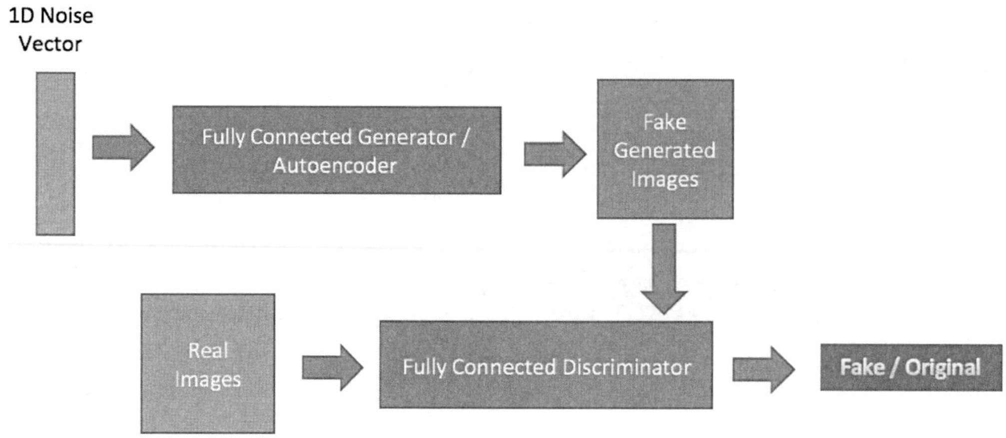

GAN 순서도

다음이 여기서 다룰 내용이다:

- GAN 개요
- 생성기와 판별기
- 모델 코딩 및 초 매개변수 정의
- 학습 절차 구현
- 모델 테스트
- 모델 확장

다음이 여기서 구현할 내용이다:

- MNIST 숫자 분류기
- 누락이 있는 필기 숫자 데이터 시뮬레이션
- MNIST 분류기로 누락이 있는 필기 숫자 예측
- GAN을 사용한 누락이 있는 필기 숫자 복원
- MNIST 분류기로 GAN으로 생성한 숫자 예측
- 데이터 별 성능 비교

이 장에 딸린 코드를 주피터 노트북이나 파이참 혹은 코랩 환경에서 실행해가면서 따라 해가 각 코드 조각을 이해하는 데 도움이 된다.

이 장의 모든 파이썬 파일과 주피터 노트북 파일은 다음에 있다:
https://github.com/PacktPublishing/Python-Deep-Learning-Projects/tree/master/Chapter13.

코드 구현

이 작업에는 텐서플로, 티아노 및 CNTK에서 실행할 수 있는 고급 신경망 API인 케라스 딥러닝 라이브러리를 사용한다.

TIP

코드 상세!: 케라스가 어떻게 작동하는지 설명하지 않는다. 관심이 있는 경우 https://keras.io/에서 케라스 공식문서를 참조하기 바란다. 이해하기 쉽게 만든 문서다.

모듈 가져오기

우리 작업에 numpy, matplotlib, keras, scipy, tensorflow 및 tqdm 패키지를 사용할 것이다. 여기서 텐서플로는 케라스 백엔드로 사용된다. pip 명령어를 사용해서 이러한 패키지를 설치할 수 있다. MNIST 데이터도 간단하게 케라스 모듈을 import한다.

```
import numpy as np
import random
import matplotlib.pyplot as plt
%matplotlib inline

from tqdm import tqdm

from keras.layers import Input, Conv2D
from keras.layers import AveragePooling2D, BatchNormalization
from keras.layers import UpSampling2D, Flatten, Activation
from keras.models import Model, Sequential
from keras.layers.core import Dense, Dropout
from keras.layers.advanced_activations import LeakyReLU
```

```
from keras.optimizers import Adam
from keras import backend as k

from keras.datasets import mnist
```

프로젝트 재현성을 위해 랜덤 시드를 설정하는 것을 잊지 마라:

```
# set seed for reproducibility
seed_val = 9000
np.random.seed(seed_val)
```

데이터 살피기

mnist.load_data()를 사용해서 keras 모듈의 MNIST 데이터를 가져온다. 그런 다음 데이터 세트의 형태와 크기, 데이터 세트의 클래스 및 고유 레이블 개수를 출력한다:

```
(X_train, y_train), (X_test, y_test) = mnist.load_data()

print('Size of the training_set: ', X_train.shape)
print('Size of the test_set: ', X_train.shape)
print('Shape of each image: ', X_train[0].shape)
print('Total number of classes: ', len(np.unique(y_train)))
print('Unique class labels: ', np.unique(y_train))
```

클래스 10개에 속하는 60,000개의 이미지가 있는 데이터 세트이므로 각 클래스에 속하는 이미지는 6,000개다. 각 이미지의 크기는 28*28이다.

필기 숫자 이미지가 어떻게 생겼는지 그림으로 나타내보자:

```
# Plot of 9 random images
for i in range(0, 9):
    plt.subplot(331+i)          # plot of 3 rows and 3 columns
    plt.axis('off')             # turn off axis
    plt.imshow(X_train[i], cmap='gray')       # gray scale
```

실행 결과는 다음과 같다:

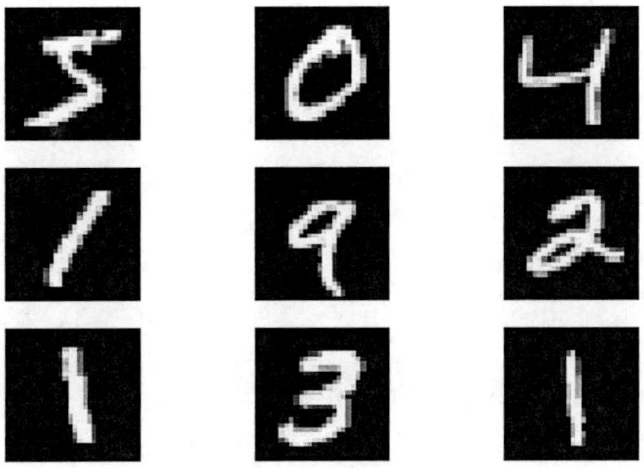

MNIST 필기 숫자

이번에는 각 클래스에 속하는 필기 숫자를 그려보자:

```
# plotting image from each class
fig=plt.figure(figsize=(8, 4))
columns = 5
rows = 2
for i in range(0, rows*columns):
    fig.add_subplot(rows, columns, i+1)
    plt.title(str(i)) # label
    plt.axis('off')   # turn off axis
    plt.imshow(X_train[np.where(y_train==i)][0], cmap='gray') # gray scale
plt.show()
```

실행 결과는 다음과 같다:

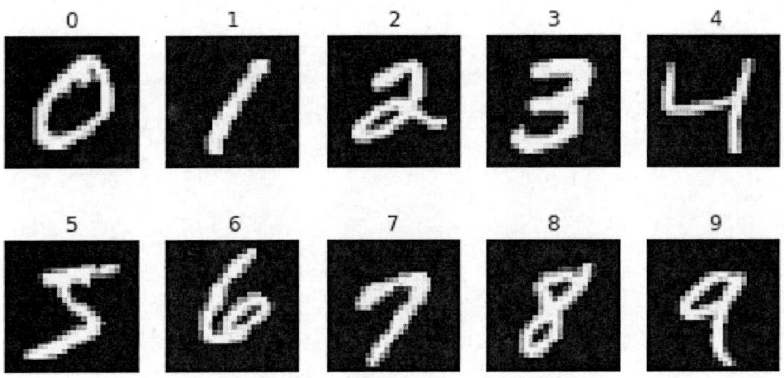

각 클래스에 속하는 숫자 샘플

이미지의 최대 및 최소 픽셀 값을 확인해보자:

```
print('Maximum pixel value in the training_set: ', np.max(X_train))
print('Minimum pixel value in the training_set: ', np.min(X_train))
```

실행 결과는 다음과 같다:

```
Maximum pixel value in the training_set:  255
Minimum pixel value in the training_set:  0
```

모든 이미지에 대해 최대 픽셀값은 255이고 최솟값은 0이다. 즉, 0~256 수준 그레이 이미지라는 걸 알 수 있다.

데이터 준비

학습을 위해 이미지 픽셀의 유형을 변환하고 정규화하고 이미지 벡터의 형태를 재구성하는 데이터 전처리 작업이 필요하다.

유형 변환, 정규화

먼저 데이터 유형을 np.float32로 설정한다.

TIP

중요: 모델의 가중치가 float형이고, 정수*실수 계산보다 실수*실수 계산이 훨씬 빠르므로 입력을 float형으로 변환하는 게 좋다.

데이터 세트의 픽셀값에서 일제히 127.5을 빼서 −127.5~127.5 사이 값이 되도록 한다.

데이터 세트의 픽셀값에서 일제히 127.5로 나누어 −1.0~1.0 사이 값이 되도록 정규화한다.

```
# Converting integer values to float types
X_train = X_train.astype(np.float32)
X_test = X_test.astype(np.float32)
```

```
# Scaling and centering
X_train = (X_train - 127.5) / 127.5
X_test = (X_test - 127.5)/ 127.5
print('Maximum pixel value in the training_set after Centering and
Scaling: ', np.max(X_train))
print('Minimum pixel value in the training_set after Centering and
Scaling: ', np.min(X_train))
```

필요에 따라 원래의 이미지 형식으로 복구하기 위해 이미지의 픽셀값을 0~255 사이의 범위로 다시 복원하는 함수를 정의한다!

```
# Rescale the pixel values (0 and 255)
def upscale(image):
    return (image*127.5 + 127.5).astype(np.uint8)

# Lets see if this works
z = upscale(X_train[0])
print('Maximum pixel value after upscaling scaled image: ',np.max(z))
print('Maximum pixel value after upscaling scaled image: ',np.min(z))
```

TIP

Matplotlib 팁: Matplotlib으로 이미지를 화면에 나타내려면 업스케일링 해야 한다.

정규화 이미지를 다시 업스케일링 후 그려보자:

```
for i in range(0, 9):
    plt.subplot(331+i)            # plot of 3 rows and 3 columns
    plt.axis('off')               # turn off axis
    plt.imshow(upscale(X_train[i]), cmap='gray')      # gray scale
```

실행 결과는 다음과 같다:

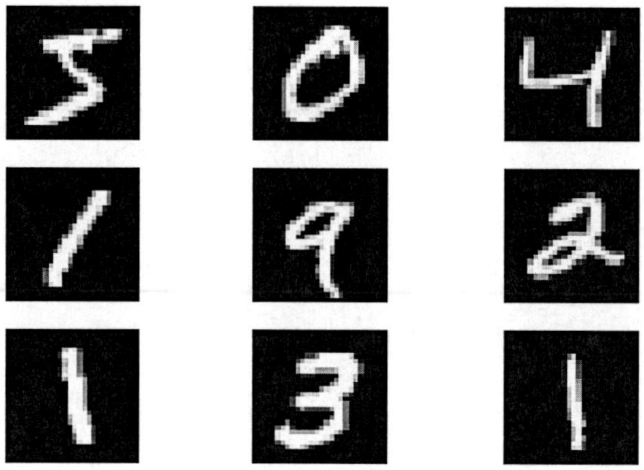

정규화 후 다시 복원한 필기 숫자

마스킹/노이즈 삽입

이 프로젝트의 요구 사항을 위해 누락을 포함한 불완전한 숫자 데이터 세트를 만들어야 한다. 따라서 노이즈가 있는 데이터 세트를 만들기 위해 원본 이미지의 작은 영역을 마스킹하는 함수를 작성해보겠다.

이미지의 x 및 y 축을 따라 9번째와 13번째 픽셀(인덱스 8과 12 사이)에 크기 8*8짜리 마스크의 왼쪽 위 모서리를 마스킹하겠다. 이렇게 해서 항상 이미지의 중앙 부분을 마스킹한다.

```
def noising(image):
    array = np.array(image)
    i = random.choice(range(8,12))     # x coordinate for the top left
                                         corner of the mask
    j = random.choice(range(8,12))     # y coordinate for the top left
                                         corner of the mask
    array[i:i+8, j:j+8]=-1.0           # setting the pixels in the masked
                                         region to -1
    return array

noised_train_data = np.array([*map(noising, X_train)])
noised_test_data = np.array([*map(noising, X_test)])
print('Noised train data Shape/Dimension : ', noised_train_data.shape)
print('Noised test data Shape/Dimension : ', noised_train_data.shape)
```

마스크의 크기가 클수록 MNIST 분류기가 숫자를 바르게 예측하기 어렵다.

마스크의 위치를 여기저기로 바꾸고 마스크의 크기도 더 크거나 작게 해서 시도해보는 게 좋다.

잡음을 추가한 이미지를 다시 업스케일링한 후 그림을 그려 확인해보자:

```
# Plot of 9 scaled noised images after upscaling
for i in range(0, 9):
    plt.subplot(331+i) # plot of 3 rows and 3 columns
    plt.axis('off') # turn off axis
    plt.imshow(upscale(noised_train_data[i]), cmap='gray') # gray scale
```

실행 결과는 다음과 같다:

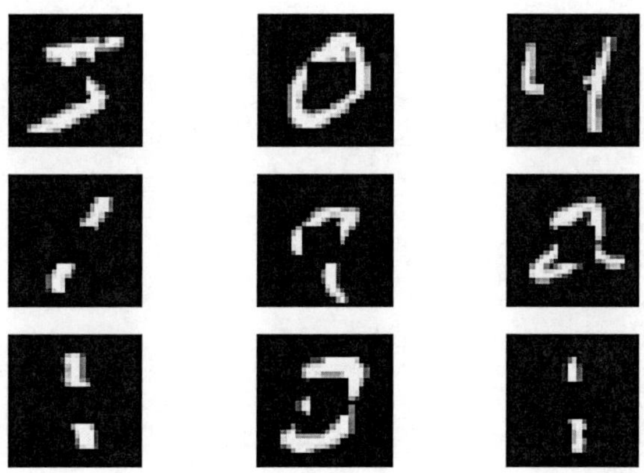

잡음을 추가한 이미지

형태 변환

중첩층에 28*28*1 형태의 이미지를 먹여야 하므로 원본 이미지 데이터 세트와 노이즈가 있는 이미지 데이터 세트를 60000*28*28*1 형태로 변환한다.

```
# Reshaping the training data
X_train = X_train.reshape(X_train.shape[0], X_train.shape[1],
X_train.shape[2], 1)
print('Size/Shape of the original training set: ', X_train.shape)

# Reshaping the nosied training data
noised_train_data = noised_train_data.reshape(noised_train_data.shape[0],
                                              noised_train_data.shape[1],
                                              noised_train_data.shape[2], 1)
print('Size/Shape of the noised training set: ', noised_train_data.shape)

# Reshaping the testing data
X_test = X_test.reshape(X_test.shape[0], X_test.shape[1],
         X_test.shape[2], 1)
print('Size/Shape of the original test set: ', X_test.shape)

# Reshaping the noised testing data
noised_test_data = noised_test_data.reshape(noised_test_data.shape[0],
                                            noised_test_data.shape[1],
                                            noised_test_data.shape[2], 1)
print('Size/Shape of the noised test set: ', noised_test_data.shape)
```

TIP

GPU에서 여러 작업을 수행하는 경우 리소스 고갈 문제가 발생할 수 있으니 다음 코드를 사용해서 실행이 끝난 세션을 정하는 게 좋다.

```
from keras import backend as k
k.clear_session()
```

MNIST 분류기

먼저 간단한 중첩신경망 숫자 분류기를 구축하는 것으로 시작하자.

첫 번째 블록은 차례로 3*3 형태의 필터 32개로 된 중첩층, relu 활성화 층, 규제를 위한 드롭아웃 층으로 구성한다. 두 번째 블록은 차례로 3*3 형태의 필터 64개로 된 중첩층, relu 활성화층, 규제를 위한 드롭아웃 층으로 구성한다. 세 번째 블록은 차례로 3*3 형태의 필터 128개로 된 중첩층, relu 활성화 층, 규제를 위한 드롭아웃 층, 마지막으로 출력을 1차원으로 늘이는 Flatten 층으로 구성한다. 네 번째 블록은 차례로 relu 활성 함수를 사용하는 1024개 뉴런으로 구성된 Dense 층, 마지막은 MNIST 데이터 세트의 10개 클래스에 해당하는 10개의 뉴런이 있는 Dense 층인데, 여기서는 분류를 위해 softmax 활성 함수를 사용한다. batch_size는 128, optimizer는 adam, validation_split은 0.2로 지정해서 학습 데이터의 20%를 검증용으로 사용한다.

```
# input image shape
input_shape = (28,28,1)

def train_mnist(input_shape, X_train, y_train):
    model = Sequential()
    model.add(Conv2D(32, (3, 3), strides=2, padding='same',
                     input_shape=input_shape))
    model.add(Activation('relu'))
    model.add(Dropout(0.2))

    model.add(Conv2D(64, (3, 3), strides=2, padding='same'))
    model.add(Activation('relu'))
    model.add(Dropout(0.2))

    model.add(Conv2D(128, (3, 3), padding='same'))
    model.add(Activation('relu'))
    model.add(Dropout(0.2))
    model.add(Flatten())

    model.add(Dense(1024, activation = 'relu'))
    model.add(Dense(10, activation='softmax'))
    model.compile(loss = 'sparse_categorical_crossentropy',
                  optimizer = 'adam', metrics = ['accuracy'])
    model.fit(X_train, y_train, batch_size = 128,
              epochs = 3, validation_split=0.2, verbose = 1 )
    return model

mnist_model = train_mnist(input_shape, X_train, y_train)
```

실행 결과는 다음과 같다:

```
Train on 48000 samples, validate on 12000 samples
Epoch 1/3
```

```
48000/48000 [==============================] - 10s 215us/step - loss:
0.2324 - acc: 0.9269 - val_loss: 0.0711 - val_acc: 0.9784
Epoch 2/3
48000/48000 [==============================] - 9s 185us/step - loss:
0.0711 - acc: 0.9774 - val_loss: 0.0485 - val_acc: 0.9867
Epoch 3/3
48000/48000 [==============================] - 9s 184us/step - loss:
0.0490 - acc: 0.9843 - val_loss: 0.0433 - val_acc: 0.9887
```

잡음을 추가한 이미지를 지금 만든 숫자 분류기에 먹여 누락된 이미지에 대한 인식 정확도를 측정해보자.

```
# prediction on the masked images
pred_labels = mnist_model.predict_classes(noised_test_data)
print('The model model accuracy on the masked images
is:',np.mean(pred_labels==y_test)*100)
```

마스크된 이미지에 대한 분류기는 74.9% 정도로 나타난다. 실행 환경에 따라 다소 차이가 있을 수 있지만 비슷한 값이 산출될 것이다.

> 분류기를 구성할 때 최대 풀링을 사용하지 않았다. 최대 풀링 또는 다른 풀링 옵션을 추가한 분류기를 만들고 성능을 평가해 보기를 추천한다.

GAN의 초 매개변수 정의

다음은 코드 전체에 적용되는 초 매개변수 중 일부다. 전부 다른 값으로 재설정할 수 있다:

```
# Smoothing value
smooth_real = 0.9

# Number of epochs
epochs = 5

# Batchsize
batch_size = 128
```

```
# Optimizer for the generator
optimizer_g = Adam(lr=0.0002, beta_1=0.5)

# Optimizer for the discriminator
optimizer_d = Adam(lr=0.0004, beta_1=0.5)

# Shape of the input image
input_shape = (28,28,1)
```

TIP 최적화기, 배치 크기, 학습계수, 스무딩 등 초 매개변수를 다르게 해서 다양한 실험을 해보는 게 좋다. 더 나은 결과를 얻으면 딥러닝 커뮤니티에 공유하는 걸 기억하라.

GAN 모델 구성 요소 구축

최종적으로 GAN 모델이 누락된 이미지 부분을 복구할 수 있도록 GAN 생성기를 정의해 보겠다.

생성기 정의

GAN 생성기는 인코더와 디코더로 구성된 간단한 중첩 오토인코더다.

인코더는 다음과 같다:

- 첫 번째 블록은 3*3 크기의 필터 32개를 포함하는 중첩층, 배치 정규화 층, relu 활성화, 2*2 크기의 AveragePooling2D 풀링층
- 두 번째 블록은 3*3 크기의 필터 64개를 포함하는 중첩층, 배치 정규화 층, relu 활성화, 2*2 크기의 AveragePooling2D 풀링층
- 마지막 블록은 3*3 크기의 필터 64개를 포함하는 중첩층, 배치 정규화 층, relu 활성화

디코더는 다음과 같다:

- 첫 번째 블록은 3*3 크기의 필터 128개를 포함하는 중첩층, 2*2 UpSampling2D 업샘플링 층

- 두 번째 블록은 3*3 크기의 필터 64개를 포함하는 중첩층, 2*2 UpSampling2D 업샘플링 층
- 마지막 층은 3*3 크기의 필터 32개를 포함하는 중첩층, tanh 활성화

인코더의 필터가 차례로 32, 64, 128인 경우 디코더의 필터는 128, 64, image_channels처럼 마지막에 image_channels 개수의 필터를 사용해야 한다. MNIST 이미지는 그레이 이미지이므로 image_channels=1이다. 예를 들어 인코더의 첫 번째, 두 번째, 세 번째 및 네 번째 층에 64, 128, 256, 512개의 필터가 있는 경우 디코더의 다음 필터는 256, 128, 64, image_channels이어야 한다.

```
def img_generator(input_shape):
    generator = Sequential()

    generator.add(Conv2D(32, (3, 3), padding='same',
                  input_shape=input_shape))                  # 32 filters
    generator.add(BatchNormalization())
    generator.add(Activation('relu'))
    generator.add(AveragePooling2D(pool_size=(2, 2)))
    generator.add(Conv2D(64, (3, 3), padding='same'))      # 64 filters
    generator.add(BatchNormalization())
    generator.add(Activation('relu'))
    generator.add(AveragePooling2D(pool_size=(2, 2)))
    generator.add(Conv2D(128, (3, 3), padding='same'))     # 128 filters
    generator.add(BatchNormalization())
    generator.add(Activation('relu'))
    generator.add(Conv2D(128, (3, 3), padding='same'))     # 128 filters
    generator.add(Activation('relu'))
    generator.add(UpSampling2D((2,2)))
    generator.add(Conv2D(64, (3, 3), padding='same'))      # 64 filters
    generator.add(Activation('relu'))
    generator.add(UpSampling2D((2,2)))
    generator.add(Conv2D(1, (3, 3), activation='tanh', padding='same'))
                                                             # 1 filter
    return generator
```

여기서 2가지를 꼭 기억하자. 하나는 데이터 세트의 이미지 값 범위가 -1~1이므로 활성 함수로 tanh를 사용한다는 것이고, 다른 하나는 입력 이미지의 모든 채널에 필터를 적용

해야 한다는 것이다. 그래야 생성되는 이미지가 입력 이미지와 같은 채널 수를 갖는다.

지금처럼 데이터를 −1~1 사이의 값으로 정규화했다면 반드시 배치 정규화를 사용해야 한다. 그렇지 않으면 손실이 수렴하지 않는다. 배치 정규화 층을 없애고 모델을 학습해서 어떤 일이 일어나는지 확인하는 게 좋다.

구성한 생성기의 요약을 출력해보면 신경망의 전반부에서는 이미지를 축소 또는 압축하고 후반부에서는 이미지를 확대한다는 걸 알 수 있다:

```
# print generator summary
img_generator(input_shape).summary()
```

실행 결과는 다음과 같다:

```
_________________________________________________________________
Layer (type)                 Output Shape              Param #
=================================================================
conv2d_4 (Conv2D)            (None, 28, 28, 32)        320
_________________________________________________________________
batch_normalization_1 (Batch (None, 28, 28, 32)        128
_________________________________________________________________
activation_4 (Activation)    (None, 28, 28, 32)        0
_________________________________________________________________
average_pooling2d_1 (Average (None, 14, 14, 32)        0
_________________________________________________________________
conv2d_5 (Conv2D)            (None, 14, 14, 64)        18496
_________________________________________________________________
batch_normalization_2 (Batch (None, 14, 14, 64)        256
_________________________________________________________________
activation_5 (Activation)    (None, 14, 14, 64)        0
_________________________________________________________________
average_pooling2d_2 (Average (None, 7, 7, 64)          0
_________________________________________________________________
conv2d_6 (Conv2D)            (None, 7, 7, 128)         73856
_________________________________________________________________
batch_normalization_3 (Batch (None, 7, 7, 128)         512
_________________________________________________________________
activation_6 (Activation)    (None, 7, 7, 128)         0
_________________________________________________________________
conv2d_7 (Conv2D)            None, 7, 7, 128)          147584
_________________________________________________________________
```

```
activation_7 (Activation)      (None, 7, 7, 128)       0
_________________________________________________________________
up_sampling2d_1 (UpSampling2   (None, 14, 14, 128)     0
_________________________________________________________________
conv2d_8 (Conv2D)              (None, 14, 14, 64)      73792
_________________________________________________________________
activation_8 (Activation)      (None, 14, 14, 64)      0
_________________________________________________________________
up_sampling2d_2 (UpSampling2   (None, 28, 28, 64)      0
_________________________________________________________________
conv2d_9 (Conv2D)              (None, 28, 28, 1)        577
=================================================================
Total params: 315,521
Trainable params: 315,073
Non-trainable params: 448
```

TIP

앞에서 구성한 생성기 모델의 성능이 좋지 않다면 AveragePooling2D를 MaxPooling2D로 바꿔보고, relu를 LeakyReLU로 바꿔볼 수 있으며 신경망의 깊이를 더 깊게 해볼 수도 있다. 필터와 풀링의 크기와 개수 역시 바꿔가면서 시도할 수 있다.

판별기 정의

판별기는 생성기에서 생성된 이미지를 가져와 원본인지 또는 가짜인지 분류하는 간단한 중첩신경망 이진 분류기이다.

첫 블록은 3*3 크기의 필터 64개를 포함하는 중첩층, LeakyReLU 활성화, 규제를 위한 드롭아웃 층으로 구성된다. 두 번째 및 세 번째 블록은 필터 개수가 차례로 128개, 256개라는 점을 제외하고 첫 번째 블록과 같다. 마지막 블록은 이진 분류를 수행하기 위해 추출한 특징을 1차원으로 늘이는 Flatten 층, sigmoid 활성 함수를 사용하는 Dense 층이다:

```
def img_discriminator(input_shape):
    discriminator = Sequential()
    discriminator.add(Conv2D(64, (3, 3), strides=2, padding='same',
                      input_shape=input_shape, activation = 'linear'))
    discriminator.add(LeakyReLU(0.2))
```

```
    discriminator.add(Dropout(0.2))
    discriminator.add(Conv2D(128, (3, 3), strides=2, padding='same',
                      activation = 'linear'))
    discriminator.add(LeakyReLU(0.2))
    discriminator.add(Dropout(0.2))
    discriminator.add(Conv2D(256, (3, 3), padding='same', activation =
                      'linear'))
    discriminator.add(LeakyReLU(0.2))
    discriminator.add(Dropout(0.2))
    discriminator.add(Flatten())
    discriminator.add(Dense(1, activation='sigmoid'))

    return discriminator

# print summary of the discriminator
img_discriminator(input_shape).summary()
```

실행 결과는 다음과 같다:

```
_________________________________________________________________
Layer (type)                 Output Shape              Param #
=================================================================
conv2d_10 (Conv2D)           (None, 14, 14, 64)        640
_________________________________________________________________
leaky_re_lu_1 (LeakyReLU)    (None, 14, 14, 64)         0
_________________________________________________________________
dropout_4 (Dropout)          (None, 14, 14, 64)        0
_________________________________________________________________
conv2d_11 (Conv2D)           (None, 7, 7, 128)         73856
_________________________________________________________________
leaky_re_lu_2 (LeakyReLU)    (None, 7, 7, 128)         0
_________________________________________________________________
dropout_5 (Dropout)          (None, 7, 7, 128)         0
_________________________________________________________________
conv2d_12 (Conv2D)           (None, 7, 7, 256)         295168
_________________________________________________________________
leaky_re_lu_3 (LeakyReLU)    (None, 7, 7, 256)         0
_________________________________________________________________
dropout_6 (Dropout)          (None, 7, 7, 256)         0
_________________________________________________________________
flatten_2 (Flatten)          (None, 12544)             0
_________________________________________________________________
```

```
dense_3 (Dense)                    (None, 1)                 12545
=================================================================
Total params: 382,209
Trainable params: 382,209
Non-trainable params: 0
_________________________________________________________________
```

TIP 다루는 문제에 따라 여러 가지를 바꿔가면서 즐기는 가운데 어느새 전문가가 되는 거다. 풀링도 추가해 보자.

DCGAN 정의

다음은 생성기와 판별기를 결합한 이미지 복원 DCGAN 모델을 구성하는 함수다:

```
def dcgan(discriminator, generator, input_shape):
    # Don't train the discriminator when compiling GAN
    discriminator.trainable = False
    # Accepts the noised input
    gan_input = Input(shape=input_shape)
    # Generates image by passing the above received input to the generator
    gen_img = generator(gan_input)
    # Feeds the generated image to the discriminator
    gan_output = discriminator(gen_img)
    # Compile everything as a model with binary crossentropy loss
    gan = Model(inputs=gan_input, outputs=gan_output)
    return gan
```

케라스에서 모델을 구성할 때 사용하는 Model API 사용 및 컴파일에 대한 자세한 문서는 다음에 있다: https://keras.io/models/model/

GAN 학습

GAN을 구성했으니 학습할 차례다!

학습 데이터 그리기 – 1부

다음 함수는 학습하는 동안 생성된 이미지 9개를 그림으로 나타낸다. 비교를 위해 원본 이미지와 잡음을 추가한 입력 이미지를 함께 표시한다. 그림으로 나타낼 때 문제가 발생하지 않도록 픽셀값을 0~255 사이 값으로 다시 업스케일 한다는 걸 잊으면 안 된다:

```
def generated_images_plot(original, noised_data, generator):
    print('NOISED')
    for i in range(9):
        plt.subplot(331 + i)
        plt.axis('off')
        plt.imshow(upscale(np.squeeze(noised_data[i])), cmap='gray')
                                            # upscale for plotting
    plt.show()
    print('GENERATED')
    for i in range(9):
        pred = generator.predict(noised_data[i:i+1], verbose=0)
        plt.subplot(331 + i)
        plt.axis('off')
        plt.imshow(upscale(np.squeeze(pred[0])), cmap='gray')
                                            # upscale to avoid plotting errors
    plt.show()
    print('ORIGINAL')
    for i in range(9):
        plt.subplot(331 + i)
        plt.axis('off')
        plt.imshow(upscale(np.squeeze(original[i])), cmap='gray')
                                            # upscale for plotting
    plt.show()
```

이 함수의 실행 결과는 다음과 같다:

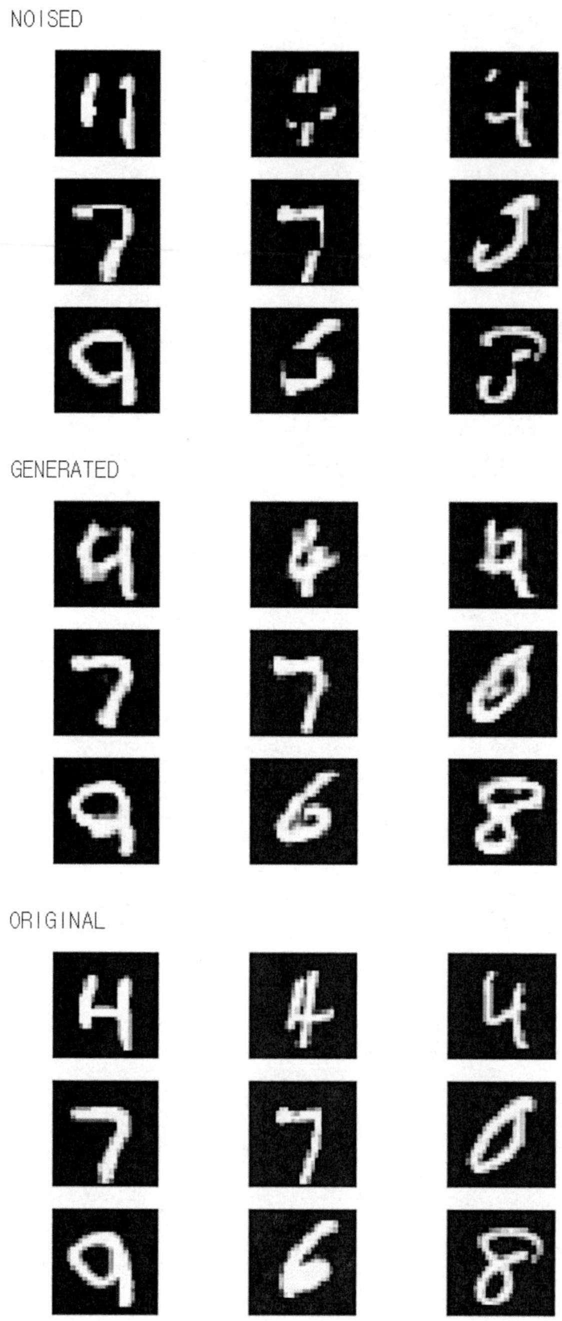

누락, 복원, 원본 이미지

학습 과정 그리기 – 파트 2

각 학습 단계에 복원한 이미지를 그리는 새로운 함수를 정의한다. 마찬가지로 원본 이미지와 잡음을 넣은 이미지도 함께 그린다.

첫 행에 원본 이미지, 중간 행에 마스크 된 이미지, 마지막 행에 생성한 이미지를 그린다.

행 12개가 출력되는데, 1행–원본, 2행–누락, 3행–복원, 4행–원본, 5행–누락,..., 12행–복원의 순서다.

코드는 다음과 같다:

```
def plot_generated_images_combined(original, noised_data, generator):
    rows, cols = 4, 12
    num = rows * cols
    image_size = 28

    generated_images = generator.predict(noised_data[0:num])
    imgs = np.concatenate([original[0:num], noised_data[0:num],
          generated_images])
    imgs = imgs.reshape((rows * 3, cols, image_size, image_size))
    imgs = np.vstack(np.split(imgs, rows, axis=1))
    imgs = imgs.reshape((rows * 3, -1, image_size, image_size))
    imgs = np.vstack([np.hstack(i) for i in imgs])
    imgs = upscale(imgs)
    plt.figure(figsize=(8,16))
    plt.axis('off')
    plt.title('Original Images: top rows, '
              'Corrupted Input: middle rows, '
              'Generated Images: bottom rows')
    plt.imshow(imgs, cmap='gray')
    plt.show()
```

실행 결과는 다음과 같다:

학습 과정

가장 중요한 학습 과정 부분이다. 앞에서 정의한 모든 함수를 사용한다:

1. img_generator() 함수를 호출하여 생성기를 가져온다.
2. img_discriminator() 함수를 호출하여 판별기를 가져다 컴파일한다.
3. 생성기와 판별기를 dcgan() 함수에 먹여 컴파일한다.
4. 원본 이미지와 잡음을 추가한 이미지로 지정한 배치를 만든다. 마스킹된 이미지 배치를 생성기에 먹여 새로운 가짜 이미지를 생성한다(!생성기는 판별기를 속이는 수준의 이미지를 만드는 방법을 학습한다).
5. 처음 입력되는 128개 이미지는 모두 원본이고 다음 128개 이미지는 모두 가짜가 되도록 원본 이미지와 생성된 이미지를 하나로 묶는다. 이때 데이터를 섞지 않는다. 그래야 학습할 수 있다. 생성된 이미지는 0으로 레이블을 지정하고 원본 이

미지에 1 대신 0.9로 레이블을 지정한다. 이렇게 하는 걸 단면 레이블 평활화라고 한다. 레이블 평활화는 적대적 사례 즉 생성되는 이미지를 우대하는 방법이다. 원본 이미지만 왜곡시키므로 단면이라고 한다.

6. discriminator.trainable을 True로 설정하여 판별기의 학습을 활성화하고 이미지와 해당 레이블을 판별기에 먹여 분류한다(!판별기는 원본과 생성기가 만든 복원 이미지를 구분할 수 있도록 학습한다).
7. 이제 discriminator.trainable을 False로 설정하고 분류를 위해 GAN (DCGAN)에 1로 레이블이 지정된 잡음을 추가한 이미지 128개의 새 배치를 먹인다. 생성기를 학습하는 동안은 판별기가 학습하지 않도록 discriminator.trainable을 False로 설정하는 것이 중요하다.
8. 정해진 학습횟수에 도달할 때까지 4-7을 반복한다.

배치 크기는 128로 지정했다.

plot_generated_images_combined() 함수와 generated_images_plot() 함수를 사용해서 첫 번째 학습 단계의 첫 번째 반복 후와 각 학습 단계가 끝난 후 두 함수에 의해 생성된 그림을 얻는다.

아무 때나 그림이 보고 싶으면 그곳에서 위 함수를 호출하면 된다:

```
def train(X_train, noised_train_data,
          input_shape, smooth_real,
          epochs, batch_size,
          optimizer_g, optimizer_d):

    # define two empty lists to store the discriminator
    # and the generatoe losses
    discriminator_losses = []
    generator_losses = []
    # Number of iteration possible with batches of size 128
    iterations = X_train.shape[0] // batch_size

    # Load the generator and the discriminator
```

```
generator = img_generator(input_shape)
discriminator = img_discriminator(input_shape)
# Compile the discriminator with binary_crossentropy loss
discriminator.compile(loss='binary_crossentropy',optimizer=optimizer_d)
# Feed the generator and the discriminator to the function dcgan
# to form the DCGAN architecture
gan = dcgan(discriminator, generator, input_shape)
# Compile the DCGAN with binary_crossentropy loss
gan.compile(loss='binary_crossentropy', optimizer=optimizer_g)

for i in range(epochs):
    print ('Epoch %d' % (i+1))
    # Use tqdm to get an estimate of time remaining
    for j in tqdm(range(1, iterations+1)):
        # batch of original images (batch = batchsize)
        original = X_train[np.random.randint(0, X_train.shape[0],
                   size=batch_size)]
        # batch of noised images (batch = batchsize)
        noise = noised_train_data[np.random.randint(0,
                noised_train_data.shape[0], size=batch_size)]

        # Generate fake images
        generated_images = generator.predict(noise)
        # Labels for generated data
        dis_lab = np.zeros(2*batch_size)
        # data for discriminator
        dis_train = np.concatenate([original, generated_images])
        # label smoothing for original images
        dis_lab[:batch_size] = smooth_real
        # Train discriminator on original iamges
        discriminator.trainable = True
        discriminator_loss = discriminator.train_on_batch(dis_train,
                             dis_lab)
        # save the losses
        discriminator_losses.append(discriminator_loss)
        # Train generator
        gen_lab = np.ones(batch_size)
        discriminator.trainable = False
```

```
            sample_indices = np.random.randint(0, X_train.shape[0],
                                               size=batch_size)
            original = X_train[sample_indices]
            noise = noised_train_data[sample_indices]
            generator_loss = gan.train_on_batch(noise, gen_lab)
            # save the losses
            generator_losses.append(generator_loss)
            if i == 0 and j == 1:
                print('Iteration - %d', j)
                generated_images_plot(original, noise, generator)
                plot_generated_images_combined(original, noise,
                                                                 generator)
        print("Discriminator Loss: ", discriminator_loss,\
              ", Adversarial Loss: ", generator_loss)
        # training plot 1
        generated_images_plot(original, noise, generator)
        # training plot 2
        plot_generated_images_combined(original, noise, generator)

    # plot the training losses
    plt.figure()
    plt.plot(range(len(discriminator_losses)), discriminator_losses,
             color='red', label='Discriminator loss')
    plt.plot(range(len(generator_losses)), generator_losses,
             color='blue', label='Adversarial loss')
    plt.title('Discriminator and Adversarial loss')
    plt.xlabel('Iterations')
    plt.ylabel('Loss (Adversarial/Discriminator)')
    plt.legend()
    plt.show()
    return generator

generator = train(X_train, noised_train_data,
                  input_shape, smooth_real,
                  epochs, batch_size,
                  optimizer_g, optimizer_d)
```

실행 결과는 다음과 같다:

```
  0%|          | 0/468 [00:00<?, ?it/s]
Epoch 1
Iteration - %d 1
NOISED
```

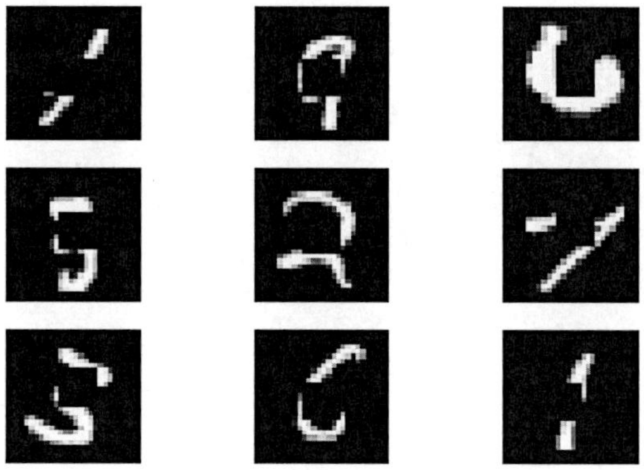

GENERATED

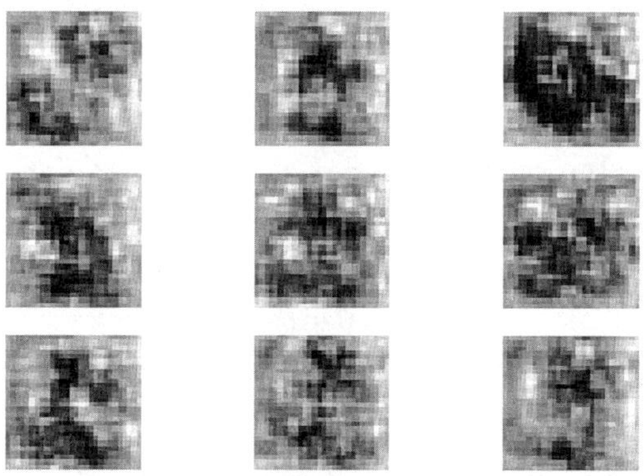

ORIGINAL

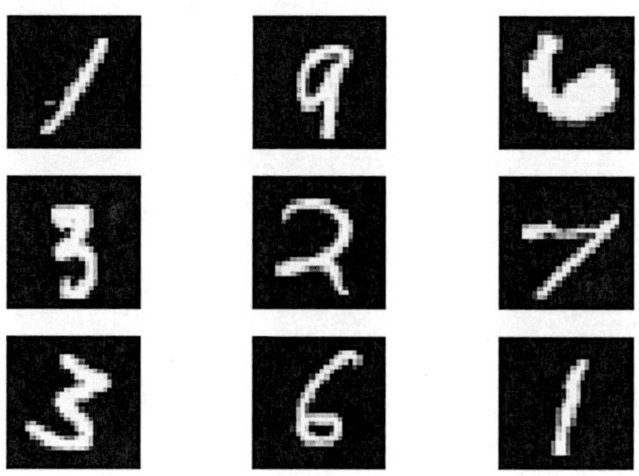

Original Images: top rows, Corrupted Input: middle rows, Generated Images: bottom rows

```
100%|████████████████| 468/468 [00:55<00:00,  8.45it/s]

Discriminator Loss:  0.6534109 , Adversarial Loss:  0.9107459
NOISED
```

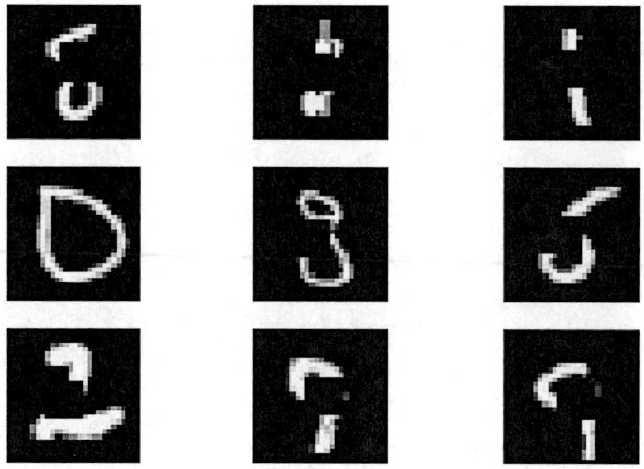

GENERATED

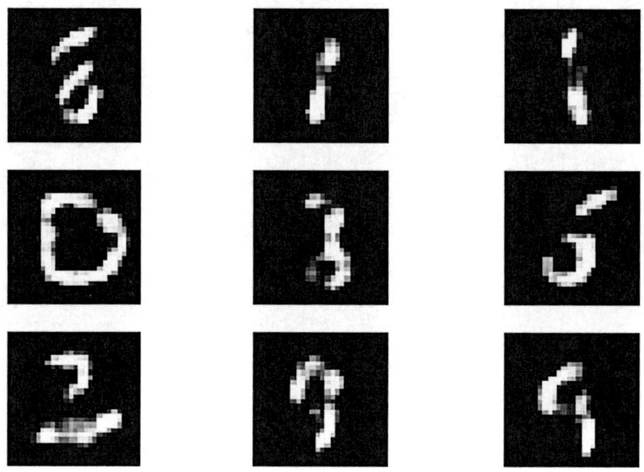

ORIGINAL

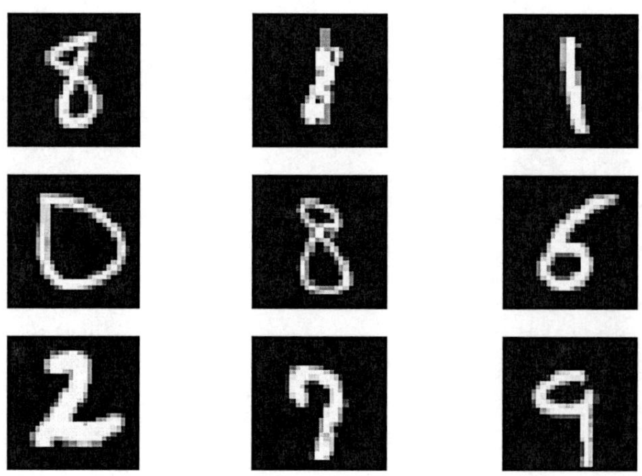

Original Images: top rows, Corrupted Input: middle rows, Generated Images: bottom rows

```
  0%|          | 1/468 [00:00<00:52,  8.97it/s]
Epoch 2

100%|██████████| 468/468 [00:51<00:00,  9.10it/s]

Discriminator Loss:  0.6802687 , Adversarial Loss:  0.86163604
NOISED
```

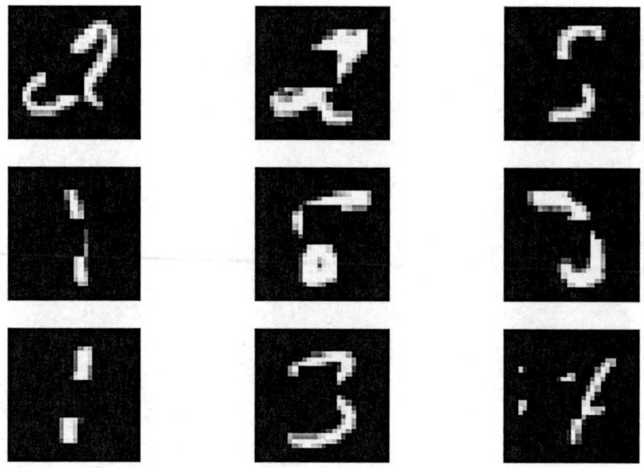

GENERATED

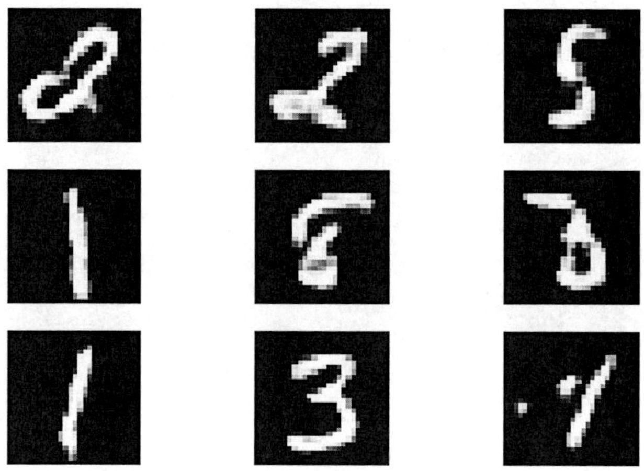

ORIGINAL

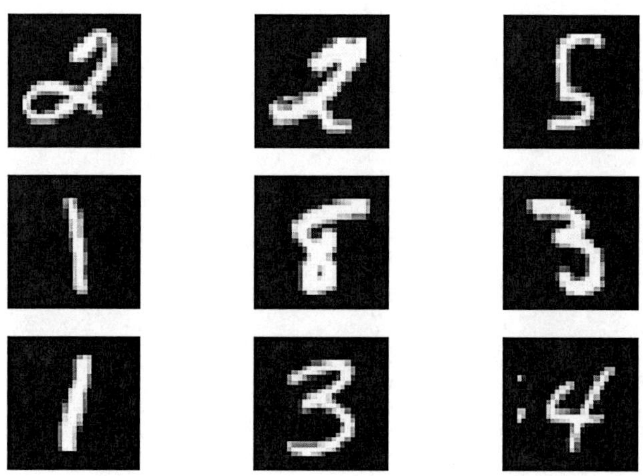

Original Images: top rows, Corrupted Input: middle rows, Generated Images: bottom rows

```
  0%|          | 1/468 [00:00<00:51,  9.11it/s]
Epoch 3

100%|██████████| 468/468 [00:51<00:00,  9.10it/s]

Discriminator Loss:  0.66591585 , Adversarial Loss:  0.87931603
NOISED
```

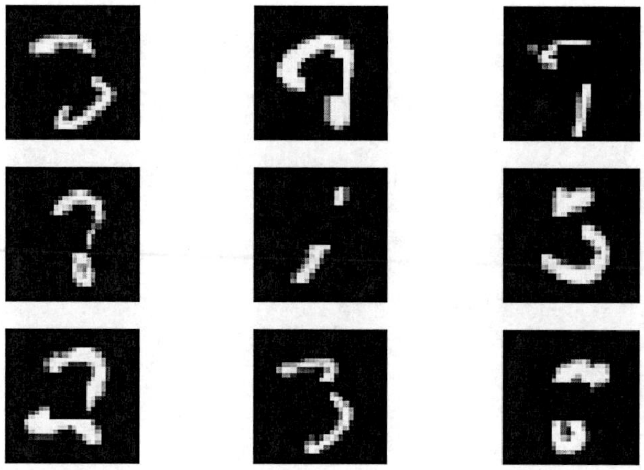

GENERATED

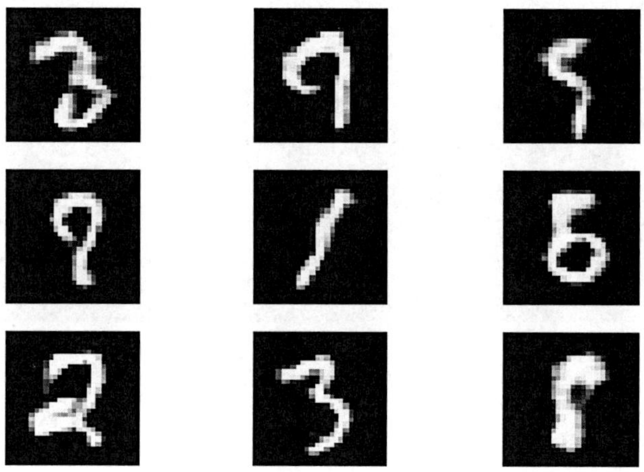

ORIGINAL

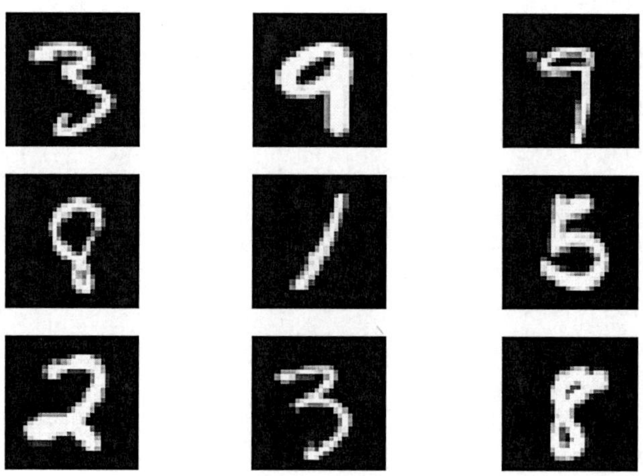

Original Images: top rows, Corrupted Input: middle rows, Generated Images: bottom rows

```
  0%|          | 1/468 [00:00<00:51,  9.01it/s]
Epoch 4

100%|██████████| 468/468 [00:51<00:00,  9.10it/s]

Discriminator Loss:  0.68006843 , Adversarial Loss:  0.92457986
NOISED
```

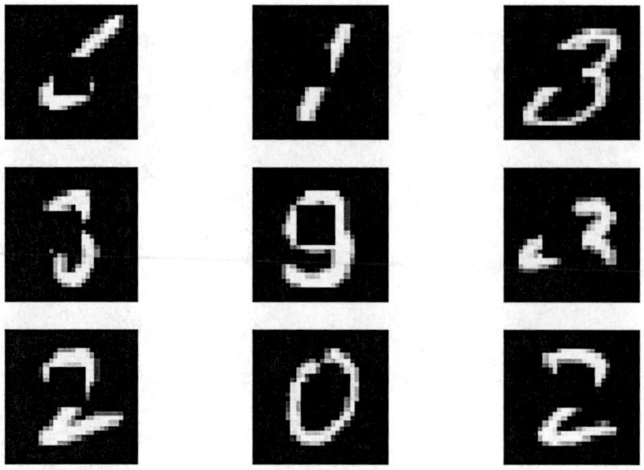

GENERATED

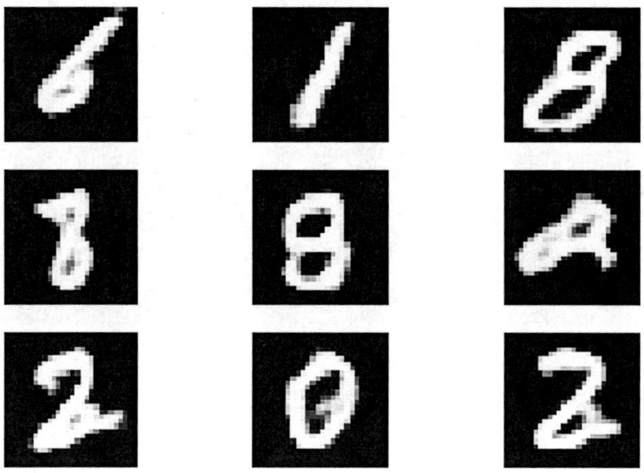

ORIGINAL

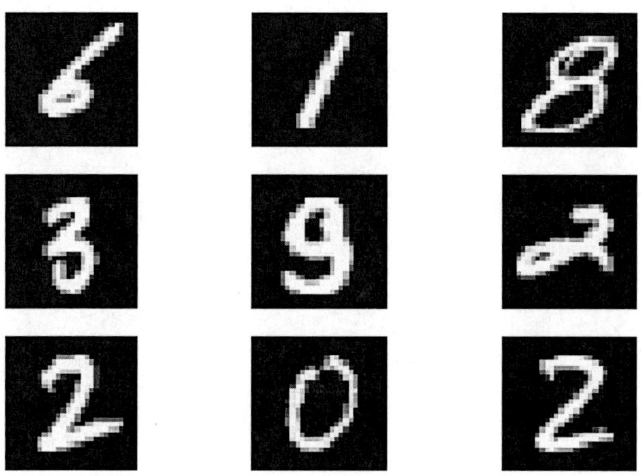

Original Images: top rows, Corrupted Input: middle rows, Generated Images: bottom rows

```
  0%|          | 1/468 [00:00<00:51,  9.15it/s]
Epoch 5

100%|██████████| 468/468 [00:51<00:00,  9.09it/s]

Discriminator Loss:  0.67751056 , Adversarial Loss:  0.9332047
NOISED
```

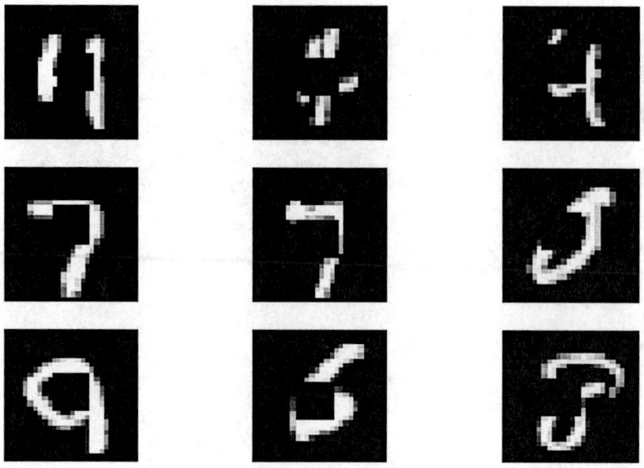

GENERATED

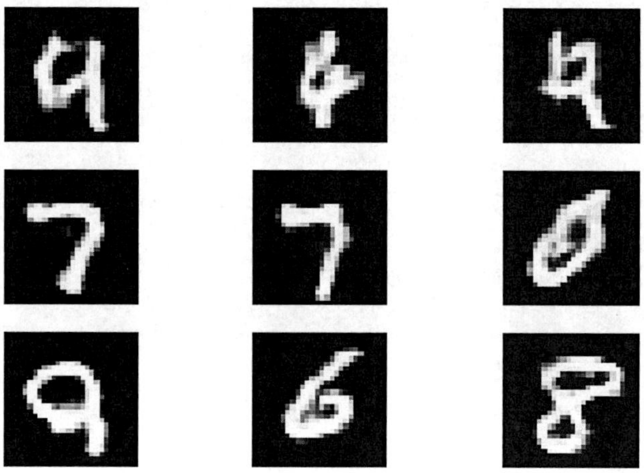

ORIGINAL

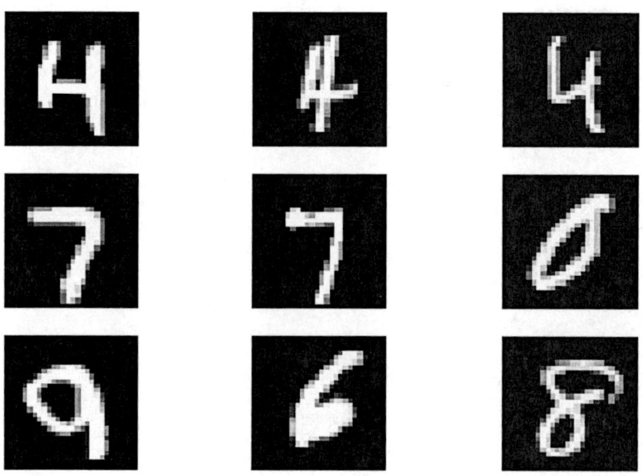

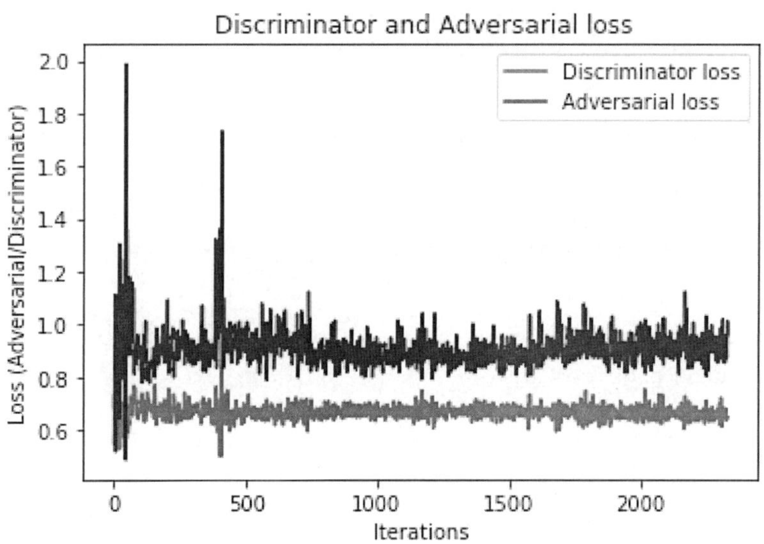

학습 중 판별자 및 생성자 손실

TIP

생성기와 판별기 모두에 대한 학습률을 사용하여 사용 사례에 대한 최적의 값을 찾습니다. 일반적으로 GAN을 훈련할 때 많은 에포크 동안 훈련한 다음 이전 손실 대 반복 플롯을 사용하여 훈련을 중지하려는 최소 지점을 식별합니다.

예측

이게 우리가 만든 거다: 이제 성능이 어떤지 알아보자!

누락 및 복원 이미지에 대한 중첩신경망 분류기 예측

이제 마스킹으로 훼손한 MNIST 테스트 데이터를 GAN 생성기에 넘겨 숫자의 누락된 부분을 메꿔 이미지를 복원해보자:

```
# restore missing parts of the digit with the generator
gen_imgs_test = generator.predict(noised_test_data)
```

그런 다음 복원 생성한 MNIST 숫자를 이미 모델링한 숫자 분류기로 전달합니다.

```
# predict on the restored/generated digits
gen_pred_lab = mnist_model.predict_classes(gen_imgs_test)
print('The model accuracy on the generated images
is:',np.mean(gen_pred_lab==y_test)*100)
```

MNIST 중첩신경망 분류기는 복원 생성한 이미지를 87.82% 정확도로 분류한다.

다음은 생성기가 복원한 이미지 10개, 복원 이미지의 실제 레이블 및 복원 이미지를 받아 중첩신경망 분류기가 예측한 레이블을 보여주는 코드다:

```
# plot of 10 generated images and their predicted label
fig=plt.figure(figsize=(8, 4))
plt.title('Generated Images')
plt.axis('off')
columns = 5
rows = 2
for i in range(0, rows*columns):
```

```
    fig.add_subplot(rows, columns, i+1)
    plt.title('Act: %d, Pred: %d'%(gen_pred_lab[i],y_test[i])) # label
    plt.axis('off') # turn off axis
    plt.imshow(upscale(np.squeeze(gen_imgs_test[i])), cmap='gray')
                                                          # gray scale
plt.show()
```

실행 결과는 다음과 같다:

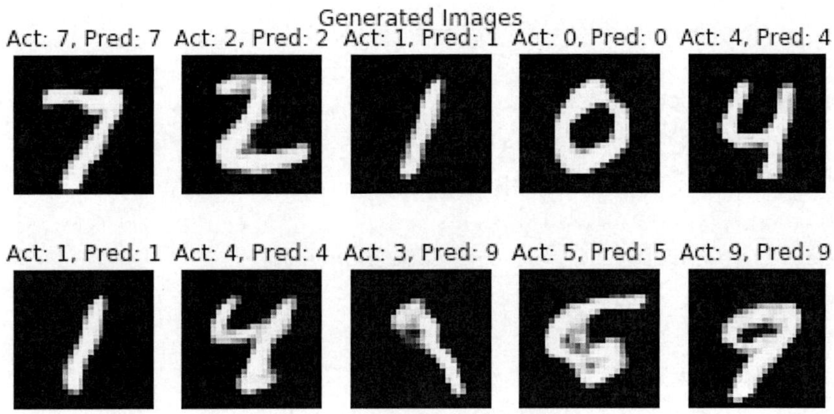

모듈의 스크립트

전체 스크립트는 train_mnist.py, training_plots.py, GAN.py 및 train_gan.py 4개 모듈로 나눌 수 있다. 이들 스크립트는 Chapter13 폴더에 있다. 즐겨 사용하는 소스 코드 편집기에서 gan을 프로젝트 폴더로 설정하고 train_gan.py 파일을 실행하면 된다.

train_gan.py은 실행에 필요한 다른 모든 모듈을 알아서 가져온다.

이제 각 스크립트 파일의 내용을 훑어보자.

모듈 1 – train_mnist.py

이 스크립트에는 중첩신경망 분류기를 학습하는 데 사용한 train_mnist() 함수가 들어있다.

```
"""This module is used to train a CNN on mnist."""
from keras.layers import Conv2D
from keras.layers import Flatten, Activation
from keras.models import Sequential
from keras.layers.core import Dense, Dropout

def train_mnist(input_shape, X_train, y_train):
    """Train CNN on mnist data."""
    model = Sequential()
    model.add(Conv2D(32, (3, 3), strides=2, padding='same',
                     input_shape=input_shape))
    model.add(Activation('relu'))
    model.add(Dropout(0.2))
    model.add(Conv2D(64, (3, 3), strides=2, padding='same'))
    model.add(Activation('relu'))
    model.add(Dropout(0.2))
    model.add(Conv2D(128, (3, 3), padding='same'))
    model.add(Activation('relu'))
    model.add(Dropout(0.2))
    model.add(Flatten())
    model.add(Dense(1024, activation='relu'))
    model.add(Dense(10, activation='softmax'))
    model.compile(loss='sparse_categorical_crossentropy',
                  optimizer='adam', metrics=['accuracy'])
    model.fit(X_train, y_train, batch_size=128,
              epochs=3, validation_split=0.2, verbose=1)
    return model
```

모듈 2 – training_plots.py

이 스크립트에는 upscale(), generated_images_plot(), plot_generated_images_combined() 및 plot_training_loss() 함수가 들어있다.

```
"""This module contains functions to plot image generated when training
GAN."""

import matplotlib.pyplot as plt
import numpy as np
```

```
def upscale(image):
    """Scale the image to 0-255 scale."""
    return (image*127.5 + 127.5).astype(np.uint8)

def generated_images_plot(original, noised_data, generator):
    """Plot subplot of images during training."""
    print('NOISED')
    for i in range(9):
        plt.subplot(331 + i)
        plt.axis('off')
        plt.imshow(upscale(np.squeeze(noised_data[i])), cmap='gray')
    plt.show()
    print('GENERATED')
    for i in range(9):
        pred = generator.predict(noised_data[i:i+1], verbose=0)
        plt.subplot(331 + i)
        plt.axis('off')
        plt.imshow(upscale(np.squeeze(pred[0])), cmap='gray')
    plt.show()
    print('ORIGINAL')
    for i in range(9):
        plt.subplot(331 + i)
        plt.axis('off')
        plt.imshow(upscale(np.squeeze(original[i])), cmap='gray')
    plt.show()
```

이 코드의 나머지 부분은 다음의 training_plots.py에 있다: https://github.com/PacktPublishing/Python-Deep-Learning-projects/blob/master/Chapter13/training_plots.py

모듈 3 – GAN.py

이 스크립트에는 img_generator(), img_discriminator() 및 dcgan()과 같은 DCGAN 구성 요소가 들어있다.

```python
"""This module contains the DCGAN components."""
from keras.layers import Input, Conv2D, AveragePooling2D
from keras.layers import UpSampling2D, Flatten, Activation,
BatchNormalization
from keras.models import Model, Sequential
from keras.layers.core import Dense, Dropout
from keras.layers.advanced_activations import LeakyReLU

def img_generator(input_shape):
    """Generator."""
    generator = Sequential()
    generator.add(Conv2D(32, (3, 3), padding='same',
                 input_shape=input_shape))
    generator.add(BatchNormalization())
    generator.add(Activation('relu'))
    generator.add(AveragePooling2D(pool_size=(2, 2)))
    generator.add(Conv2D(64, (3, 3), padding='same'))
    generator.add(BatchNormalization())
    generator.add(Activation('relu'))
    generator.add(AveragePooling2D(pool_size=(2, 2)))
    generator.add(Conv2D(128, (3, 3), padding='same'))
    generator.add(BatchNormalization())
    generator.add(Activation('relu'))
    generator.add(Conv2D(128, (3, 3), padding='same'))
    generator.add(Activation('relu'))
    generator.add(UpSampling2D((2, 2)))
    generator.add(Conv2D(64, (3, 3), padding='same'))
    generator.add(Activation('relu'))
    generator.add(UpSampling2D((2, 2)))
    generator.add(Conv2D(1, (3, 3), activation='tanh', padding='same'))
    return generator
```

이 코드의 나머지 부분은 다음의 GAN.py에 있다:
https://github.com/PacktPublishing/Python-Deep-Learning-projects/blob/master/Chapter13/GAN.py

모듈 4 – train_gan.py

이 스크립트는 초 매개변수와 데이터 전처리, 누락 데이터 생성, GAN 학습, 중첩신경망 분류기 학습이 들어있다:

```
import numpy as np
from training_plots import upscale, generated_images_plot,
plot_training_loss
from training_plots import plot_generated_images_combined
from keras.optimizers import Adam
from keras import backend as k
import matplotlib.pyplot as plt
from tqdm import tqdm

from GAN import img_generator, img_discriminator, dcgan

from keras.datasets import mnist
from train_mnist import train_mnist

%matplotlib inline
# Smoothing value
smooth_real = 0.9
# Number of epochs
epochs = 5
# Batchsize
batch_size = 128
# Optimizer for the generator
optimizer_g = Adam(lr=0.0002, beta_1=0.5)
# Optimizer for the discriminator
optimizer_d = Adam(lr=0.0004, beta_1=0.5)
# Shape of the input image
input_shape = (28, 28, 1)
```

이 코드의 나머지 부분은 다음의 train_gan.py에 있다:
https://github.com/PacktPublishing/Python-Deep-Learning-projects/blob/master/Chapter13/train_gan.py

이상의 모든 모듈을 패션 MNIST 데이터에 그대로 적용할 수 있다. train_gan.py 파일의 11행을 (from keras.datasets import fashion_mnist)로 바꾸고 28행을 ((X_train, y_train), (X_test, y_test) = fashion_mnist.load_data())로 바꾸기만 하면 된다. 결과가 나쁘지는 않지만, 여기에서 설정한 매개변수가 MNIST 숫자 데이터에서 가장 잘 작동하기 때문에 더 개선할 수 있다. 조금만 수고하고도 많은 걸 얻을 수 있는 아주 훌륭한 연습 거리다.

GAN 학습에 대해 꼭 확인해야 할 자료가 다음에 있다:
https://github.com/sumith/ganhacks.

DCGAN MNIST 이미지 복원 프로젝트에 대한 주피터 노트북은 다음에 있고: https://github.com/PacktPublishing/Python-Deep-Learning-Projects/blob/master/Chapter%2014/DCGAN_MNIST.ipynb에서 찾을 수 있다. DCGAN 패션 MNIST 이미지 복원 프로젝트에 대한 주피터 노트북은 다음에 있다: https://github.com/PacktPublishing/Python-Deep-Learning-Projects/blob/master/Chapter%2014/DCGAN_Fashion_MNIST.ipynb

결론

이 프로젝트의 목표는 필기 숫자의 누락된 부분을 메꿔 원래의 숫자를 재생성하는 GAN을 구축하는 것이었다. 앞선 가상의 비즈니스 사례에서 레스토랑 체인점을 방문한 고객이 태블릿 앱에 연락처를 남기면 빈자리가 났을 때 문자 알림을 받을 수 있도록 하는 딥러닝 시스템을 구축했다. 이 장에서는 딥러닝을 기술을 사용해서 문자 알림을 바르게 보낼 수 있도록 전화번호의 누락된 부분을 복원하는 일이었다.

중첩신경망 숫자 분류기 모델의 정확도는 MNIST 검증 데이터에 대해 98.84%이다. 이러한 성능의 중첩신경망 숫자 분류기에 숫자 일부분을 누락시켜 만든 데이터를 입력하면 모델의 정확도가 74.90%로 떨어진다.

반면에 우리의 GAN 생성기 모델로 누락된 부분을 복원하여 생성한 이미지를 중첩신경망 숫자 분류기에 입력해보니 분류기 모델의 정확도가 87.82%로 다시 올라갔다. 결국, 정확도 74.90%를 87.82%로 올릴 만큼 이미지를 잘 복원했다고 볼 수 있다.

가상의 비즈니스 레스토랑 프랜차이즈 관점에서 모델의 성능을 평가하기 위해 앞에서 사용했던 분석 방법을 다시 적용해 보자.

자 이 정확도가 갖는 의미는 무엇인가? 고객 서비스 문제 즉, 고객이 테이블이 준비되었다는 문자를 받지 못하고 너무 오래 기다리다 화를 낼 수 있는 오류 발생 빈도를 계산해보자. 각 고객의 전화번호는 10자리입니다. 식당에는 평균 테이블이 30개 있고, 고객이 몰리는 주말 밤에 두 번 회전한다고 가정했으며, 이 레스토랑 프랜차이즈 체인점은 모두 35개이다. 따라서 매일 약 21,000개의 필기 숫자가 수집된다(테이블 30개×2턴/일×35개 위치×10자리 전화번호).

빈자리를 기다리는 고객에게 문자가 전달되려면 모든 전화번호 숫자가 올바르게 분류되어야 한다. 즉 한 자리만 틀려도 문자가 제대로 전달되지 않는다. 누락된 이미지에 대한 모델 정확도가 74.90%라는 건 총 5,271자리가 잘못 분류될 수 있다는 의미다. 학습된 GAN 생성기로 복원한 이미지에 대한 모델 정확도는 87.82%로 올라갔으며 하루 2,558자리를 부적절하게 분류한다는 의미다. 가상 시나리오의 최악의 경우는 각 전화번호에 잘못 분류된 숫자가 하나만 있는 경우다. 그렇다면 고객이 2,100명이므로 단 한 명도 문자 알림을 받지 못한다는 뜻이다. 가장 좋은 시나리오는 각 전화번호 10자리가 모두 잘못 분류되어 2,100명 중 263명이 문자를 받지 못하는 경우다. 이 경우 실패율은 12.5%다. 여전히 레스토랑 프랜차이즈가 만족할 만한 성능 수준은 아니므로 가능한 최대 성능을 얻기 위해 모델을 계속 미세 조정해야 할 필요가 있겠다.

요약

이 장의 프로젝트에서 우리는 손으로 쓴 MNIST 숫자를 대상으로 Keras로 심층 중첩신경망 GAN을 성공적으로 구축했다. 그런 가운데 GAN의 생성기와 판별기의 역할과 상호작용도 이해할 수 있었다. Generator와 Discriminator 컴포넌트의 기능을 이해했습니다. 몇 가지 주요 초 매개변수를 그렇게 정해야 하는 이유와 함께 살펴보기도 했다. 마지막으로,

우리는 학습하지 않은 테스트 데이터에 대한 GAN의 성능을 평가해서 목표 달성 여부를 검토해보았다.

CHAPTER

14

딥 Q-러닝으로 자율 에이전트 개발

여기는 강화학습의 세계다. 환영한다. 드디어 마지막이자 가장 주목할 딥러닝 기술의 세계에 온 거다. 이전 장에서 다룬 방법이 모두 지도학습을 근거로 했다면 이 장에서는 강화학습으로 게임을 할 수 있는 심층 강화학습 모델을 구축하고 학습하는 방법을 다룬다.

> 강화학습은 종종 딥러닝 엔지니어에게 새로운 패러다임이다. 가상 비즈니스 사용 사례는 프로세스 최적화다. 강화학습은 특히 게임 분야에 적합하지만, 드론 제어(https://arxiv.org/pdf/1707.05110.pdf) 및 모바일 네트워크를 통한 파일 다운로드 최적화(http://anrg.usc.edu/www/papers/comsnets_2017.pdf)에 이르기까지 다양한 문제에 응용할 수 있다.

여기서는 **딥 Q-러닝** 및 **딥 SARSA**(State-Action-Reward-State-Action)러닝을 다룰 것이다. 강화학습 용어로 에이전트라는 객체가 게임 환경과 상호작용하며 게임을 몇 번 시도한 후 보상을 최대화하면서 게임 요령을 배우는 딥러닝 모델을 구축한다. 다음은 강화학습을 나타낸다.

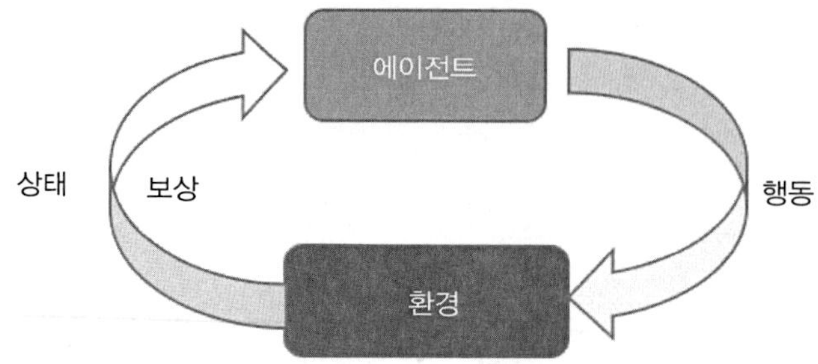

강화학습

이 장의 작업에는 OpenAI Gym의 CartPole 게임을 사용한다.

이 장에서 배울 내용은 다음과 같습니다.

- Gym 툴킷
- Q-러닝과 SARSA 학습
- RL 모델 코딩 및 초 매개변수
- 학습 과정 구현 및 이해
- 모델 테스트

이 장에 딸린 코드를 주피터 노트북이나 파이참 혹은 코랩 환경에서 실행해가면서 따라해가 각 코드 조각을 이해하는 데 도움이 된다.

이 장의 모든 파이썬 파일과 주피터 노트북 파일은 다음에 있다:
https://github.com/PacktPublishing/Python-Deep-Learning-Projects/tree/master/Chapter14

코드 구현

이 프로젝트는 강화학습 모델을 개발하는데 OpenAI의 Gym 툴킷을 사용한다. 이 툴킷은 CartPole 및 핀볼 게임을 하는 에이전트 시스템을 구축하는 데 흔히 사용하는 인기 있는 도구다.

> OpenAI의 Gym 툴킷과 지원하는 게임에 대한 자세한 내용은 다음에 있다: http://gym.openai.com/

또한 TensorFlow, Theano 또는 CNTK(Cognitive Toolkit) 위에서 실행할 수 있는 고급 신경망 API인 케라스 딥러닝 라이브러리를 사용한다.

Keras에 대한 자세한 내용은 다음에 있다: https://keras.io/

딥 Q-러닝

여기서는 함수 근사기 케라스 라이브러리를 이용해서 딥 Q-러닝을 활용한 딥러닝 모델을 구현한다.

Gym 모듈을 사용하는 방법에 대한 간단한 소개와 Q-러닝 개요를 살펴보고 마지막으로 Deep Q-러닝을 구현한다. OpenAI Gym의 CartPole 환경을 사용한다.

따라 하기 위한 딥 Q-러닝 모듈 주피터 노트북은 다음에 있다:
https://github.com/PacktPublishing/Python-Deep-Learning-Projects/blob/master/Chapter%2015/DQN.ipynb

모듈 가져오기

우리 작업에 numpy, gym, matplotlib, keras 및 tensorflow 패키지를 사용할 것이다. 여기서 텐서플로는 케라스 백엔드로 사용된다. pip 명령어를 사용해서 이러한 패키지를 설치할 수 있다.

```
import random
import numpy as np
import matplotlib.pyplot as plt
from keras.layers import Dense, Dropout, Activation
from keras.models import Sequential
from keras.optimizers import Adam
from keras import backend as k
from collections import deque
import gym
```

deque는 양쪽 끝에 빠른 push 및 pop이 가능한 컨테이너다.

CartPole 게임 살피기

CartPole 게임은 자유롭게 회전하는 조인트로 연결한 기둥이 붙어있는 카트가 마찰이 없는 트랙 위를 움직이는 구조다. 게임이 시작될 때 기둥은 수직 위치에 있으며 목표는 가능한 한 오랫동안 또는 주어진 시간 간격 동안 수직 위치를 유지하는 거다. CartPole 시스템은 카트를 오른쪽이나 왼쪽으로 움직이기 위해 +1과 −1의 힘을 가하여 기둥을 제어해서 넘어지는 것을 방지하려 시도한다. 게임(또는 에피소드)은 카트가 중앙에서 2.4 유닛 이상 이동하거나 기둥이 수직에서 45도 이상 이동하면 종료한다.

CartPole 게임과 모델의 상호작용

OpenAI Gym을 사용하면 게임과 매우 쉽게 상호작용할 수 있다. 여기서는 CartPole 게임을 로드, 재설정 및 재생하는 방법에 관해 설명한다.

게임 로딩

gym 모듈에서 `CartPole-v1` 게임을 가져온다. 게임 이름을 `gym.make()` 함수에 입력하면 그만이다. 우리의 경우 `CartPole-v1`이다. 그러면 Gym이 게임을 작업 공간으로 가져온다:

```
env = gym.make('CartPole-v1')
```

프로젝트 재현성을 위해 랜덤 시드를 설정한다:

```
# Set seed for reproducibility
seed_val = 456
np.random.seed(seed_val)
env.seed(seed_val)
random.seed(seed_val)
```

CartPole 게임에 포함된 변수가 몇 개인지 알아보자:

```
states = env.observation_space.shape[0]
print('Number of states/variables in the cartpole environment', states)
```

실행 결과는 다음과 같다:

```
Number of states/variables in the cartpole environment 4
```

CartPole에는 위치(x), 속도(x_dot), 각도(theta) 및 각속도(theta_dot)라는 4개의 변수가 있다는 걸 알 수 있다.

다음 코드를 사용하여 가능한 응답의 수를 알아보자:

```
actions = env.action_space.n
print('Number of responses/classes in the cartpole environment',
actions)
```

실행 결과는 다음과 같다:

```
Number of responses/classes in the cartpole environment 2
```

CartPole 환경에는 2개의 가능한 응답(혹은 이동 버튼), 즉 왼쪽으로 이동 및 오른쪽으로 이동이 있다는 걸 알 수 있다.

게임 초기화

다음 코드로 게임을 초기화한다:

```
state = env.reset() # reset the game
print('State of the Cart-Pole after reset', state)
print('Shape of state of the Cart-Pole after reset', state.shape)
```

이 코드는 게임을 재설정 한 후 CartPole의 상태(x, x_dot, theta, theta_dot)를 반환하며, 배열의 형태는 (4,)이다.

게임하기

게임을 재설정했으니 실행할 수 있다. 다음 코드를 사용해서 게임에 동작을 입력할 수 있다.

```
action = 0
new_state, reward, done, info = env.step(action)
print((new_state, reward, done, info))
```

env.step 함수는 동작(왼쪽 또는 오른쪽으로 이동)을 입력받아 CartPole 시스템의 new_state 즉, 새 상태(x, x_dot, theta, theta_dot)를 생성한다. 새 상태와 함께 env.step 함수는 방금 수행한 작업에 대한 보상을 나타내는 reward; 완료 여부를 나타내는 done; 시스템 관련 정보를 포함하는 info를 반환한다.

게임 시작 시점에 done은 False로 설정되고, CartPole 상태가 게임 규칙을 벗어나는 경우 즉, 카트가 중앙에서 2.4단위 이동했거나 기둥이 수직에서 45도 이상 기울어지면 True로 설정된다.

동작을 취한 후 상태가 게임 규칙을 벗어나지 않으면 보상은 1단위, 그렇지 않으면 0이 된다.

무작위 동작을 취하여 게임을 개시해보자:

```
def random_actions_game(episodes):
    for episode in range(episodes):
        state = env.reset()   # reset environment
        done = False   # set done to False
        score = 0
        while not done:
            #env.render()   # Display cart pole game on the screen
            action = random.choice([0,1])   # Choose between 0 or 1
            new_state, reward, done, info = env.step(action)
                                                # perform the action
            score+=1
        print('Episode: {} Score: {}'.format(episode+1, score))

# play game
random_actions_game(10)
```

실행 결과는 다음과 같다:

```
Episode: 1 Score: 12
Episode: 2 Score: 21
```

```
Episode: 3 Score: 16
Episode: 4 Score: 18
Episode: 5 Score: 28
Episode: 6 Score: 18
Episode: 7 Score: 43
Episode: 8 Score: 26
Episode: 9 Score: 36
Episode: 10 Score: 35
```

다음은 CartPole 게임 실행 화면이다.

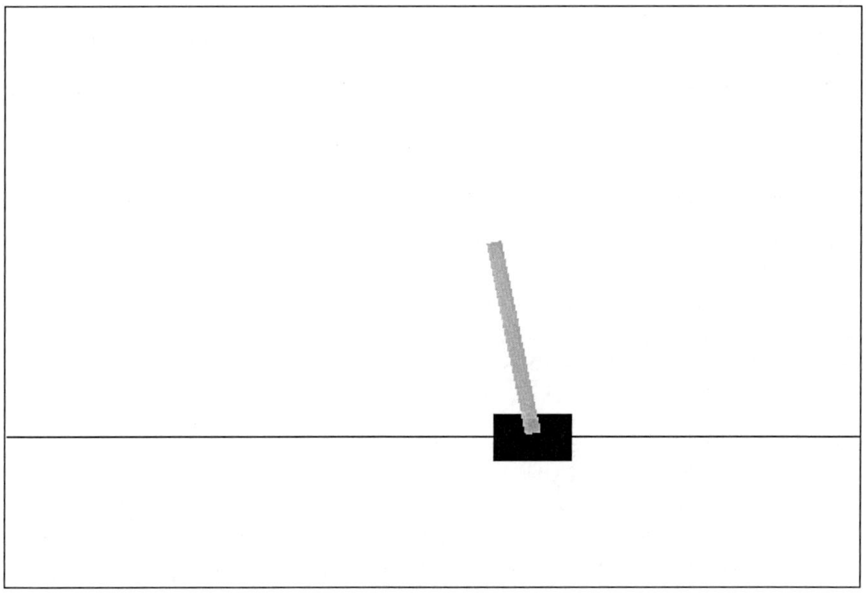

CartPole 게임의 스냅샷

> random.choice는 리스트/배열에서 무작위로 선택된 항목을 반환한다.

Q-러닝

Q-러닝은 정책 기반 강화학습 기법으로, *Q*-러닝의 목표는 에이전트가 환경의 어떤 상황

에서 어떤 조치를 취해야 할지 결정하는 데 도움이 되는 최적의 정책을 학습하는 것이다.

Q-러닝을 구현하기 위해 Q 함수가 무엇인지 알아보자.

Q 함수는 보통 $Q(s,a)$로 나타내는데, 상태와 동작을 입력으로 받아 총 예상 보상을 산출한다. 최적의 Q 함수는 s 상태에 있을 때 에이전트가 취한 행동 a의 보상을 최고로 잘 결정한다.

단일 상태 s와 동작 a에 대해, $Q(s,a)$는 다음 방정식처럼 다음 상태 s'의 Q 함수로 표현할 수 있다:

$$Q(s,a) = r + \gamma * max(Q(s',a'))$$

위 방정식을 벨만 방정식이라 부른다. 위 식은 최대 보상은 에이전트가 현재 상태 s에 진입하여 받은 보상과 다음 상태 s'에 대한 할인된 최대 미래 보상의 합이라는 것을 나타낸다.

다음은 Richard S. Sutton과 Andrew G. Barto의 *Reinforcement Learning: An Introduction*에 있는 Q-러닝 알고리즘에 대한 의사 코드다:

```
Initialize Q(s, a) arbitrarily
Repeat (for each episode):
   Initialize s
   Repeat (for each step of episode):
      Choose a from s using policy derived from Q
         (e.g., ε-greedy)
      Take action a, observe r, s'
      Q(s, a) <-- Q(s, a) + α [r + γ max_α'Q(s', a') - Q(s, a)]
      s <-- s';
   until s is terminal
```

Q-러닝 의사코드

Richard S. Sutton과 Andrew G. Barto의 Reinforcement Learning: *An Introduction*:

http://incompleteideas.net/book/ebook/the-book.html

딥 Q-러닝(DQN)을 위한 초 매개변수

다음은 코드 전체에 적용되는 초 매개변수 중 일부다. 전부 다른 값으로 재설정할 수 있다:

```
# Discount in Bellman Equation
gamma = 0.95

# Epsilon
epsilon = 1.0

# Minimum Epsilon
epsilon_min = 0.01

# Decay multiplier for epsilon
epsilon_decay = 0.99

# Size of deque container
deque_len = 20000

# Average score needed over 100 epochs
target_score = 200

# Number of games
episodes = 2000

# Data points per episode used to train the agent
batch_size = 64

# Optimizer for training the agent
optimizer = 'adam'

# Loss for training the agent
loss = 'mse'
```

매개변수는 다음과 같다:

- gamma: 벨만 방정식의 할인 매개변수
- epsilon_decay: 게임 종료 후 epsilon 값을 할인하는 제곱수
- epsilon_min: epsilon의 최솟값

- deque_len: 학습 샘플(x, x_dot, theta, theta_dot)을 저장하는 deque의 크기
- target_score: 100 에포크 후 평균 점수 목표
- episodes: 최대 게임 수
- batch_size: (deque에 저장된) 학습 데이터의 배치 크기
- optimizer: 학습에 사용할 최적화기
- loss: 손실함수

TIP 최적화기, 배치 크기, 학습계수, epsilon_decay 값 등 초 매개변수를 다르게 해서 다양한 실험을 해보는 게 좋다. 더 나은 결과를 얻으면 딥러닝 커뮤니티에 공유하는 걸 기억하라.

모델 구성요소 정의

강화학습 에이전트 시스템의 모든 구성요소와 함수를 정의한다. 구성요소 및 함수는 다음과 같다:

- 에이전트
- 에이전트 동작
- 기억
- 성능 분석
- 게임 반복
- 에이전트 학습 및 테스트

에이전트 정의

에이전트/함수 근사기를 정의하자.

에이전트는 CartPole 시스템의 상태(4개 변수)를 취하고 (왼쪽 또는 오른쪽) 두 가지 동작에 대한 예상되는 최대 보상을 반환하는 단순한 심층 신경망이다.

첫 번째, 두 번째 및 세 번째 층은 16개의 뉴런이 있고 활성 함수가 relu인 단순한 Dense 층이다.

마지막 층은, 가능한 동작이 2개이므로, 두 개의 뉴런이 있는 Dense 층이다.

```
def agent(states, actions):
    """Simple Deep Neural Network."""
    model = Sequential()
    model.add(Dense(16, input_dim=states))
    model.add(Activation('relu'))
    model.add(Dense(16))
    model.add(Activation('relu'))
    model.add(Dense(16))
    model.add(Activation('relu'))
    model.add(Dense(actions))
    model.add(Activation('linear'))
    return model

# print summary of the agent
print(agent(states, actions).summary())
```

실행 결과는 다음과 같다:

```
_________________________________________________________________
Layer (type)                 Output Shape              Param #
=================================================================
dense_1 (Dense)              (None, 16)                80
_________________________________________________________________
activation_1 (Activation)    (None, 16)                0
_________________________________________________________________
dense_2 (Dense)              (None, 16)                272
_________________________________________________________________
activation_2 (Activation)    (None, 16)                0
_________________________________________________________________
dense_3 (Dense)              (None, 16)                272
_________________________________________________________________
activation_3 (Activation)    (None, 16)                0
_________________________________________________________________
dense_4 (Dense)              (None, 2)                 34
_________________________________________________________________
activation_4 (Activation)    (None, 2)                 0
=================================================================
Total params: 658
Trainable params: 658
```

```
Non-trainable params: 0
_________________________________________________________________
None
```

> **TIP** 다루는 문제에 따라 에이전트의 매개변수를 다르게 할 수 있다. 필요한 경우 모델에 Leaky-relu를 사용해 보자.

에이전트 동작 정의

특정 상태에서 수행할 다음 동작을 반환하는 함수를 정의한다:

```
def agent_action(model, epsilon, state, actions):
    """Define action to be taken."""
    if np.random.rand() <= epsilon:
        act = random.randrange(actions)
    else:
        act = np.argmax(model.predict(state)[0])
    return act
```

균등분포를 따르는 0~1 사이의 값에 대해 그 값이 epsilon보다 작거나 같은 경우 무작위로 정한 동작을 반환한다. 그 값이 epsilon보다 큰 경우 모델이 예측한 동작을 반환한다.

> numpy.random.rand 함수는 0~1 사이의 균등분포를 따르는 난수를 생성한다. numpy.argmax는 컨테이너의 최대값 인덱스를 반환한다. random.randrange는 range()에서 무작위로 선택된 항목을 반환한다.

메모리 정의

게임을 하는 동안 수행한 동작과 관련된 정보(state, action, reward 및 done)를 저장하는 deque 개체를 정의한다. 학습할 때 이 deque에 저장된 데이터를 사용한다.

```
training_data = deque(maxlen=deque_len)
```

deque 객체의 크기를 20000으로 설정했다. 이 컨테이너가 20,000개의 데이터 포인트로 채워지면, 한쪽 끝에 새로 추가될 때마다 다른 쪽 끝의 데이터 포인트가 제거된다. 따라서 일정한 범위의 최신 정보만 유지할 수 있다.

state, action, reward 및 done과 관련된 정보를 입력받아 학습을 위한 deque 컨테이너에 저장하는 memory()라는 함수를 정의한다. 각 시간 단계마다 5개의 변수를 저장한다는 걸 알 수 있다.

```
def memory(state, new_state, reward, done, action):
    """Function to store data points in the deque container."""
    training_data.append((state, new_state, reward, done, action))
```

성능 플롯 정의

다음 performance_plot 함수는 시간 경과에 따른 모델의 성능을 그림으로 나타낸다. 이 함수는 목표 200점에 도달했을 때 호출되도록 했고, 100회 학습마다 진행 상황을 그리게 호출할 수도 있다:

```
def performance_plot(scores, target_score):
    """Plot the game progress."""
    scores_arr = np.array(scores)   # convert list to array
    scores_arr[np.where(scores_arr > target_score)] = target_score
                                                        # scores
    plt.figure(figsize=(20, 5))  # set figure size to 20 by 5
    plt.title('Plot of Score v/s Episode')   # title
    plt.xlabel('Episodes')   # xlabel
    plt.ylabel('Scores')     # ylabel
    plt.plot(scores_arr)
    plt.show()
```

목표에 도달한 경우를 나타내는 함수 호출 사례:

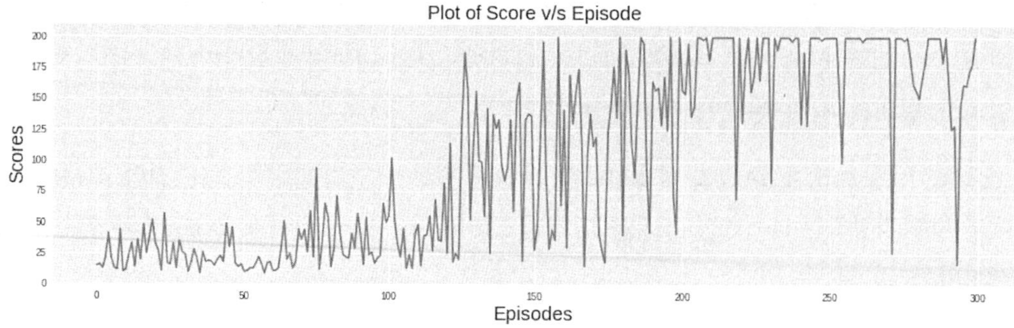

performance_plot 함수 호출 샘플

반복게임 정의

에이전트를 학습하려면 게임을 반복적으로 수행해서 데이터를 수집해야 한다. `replay()` 함수가 그 일을 한다. 이 함수에서 벨만 방정식 Q 함수를 사용하여 각 상태에 대한 목표 출력을 정의한다:

```
def replay(epsilon, gamma, epsilon_min, epsilon_decay, model,
          training_data, batch_size=64):
    """Train the agent on a batch of data."""
    idx = random.sample(range(len(training_data)),
                        min(len(training_data), batch_size))
    train_batch = [training_data[j] for j in idx]
    for state, new_state, reward, done, action in train_batch:
        target = reward
        if not done:
            target = reward+gamma*np.amax(model.predict(new_state)[0])
        #print('target', target)
        target_f = model.predict(state)
        #print('target_f', target_f)
        target_f[0][action] = target
        #print('target_f_r', target_f)
        model.fit(state, target_f, epochs=1, verbose=0)
    if epsilon > epsilon_min:
        epsilon *= epsilon_decay
    return epsilon
```

이 함수 내부에서 에이전트가 보상을 최대화하는 방법을 배우도록 학습한다. 두 가지 동작에 대해 가능한 보상의 수치적 가치를 예측했기 때문에 가능한 일이다. 에이전트는 1*4 형태의 상태를 입력으로 받아 1*2 형태의 출력을 생성한다. 출력은 2가지 가능한 동작에 대해 예상되는 보상을 나타낸다.

따라서 한 판의 게임 즉 한 에피소드가 끝나면 deque 컨테이너에 저장된 데이터 배치를 사용하여 에이전트를 학습한다.

데이터 배치의 첫 번째 튜플은 다음과 같다:

```
state = [[-0.07294358 -0.94589796 0.03188364 1.40490844]]
new_state = [[-0.09186154 -1.14140094 0.05998181 1.70738606]]
reward = 1
done = False
action = 0
```

데이터를 보면 new_state에 진입하기 위해 취한 동작과 그때의 보상을 알 수 있고 또한 new_state가 게임 규칙을 벗어났는지 아닌지도 알 수 있다.

새로운 상태 s'가 게임 규칙 내에 있을 때, 즉 done이 가 False일 때, 현재 상태 s에서 새로운 action을 취해 새로운 상태 s'가 되었을 때, 벨마 방정식으로 예상되는 총 reward는 다음과 같이 계산한다:

```
target = reward + gamma * np.amax(model.predict(new_state)[0])
```

(!동일한 시드를 지정한 후 코드를 실행하면) `model.predict(new_state)[0]`의 출력은 `[-0.55639267, 0.37972435]`이고 `np.amax([-0.55639267, 0.37972435])`는 `0.37972435`이다.

할인 계수 gamma가 `0.95`이고 reward가 1이면 예측되는 총 보상은 다음과 같다:
`reward + gamma * np.amax(model.predict(new_state)[0])=1.36073813587427`

이 값이 (신경망이 배워야할) 목표 값이다.

모델을 사용하여 현재 상태에서 두 가지 동작에 대한 보상을 예측하면 다음과 같다:
`target_f = model.predict(state)`는 `[[-0.4597198 0.31523475]]`

다음 상태에 대한 보상을 최대화하기 현재 state에서 action 0을 취했을 때 예측되는 보상을 앞에서 구했으니 target_f의 인덱스 0 값은 벨만 방정식으로 구한 보상 target_f[0][액션] = 1.3607381358742714으로 수정한다.

최종적으로 target_f는 [[1.3607382 0.31523475]]이 된다.

상태를 입력으로 사용하고 target_f를 목표로 하여 에이전트(모델)을 학습한다.

(!딥 Q-러닝은 강화학습으로 만든 데이터를 신경망으로 학습하는 모델이다. 알파고도 이렇게 만든 거다.)

이 과정을 학습 데이터 배치의 모든 데이터에 대해 반복한다. 또한, 게임을 반복할 때마다 엡실론 값은 엡실론 감쇠 승수만큼 줄어든다. (!즉 동작을 임의로 선택하는 비율을 줄인다.)

random.sample은 모집단 집합에서 n개의 요소를 무작위로 추출한다. np.amax는 배열의 최댓값을 반환한다.

학습 과정

지금까지 정의한 함수들을 모아서 에이전트 모델을 학습할 train() 함수를 정의한다:

1. agent() 함수를 호출하여 에이전트를 가져와 컴파일한다.
2. 환경을 재설정하고 초기 상태를 재구성한다.
3. model, epsilon 및 state 정보를 먹여 agent_action 함수를 호출해서 다음 동작을 정한다.
4. env.step 함수를 사용해서 앞에서 얻은 동작을 취한다. 필요한 인수를 먹여 memory 함수를 호출하고 결과 정보를 training_data 데크에 저장한다.
5. 새로운 상태를 상태 변수 state에 할당하고 시간 단계를 1단위 증가시킨다.
6. 4단계가 True가 될 때까지 3~5단계를 반복한다.
7. 한 게임(에피소드)이 끝나면 replay() 함수를 호출하여 에이전트를 학습한다.
8. 목표 점수에 도달할 때까지 2~7단계를 반복한다.

train() 함수의 다음 코드는 다음과 같다:

```
def train(target_score, batch_size, episodes,
          optimizer, loss, epsilon,
          gamma, epsilon_min, epsilon_decay, actions, render=False):
    """."""
    print('----Training----')
    k.clear_session()

    # define empty list to store the score at the end of each episode
    scores = []

    # load the agent
    model = agent(states, actions)

    # compile the agent with mean squared error loss
    model.compile(loss=loss, optimizer=optimizer)

    for episode in range(1, (episodes+1)):
    # reset environment at the end of each episode
    state = env.reset()

    # reshape state to shape 1*4
    state = state.reshape(1, states)

    # set done value to False
     done = False
```

이 코드의 나머지 부분은 다음의 DQN.ipynb에 있다.
https://github.com/PacktPublishing/Python-Deep-Learning-Projects/blob/master/Chapter14/DQN.ipynb

학습 시 화면에서 CartPole 게임을 보려면 train() 함수의 render를 True로 설정한다. 대신 학습속도가 느려진다.

다음은 DQN 학습과정을 나타낸다:

```
----Training----
episode 100, score 76, epsilon 0.366
Avg Score over last 100 epochs 30.07
episode 200, score 203, epsilon 0.134
Avg Score over last 100 epochs 145.86
episode 300, score 238, epsilon 0.04904
Avg Score over last 100 epochs 281.42
------ Goal Achieved After 300 Episodes ------
```

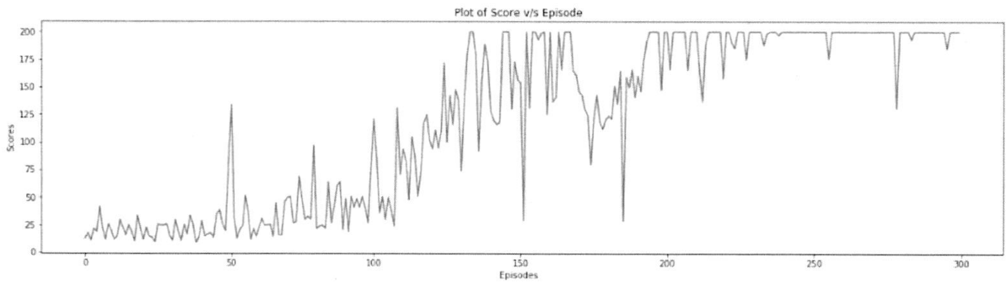

에이전트 학습 과정

학습 과정 그래프를 보면 최신 에피소드 100개의 평균이 200점 이상인 경우를 목표로 했을 때 300회 반복해서 게임을 진행한 후 목표에 도달했다는 걸 알 수 있다.

에이전트 학습에 엡실론-탐욕 정책을 사용했는데, DQN 전문가가 되고 싶다면 다음을 참고하여 다른 정책을 시도해보는 게 좋겠다: https://github.com/keras-rl/keras-rl/blob/master/rl/policy.py

에이전트 학습 시 꼭 300게임 만에 종료되는 건 아니다. 어떤 경우에는 300게임 이상이 진행될 수도 있다. 이 책의 다음 노트북을 참고해서 5번의 학습 시도와 그에 따른 종료 시까지 에피소드 수가 어떤지 살펴볼 수 있다: https://github.com/PacktPublishing/Python-Deep-Learning-Projects/blob/master/Chapter%2015/DQN.ipynb

DQN 모델 테스트

이제 학습한 DQN 모델이 새 게임을 어떻게 수행하는지 테스트해 보자. 다음 test() 함수는 학습한 DQN 모델을 사용하여 게임을 10번 해보고 우리가 정한 목표인 200점을 달성할 수 있는지 확인한다:

```
def test(env, model, states, episodes=100, render=False):
    """Test the performance of the DQN agent."""
    scores_test = []
    for episode in range(1, (episodes+1)):
        state = env.reset()
        state = state.reshape(1, states)

        done = False
        time_step = 0

        while not done:
            if render:
                env.render()
            action = np.argmax(model.predict(state)[0])
            new_state, reward, done, info = env.step(action)
            new_state = new_state.reshape(1, states)
            state = new_state
            time_step += 1
        scores_test.append(time_step)
        if episode % 10 == 0:
            print('episode {}, score {} '.format(episode, time_step))
    print('Average score over 100 test games:
{}'.format(np.mean(scores_test)))

test(env, model, states, render=False)
```

테스트할 때 화면에서 CartPole 게임을 보려면 train() 함수의 render를 True로 설정한다.

실행 결과는 다음과 같다:

```
episode 10, score 252
episode 20, score 241
episode 30, score 256
episode 40, score 265
episode 50, score 208
episode 60, score 237
episode 70, score 241
episode 80, score 284
episode 90, score 225
episode 100, score 268
Average score over 100 test games: 277.88
```

에이전트가 새로운 100개의 CartPole 게임을 했을 때 획득한 평균 점수는 277.88이다.

TIP

200점 대신 평균 450점 이상을 지속해서 획득하도록 에이전트를 학습하는 게 목표다.

딥 Q-러닝 스크립트

전체 스크립트는 train_dqn.py, agent_reply_dqn.py, test_dqn.py 및 hyperparameters_dqn.py 4개 모듈로 나눌 수 있다. 이들 스크립트를 예를 들어 chapter_15 폴더에 저장한다. 즐겨 사용하는 소스 코드 편집기에서 chapter_15를 프로젝트 폴더로 설정하고 train_dqn.py 파일을 실행하면 된다.

train_dqn.py은 실행에 필요한 다른 모든 모듈을 알아서 가져온다.

이제 각 스크립트 파일의 내용을 훑어보자.

모듈 1 – hyperparameters_dqn.py

이 스크립트에는 DQN 모델의 초 매개변수가 들어있다:

```
"""This module contains hyperparameters for the DQN model."""

# Discount in Bellman Equation
gamma = 0.95
# Epsilon
epsilon = 1.0
# Minimum Epsilon
epsilon_min = 0.01
# Decay multiplier for epsilon
epsilon_decay = 0.99
# Size of deque container
deque_len = 20000
# Average score needed over 100 epochs
target_score = 200
# Number of games
episodes = 2000
# Data points per episode used to train the agent
batch_size = 64
# Optimizer for training the agent
optimizer = 'adam'
# Loss for training the agent
loss = 'mse'
```

모듈 2 – agent_replay_dqn.py

이 스크립트에는 4가지 함수, 즉 agent(), agent_action(), performance_plot() 및 replay()가 들어있다:

```
"""This module contains."""
import random
import numpy as np
import matplotlib.pyplot as plt
from keras.layers import Dense, Dropout, Activation
from keras.models import Sequential
from keras.optimizers import Adam

def agent(states, actions):
```

```
    """Simple Deep Neural Network."""
    model = Sequential()
    model.add(Dense(16, input_dim=states))
    model.add(Activation('relu'))
    model.add(Dense(16))
    model.add(Activation('relu'))
    model.add(Dense(16))
    model.add(Activation('relu'))
    model.add(Dense(actions))
    model.add(Activation('linear'))
    return model
```

이 파일의 나머지 부분은 여기에 있다:
https://github.com/PacktPublishing/Python-Deep-Learning-Projects/blob/master/Chapter14/agent_replay_dqn.py

모듈 3 – test_dqn.py

이 스크립트에는 DQN 에이전트의 성능을 테스트하기 위해 train_dqn.py 스크립트가 호출하는 test() 함수가 들어있다:

```
"""This module contains function to test the performance of the DQN
model."""
import numpy as np

def test(env, model, states, episodes=100, render=False):
    """Test the performance of the DQN agent."""
    scores_test = []
    for episode in range(1, (episodes+1)):
        state = env.reset()
        state = state.reshape(1, states)

        done = False
        time_step = 0

        while not done:
```

```
            if render:
                env.render()
            action = np.argmax(model.predict(state)[0])
            new_state, reward, done, info = env.step(action)
            new_state = new_state.reshape(1, states)
            state = new_state
            time_step += 1
        scores_test.append(time_step)
        if episode % 10 == 0:
            print('episode {}, score {} '.format(episode, time_step))
    print('Average score over 100 test games:
{}'.format(np.mean(scores_test)))
```

모듈 4 – train_dqn.py

이 스크립트에는 강화학습 에이전트 모델을 학습 및 테스트하기 위한 memory() 및 train() 함수가 들어있다:

```
"""This module is used to train and test the DQN agent."""
import random
import numpy as np
from agent_replay_dqn import agent, agent_action, replay,
performance_plot
from hyperparameters_dqn import *
from test_dqn import test
from keras import backend as k
from collections import deque
import gym

env = gym.make('CartPole-v1')

# Set seed for reproducibility
seed_val = 456
np.random.seed(seed_val)
env.seed(seed_val)
random.seed(seed_val)

states = env.observation_space.shape[0]
```

```
actions = env.action_space.n
training_data = deque(maxlen=deque_len)

def memory(state, new_state, reward, done, action):
    """Function to store data points in the deque container."""
    training_data.append((state, new_state, reward, done, action))

def train(target_score, batch_size, episodes,
          optimizer, loss, epsilon,
          gamma, epsilon_min, epsilon_decay, actions, render=False):
    """Training the agent on games."""
    print('----Training----')
    k.clear_session()
```

이 파일의 나머지 부분은 여기에 있다: https://github.com/PacktPublishing/Python-Deep-Learning-Projects/blob/master/Chapter14/train_dqn.py

딥 SARSA-러닝

여기서는 keras-rl 라이브러리를 사용해서 딥 SARSA-러닝을 구현한다. keras-rl은 강화학습 모델(Q, SARSA 등)을 간단하고 쉽게 구현할 수 있는 신경망 API다. keras-rl에 대한 상세한 설명은 https://keras-rl.readthedocs.io/en/latest/에 있다:

역시 OpenAI Gym의 CartPole 환경을 사용한다.

딥 SARSA-러닝을 위한 주피터 노트북 코드 예제는 다음에 있다:
https://github.com/PacktPublishing/Python-Deep-Learning-Projects/blob/master/Chapter14/Deep%20SARSA.ipynb

SARSA-러닝

SARSA-러닝은 Q-러닝 같은 정책 기반 강화학습 기법으로 마찬가지로 에이전트가 다양한 상황에서 취해야 할 동작을 결정하는 데 사용할 최적의 정책을 학습하는 것이 목표다.

Q-러닝이 꺼진-정책 알고리즘이고 SARSA가 켠-정책 알고리즘이라는 점을 제외하고 SARSA와 Q-학습은 거의 같다. SARSA가 학습한 Q 값은 Q-러닝과 같은 탐욕 정책이 아니라 현재 정책에 따라 수행되는 동작을 기반으로 한다.

단일 상태 s와 동작 a에 대해, $Q(s, a)$는 다음 방정식처럼 다음 상태 s'의 Q 함수로 표현할 수 있다:

$$Q(s,a) = r + \gamma^* Q(s',a')$$

다음은 Richard S. Sutton과 Andrew G. Barto의 Reinforcement Learning: *An Introduction*에 있는 SARSA 학습 알고리즘에 대한 의사 코드다:

```
Initialize Q(s, a) arbitrarily
Repeat (for each episode):
   Initialize s
   Choose a from s using policy derived from Q
         (e.g., ε-greedy)
   Repeat (for each step of episode):
      Take action a, observe r, s'
      Choose a' from s' using policy derived from Q
         (e.g., ε-greedy)
      Q(s, a) <-- Q(s, a) + α[r + γQ(s', a')- Q(s, a)]
      s <-- s'; a <-- a';
   until s is terminal
```

모듈 가져오기

우리 작업에 numpy, gym, matplotlib, keras, scipy 및 keras-rl 패키지를 사용할 것이다. 여기서 텐서플로는 케라스 백엔드로 사용된다. pip 명령어를 사용해서 이러한 패키지를 설치할 수 있다.

```
import numpy as np
import gym
from keras.models import Sequential
from keras.layers import Dense, Activation, Flatten
```

```
from keras.optimizers import Adam
from rl.agents import SARSAAgent
from rl.policy import EpsGreedyQPolicy
```

게임 환경 로드

앞에서처럼 게임을 작업 공간으로 가져오고 재현성을 위해 seed를 설정한다:

```
# load the environment
env = gym.make('CartPole-v1')

# set seed
seed_val = 456
env.seed(seed_val)
np.random.seed(seed_val)
states = env.observation_space.shape[0]
actions = env.action_space.n
```

에이전트 정의

심층 SARSA-러닝도 딥 Q-러닝과 동일한 에이전트를 사용한다:

```
# define agent
def agent(states, actions):
    """Simple Deep Neural Network."""
    model = Sequential()
    model.add(Flatten(input_shape=(1,states)))
    model.add(Dense(16))
    model.add(Activation('relu'))
    model.add(Dense(16))
    model.add(Activation('relu'))
    model.add(Dense(16))
    model.add(Activation('relu'))
    model.add(Dense(actions))
    model.add(Activation('linear'))
    return model

model = agent(states, actions)
```

에이전트 학습

keras-rl 라이브러리로 아주 쉽게 에이전트를 학습할 수 있다:

1. 학습에 사용할 정책을 정의한다. 정책에 대한 자세히 내용은 요기(https://github.com/keras-rl/keras-rl/blob/master/rl/policy.py)에 있다.
2. 학습할 에이전트를 가져온다. SARSA 에이전트에는 model, nb_actions 및 policy 같은 정해야 할 중요한 매개변수가 있다. model은 앞에서 정의한 딥러닝 에이전트이고, nb_actions는 가능한 동작의 수이며, policy는 SARSA 에이전트를 학습하기 위해 선택해야 할 정책이다.
3. 손실함수 및 최적화기를 선택하고 SARSA 에이전트를 컴파일한다.
4. fit() 함수에 필요한 인수를 먹여 SARSA 에이전트를 학습한다.

keras-rl 라이브러리의 에이전트 사용법과 매개변수 정의에 대한 자세한 내용은 http://keras-rl.readthedocs.io/en/latest/agents/sarsa/#sarsaagent 문서를 보면 된다.

```
# Define the policy
policy = EpsGreedyQPolicy()

# Define SARSA agent by feeding it the policy and the model
sarsa = SARSAAgent(model=model, nb_actions=actions, nb_steps_warmup=10,
policy=policy)

# compile sarsa with mean squared error loss
sarsa.compile('adam', metrics=['mse'])

# train the agent for 50000 steps
sarsa.fit(env, nb_steps=50000, visualize=False, verbose=1)
```

학습 시 화면에서 CartPole 게임을 보려면 fit() 함수의 visualize를 True로 설정한다. 대신 학습 속도가 느려진다.

실행 결과는 다음과 같다:

```
Training for 50000 steps ...
Interval 1 (0 steps performed)
10000/10000 [==============================] - 95s 10ms/step - reward:
1.0000
319 episodes - episode_reward: 30.984 [8.000, 500.000] - loss: 7.445 -
mean_squared_error: 552.109 - mean_q: 29.475

Interval 2 (10000 steps performed)
10000/10000 [==============================] - 93s 9ms/step - reward:
1.0000
122 episodes - episode_reward: 82.467 [9.000, 435.000] - loss: 6.987 -
mean_squared_error: 831.830 - mean_q: 39.221

Interval 3 (20000 steps performed)
10000/10000 [==============================] - 89s 9ms/step - reward:
1.0000
81 episodes - episode_reward: 122.617 [14.000, 500.000] - loss: 10.447 -
mean_squared_error: 1416.096 - mean_q: 52.411

Interval 4 (30000 steps performed)
10000/10000 [==============================] - 95s 9ms/step - reward:
1.0000
75 episodes - episode_reward: 133.933 [15.000, 500.000] - loss: 6.933 -
mean_squared_error: 1527.035 - mean_q: 54.172

Interval 5 (40000 steps performed)
10000/10000 [==============================] - 99s 10ms/step - reward:
1.0000
done, took 470.141 seconds
<keras.callbacks.History at 0x120d44dd8>
```

에이전트 테스트

에이전트 학습이 끝나면 test() 함수를 호출해서 새로운 에피소드 100회에 대한 성능을 평가한다.

```
# Evaluate the agent on 100 new episodes.
scores = sarsa.test(env, nb_episodes=100, visualize=False)

print('Average score over 100 test games:
{}'.format(np.mean(scores.history['episode_reward'])))
```

테스트할 때 화면에서 CartPole 게임을 보려면 `test()` 함수의 `visualize`를 `True`로 설정한다.

100 에피소드 테스트에 대한 출력은 다음과 같다:

```
Testing for 100 episodes ...
Episode 1: reward: 350.000, steps: 350
Episode 2: reward: 383.000, steps: 383
Episode 3: reward: 316.000, steps: 316
Episode 4: reward: 371.000, steps: 371
Episode 5: reward: 356.000, steps: 356
Episode 6: reward: 399.000, steps: 399
Episode 7: reward: 317.000, steps: 317
Episode 8: reward: 370.000, steps: 370
Episode 9: reward: 364.000, steps: 364
Episode 10: reward: 432.000, steps: 432
...
Episode 91: reward: 392.000, steps: 392
Episode 92: reward: 393.000, steps: 393
Episode 93: reward: 359.000, steps: 359
Episode 94: reward: 370.000, steps: 370
Episode 95: reward: 363.000, steps: 363
Episode 96: reward: 349.000, steps: 349
Episode 97: reward: 338.000, steps: 338
Episode 98: reward: 387.000, steps: 387
Episode 99: reward: 367.000, steps: 367
Episode 100: reward: 425.000, steps: 425
Average score over 100 test games: 365.67
```

딥 SARSA-러닝 스크립트

SARSA-러닝은 스크립트 하나에 SARSA 에이전트의 학습 및 테스트를 모두 구현한다:

```
"""This module implements training and testing of SARSA agent."""
import gym
import numpy as np
from keras.layers import Dense, Activation, Flatten
from keras.models import Sequential
from rl.agents import SARSAAgent
from rl.policy import EpsGreedyQPolicy

# load the environment
env = gym.make('CartPole-v1')

# set seed
seed_val = 456
env.seed(seed_val)
np.random.seed(seed_val)

states = env.observation_space.shape[0]
actions = env.action_space.n


def agent(states, actions):
    """Agent/Deep Neural Network."""
    model = Sequential()
    model.add(Flatten(input_shape=(1, states)))
    model.add(Dense(16))
    model.add(Activation('relu'))
    model.add(Dense(16))
    model.add(Activation('relu'))
    model.add(Dense(16))
    model.add(Activation('relu'))
    model.add(Dense(actions))
    model.add(Activation('linear'))
    return model

model = agent(states, actions)
```

```
# Define the policy
policy = EpsGreedyQPolicy()
# Define SARSA agent by feeding it the policy and the model
sarsa = SARSAAgent(model=model, nb_actions=actions, nb_steps_warmup=10,
                   policy=policy)
# compile sarsa with mean squared error loss
sarsa.compile('adam', metrics=['mse'])
# train the agent for 50000 steps
sarsa.fit(env, nb_steps=50000, visualize=False, verbose=1)

# Evaluate the agent on 100 new episodes.
scores = sarsa.test(env, nb_episodes=100, visualize=False)
print('Average score over 100 test games: {}'
      .format(np.mean(scores.history['episode_reward'])))
```

결론

이 프로젝트는 OpenAI Gym에서 CartPole-v1 게임을 잘할 수 있는 딥 강화학습 모델을 구축하는 것이었다. 여기서 구축한 모델은 Atari와 같은 다른 복잡한 게임으로 바로 확장할 수 있다.

먼저 CartPole 게임을 할 수 있는 딥 *Q*-러닝 모델을 구축했다. 모델을 테스트해 보니 100경기 평균 277.88점을 얻었다.

이다음으로 CartPole 게임을 할 수 있는 딥 SARSA-러닝 모델을 구축했다. 우리는 *Q*-러닝과 같은 엡실론-탐욕 정책을 사용했으며, 테스트해 보니 SARSA-러닝 모델은 100경기 평균 365.67점을 얻었다.

이제 가상의 레스토랑 프랜차이즈 비즈니스 관점에서 모델의 성능을 평가했듯이 여기서도 테스트 결과를 분석해보자.

두 모델의 테스트 점수는 무엇을 의미하나?

Q-러닝의 평균 점수 277.88은 OpenAI 사이트에 정의된 CartPole 게임의 성공 기준을 충족한다. 보다 구체적으로, 카트를 500회 이동하는 동안 절반 이상 동안 게임 규칙을 벗어나지 않고 살아남는다는 것을 의미한다.

SARSA-러닝은 Q-러닝보다 더 높은 평균 점수인 365.67을 얻었다. 즉, 우리 모델이 카트를 500회 이동하는 동안 70% 이상 동안 살아남는다는 것을 의미한다.

CartPole 게임의 성공 기준이 중요한 게 아니라 매 게임에서 일관되게 500점을 얻어야 정말 좋은 모델이라고 할 수 있다. 따라서 가능한 최대 성능을 얻기 위해 모델을 계속 미세 조정할 필요가 있다.

요약

이 장에서는 OpenAI Gym이 제공하는 CartPole 게임을 대상으로 케라스에서 Q-러닝과 SARSA-러닝으로 딥 강화학습 모델을 구축했다. 그 과정을 통해서 Q-러닝과 SARSA-러닝, Gym에서 게임 환경과 모델이 상호작용하는 방법, 딥러닝 강화학습 에이전트 모델을 이해했다. 몇 가지 주요 초 매개변수를 그렇게 정해야 하는 이유와 함께 살펴보기도 했다. 마지막으로, 우리는 새로운 게임에서 강화학습의 성능을 테스트해서 목표 달성 여부를 검토해보았다.

CHAPTER

15

요약과 도약

환상적이면서 생산적인 활동이었다! 팀원으로서 가상의 비즈니스 사례를 설정해서 실무 중심으로 딥러닝 프로젝트를 구축한 이 책의 여정을 즐겼기 바란다. 또한, 흥미진진한 경험을 제공해서 딥러닝 공학 분야의 기술적 토대를 쌓고 직관을 강화하려는 우리의 의도가 이루어졌기를 기대한다.

각 장은 독자가 우리 팀의 구성원으로 참여하여 프로젝트를 직접 수행하는 방식으로 구성해서 다음의 절차로 진행했다:

- 실제 비즈니스 사례를 가정하고 프로젝트 성공 기준을 정한 후,
- 코드에 집중해서 필요한 모듈과 데이터를 가져다 모델을 구축, 학습 및 평가하고,
- 목표를 달성했음을 확인했다.

우리는 문제해결, 현명한 솔루션, 통찰력 그리고 사람을 사랑한다! 지금까지 다루어온 내용을 검토하고, 직관을 요약하고, 다음에 무엇을 해야 하는지 살펴보자.

딥러닝 기반 구축 - 2 프로젝트

공통 작업 환경을 갖추어와 우리 팀 일원으로 함께 작업할 수 있고, **컴퓨터비전(CV)** 및

자연어처리(NLP) 분야의 멋지고 강력한 딥러닝 기술을 배울 수 있다. 이 책의 처음 두 장을 통해 데이터 과학자로서 두고두고 사용할 기반을 쌓는다.

1장 – 딥러닝 개발환경

함께 작업하면서 일관되고 정확한 결과를 얻기 위한 표준 도구를 갖추는 게 1장의 목표다. 우리는 상업용으로 확장할 수 있는 애플리케이션을 구축하는 환경을 구축하고자 한다. 우리는 로컬 딥러닝 환경과 클라우드 기반 환경을 모두 사용할 것이고, 이어지는 프로젝트 전반에 걸쳐 우분투(Ubuntu), 아나콘다(Anaconda), 파이썬(Python), 텐서플로(TensorFlow), 케라스(Keras) 및 **구글 클라우드 플랫폼**(GCP; Google Cloud Platform)에 대한 경험을 얻을 수 있다. 이것들은 딥러닝 엔지니어가 계속 사용해야 할 도구다.

2장 – 다층신경망에 의한 필기 숫자 인식

2장, 다층신경망에 의한 필기 숫자 인식 프로젝트를 통해서 먼저 우리의 가상 비즈니스 환경을 명확하게 정의했다. 우리는 레스토랑 프랜차이즈 자동화를 가정했는데 이어지는 프로젝트 역시 자동화를 고도화할 수 있는 내용으로 구성하였다. 특히 2장에서는 고객이 손으로 쓴 전화번호를 식별하기 위해 딥러닝의 기본 빌딩 블록인 MLP(**다층 퍼셉트론**)를 사용한 딥러닝 분류기를 구축했다. 기억하시겠지만, 우리 목표는 필기 전화번호를 정확하게 인식해서 고객에게 제때에 안내문을 전송하는 일이다.

문제를 해결하기 위해 MNIST 데이터 집합을 대상으로 텐서플로로 층이 2개인 간단한 다층신경망을 학습했다. 그리고 구축한 모델의 성능을 평가하면서 자연스럽게 과적합, 과소적합, 초 매개변수 조정 및 활성 함수와 관련된 이슈를 다루어 보았다. 특히 흥미로운 점은 모델의 성능이 비즈니스에 응용될 때 실제로 유용한지 해석하는 작업을 했다는 거다. 수치로 모델의 정확성을 측정하면 나쁘지 않아 보이지만 전화번호 한 자리 오류가 고객에게 문자를 정확하게 전달하는 데 문제를 일으킨다는 사실을 확인했고, 모델의 성능을 더 개선해야 한다는 것을 바로 이해할 수 있었다. 이러한 맥락에서 8장, 중첩신경망에 의한 필기 숫자 인식에서 훨씬 더 나은 성능을 보이는 더 복잡한 딥러닝 모델을 다루었다.

딥러닝 - NLP - 5 프로젝트

우리 팀 프로젝트의 세 번째 주제부터 계산언어학 분야를 다루기 시작한다. 비정형 텍스트 데이터가 사방에서 놀라운 속도로 쌓이고 있다. 시각 정보처리와 균형을 맞추기 위해 우리는 언어 정보처리를 위한 프로젝트 5개를 이어서 수행하였다. 3장, word2vec를 사용한 단어 표현에서 7장, DeepSpeech2를 사용한 대화 인식까지 계산언어학의 주요 기술을 가상의 비즈니스 응용 사례에 차례로 적용해 현실 문제를 해결하는 경험을 쌓는다.

3장 – word2vec를 사용한 단어 표현

컴퓨터에 의한 계산언어학의 핵심은 단어와 단어가 내포하는 특징을 효과적으로 표현하는 일이다. word2vec 모델은 말뭉치에 대한 임베딩 표현을 생성해서 우리가 사용하는 단어를 언어 공간의 텐서 즉 벡터로 변환한다. 이 모델을 이용해서 **중첩신경망**으로 감성 분석을 위한 언어 모델을 만들었다. 이러한 작업을 필요로 하는 가상 비즈니스는 레스토랑 프랜차이즈를 운영하는 클라이언트가 테이블이 준비되었다는 알림을 받는 고객으로부터 받은 응답이 호의적인지 아닌지를 분석할 수 있는 시스템을 구축해달라는 요구를 한 것으로 가정하였다. 이 프로젝트에서 특히 흥미로운 점은 중첩신경망을 이미지가 아닌 텍스트 데이터에 응용했다는 점이다. 또한, **t–분산 확률적 이웃 임베딩**(t-SNE) 및 텐서보드를 사용하여 데이터를 시각화하는 방법을 다루었다.

4장 – 챗봇을 위한 자연어처리 모듈 구축

여기서는 언어 모델을 위한 일련의 딥러닝 모듈을 개발해서 계산언어학의 깊숙한 곳에 있는 문제를 해결할 수 있는 기초를 구축한다. 3장, word2vec를 사용한 단어 표현 같은 작업도 사실 word2vec 모델 같은 자연어처리 모듈로 가능한 작업이다. 4장에서 우리 팀의 임무는 개방형 도메인 질의응답을 위한 챗봇을 구동할 자연어처리 파이프라인을 만드는 것이었다. 가상 레스토랑 체인점은 메뉴, 연혁, 위치, 영업시간 및 기타 많은 텍스트 기반 데이터를 가지고 있으며, 웹사이트 방문자가 대화상자에 문의할 수 있는 기능을 추가하려고 한다. 그러면 우리의 딥러닝 자연어처리 챗봇이 관련 정보를 찾아 방문자에게 응답한다.

말뭉치를 토큰화하고 품사에 태그를 지정하고 구문 분석을 통해 단어 간의 관계를 결정하고 이름이 있는 고유명사를 인식(NER)하는 모듈을 차례로 만들었다. 그리고 이러한 모듈과 TF-IDF를 사용해서 먼저 문서의 특징을 벡터화하여 간단한 FAQ 유형 챗봇을 만들 수 있었다. 그리고 NER과 Rasa NLU를 구현하여 모델을 개선했다. 그런 다음 NER 추출과 함께 텍스트의 의도를 분류할 수 있는 자연어처리 모듈을 생성하여 텍스트의 의도를 이해하고 이름이나 장소 같은 고유명사를 추출할 수 있는 챗봇을 구축하여 고객의 질문에 정확하게 응답할 수 있게 하였다.

5장 – seq2seq를 사용한 통 번역

5장에서는 4장, 챗봇을 위한 자연어처리 모듈을 기초로 가상 레스토랑 체인점의 주문을 자동화하는 고급 챗봇을 구축했다. 이 챗봇은 앞에서 다룬 우리 팀의 여러 기술을 결합해서 더 상황을 잘 인식하는 강력한 챗봇을 만들었다. 특히 문자나 단어의 시계열 같은 신호처리 목적으로 특별히 설계된 **LSTM(장 · 단기 기억)**을 사용한 **순환신경망(RNN)** 모델을 구축하여 중첩신경망을 사용한 단순한 챗봇의 한계를 극복할 수 있었다.

종단 대 종단 즉 통 번역하는 질의응답을 위해 LSTM 유닛으로 인코더-디코더 순환신경망을 사용한 언어 모델을 구현했다. 이 모델은 다양한 길이의 입력과 출력을 처리하고 정보의 상태를 보존하여 복잡한 맥락을 적절하게 처리할 수 있다. 모델의 평가 결과 모델이 음성 인식 수준에 도달하려면 많은 양의 학습 데이터와 충분한 학습이 필요하다는 걸 알았다. 더불어 충분하고 적절한 학습 데이터가 있으면 우리 팀의 모델로 전화 주문이 가능한 강력한 챗봇을 구축할 수 있음을 확인했다.

6장 – 콘텐츠 제작을 위한 작사 · 작곡 모델

우리 팀은 여기서 계산언어학의 단순한 새로운 여정이 아니라 새로운 콘텐츠 제작이라는 창의적 도약을 한다! 영화 대본, 노래 가사 및 음악에 사용할 수 있는 새로운 콘텐츠를 생성하는 딥러닝 솔루션을 제공하는 게 목표다. 우리가 가상의 비즈니스 공간인 레스토랑 프랜차이즈 문제를 해결해온 경험을 어떻게 활용할 수 있는지에 대한 고민의 결과, 모델의 출력이 새로운 콘텐츠일 수 있다는 확신을 얻었다. 우리는 2장에서 이미지를 입력해서 클래스 레이블을 출력할 수 있었고, 3장에서 텍스트를 입력하고 감정을 분석할 수 있도록 모델을 학습하였으며, 4장에서 오픈 도메인 질의응답 챗봇을 위한 자연어처리 모듈을 구축하였다. 그런 다음 5장에서 전화 주문이 가능한 자동화된 서비스를 제공할 수 있도록 챗봇을 확장했다.

이 장에서는 **LSTM(장 · 단기 기억)**, 오토인코더 및 **적대적 생성 신경망**(GAN)을 사용하여 창의적인 콘텐츠를 제작하는 생성 모델을 구현했다. 음악가를 포함한 다양한 창의적이고 예술적인 비즈니스를 위해 노래 가사나 스크립트를 작성하고 음악을 생성할 수 있는 즉, 작사 작곡하는 텍스트 및 음악 모델을 구현했다.

7장 – DeepSpeech2를 사용한 음성 인식

DeepSpeech2로 음성을 인식하는 이 프로젝트는 자연어처리의 완성이라 할 수 있다. 이전까지 중첩신경망과 순환신경망으로 챗봇, 자연어처리 및 텍스트 인식에 대해 살펴보았다. 그것으로 기존 비즈니스 시장은 물론이고 완전히 새롭고 스마트한 서비스를 개발하는 데 딥러닝이 어떻게 쓰일 수 있는지 알 수 있었다. 의 시스템을 만드는 이러한 기술의 힘을 보았습니다. 딥러닝을 활용해서 최첨단 AI 시스템과 서비스를 개발하는 일은 흥미롭고 중요한 작업이다!

이 프로젝트의 목표는 음성을 입력받아 텍스트로 변환한 다음 구문을 분석해서 적절하게 대응하는 텍스트 기반 챗봇 모델을 만들어서 **자동 음성 인식**(ASR) 시스템을 구축하는 일이다. 우리 팀은 음성 데이터를 분석해서 데이터에서 다양한 종류의 특징을 뽑아내는 특징 추출을 수행한 다음 사용자의 음성을 인식할 수 있는 음성 인식 시스템을 구축했다. 영어 음성을 인식하는 시스템을 구축함으로써 DeepSpeech2 모델을 익숙하게 사용할 수 있게 되었고, **연결주의 시간 분류**(CTC) 손실함수, 배치 정규화 및 순환신경망을 위한 SortaGrad 등의 기술로 종단 간 음성 인식 시스템을 구축했다.

딥러닝 - 컴퓨터 비전 - 6 프로젝트

인간의 시각을 기계로 처리하는 컴퓨터 비전에 대한 다음 6개의 프로젝트는 이 책의 다른 큰 축이다. 시각처리에 대해서는 이미 필기 숫자를 어떻게 다루는지 살펴보았다. 모든 직업에 완벽한 마법의 도구는 없고 데이터 과학 분야도 마찬가지지만 중첩신경망의 잠재력은 너무나 거대하다. 다양한 데이터 집합이 있고 비즈니스 사용 사례가 끝없이 생겨나면서 중첩신경망을 모르는 데이터 과학자는 망치 없는 목수와 같게 되었다. 물론 데이터 과학의 모든 것이 못은 아니지만 말이다!

8장 – 중첩신경망에 의한 필기 숫자 인식

2장의 다층신경망과 그것을 응용한 비즈니스 사례와 관련된다. 2장의 목적은 다층신경망과 그 작동 방식을 이해하는 거였다. 여기서는 더 복잡한 구조와 더 진보된 기술을 사용한다, 딥러닝의 기초가 되는 수학의 복잡성은 더 깊은 구조, 더 강건한 모델을 만들 때 두드러진다. 그러나 복잡성은 복잡하다는 이유만으로 멋진 것은 아니고, 그것이 실현하는 놀라운 성능 때문에 멋지다.

우리는 신경망 분야에 봄을 가져다준 기술인 중첩 연산, 풀링 및 드롭아웃 규제에 대해 아주 자세하게 다루었는데, 이것은 딥러닝 전문가로서 앞으로 다양한 문제를 다루면서 모델을 조정할 때 사용할 중요한 도구이므로 시작 단계에 확실히 이해하는 것이 중요하다. 가상의 비즈니스 사례를 기초로 성능을 분석해보면 더욱 복잡한 모델을 배포하는 것이 가치가 있다는 걸 확신할 수 있다. 2장의 모델은 최악의 경우 가상 레스토랑 고객에게 알림을 적절하게 전달할 수 없는 수준임을 알 수 있었고 최상의 경우 역시 여전히 회의적이다. 반면에 같은 데이터에 대한 중첩신경망 모델은 최악의 시나리오에서 고객의 90%가 문자 알림을 바르게 수신할 수 있고, 최상의 경우 99%가 문자를 수신할 수 있다는 의미 있는 결과를 얻었다.

9장 – OpenCV 및 텐서플로에 의한 객체 인식

8장에서는 중첩신경망 모델을 사용해서 손으로 쓴 필기 숫자를 분류하는 시스템을 구축했다. 이 문제의 경우 입력 이미지는 필기 숫자 하나고 목표는 이 이미지가 어떤 숫자인지 구분하는 것으로 상대적으로 간단한 데이터를 다루는 것이다. 이미지에 손으로 쓴 숫자가 여러 개 있거나 다른 물체가 있다면 어떨까? 동영상이라거나 아니면 이미지에서 숫자의 위치를 찾는 문제는 또 어떤가? 이러한 질문은 실제 세계가 원하는 도전이자 데이터 과학의 혁신을 주도하는 힘이다.

이미지에서 특정 물체를 식별하고 그것이 무엇인지 분류하는 문제는 규모나 처리속도 측면에서 컴퓨터로 처리할 수 있는 간단한 작업이 아니다. 그러다 보니 이전의 프로젝트보다 훨씬 더 복잡한 정보를 지닌 데이터를 대상으로 학습을 수행하는 수고를 했으나 결과가 바르게 나왔을 때 얻는 성취는 더 크고 인상적이었다. 우리는 YOLOv2라는 더 깊고 더 복잡한 딥러닝 패키지를 사용해서 이미지를 식별하고 분류하는 좋은 결과를 얻을 수 있었다.

10장 – FaceNet을 사용한 얼굴 인식

9장을 통해서 이미지에 포함된 객체를 식별하는 방법을 통달했다. 모델을 구축하고 평가한 후 개선했다. 이번에는 다른 목표를 설정하고 도전한다. 같은 종류의 객체가 있을 때 그 두 개는 같은 것인가? 이 질문을 바탕으로 우리는 스파이 영화에서 볼 수 있는 얼굴 인식 시스템을 구축하기로 하고, 가상의 비즈니스 환경을 첨단 보안 시스템을 구축하는 것으로 설정했다. 얼굴 인식은 얼굴 식별과 얼굴 분류라는 두 가지 주요 작업의 조합으로 구성되는 쓸모가 많은 분야다.

이 프로젝트에서는 OpenFace의 FAceNet을 사용해서 사진을 보고 가능한 모든 얼굴을 식별한 다음 이미지에서 얼굴 부위를 추출하는 모델을 구축했다. 그런 다음 레이블 즉, 이름이 있는 얼굴과 일치하는지 비교하기 위해 얼굴에서 특징을 추출했다. 이 프로젝트를 통해 이 기술의 흥미로운 잠재력과 이 기술을 지닌 엔지니어를 밝은 미래를 확신할 수 있었다.

11장 – 자동 이미지 캡셔닝

9장에서 컴퓨터 비전 기술과 중첩신경망으로 이미지에 포함된 특정한 객체를 식별하고 그것이 무엇인지 분류하는 모델을 구축했고, 10장에서 FaceNet을 이용해서 사람의 얼굴을 식별하고 그게 누구인지 분류하는 모델을 구현했다. 여기에서는 훨씬 더 복잡하고 멋진 일을 했다! 우리는 컴퓨터 비전과 자연어처리 두 분야에서 지금까지 배운 최신 기술을 결합하여 완전한 이미지 서술 모델을 구축했다. 이 모델은 제공된 이미지의 내용을 자연어 문장으로 서술한다.

이를 실현한 영리한 아이디어는 인코더-디코더 구조의 신경망에서 인코더(RNN 층)를 이미지에서 객체를 분류하도록 학습한 심층 중첩신경망으로 교체하는 전략이다. 일반적으로 중첩신경망의 마지막 층은 각 객체가 이미지에 있을 확률을 산출하는 소프트맥스 층이다. 이때 중첩신경망의 마지막 소프트맥스 층을 제거하면 중첩신경망이 추출한 이미지의 특징 지도를 문장을 생성하도록 설계된 디코더(RNN의 언어 생성 구성 요소)에 입력으로 먹일 수 있다. 그런 다음 이미지와 그 이미지에 대응하는 캡션으로 전체 시스템을 학습하여 시스템이 입력 이미지를 서술하는 문장을 생성할 수 있다. 이 기술은 현존하는 딥러닝 솔루션의 꽃이다!

12장 – 중첩신경망에 의한 사람의 자세 추정

우리가 다루는 데이터는 모두 실제 세계를 위한 것이다. 컴퓨터 비전과 자연어처리는 모두 실제 세계를 표상하는 기술이다. 우리는 2차원 이미지로 3차원 세계를, 비디오 동영상으로 시간과 움직임을 포함하는 4차원 세계를 나타낸다. 이러한 고찰로부터 우리는 2차원 이미지를 사용하여 3차원 인간 자세를 추정하는 더욱 흥미롭고 유용한 딥러닝 기술을 개발할 수 있었다. 우리의 가상 비즈니스는 영화의 특수효과 분야로 우리는 비디오 프레임에서 배우의 (특히 어깨, 목, 머리) 자세를 쉽게 추정하는 시스템을 구축했다.

이장에서 우리는 FLIC 이미지를 대상으로 케라스로 심층 중첩신경망인 VGG16 모델을 성공적으로 구축했다. 그리고 가상 비즈니스 모델링을 위해 이러한 영상 이미지를 전처리하는 실무 경험을 쌓았다. 전이학습을 성공적으로 구현했으며 그렇게 해서 많은 시간을 절약할 수 있다는 것도 이해했다. 일부 주요 초 매개변수에 대해서 왜 그런 값을 사용하는지도 알게 되었다. 마지막으로, 우리는 학습하지 않은 이미지에 대한 VGG16 모델의 성능을 테스트하고 목표를 달성하는 데 성공했다고 판단한다.

13장 – GAN을 사용한 이미지 복구

GAN은 정말 멋진 모델이다. 이 프로젝트를 통해 체득한 기술, 경험, 감각을 되돌아보면 매우 흥미로운 아이디어가 있다는 걸 알 수 있다. 빠진 정보를 복구할 수 있을까? 또는 공학적인 표현으로, 이미지에서 누락된 부분을 재생성해서 이미지를 복원할 수 있을까? 텍스트를 입력받아 새로운 텍스트를 출력하고 2차원 이미지를 가져다 3차원 좌표를 출력할 수 있다면, 일부 정보가 빠진 2차원 이미지의 누락된 정보를 재생성할 수 있지 않겠는가? 그래서 이 장에서는 손으로 쓴 숫자의 빠진 부분을 채우는 신경망을 구축했다. 앞에서 가상의 레스토랑 프랜차이즈 클라이언트를 위해 전화번호의 숫자를 분류하는 분류기를 구축했었다. 이때 발생하는 오류중에는 고객이 작성한 전화번호의 숫자가 정확하게 캡처되지 않아 결과 이미지가 불완전했기 때문일 수 있다. 우리는 GAN을 사용해서 숫자 이미지를 복원한 후 분류기가 복원된 숫자를 처리하도록 시스템을 구성했으며. 결과적으로 분류기는 필기 숫자를 훨씬 더 정확하게 분류할 수 있었다.

딥러닝 - 강화학습 - 1 프로젝트

최종 프로젝트는 지금까지 우리가 해왔던 것과 다르지만 그보다 더한 가치가 있는 주제를 다뤘다. 로봇 시스템 자동화와 최적화, 그리고 드론이나 차량 같은 자율 에이전트를 다루는 데는 환경과 상호작용으로 학습하는 강화학습 패러다임의 딥러닝 모델이 더 적절하다. 지도학습 패러다임을 전제로 한 이전 프로젝트와 달리 여기서는 사람이 하는 게임을 할 수 있는 심층 강화학습 모델을 구축하고 학습하는 방법을 다루었다.

우리는 딥 Q-러닝과 딥 **SARSA**-러닝 모델을 사용했다. 지도학습을 사용해서 단순하게 규칙을 학습하는 신경망 같은 딥러닝 모델이나, 결정 경계를 정하거나 데이터를 덩어리로 묶는 비지도 학습 딥러닝 모델과 달리 강화학습은 환경으로부터 게임에 대한 피드백을 받아 학습한다. 강화학습 용어로 에이전트로 부르는 딥러닝 모델은 환경과 상호작용하고 환경으로부터 받는 보상을 통해 규칙을 학습한다.

14장 – 강화학습에 의한 자율 에이전트

이 장에서는 OpenAI Gym이 제공하는 CartPole 게임을 할 수 있는 딥 강화학습 모델을 구축했다. 여기서 구축한 모델은 Atari와 같은 다른 복잡한 게임으로 바로 확장할 수 있다.

그 과정을 통해서 Q-러닝과 SARSA-러닝, Gym에서 게임 환경과 모델이 상호작용하는 방법, 딥러닝 강화학습 에이전트 모델을 이해했다. SARSA-러닝 모델이 Q-러닝보다 우수하다는 사실을 확인했고, 몇 가지 주요 초 매개변수를 그렇게 정하는 이유와 함께 살펴보기도 했다. 더 긴 학습과 초 매개변수의 미세 조정 그리고 강화학습을 위한 적절한 보상 체계에 의해 완벽한 성능을 지닌 에이전트 모델을 구축할 수 있겠다.

도약 - AI 전략과 플랫폼

이 책을 통해 독자는 딥러닝 프로젝트를 성공적으로 수행할 수 있는 전문적인 기술적 토대를 체득했다. 그러나 이 책의 범위는 거대한 딥러닝 시장의 (핵심적인) 일부분에 불과하다. 우리는 문제의 범위와 성공의 기준을 명확하게 하려고 가상의 비즈니스 환경을 도입한 후, 이론에 구애받지 않고 빠르게 모델을 구성하고 학습한 후 평가했다. 우리가 다룬

주제가 분명 데이터 과학의 핵심이긴 하지만 이것만으로는 부족하다. AI에 대한 전략과 다양한 플랫폼에 대한 지속적 이해가 데이터 과학자로서 더 도약하는 데 필요하다.

AI 전략

AI 전략은 고객으로부터 다음을 알아내는 작업이다:

- 인공지능 경쟁우위를 위한 고객의 비전
- 그 비전을 데이터 과학으로 해석하는 기술:
  - 클라이언트의 현재 및 단기 디지털 성숙도
  - 데이터 수집, 분석 및 변환 절차
  - 기술적·공학적 자원과 제약
  - 팀의 현재 역량
  - 모델 선택, 개별화, 학습, 평가, 검증 및 배포
- 고객 리더십의 목표에 부합하는 KPI 및 ROI 달성

AI 전략 컨설팅은 목표와 기대치를 구체화하고 머신러닝 및 딥러닝 기술과 연동시키는 작업이다. AI 솔루션을 구축할 때 이것을 고려해야 성공할 수 있다. 산업계의 멘토를 찾아가고, 사용 가능한 연구사례를 조사해야 하며, 경력이 쌓여도 이런 자세를 유지해야 하며, 솔루션 구축 초기 단계에 다양한 지침과 의견을 세밀하게 검토해야 한다.

딥러닝 플랫폼 – 확장 텐서플로(TFX)

상업적으로 배포 가능한 수준의 데이터 과학 플랫폼을 만드는 일은 상당한 공학적 기반이 있어야 한다. 저자들은 끊임없이 갱신되는 데이터를 입력받아 백만분의 1초 이내에 출력을 생성하는 클라우드 기반 웹 애플리케이션을 개발할 수 있는 딥러닝 플랫폼을 구축했다. 모든 조각을 하나로 모으니 엄청나게 복잡하지만 가치가 있다!

딥러닝 및 데이터 과학 전문가로서 경력을 쌓는 데 꼭 필요한 기술 중 하나가 구글의 텐서플로 기반 대규모 머신러닝 플랫폼인 TFX다. 이 플랫폼에 관한 기사 "TFX: A TensorFlow-Based Production-Scale Machine Learning Platform(`https://ai.google/research/pubs/pub46484`)"의 초록 처음 몇 줄에 TFX 및 이와 유사한 플랫폼의 잠재력을 간략하게 언급하고 있다.

> "머신러닝 모델을 안정적으로 생성 및 배포하기 위한 플랫폼을 만들고 유지하려면 학습 데이터를 기반으로 모델을 생성하기 위한 학습자, 데이터와 모델을 모두 분석하고 검증하기 위한 모듈, 마지막으로 모델을 배포하기 위한 기반 등 많은 구성요소를 신중하게 조율해야 한다. 그러한 조율은 시간에 따라 데이터가 변경되고 거기에 맞추어 신선한 모델을 지속해서 생성해야 하는 경우 특히 어렵다."

스마트한 AI 전략을 기반으로 하는 데이터 과학 플랫폼 개발이 우리의 다음 목표다. 그 경험을 독자와 공유할 수 있기를 기대한다!

결론과 감사!

딥러닝과 데이터 과학을 배우기 위해 이 책 "파이썬 딥러닝 프로젝트"를 선택해 주셔서 감사하다! 우리가 다룬 프로젝트와 가상의 비즈니스 상황이 흥미롭고 유익했으며 더불어 이 책을 마치면서 더 전문적으로 변한 자신을 느끼셨기 바란다. 우리는 저자 각각의 블로그, 소셜미디어, 또는 컨퍼런스를 통해서 전 세계 독자와 협력해서 AI 기반 솔루션 개발 작업을 수행할 수 있기를 기대한다.

이 프로젝트의 주간 AI 팀 회의에 팀원인 여러분과 어쩌면 마지막으로 만나게 되었다. 우리는 많은 것을 배웠고 정말 멋지고 강력한 데이터 과학 기술을 함께 즐겼다. 이제 이 파이썬 딥러닝 프로젝트에서 쌓은 기술로 여러분 자신을 위한 멋진 작업을 시작하시라!

찾아보기